世界历史
未解之谜

全集

宿春礼 邢群麟◎著

华文出版社
SINO-CULTURE PRESS

图书在版编目（CIP）数据

世界历史未解之谜全集 / 宿春礼, 邢群麟著. -- 北京 : 华文出版社, 2021.6
　　ISBN 978-7-5075-5300-0

Ⅰ. ①世… Ⅱ. ①宿… ②邢… Ⅲ. ①世界史—通俗读物 Ⅳ. ①K109

中国版本图书馆CIP数据核字(2020)第065103号

世界历史未解之谜全集
SHIJIE LISHI WEIJIEZHIMI QUANJI

著　　　者：	宿春礼　邢群麟
责任编辑：	曹昌虹
出版发行：	华文出版社
社　　　址：	北京市西城区广安门外大街305号8区2号楼
邮政编码：	100055
网　　　址：	http://www.hwcbs.com.cn
电　　　话：	总编室 010-58336239　　发行部 010-58336267
	责任编辑 010-58336195
经　　　销：	新华书店
印　　　刷：	北京柯蓝博泰印务有限公司
开　　　本：	710×960　1/16
印　　　张：	25.75
字　　　数：	455千
版　　　次：	2021年6月第1版
印　　　次：	2021年6月第1次印刷
书　　　号：	ISBN 978-7-5075-5300-0
定　　　价：	68.00元

版权所有　侵权必究

前言　寻觅沉睡的真相

　　世界上最美好的体验，就是未知的神秘。未知的神秘不仅是科学与艺术的源泉，也是人的发展与激情的源泉。

——爱因斯坦

　　好奇和求知是人的本能！

　　当一个人降生到这个世界上，懵懂地睁开眼睛时，这个世界正姗姗地向他走来，展现着它的深邃与神奇，仿佛近在眼前，却又遥不可及。因为有许多个"为什么"，所以这个世界是美丽的。人们对于这个世界充满了求知欲，也从未停下探索的脚步。正是这样执着的前行，才使得历史的真相一个个浮出水面。

　　然而，不是每一个"为什么"都会有答案。在科学高度发达的今天，人类不仅可以登月球、访火星、下海探秘，可以分裂原子、释放巨大的原子能，可以改变生物的基因进而改变物种，还可以克隆动物，甚至克隆人类自己。但关于宇宙、关于地球、关于人类自身，我们还有太多的疑惑。解开一个谜团，又会产生新的谜团。人们永远不知道下一秒会发生什么，因为人们无法精准地预测未来。就算是神机妙算的诸葛亮，不也失了街亭吗？我们能做的，就是不断探索历史轨迹，积累历史经验，一步一步解开历史的谜团，不让历史的悲剧重演。

　　如何破解历史遗留下来的种种未解之谜？文字是一件"秘密武器"。文字是历史的符号载体，透过文字，我们得以窥见先人的足迹；透过文字，无数掩埋在历史长河中的远古文明得以呈现在我们的眼前。

　　但遗憾的是，文字并非万能的解密钥匙，因为在更遥远的远古时代，存在着许多缺失文字的文明。因此，在这些文字之外的远古时代，人们只能在字里行间游离、想象。在没有文字记载的年代，远古人类的生活被我们的联想剪辑、加工，这些联想中充斥着没有根据的猜测，被时间摧毁的一切似乎都遥不可及。其实，很多时候，它们就被封藏在我们的脚下，而历史的缺憾正需要这些零散的文明碎块来填补。

前人一次无意的收藏、一个精心的建造，意外地逃过了大自然无情的检阅，换来我们的一番惊喜；某一次巧合、偶然间人类和环境的碰撞，也可能成就一个瞬间的永久定格。这些带来惊喜的、被定格的瞬间，即考古遗存。人类的遗存是一部无言的史书，被默默地尘封在时间的底层，它们的生命充满了张力，足以穿透时间，还原一段段奥秘。轻易地低估一块头骨、一方石碑、一座墓葬的作用，或许将错过一个伟大的发现，一个个困扰人类的难题也将继续神秘下去。历史的真相像是一个羞涩的姑娘，她有意无意地躲藏起来，和我们开玩笑、捉迷藏，她期待着敏感、执着的有心人，期待他们谨慎地揭开她迷人的面纱，还原她美丽的青春和动人的容颜。

历史到底遗留给人们哪些未解的谜团？本书为你做了全面而深入的解析，从远古传说开始，讲述恐怖预言、民族之根、被历史遗忘的文明碎片、大地奇观、世界历史大事件的另一面、权力围城中的那些事儿、宫廷秘闻、政界名人趣闻、文化名人逸事、政治名人离奇死亡、文化名人离奇死亡、被历史误读的英雄、弥漫硝烟下的历史玄机、谍海迷踪、离奇巧合、古墓丽影、沉睡在历史角落的宝藏、千年古尸所诉说的秘密、神秘信仰、文化传承的谬误、文学作品中的秘密、艺术作品背后的秘密、自然灾难、人为之祸、失踪事件、奇异风俗、神秘民族、超时空的科技谜团等世界各个方面的未解之谜。全书以独特的视角审视大千世界中各种神秘诡谲的现象，以探索的眼光研究各种谜题，探究事件真面目，深层次挖掘各个事件或现象背后的真实内幕，力求将冗长的讲解趣味化，又不失其真实感，引领读者探究神秘事件的真相，给读者带来不一样的阅读刺激和快感。

历史到底遗留了多少谜团？或许连历史自己也不知道。在不断探索这些未解之谜的真相的过程中，人们愈发体会到：历史是玩捉迷藏的高手，它为了增加游戏的刺激性，不动声色地为真相安排好一个又一个的藏身所，风化证据，湮灭痕迹，却将一大堆谜团、传闻、臆测抖了出来。然后，它带着一抹狡黠的微笑，旁观着世人的争吵和愁容。

　　在本书的选编过程中，编者广泛查阅相关资料，大量引用古今中外专家学者的研究成果，在此对所有探索人类谜团的专家、学者表示诚挚的谢意。由于时间仓促，书中难免有疏漏之处，恳请广大读者朋友批评指正。

目 录

第一章 | 远古那些传说,真假渐欲迷人眼

挪亚方舟究竟停靠在何处 / 002

女神雅典娜为何从父身诞生 / 003

印第安人的水晶头骨传说是天方夜谭吗 / 005

示巴古国确实存在过吗 / 007

神秘的大西国 / 008

特洛伊战争真的爆发过吗 / 010

罗马起源的传说 / 011

斯芬克斯之谜 / 012

第二章 | 恐怖的预言,为何风行一时

亚瑟王与圆桌骑士之谜 / 016

海尔梅斯大预言 / 017

神秘的霍比预言 / 019

恺撒遇刺前的诅咒之谜 / 020

尼禄弑母的预言 / 022

神秘的预言诗集《诸世纪》之谜 / 024

著名女占卜师的死亡之谜 / 026

罗伯特·安森·海因莱因的预言 / 028

美国总统的诅咒 / 030

希特勒的神奇预言 / 031

第三章 | 追本溯源，寻找民族之根

腓力斯丁人——"海上民族"从何而来 / 036

阿兹特克人起源之谜 / 037

白人、黑人起源之谜 / 039

谁是复活节岛上最早的居民 / 040

他们是外星人的后代吗 / 042

吉卜赛人故乡之谜 / 043

谁是美洲印第安人的祖先 / 045

绿孩子——传说中的外星人 / 046

第四章 | 被历史遗忘的文明碎片

苏美尔人之谜 / 050

泰国班清文明之谜 / 051

摩亨佐·达罗突然消失之谜 / 053

被火山吞噬的米诺斯文明 / 054

米诺斯迷宫的传说 / 056

埃勃拉文化之谜 / 057

考古史的传奇：迈锡尼文明 / 059

奥尔梅克文明之谜 / 061

遭受灭顶之灾的庞贝古城 / 062

奇异的玛雅文明 / 064

蒂卡尔古城突然消失之谜 / 066

查科文化为何突然消失 / 067

"编筐文化"突然消失之谜 / 068

失落的印加帝国 / 069

第五章 | 大地奇观，都是谁的杰作

巴西洞穴岩图之谜 / 074

神的驿站——巴别塔之谜 / 075

埃及金字塔之谜 / 076

英国巨石阵之谜 / 078

空中花园只是一个传说 / 079

太阳神巨像的风采究竟如何 / 081

纳斯卡线条究竟是谁的杰作 / 083

太阳门——上帝的杰作 / 084

吴哥古城——你的面纱由谁解开 / 086

谁建造了大津巴布韦遗址 / 087

印加奇观——萨克萨瓦曼古堡 / 089

泰姬陵——爱与美的结晶 / 091

无法解释的珊瑚石城堡 / 092

丛林大石球——巨人的玩具 / 093

第六章 | 历史大事件的另一面

古代日本人到唐朝真的是为了"留学"吗 / 096

英国成为海上霸主之谜 / 097

拿破仑和亚历山大密谈之谜 / 098

是谁放火烧了莫斯科 / 100

俄国贱卖阿拉斯加之谜 / 102

《田中奏折》是真是假 / 104

佛朗哥为什么没有参加第二次世界大战 / 106

巴尔干半岛的政治纠纷之谜 / 107

日本天皇战后逃脱审判之谜 / 109

火炬岛自焚事件之谜 / 110

第七章 | 权力围城中的那些事

古罗马政治家苏拉隐退之谜 / 114

罗马城是被尼禄烧的吗 / 115

彼得大帝的遗嘱是真是假 / 116

"加尔各答黑洞事件"的死者真的有一百多人吗? / 118

法国大革命领袖丹东叛国之谜 / 120

华盛顿为何拒绝竞选第三任总统 / 121

扑朔迷离的尼古拉二世营救计划 / 123

列宁遇刺之谜 / 124

希特勒的情妇吉莉·拉包尔因何而死 / 126

"国会纵火案"之谜 / 127

法国总统密特朗枪击案之谜 / 129

格瓦拉出走之谜 / 131

"水门事件"之谜 / 132

第八章 | 让人匪夷所思的宫廷秘闻

埃及艳后克里奥帕特拉的情爱纠葛 / 136

冈比西斯的死亡之谜 / 137

查理曼大帝为何被加冕 / 139

伊凡雷帝杀子之谜 / 141

法国国王亨利四世死因之谜 / 142

伊凡六世遇害之谜 / 143

铁面人之谜 / 145

法国王冠钻石失踪之谜 / 147

亚历山大一世弑父篡位之谜 / 148

亚历山大一世与胞妹的关系之谜 / 149

皇女和宫为何下嫁将军德川家茂 / 151

奥匈帝国皇太子自杀之谜 / 152

俄国末代公主之谜 / 154

朝鲜国王李熙暴死之谜 / 155

爱德华八世放弃王位之谜 / 156

肯尼迪遗孀再嫁之谜 / 158

英国戴安娜王妃车祸之谜 / 159

第九章 | 政界名人趣闻追踪

古罗马皇帝克劳狄真的有智力障碍吗 / 164

君士坦丁大帝皈依基督教之谜 / 165

伊丽莎白女王为何终身不嫁 / 166

伊凡大帝的"书库"在哪里 / 168

英国希思首相为何选择独身 / 170

庇隆遗体双手被盗之谜 / 171

拉登财富之谜 / 173

第十章 | 文化名人逸事寻迹

阿基米德镜子破敌之谜 / 176

塞万提斯葬于何处 / 177

牛顿晚年为何精神失常 / 179

莫扎特与黑衣人之谜 / 180

"歌曲之王"舒伯特为何终生未婚 / 181

贝多芬耳聋和死亡之谜 / 183

安徒生身世之谜 / 184

托尔斯泰晚年为何弃家出走 / 186

两大物理学家为何双双拒领诺贝尔奖 / 187

第十一章 | 政治名人离奇死亡之谜

英格兰威廉二世死因之谜 / 192

俄国彼得三世死亡之谜 / 193

拿破仑死于谋杀 / 194

斯大林之子死亡之谜 / 196

希特勒死亡之谜 / 197

巴顿将军死亡之谜 / 198

戈林自杀之谜 / 200

肯尼迪遇刺悬案 / 202

马丁·路德·金遇害之谜 / 203

拉宾遇刺之谜 / 205

第十二章 | 文化名人离奇死亡之谜

莫里哀死于何因 / 208

普希金决斗的背后 / 209

屠格涅夫死亡之谜 / 211

柴可夫斯基死亡之谜 / 213

凡·高自杀之谜 / 214

杰克·伦敦为什么要自杀 / 215

毕加索是纵欲而亡吗 / 217

保罗·伯恩究竟是自杀还是他杀 / 219

马雅可夫斯基为什么会开枪自杀 / 220

著名诗人叶赛宁是死于"殉情"吗 / 222

"硬汉"海明威自杀之谜 / 225

日本作家川端康成为什么自杀 / 226

玛丽莲·梦露为何香消玉殒 / 228

加加林坠机之谜 / 230

歌星列侬被刺身亡之谜 / 232

第十三章 | 被历史误读的名人们

米开朗琪罗的怪癖 / 236

哥伦布究竟是哪国人 / 237

"莎士比亚"的真面目到底如何 / 238

莫里哀的妻子是自己的女儿吗 / 240

牛顿黑匣子里的秘密 / 241

诗人拜伦为何离开英国 / 242

波德莱尔是颓废派诗人吗 / 244

"神奇的卡拉扬"是纳粹战犯吗 / 245

第十四章 | 硝烟弥漫下的历史玄机

史前核战争之谜 / 250

汉尼拔为何没能征服罗马 / 251

斯巴达克斯放弃北上计划之谜 / 253

拿破仑为何兵败滑铁卢 / 255

"缅因"号战舰为何突然爆炸 / 256

英国童子军参战之谜 / 258

谁击落了里希特霍芬的飞机 / 259

斯大林为何对德军突袭不设防 / 261

"巴巴罗萨"中空战德军战果如何 / 262

珍珠港事件背后的秘密 / 263

诺曼底登陆之谜 / 265

第二次世界大战中德国为何没能造出原子弹 / 266

美军猪湾入侵为何失败 / 268

第十五章 | 谍海谜踪，无间风云

"双面娇娃"玛塔·哈丽 / 272

哑谜机密码之谜 / 273

"007"的原型是谁 / 274

"福克斯谍案"之谜 / 276

谁是英国内阁的真正间谍 / 278

隐藏在美国国徽中的金唇 / 280

美军的"无敌密码" / 281

从空而降的"马丁少校" / 283

月亮女神在行动 / 285

"东方魔女"川岛芳子的死亡真相 / 287

"王牌蛙人"克莱伯失踪之谜 / 289

谁是世界上身价最高的间谍 / 290

第十六章 | 离奇的巧合在上演

同时逝世的两位总统 / 294

林肯与肯尼迪的惊人巧合 / 295

肯尼迪家族为何悲剧不断 / 296

难以"分开"的隆美尔和蒙哥马利 / 298

巧合的两起空难事件 / 300

国王与平民的不解之缘 / 301

专克法官的犯人 / 302

神秘的北纬30度事件 / 303

第十七章 | 古墓丽影，机关重重

吉萨高地的神秘古墓 / 306

神秘的马耳他地窖 / 307

被诅咒笼罩着的图坦卡蒙陵墓 / 308

亚历山大大帝陵墓之谜 / 310

神牛墓之谜 / 311

"墓岛"之谜 / 312

自移位置的棺材 / 314

第十八章 | 沉睡在历史角落里的宝藏

北欧海盗的宝藏藏在哪里 / 318

日本赤诚山宝藏之谜 / 319

"黄金船队"海底沉宝之谜 / 320

可可岛上的珍宝 / 322

鲁滨孙岛的846箱黄金 / 323

拿破仑珍宝之谜 / 325

圣殿骑士团宝藏之谜 / 326

神秘的印加宝藏 / 328

橡树岛上的宝藏是海盗基德留下来的吗 / 330

"大德意志之宝"的纷扰 / 331

第十九章 | 千年古尸"诉说"的秘密

死人心跳之谜 / 334

木乃伊铅中毒之谜 / 335

身披黄金的木乃伊 / 337

印加木乃伊之谜 / 338

奥兹冰人——冰山上的来客 / 340

印加冰冻少女之谜 / 341

棺材千里返乡之谜 / 342

第二十章 | 揭开神秘信仰的面纱

古代闪族"圣树"之谜 / 346

墨西哥土著宗教与基督教的神秘联系 / 348

数字"3"的象征意义 / 349

摩尔门教徒为何一直迁徙 / 351

摩西是犹太人还是埃及人 / 352

最初的耶路撒冷究竟在何处 / 353

耶路撒冷"哭墙"之谜 / 354

犹太民族为何具有强大的凝聚力 / 355

《圣经》中诡异的景象 / 357

耶稣真有其人吗 / 359

耶稣裹尸布之谜 / 360

第二十一章 | 文化传承,有几多谬误

楔形文字之谜 / 364

"天书"之谜 / 365

拉丁字母表是怎样产生的 / 366

复活节岛上的木板之谜 / 367

第二十二章 | 文学作品中不能说的秘密

《荷马史诗》的作者究竟是谁 / 370

《伊索寓言》的作者之谜 / 371

《马可·波罗游记》的真实性 / 372

但丁何时开始写《神曲》 / 374

莎士比亚诗中的"黑肤夫人"原型是谁 / 375

普希金的《一号日记》之谜 / 377

尼采的著作是否被人篡改过 / 378

第二十三章 | 艺术作品背后隐藏的故事

古希腊为何盛行裸体雕塑 / 382

"沙漠壁画"之谜 / 383

《摩西像》的原型是谁 / 385

蒙娜丽莎的神秘微笑 / 386

名画《马拉之死》的构图之谜 / 387

谁是贝多芬"不朽的爱人" / 389

第二十四章 | 人造之祸,谁能还原历史的真相

"泰坦尼克"号沉没之谜 / 392

希特勒屠杀犹太人之谜 / 393

第一章　远古那些传说，真假渐欲迷人眼

挪亚方舟究竟停靠在何处

在《圣经》的传说中，挪亚方舟拯救了人类，最后停靠在了亚拉腊山脚下。探险家经过不懈的跋涉，在亚拉腊山找到了船形的岩石，它是挪亚方舟吗？

"挪亚方舟"是圣经《创世纪》中一个引人入胜的传说。远古时期，人类无休止地相互厮杀、争斗、掠夺，犯下了许多连神都无法容忍的罪孽，这些都被造物主耶和华看在眼里。

在这些罪孽深重的人中，只有挪亚是个好人，他的三个儿子在他的严格教育下也没有误入歧途。挪亚也常告诫周围的人们，应该赶快停止作恶，从充满罪恶的生活中摆脱出来。但人们对他的话都不以为然，继续我行我素。为了惩罚堕落的人类，上帝决定制造一次史无前例的大洪灾，使地上的人类灭绝，重新创造一个新的世界。因为挪亚心地善良，神决定救出他和他的家属，于是命令挪亚用歌斐木制作一艘方舟，里外抹上松香。这艘方舟长125米，宽22.5米，高16米，共3层。方舟上要留有透光的窗户，旁边要开一道门。除了他的家属外，还允许鸟、野兽等动物搭乘，但必须包括雌性和雄性。

方舟制成后，挪亚一家以及一些动物上了船。不久，天空就下起雨来。连续下了40天，地面上的一切都被水冲走了，水一直漫到高山的山顶。除了挪亚方舟上的生命以外，所有的生命都死亡了。雨停后，挪亚方舟在汪洋中漂浮了整整7天，最后停泊在亚拉腊山旁。

挪亚方舟是真的存在，还是纯属虚构？

土耳其东部有一座海拔5000多米的高山，名叫亚拉腊山。据基督教《圣经》记载，方舟是一只排水量为43000吨的巨大木箱，大洪水后停于亚拉腊山。

那么，挪亚方舟真的停在了亚拉腊山吗？

过去虽有不少关于挪亚方舟的消息，但都只是传言。为了解开挪亚方舟之谜，许多人开始对亚拉腊山进行探索。现代第一个有据可查的登上亚拉腊山的探险者是德国医生弗里德里希·帕罗特，他于1829年登上了那座山但并未找到挪亚方舟留下的明显遗迹。不过，他看到了埃奇米阿津修道院中（它在亚拉腊火山1840年的一次爆发时被毁）东正教神父们顶礼膜拜的一个十字架，这个十字架像是用挪亚方舟上的木材制成的。

1949年，俄国飞行员罗斯科维斯基第一次拍下了挪亚方舟的照片。照片显示，一个模糊的暗色斑点出现在山顶厚厚的冰层下，因而不少专家怀疑那就是《圣经》中记载的"挪亚方舟"。然而，由于亚拉腊山地势险峻，当地居民长期处于封闭状态，所以半个多世纪以来，关于"挪亚方舟"的猜想始终是个谜。

1957年，几名土耳其空军从亚拉腊山顶飞过，发现了一个船型物体，这更引起了各国考古学家的浓厚兴趣。后来，美国卫星图像分析专家波尔谢·泰勒也开始关注这个被称为"亚拉腊山奇观"的神秘物体。他花了几年时间，收集了大量卫星成像图片，并对它们进行分类，终于发现这是一个180多米长的庞然大物，不过他也不知道它究竟是什么东西。

20世纪80年代末90年代初，人们重新开始寻找挪亚方舟。美国政府曾经公布了由埃罗斯卫星和U-2间谍飞机拍摄的一组照片，这些照片显示在3000米高空可隐约看到亚拉腊山俄国一侧山坡终年冰层下的"异物"。有人认为这就是挪亚方舟；可是在地质学家和美国中央情报局看来，这可能是大约在1000年前爆发过的一个火山口，或者是终年冰川中一块巨大的冰下滑所导致的不正常的积雪堆积。

自从这些神秘的物体被发现后，许多探险家都曾来到亚拉腊山，试图揭开"挪亚方舟"的秘密。但是亚拉腊山恶劣的地理环境为考察工作带来了许多困难，山里的土著居民们更是视这些神秘的山丘为神灵。他们深信"挪亚方舟"的存在，且从不向外地人透露有关这些山丘的秘密。

尽管《圣经》所记载的"挪亚方舟"就位于土耳其的群山之间，但是，这些方舟状的神秘物体究竟能否证明"挪亚方舟"的存在，人们对此还有很多疑问。有人说这是"挪亚方舟"的化石，有人说这是"挪亚方舟"留下的印痕，当然，也有人不以为然，认为这些外形奇特的山丘不过是大自然的杰作。不管《圣经》记载的挪亚方舟是真是假，它都为我们留下了谜团。

女神雅典娜为何从父身诞生

雅典娜是希腊传说中的智慧女神，在我们的印象里，她是美丽与智慧的化身。然而，雅典娜是从她父亲的身体里诞生出来的，你相信吗？

雅典娜是希腊奥林匹斯十二主神之一，也是奥林匹斯三处女神之一（三处女神分别是雅典娜、阿尔忒弥斯、赫斯提亚）。在远古的神话中，雅典娜是一位女天神，她是战神、丰产女神、乌云和雷电的主宰者、和平与劳动的庇护。在希腊神话传说中，智慧女神雅典娜集父母的智慧于一身，更让人奇怪的是，雅典娜是从她父亲的身体里诞生的。

雅典娜的诞生颇具传奇色彩，她是天神宙斯和智慧女神墨提斯的女儿。天神宙斯知道智慧女神墨提斯将生育两个孩子，一个是女儿雅典娜，另一个是智慧超群、毅力过人的儿子波洛斯。临产前墨提斯对宙斯说，将要出生的孩子一定会比宙斯更强壮、更聪明。宙斯唯恐降生后的孩子会危及他在奥林匹斯山的统治地位，于是将墨提斯吞进了肚子。不料，过了一些时日，宙斯突然感到头痛欲裂，急忙让火神赫菲斯托斯用斧子劈他的脑袋，以摆脱难以忍受的疼痛和耳鸣的折磨。赫菲斯托斯挥起斧子猛地一砍，劈开了宙斯的颅骨。这时，强大的女勇士雅典娜从雷神的头颅里出生了。她全副武装出现在目瞪口呆的奥林匹斯众神面前，头戴闪闪发光的战盔，手持长枪盾牌，显现出俊美绝伦、令人倾倒的艳丽。

为什么传说中雅典娜不是脱胎于母腹，而是降生于父身？她为什么偏偏从宙斯的脑袋里蹦出来？

许多人认为，这个传说在一定程度上反映了早期人类的历史状况，即人类父权制开始取代母权制的情况。而且，雅典娜曾经说过："我不是由母亲所生。我，一个处女，是从我父亲宙斯的头里跳出来的。因此，我拥护父亲和儿子的权力，而反对母亲的权力。"这就说明传统的母权制已被父权制所取代，人类已经进入了父系社会。但是，也有人提出异议，据传说宙斯的妻子是宙斯的同胞姐姐，他们在洪水灾难中死里逃生，并结为夫妻。从这里可以明显看出族内婚的痕迹，但在人类族内婚阶段是不可能出现父权观念的。在希腊，父权制取代母权制是在英雄时代，而雅典娜出生距英雄时代还有相当长的一段时间。因此，雅典娜的出生是否能证明父权制取代母权制，这一点还有待考证。

也有人认为这与雅典娜在希腊神话传说中的地位和作用有关。雅典娜在希腊神话中是聪明过人的智慧女神，所以神话的作者便把她说成是智慧女神和天神宙斯的女儿。为了显示出雅典娜的独特，便让她从父亲的身体里诞生出来，这样更能显示出她的过人智慧。她高贵的出身使她成了神圣家族的成员。

还有人认为，这只是希腊神话中一种常用的造神方法，这种方法可使彼此孤立的神之间产生一种类似于人类的血缘关系，从而构成一定的体系，增强神话的故事性和神秘色彩，与氏族观念没有关系。

我们似乎可以从雅典娜的诞生经历中看到古代希腊历史演变的痕迹。阿该亚人是迈锡尼文明和克里特文明的创造者，他们于公元前2000年左右迁入希腊，是希腊人真正的祖先。宙斯代表着阿该亚人的宗教信仰，墨提斯则象征着希腊土著的精神信仰。希腊人将墨提斯视为智慧女神，这意味着当时希腊的本土文明要优于后来的移民文明，宙斯将她吞入肚中是土著居民、阿该亚人和西亚移民之间融合的象征。不同的宗教、文化互相碰撞，形成了新的古典文明体系。当然，象征着希腊正统宗教的神灵仍然是宙斯而不是雅典娜，她最终没能取代宙斯，这代表了当时被征服民族的屈从。墨提斯虽然被吞，却留在了宙斯腹中，这些民族在某种程度上仍保留着自己的传统。

神话的创作都源于一定的社会背景，雅典娜奇特的诞生经历也必然与神话创作时的社会状况有关，只是由于时间非常久远，考证起来比较困难。

印第安人的水晶头骨传说是天方夜谭吗

> 在美洲印第安人中流传着一个古老传说：祖先留下了13个水晶头骨，这些头骨能说话、会唱歌，头骨里藏有有关人类起源和死亡的秘密，能帮助人类解开宇宙和生命之谜。

相传印第安人的祖先为后代留下了13个水晶头骨，如果人们能找到所有的水晶头骨并把它们聚集在一起，就能集所有智慧于一身，破解宇宙的奥秘。一直以来，人们都认为它只是一个在美洲流传了上千年的美丽传说而已。

19世纪的欧洲探险家们对这个传说深信不疑，尽管始终没人找到过那些传说中的水晶头骨。

1924年，英国的探险家、大英博物馆玛雅文化委员会成员米歇尔组织了一支探险队，这支探险队从英国利物浦出发，沿水路到达中美洲，在鲁班埃顿古城发现了一个水晶头骨。这个水晶头骨长17厘米，宽12厘米，高12厘米，重5千克。它仿照一个成年女人的头骨，用一块完整的水晶雕制而成。这块头骨做工精致，鼻骨由三块水晶拼成，两个眼孔处有两块圆形的水晶，下颌和头盖骨相连，也可以拆开，构造异常精巧。

头骨本身没有颜色，但是它能发出一种明亮的光，仿佛夜晚明月的光环。如果把它放在房间里，会有某种声音不时地从房屋里传出。那声音不像是乐器的声音，更像是从人的嗓子里发出的、柔和的歌唱声，同时还有阵阵响亮悦耳的银铃声伴随其中。

水晶头骨还能刺激人的大脑中枢神经，调动人的味觉、触觉、嗅觉、视觉和听觉。当人们看着头骨时，它的颜色和透明度会发生明显的变化，同时还会有一种香味散发出来；它能使观者听到声音，从而浮想联翩，还能使人感到口渴。凡是站在水晶头骨前静静深思的人都有这些感受，其身体及脸部也会感到某种压力。如果一个感觉灵敏的人把手放在头骨附近，他会感到一种特别的震颤和推力。

一位玛雅老人告诉米歇尔，这颗水晶头骨是为了纪念一位伟大的玛雅祭司而制作的，至少有10万年的历史。然而，没有多少人相信这一说法。对于水晶制成的物品，科学家们很难弄清楚它确切的制作时间。

因为水晶是世界上硬度最高的材料之一，铜、铁或石制工具都无法对其进行加工，那么玛雅人是用什么工具加工的呢？另外，这种纯净透明的水晶虽然硬度很高，但质地脆而易碎。科学家们推断：要想在数千年前把它制作出来，只能用极细的沙子和水慢慢打磨，但制作者要一天24小时不停地打磨300年，才能完成这样一件旷世杰作。

根据传说的内容，水晶头骨里隐藏了关于人类起源和灭亡的信息，能帮助人类解开宇宙生命之谜。如果这是真的，那么它会以什么方式来告诉人们这些秘密呢？难道有一天它真的会开口说话吗？

科学家们做了这样一个实验：他们把水晶当作信息的存储介质，用激光把一些信息写进去，一段时间后重新读取这些信息，发现这些数据完好无损。实验证明，如果在数千年、数万年前有人把数据写进水晶头骨的话，它依然可以保存到今天。

如果水晶头骨真的是一个信息存储器，那么数千年前的古代玛雅人是怎样将信息储存进去的呢？他们是不是已经掌握了现代人还没有掌握的科学技术？人们又该如何将信息提取出来？

如果玛雅人掌握的科学技术比我们想象中的高超得多，那么他们是如何获得这些科学技术的？要找出这个问题的答案无疑是难上加难。

示巴古国确实存在过吗

示巴女王究竟是女神还是恶魔？示巴古国真的存在过吗？

据《圣经·旧约》记载，示巴女王是阿拉伯半岛的一位女王，因所罗门王的英明刚毅而与他相恋，后诞下一子。传说中的示巴女王有两种形象，一种惊艳绝伦，一种丑陋无比。

在不信仰基督教的地区，示巴女王的形象大多被丑化。犹太教的传奇故事把示巴女王描绘成有着毛茸茸的双脚的恶魔，并把她比作古代亚述和巴比伦神话中诱人堕落的淫妇。而在伊斯兰教的传说中，示巴女王受到了更大的贬斥，她被称为"比尔基斯"，意为妖怪，她所行之事对人类来说意味着灾难。

不过，在绝大多数较为流行的民间传说中，示巴女王仍然是天生丽质、聪颖不凡的动人形象。传说所罗门第一次在耶路撒冷见到她的时候，就为她美丽的外貌和端庄的仪表所倾倒，两位互相爱慕的君主结成了金玉良缘。

示巴女王在《圣经》中偶然闪烁的神秘色彩，引起了史学家、文学家、诗人的极大兴趣，由此产生了种种浪漫离奇甚至荒诞不经的传说。中世纪时期有一个流传很广的传说，在这个传说里，示巴女王是一位晓谕耶稣将受难于十字架的女先知。尽管有关示巴女王的种种传说都充满了传奇色彩，但显而易见的是，它们都缺乏考古或文字上的可靠依据。

示巴女王是否确有其人，至今仍是一个谜。但是经过长期的考察，人们已经初步确定，《圣经》中提到的示巴王国位于濒临红海的阿拉伯半岛西面，如今的阿拉伯也门共和国境内。据考证，示巴王国的首都就是也门共和国东部的马里卜，这个城市现在仍沿用着古代的名称。公元前1世纪，希腊史学家奥多勒斯形容马里卜是一个用宝石、象牙和黄金装点起来的城市。这种描写也许有些言过其实，但从中可以窥见马里卜曾经的华美与繁荣。

据说，当时的示巴商人已经会利用红海的季风远洋航行了。他们在每年的2到8月，海风吹向印度洋和远东时，加大对那里的贸易运输量。等到8月后海风回吹时，他们又溯红海而上与以色列和埃及进行贸易。这个季风的秘密长期未被泄露，直至1世纪才被希腊人发现。示巴的陆路贸易也很发达，骆驼商队活跃在阿拉伯半岛和西亚的广阔地带上。

传说马里卜曾有一个规模巨大的蓄水坝，水坝用大石块铺砌，石块之间紧密无缝。这座水坝供水长达12个世纪之久，显示了示巴人民高超的建筑和工艺水平。直到543年，这座水坝才因年久失修而塌陷。人们还在马里卜郊外的沙丘上发现了一处设计奇巧的建筑物的废墟，经考古学家证实，它是公元前4世纪所建的"月神庙"。当地人把它称为"比基尔斯后宫"，而"比基尔斯"是他们对示巴女王的称呼。

示巴古迹的发掘折射出这个文明古国的奇光异彩。但失落的示巴文化这个历史之谜，还未被全部揭开。

神秘的大西国

大西国是一个美丽的传说——它美丽富饶、科技发达，然而它究竟在哪里，又为何突然消失了呢？它是否真的存在过？这些都是考古学家们一直在探究的谜题。

传说12000年以前，大西洋中曾存在过一个神秘的大陆，名叫亚特兰蒂斯大陆，也叫大西洲。大西洲面积约为2000万平方千米，气候温和，物产丰富。在大西洲上，有一个历史悠久、高度发达的文明古国——亚特兰蒂斯王国，也叫大西国。大西国经济繁荣、科学发达，人们通晓天文学、数学、水利灌溉以及冶金术，过着富裕欢乐的生活。那里是远古时代的"人间天堂"。

但好景不长，渐渐地，社会开始腐化，邪恶代替了圣洁，欲望代替了美德，最后大西国甚至对外发动侵略战争。海神震怒，决意要狠狠惩罚这些背叛传统信仰的人。不久，灾难来临，特大的地震和洪水相继暴发，大西国仅一天就沉入海底，消失在滚滚波涛之中。

古希腊著名哲学家柏拉图（前427—前347）在他的两篇对话录（《泰密阿斯》和《克利斯提阿》）中详细记载了关于亚特兰蒂斯的传说。亚特兰蒂斯一直是全世界历代学者普遍关注和高度重视的一大文明遗址。神秘的大西国是否存在？如果存在，它位于何处，为何消失？这一系列问题都是人们颇为关心的问题。

用现代地质学的观点来看，地球上沧海桑田的变化不足为奇。偌大的陆地可以被海洋吞噬，茫茫大洋中也会升起一块新陆地。冰川融化、火山爆发、地震、海啸等自然灾害，都可能给大西国带来厄运。令人费解的是，失落的大西国文明竟出现在12000年以前，这在人类历史上正值旧石器时代晚期，难道地球上还存在比古埃及、古印度等已知古文明更早的史前文明吗？

不少勇于探索的考古学家因此扬帆远航，以期找到柏拉图描绘的那片富于诗意的绿洲。有的学者认为大西国位于现在直布罗陀海峡以西的大西洋中，具体在亚速尔群岛和加那利群岛一带。加那利群岛上的关西人使用的语言属于非洲柏培拉语系，而柏培拉语言就是传说中的大西国语言。

1909年，弗洛斯特教授指出，柏拉图所描述的亚特兰蒂斯文明，很可能就是克里特岛上延续至公元前1400年左右的米诺斯文明。米诺斯文明与亚特兰蒂斯文明有许多相似之处，但克里特岛并没有因为一场浩劫而沉没。1939年，希腊考古学家马里纳托斯试图解释这一疑点：公元前1470年，这里发生了一次火山爆发，继而发生了海啸和地震。这一系列灾难毁灭了位于克里特岛西北部、爱琴海中部的基西拉岛的一部分，可能也毁灭了米诺斯文明。近年来，考古学家在桑托林火山遗址中发现了大量米诺斯人的文物，马里纳托斯的说法因此获得了很多人的支持。

1967年，美国一飞行员在大西洋巴哈马群岛低空飞行时，突然发现水下几米深的地方有一个巨大的长方形物体。1968年，美国范伦博士在巴哈马群岛的北彼密尼岛附近发现了一座规模宏大的海底城墙，这座城墙长1600米，组成城墙的石头每块有16立方米大。他还在彼密尼岛海底发现了一座城市，那里有街道、车站、城墙和完整无缺的城门，还有一些残缺的建筑群。另一个考察组在安德罗斯岛附近发现了一座非常古老的寺庙遗址，在比米尼岛北部水下5米处发现了平坦的石制平台。构成平台的石块厚薄不一，但肯定是加工过的。考察组掌握的地质资料表明：从尤卡坦半岛到安的列斯群岛，这部分长约3千多米的地区曾在1.2万年前发生过强烈地震，当时大部分土地沉入海底，变成了现在的群岛。科学家根据种种发现加以推测：已经消失了的古代大西国——亚特兰蒂斯王国，可能就沉没在波涛滚滚的大西洋底。

人们的目光从大西洋海域移向太平洋海域，又从海域移向邻近水系的广阔陆地，墨西哥、澳大利亚、中国、印度都成了人们的"怀疑对象"。然而，种种假设都没有足够的证据来证明大西国的存在。

大西国究竟在哪里？它是什么时候出现的？又为什么会消失？这些问题至今也没有找到明确的答案。这一长达几十个世纪的探索或许还要继续下去，但我相信，随着科学技术的发展，千古谜底的揭晓之日已经离我们不远了。

特洛伊战争真的爆发过吗

特洛伊仅仅是古希腊神话中的城市，还是一座真实存在过的"失落之城"？

据《荷马史诗》记载，公元前12世纪特洛伊曾爆发过一场激烈的战争。

当时的特洛伊国力强盛，城池牢固，国王有50个儿子，最小的儿子帕里斯为寻找世界上最漂亮的女人而来到希腊。希腊斯巴达王麦尼劳斯盛情款待了他，但是帕里斯却拐走了麦尼劳斯的妻子。麦尼劳斯和他的兄弟决定讨伐特洛伊，但特洛伊城易守难攻，攻打10年都未能成功。最后英雄奥德赛献计，让迈锡尼士兵烧毁营帐，登上战船离开，造成撤退回国的假象，并故意在城下留下一具巨大的木马。特洛伊人把木马当作战利品拖进城内。当晚，正当特洛伊人酣歌畅饮、欢庆胜利的时候，藏在木马中的迈锡尼士兵悄悄地溜了出来，他们打开城门，放进早已埋伏在城外的希腊军队。结果一夜之间，特洛伊城化为废墟。

这场战争是西方文学的源头，造就了两大史诗。那么，这场战争是真是假？那是一个人神界限模糊、人类很像神灵而神灵身上又表现出太多人性的时代，在那个时代，特洛伊成了最著名的人神交锋场所。

很多人认为特洛伊战争发生在希沙立克。但是，自18世纪以来，许多学者都对此提出了质疑。甚至有一些人怀疑荷马的存在，认为荷马是一系列诗人而非单独的一个人。到了19世纪下半叶，只有极少数学者还相信《荷马史诗》是对历史事件的真实记录。

但是，仍有不少人依旧相信特洛伊的存在，这其中就包括业余考古学家弗兰克·卡尔弗特——美国驻希沙立克的领事。19世纪60年代中期，卡尔弗特与其合作者——德国富翁海因里希·谢里曼共同对希沙立克进行了发掘，发现了神殿和一些高大的建筑物。后来，曾做过谢里曼助手的威廉·德普费尔德继续进行谢里曼未完成的事业，发现了更多的大型房屋、一座望塔和一座273千米长的城墙。

不久，一支美国探险队在卡尔·布利根的带领下来到希沙立克。布利根认为，特洛伊的覆灭绝对不可能是希腊人入侵造成的。因为城墙的一部分地基发生了移动，而其他部分似乎彻底坍塌了。他认为这种破坏不可能是人为的，可能是由一场地震导致的。

究竟是特洛伊战争成就了《荷马史诗》，还是《荷马史诗》成就了特洛伊战争？特洛伊战争究竟是真是假？这个问题的答案恐怕要永远淹没在历史长河之中了。

罗马起源的传说

罗马城邦是古罗马文明的起点，被意大利人骄傲地称为"永恒之城"。这个始于公元前2000年的古老城邦，它的起源有一个动人的传说。

意大利著名的卡彼托利欧博物馆中陈列着一尊青铜母狼雕像，狼的身下有一对正在吮吸乳汁的男婴。母狼形象高大，身材颀长精瘦，四肢健壮有力。它脚爪紧叩地面，两耳竖起，嘴唇略张，牙齿微露，双目圆睁，直视前方，显得冷静而警觉。腹下的一对男婴正仰着头，贪婪地吮吸着乳汁，对周遭的一切置若罔闻。

据说，这座母狼铜像是公元前6世纪的作品，十分珍贵；两个男婴是16世纪文艺复兴时期的艺术家添上的，艺术价值不菲。二者珠联璧合，这尊青铜雕像不仅是上乘的艺术作品，而且向人们讲述了罗马城市的起源。

传说罗马城是由孪生兄弟——罗慕路斯与雷穆斯建立的。他们是希腊神话中一位名为伊尼亚的特洛伊英雄的后代。在特洛伊城被希腊人攻陷的时候，伊尼亚带领一部分人逃了出来，经过漫长的漂泊，他们来到了意大利半岛。伊尼亚的儿子在这里修筑了亚尔巴龙伽城，当了国王。王位传至第15代努米托时，其弟阿穆留斯篡权，杀死努米托的儿子，又强迫努米托的女儿西尔维亚做了贞女塔的女祭司，并让她保证一生不结婚。阿穆留斯以为这样一来就能使哥哥断了香火。

然而人算不如天算，西尔维亚怀上了战神玛尔斯的孩子，生下了一对孪生兄弟。阿穆留斯得知后又恨又怕，他立即下令处死侄女，并派一个奴隶把孪生兄弟扔到河里。奴隶提着装有两个婴儿的篮子来到台伯河边，当时台伯河正在泛滥，他看到不断上涨的河水不敢靠近。他想，如果把篮子放在河边，篮子不一会儿就会被水卷走的。于是，奴隶把篮子放在河岸上就回去了。没想到，篮子虽然被河水卷了起来，但没冲多远就被岸边的一根树枝挂住了。河水退下后，一只母狼恰好来河边喝水，它发现了篮子里嗷嗷待哺的孩子。母狼不但没有把他们当作一顿丰盛的晚餐，反而用自己的奶水来喂养他们。

两个孩子就这样在母狼的照料下渐渐长大。后来，一个牧人发现了这对兄弟，把他们带回家抚养。牧人还给他们起了名字，一个叫罗慕路斯，另一个叫雷穆斯。牧人后经多方打听，得知这两个孩子是老国王的后代，于是一直对他们的身世守口如瓶。这对孪生兄弟在牧人的养育下渐渐长大，并练就了一身好武艺。牧人此时觉得时机成熟，便将他们的身世和盘托出。于是，兄弟二人开始行动，他们领导亚尔巴龙伽人民起义，推翻了残暴的阿穆留斯的统治。他们又找到了退居乡间的外公，并让他重新当了国王。

完成这一切后，兄弟二人离开了亚尔巴龙伽城，打算在昔日获救的地方另建新城。新城建好后，他们却因为新城命名、由谁来统治等问题发生了争吵。最后双方决定通过占卜测知神意，让神来做出选择。雷穆斯在自己占卜的地方看到了6只秃鹫，于是认为神选择了他。当他派人通知罗慕路斯时，罗慕路斯却看到了12只秃鹫飞过。一方声称先见秃鹫者为王，另一方则坚持以秃鹫数目的多寡来定夺。双方爆发了一场舌战，激愤的漫骂转变成了格斗。罗慕路斯杀死了雷穆斯，用自己的名字命名了新城。古罗马人对此传说坚信不疑，他们还根据传说推算出了罗马城的建立时间，并把这一天作为古罗马的开国纪念日。

这就是关于罗马起源的传说。这个传说是如何形成的？关于罗马城市建立的真实情况是什么样的？对此，史学家已经争论了百年之久，至今仍各执一词。

一般认为，大约在公元前3世纪中叶，罗马起源的传说已经定型并被大家认可。直到16世纪，西欧的人文主义者才开始否定伊尼亚和罗慕路斯的故事。于是，不少学者开始对上古传说的真实性表示怀疑。17世纪到18世纪，疑古之风已经走向极端，一切古代传说都被斥为"胡编乱造""纯粹是神话"。

但也有人认为这个传说是比较可信的。事实上，关于罗马建城的故事，肯定有许多情节是后人加上去的。但也不能否认，传说多少会折射真实的历史。因为，世界上古老民族的历史几乎都是从夹杂着神话的传说开始的。

斯芬克斯之谜

现在的"斯芬克斯"已经成了狮身人面像的代名词。

埃及最令人向往的是什么？不用说，当然是金字塔和狮身人面像了。与金字塔齐名的斯芬克斯狮身人面像位于埃及开罗市西侧的吉萨区，哈夫拉金字塔南侧，距胡夫金字塔约350米。吉萨的这尊斯芬克斯是世界上最大、最著名的一座，它是由一整块巨型岩石雕制而成的。斯芬克斯像长73米，高21米，脸宽5米，仅一只耳朵就有2米长。

相传，金字塔前本没有狮身人面像。公元前2611年，法老哈夫拉在巡视自己未来的陵墓时，看到墓前有一块光秃秃的大岩石，他认为这块岩石有碍金字塔的雄伟和法老的威严，便下令将这块岩石处理掉。这时，一名工匠向法老建议，可以把这块巨石雕成一头雄狮，头部换成法老的头像，象征法老至高无上的权威。哈夫拉法老高兴地采纳了这个建议，并下令马上动工。从此，哈夫拉金字塔旁多了一个终日面朝东方、默默守护着法老金字塔的狮身人面像。

现在的斯芬克斯狮身人面像是后人从沙土中挖掘出来的。它凝视前方，表情肃穆，雄伟壮观。据说，马穆鲁克[①]攻打埃及时，他的士兵把斯芬克斯像的鼻子和胡须当作练习射击的靶子，被打掉的鼻子和胡须现存于伦敦的大英博物馆。

岁月的流逝已经抹去了狮身人面像的真实姓名。从埃及末期到希腊罗马时代，人们称狮身人面像为"霍尔·艾姆·艾赫特"，也就是"地平线上的哈鲁斯"；现在，"斯芬克斯"成了狮身人面像的代名词。斯芬克斯最初源于古埃及的神话，它被描述为长有翅膀的怪物，通常为雄性，是仁慈和高贵的象征。传说有三种斯芬克斯——人面狮身、羊头狮身和鹰头狮身。亚述人和波斯人把斯芬克斯描述为一只长有翅膀的公牛，人面、络腮胡子、戴有皇冠。在希腊神话里，斯芬克斯是一个雌性的邪恶之物，代表着神的惩罚。因为"Sphinx"源自希腊语"Sphiggein"，意思是"拉紧"，也就是说，希腊人认为斯芬克斯是一个会扼人致死的怪物。

据阿波罗多洛斯记载，斯芬克斯由厄喀德那同她的儿子——双头犬奥特休斯所生，它的人面象征着智慧和知识。

天后赫拉派斯芬克斯坐在忒拜城附近的悬崖上，拦住过往的路人，用缪斯所传授的谜语询问他们，回答不上来的人会被它吃掉。这个谜语是："什么动物早晨用四条腿走路，中午用两条腿走路，晚上用三条腿走路？"

后来，希腊青年俄狄浦斯经过这里，猜出谜底是"人"。自作聪明的斯芬克斯经不住打击，跳崖自尽（另一说为俄狄浦斯所杀）。为了记住这个恶魔，人们在它经常出没的地方用巨石雕刻了它的雕像。

[①] 中世纪时期，一个埃及军事统治阶层的成员。

第二章 恐怖的预言,为何风行一时

亚瑟王与圆桌骑士之谜

> 亚瑟王和圆桌骑士是勇敢与坚强的化身，他们的故事是不列颠不朽的传说。

亚瑟王和圆桌骑士的故事是西方十分著名的传说。在大多数人的心目中，亚瑟王及其率领的圆桌骑士代表着坚忍忠勇的志士，代表着维护文明、抵制外敌入侵的英雄。那么，人们为什么叫他们圆桌骑士？"圆桌"一词从何而来？

12世纪，游历欧洲的吟游诗人开始传颂亚瑟王的传说。43年，日耳曼民族入侵了不列颠岛的中部和中南部。随后，整个英格兰被罗马帝国牢牢控制，凯尔特人被迫让出英国王位。

亚瑟虽是威尔士王尤瑟·潘德拉贡的儿子，但伊格莱因刚刚怀上亚瑟就嫁给了康沃尔公爵。亚瑟出生后，术士默林把他交给了一个名叫赫克托的人。因此，亚瑟虽系皇族，却被当作私生子寄养在普通贵族的家里，未曾获得特别的照顾。亚瑟的父亲死后，国内形势动荡，臣子们争夺权势，几乎演变为内乱。默林为此建议主教，在圣诞节的时候召集伦敦所有的贵族骑士举行盛大的祈祷。在祈祷时，石台和插入其中的石剑出现了，上面有一句著名的话："凡能从石台上拔出此剑者，即为英格兰的天命之王。"但是无数骑士尝试后都无法拔出。

既然如此，骑士们只能通过比武选王。亚瑟也去了，但他没有比武的资格，收养他的家族的儿子凯代表家族参战。凯进入会场后才发现忘了带剑，于是请求亚瑟回家去取。亚瑟赶回家发现大门紧锁，又来不及返回比武会场取钥匙，情急之下跑到教堂前拔出石中剑交给凯，这令所有人大惊失色。大家把剑插回石头里，重复了很多次，除亚瑟之外无人能将其拔出。就这样，骑士们接受了新王。从这天起，亚瑟被尊称为亚瑟王。

亚瑟王在位期间，不列颠迎来了空前的统一和强大。他扶贫济弱，建立起一个繁盛的王国，骑士精神和最早的骑士准则就是在这时形成的。后来，亚瑟率领圆桌骑士和各部落在名为"巴顿山之役"的交战中，一举击溃一支属于日耳曼民族的撒克逊人，统一了不列颠群岛。他是英国中世纪时期著名的传奇人物。

传说圆桌骑士是当时宫廷中等级最高的骑士，因聚会时所用的圆桌而得名。

亚瑟的皇后桂妮维亚，他的父亲有一张大圆桌，供他麾下的骑士聚会时使用。结婚时，亚瑟从他的岳父那里得到了圆桌与骑士，从此，圆桌骑士成了亚瑟王麾下的骑士。他们来自不同的国家，甚至有不同的信仰。

圆桌就放置在亚瑟王宫殿的正中央，它象征着统治全国的荣耀和王权，和国王加冕时手握的宝剑作用相同。圆桌能坐下150人，所有圆桌骑士彼此平等、互为伙伴。每位坐在圆桌旁的骑士都不会觉得自己的地位比别人低，不会觉得委屈。但是亚瑟王也规定，只有威猛无比、本事极大的骑士才能成为圆桌骑士。

在英国人心中，亚瑟王和圆桌骑士是正义与希望的象征。在那个野蛮黑暗的年代，正是这群英雄以勇敢和坚强驱逐了强敌，带领不列颠人寻找到光明，使群岛各部归于统一。大名鼎鼎的兰斯洛特、高文、凯伊也在圆桌骑士之列，欧洲的骑士们也将他们视为楷模。时至今日，"圆桌骑士"已不再是一个历史名词，而是"英勇""忠诚""信任"的代名词。这群骑士们的故事已成为一个传奇。

如今，英国的温切斯特城有一个大厅，"亚瑟王的圆桌"就陈设在厅内，供游人观赏。

不管亚瑟王及其骑士是否坐过这张圆桌，它都不再是单纯的家具，而是亚瑟王及其骑士忠勇坚毅的象征。也许真正的圆桌早已遗失在历史长河中，但是骑士们的传奇将千古流芳。

海尔梅斯大预言

在海尔梅斯的预言里，只有敬畏神，人类才能存在和发展。人们想知道的是，他预言的历史进程是真的吗？

海尔梅斯是希腊神话中众神的使者，也叫赫尔墨斯。据说他是宙斯与女神玛娅的儿子，刚生下来就爬出摇篮偷走了阿波罗的50头神牛。他偷牛的方法很巧妙，他在牛蹄和自己的脚上捆上树叶和树枝，然后赶着牛群倒着走。这样一来，既没留下脚印，又混淆了牛群的去向。宙斯很喜欢他，让他当了使者。从此，他拿着一根盘有两条蛇的短杖，穿着有翼的飞行鞋，来往于众神与凡人之间。他传达命令、引梦驱梦、接引亡魂，是奥林匹斯山上的主要成员之一。

希腊文和拉丁文中有关海尔梅斯的学说收录在《赫密斯文集》中。《赫密斯文集》的成书年代相当久远，埃及考古学家认为在公元前500年至公元前200年之间。现存的《赫密斯文集》是古埃及哲学的希腊译本，因为书中引用的例子都发生在埃及，许多描述以尼罗河流域的生活为素材。因此，《赫密斯文集》虽是希腊语的文本，但却是埃及的学说。真正的埃及原本早已无从考证，据推测可能毁于战火。

海尔梅斯是一名成功的预言家，是最早对于宇宙和生命有完整论述的人之一。他有完整的宇宙观，对宇宙、生命、时间等问题有着十分深刻的认识。他深知宇宙与神的伟大以及自己能力的局限，因而心中充满了对神的敬畏与感激。在海尔梅斯看来，人的思想是低能的，神的智慧却是圣洁的、永恒的。他认为神是一切生命的缔造者，所有生命都必须符合宇宙不变的法则。"没有什么不是神的意愿，他拥有一切。他的意愿都是美的、善的。""那就是神，宇宙是他的形象，神是善的，宇宙也是一样。"

海尔梅斯认为，时间的进程完全由法则决定，时间会按照固定的程序更新宇宙中的一切。一切都在这一进程中，不论是在天上还是在地下。永恒不受时间限制，而时间却在种种限制下往复循环着。他还认为，我们幻想中的天国景象只是符合人的思想状态的景象。我们看到的事物都是有限的、狭隘的，但好在我们能看到。

海尔梅斯说："当地球不再稳固，大海中不再有行船，天空中不再有星星，星球不再按轨道排列时，地上的水果将腐烂，土地将变得贫瘠，空气将停止流动。灾难之后，世界将衰老。没有宗教，一切将无规律可循，美好的东西将消失……黑暗胜于光明，生不如死，没有人会抬眼看一下天，对神虔诚的人被认为是精神病……一个新的、扭曲的社会将产生，人们精神错乱，思想言行不再有爱，而是充满了私心；人们将极度追求物质生活，这种追求使他们脱离精神世界。一个黑暗的王朝将诞生，人们被邪恶、腐败自私的政治家统治，只对金钱和权力感兴趣。自然会失去平衡，大难将临头，人们将自食其果。"

但是，海尔梅斯又说："当这一切降临时，一位至高无上的创始神会来纠正这一切，他会把那些走入迷途的人拉回来。世界将爆发水灾、火灾、战争、瘟疫，这些灾难会清除邪恶，使整个世界恢复原样，宇宙又成了一个值得朝拜、尊敬的地方。人们将时刻爱戴神、赞美神、祝福神。一个新的宇宙诞生了，一切都将被重建，变得美好、神圣，这是上帝的意志。上帝的意志不可抗拒，上帝的意志始终如一，上帝将以自己的意志再建这一时代正确的精神道路。"

海尔梅斯预言，当人们失去对神的敬仰后，世界将陷入混乱。人们会被邪恶的思想所控制，大自然会失去平衡，人们的生活也将变得无比混乱；其结果将导致人类精神世界崩溃，世界上会爆发战争、瘟疫、自然灾害等。届时世界会更新，旧的时代成为过去，新的时代即将来临。

很多先知都预测地球会在人类的贪婪中遭受灾难，这也许是为了劝告人们多行善事、善待他人。海尔梅斯的预言无疑带有浓厚的宗教色彩，旨在让人们相信神、崇拜神，认为世界上的一切都是由神主宰的。

神秘的霍比预言

霍比族是一个神秘的民族，它的预言石刻揭示了人类历次文明的交替过程，在这个过程中真的会发生灾难吗？

北美的印第安民族不是一个单一的民族，他们由许多不同的部落组成，这些部落之间的语言、文化、历史彼此相似又不尽相同。印第安人的民族中流传着许多预言和传说，其中的霍比部落更是被喻为"历史的记录者"。在美国亚利桑那州奥莱比附近，有一块被称为"预言石"的石头，石头上刻有许多据说已有上万年历史的、霍比部落的古老预言。霍比民族认为，这些预言是人类起源时期的神谕。

霍比部落是最古老的印第安部落之一。"霍比"的原意是"和平的人民"。他们的祖先大约在5000年到1万年前从墨西哥迁移到亚利桑那州。目前，霍比族主要生活在美国亚利桑那州北部的霍比保留地。他们是一个拥有悠久信仰传统的民族，一年四季都会举行不同的宗教圣典。20世纪50年代，这一预言第一次被用英语公布于世，其中很多历史大事，如关于前两次世界大战的预言都很准确。这引起了人们的注意，许多人开始研究霍比族的预言，希望能够发现后世的秘密。

霍比族认为，人类已经过了四次不同的文明交替。他们说："世间万物都有一个循环周期，动物也不例外。而我们现在正处在动物循环周期的结束和人类新一轮循环周期的开始。""当我们进入这一轮人类的轮回，我们与生俱来的伟大的潜能将从我们的光与灵中释放出来。但是我们现在正接近动物轮回周期的结束。""在此次循环里，每一方向上的种族都将获得两个石刻。你们不得把它丢弃，否则，不仅仅是人类将承受很大的磨难，整个地球都会消亡。"

霍比族有关人类起源的传说和《圣经》中的记载有许多相似之处。刚开始的时候，世界本来是无。造物主首先创造了自己的侄子，然后，在造物主的指导下，造物主的侄子创造了宇宙、水、空气和各种固态物质，又用泥土造了四种不同肤色（黄、红、白、黑）的人，并给了这些人以智慧、再生能力和不同的语言，让他们向不同的方向迁移并展开新的生活。造物主的侄子告诉这四种人："我给你们这一切，是为了让你们幸福生活。但有一个要求，你们在任何时候都要尊敬造物主。牢记造就你们的造物主的博爱，只要你们还活着，就别忘了这些。"

但是，随着时间的流逝，人们的私欲愈发膨胀，他们不再相信造物主，失去了对造物主的尊敬。不久后，造物主为了惩罚人类，用冰冻之灾毁掉了第二世界。接着，造物主又创造了第三世界。从第二世界幸存下来的人在第三世界里生活，繁衍后代。可是后来，人们的道德又下滑了，把自己的创造力用在了邪恶的方面，从而导致第三世界被大洪水毁掉。从洪水中幸存下来的人进入了第四世界。第四世界就是我们现在所处的人类文明。

在前两次文明中，人类由于腐败、私心以及不相信伟大神灵的教诲而被造物主淘汰。所以，霍比族认为，上次大洪水几乎淹没了所有人类，只有少数几个相信伟大神灵的人活了下来，这是伟大的神灵在告诫他们，要坚信神灵的教诲。于是，霍比族在伟大神灵面前立下了神圣的誓约——我们永远遵照你的教导。对霍比族而言，造物主的天法是永恒不变的。霍比人认为，能够在这个时候生活在地球上的人是最幸运的，因为此时一切物质都处在淘汰净化期。虽然这会是一个十分艰难的过程，可是，能生存在这个时代并见证这一切，是无比荣耀的。

霍比族究竟在北美大陆存在了多久，我们还无从考察，因为霍比族没有文字，所以所有的预言都靠代代口述相传，由于年代久远，有些连现在的印第安人也无法理解。加之晦涩难懂，很多预言目前还未被公众知晓。

恺撒遇刺前的诅咒之谜

盖乌·尤利乌斯·恺撒，如此传奇的人物，如果他相信预言，那么他可能就不会被谋杀。可惜，他没有机会再做出选择了。

公元前44年3月15日，古罗马共和国著名的军事家、政治家恺撒正准备在元老院议事厅里召开会议，忽然，一群手拿短剑的刺客将他团团围住。身中23剑后，恺撒倒在了庞培雕像的脚下。这就是历史上赫赫有名的恺撒遇刺事件。

传说，恺撒曾在去元老院的途中碰见了一位占卜师，占卜师警告他3月15日那天会有危险。恺撒本人不相信占卜，就对他说："3月15日已经到了！"占卜师反驳道："是啊，已经到了，但还没有过去。"其实，这个预言不过是恺撒遇刺前的一系列奇异预言中微不足道的一个。

恺撒出生于一个没落的贵族家庭，从小就有着非常远大的理想，渴望掌握最高权力。他聪明能干，工于心计，各方面的才能都很卓越。他是民主派执政官马略的内侄，也是大贵族秦纳的女婿，这些关系使他从年轻的时候就很同情民主派。苏拉当权后，曾令恺撒与秦纳的女儿离婚，恺撒不从，因此受到迫害。为此，恺撒长期躲避在外，并在罗得斯岛学习了修辞学和哲学。

公元前60年，恺撒在罗马重臣庞培和克拉苏的支持下，与元老院贵族相抗衡，史称"前三头同盟"。他先后出任执政官和高卢总督。他任高卢总督期间，通过10年征战，征服了300多个部落，占领了800多个城市，歼灭和俘虏敌人200多万人，他使高卢成为罗马的一个省。同时，恺撒还为罗马搜罗了大量的财富和奴隶，也为自己积攒了丰厚的政治、军事资本。公元前49年，他率军占领罗马，打败庞培，集大权于一身，实现独裁统治。

但是，当时的罗马是一个城邦制共和国，国家权力集中在元老院手中，国家事务由元老院集体决议决定。在当时，罗马的民主观念早已深入人心，如果谁想当国王，必定会引起众怒。恺撒当然不敢公开称王称帝，但他的权势已胜似一国之君。得势的恺撒一改往昔讨好人民的政策，许多过去拥护他的人都离开了他。他还遭到一部分元老贵族的反对。这些人身居要职，留恋城邦共和制度，不满恺撒的独裁统治。他们暗中串通起来，组成了一个阴谋集团，准备伺机刺杀恺撒。

公元前44年3月，恺撒正在全力准备与小亚细亚地区帕提亚人的战争。在此之前，早有一则许多罗马人都信奉的预言：只有国王才能打败帕提亚人。于是社会上流言四起，认为恺撒是在找一个公开称王的机会。在他出发之前，元老院准备在3月15日召开一个会议，刺客们决定在会上动手刺杀恺撒。这群刺客中，就有恺撒器重有加、深信不疑的部将布鲁图和加西阿斯。

3月15日前夜，恺撒到部将雷必达家里赴宴。宴会上，有人劝告恺撒，让他小心些，他们列举了许多"不祥的预兆"。恺撒虽然表面上装得满不在乎，内心似乎也预感到了死亡的阴影。

晚上恺撒回到自己家中后久久不能入睡。突然之间，走廊里"哗啦"一声，恺撒出来一看，原来是自己的塑像倒在地上摔碎了。后来才知道，这是仆人为了警告恺撒而故意摔碎的。

第二天早晨，恺撒的妻子从噩梦中惊醒，她告诉恺撒，昨晚她做了一个噩梦，梦见恺撒在自己的怀里被人刺死，血流不止。日有所思，夜有所梦。罗马共和国后期政坛凶险，妻子担心丈夫会遭人暗算，也在情理之中。但罗马人相信，梦是神灵的启示。

天亮以后，妻子因梦中出现了凶兆而要求他不要离家，取消元老院会议。在妻子的坚持之下，恺撒决定派他的亲信马克·安东尼去通知取消会议。这时，布鲁图来到恺撒家，极力劝说恺撒不要给人留以指责他高傲的机会，请求他亲自去元老院宣布取消会议。在布鲁图的再三劝说下，恺撒答应由其陪同前往元老院。

恺撒进入议事厅后，刺客们把恺撒团团围住，纷纷拔出匕首刺向恺撒。起初恺撒还奋力抵抗，当他看到自己一向信任的布鲁图也拿着匕首向他走过来的时候，他绝望地喊道："布鲁图，连你也这样吗？"在这之后，他便用衣服裹住了头，停止了反抗。早在恺撒打败庞培后，罗马就有"恺撒笑，庞培哭"的说法，而他倒下的地方，也恰好安放着一尊庞培的雕像。那位占卜师难道真的能预知未来吗？恺撒死在庞培的雕像旁真的只是巧合吗？这一系列巧合将恺撒之死渲染得异常神秘。

尼禄弑母的预言

在母亲的帮助下，尼禄成功继承了王位，然而他为了控制大权，竟然杀害了自己的母亲。这一切似乎都被占星学家预言到了，这是真的吗？

尼禄是罗马帝国克劳狄乌斯王朝的最后一个皇帝，以暴虐、荒淫著名。他曾杀死父母、妻子及师长。64年，罗马遭遇火灾，他有唆使纵火之嫌。尼禄在位期间，各地民众起义不断，又为近卫军及元老院所唾弃，穷途末路之下，他自杀身亡。

尼禄是靠宫廷政变当上皇帝的。37年，尼禄出身于罗马的一个贵族家庭，他的母亲叫阿格里皮，是一个富于心计、权欲极大的女人。儿子的出生使阿格里皮看到了飞黄腾达的希望。尼禄3岁时父亲就去世了，他的母亲后来嫁给了当时的罗马皇帝。阿格里皮一当上皇后，就鼓动老皇帝废太子，立尼禄为王储。为了避免节外生枝，她甚至毒死了老皇帝。最后，她通过贿赂近卫军的方式让年仅16岁的尼禄登上了皇位。

谋杀老皇帝，让自己的儿子继承皇位，这是阿格里皮一生中最得意的杰作。她以为，罗马从此以后就是自己的天下了，她可以尽情地享受权势带给她的快乐和满足。但阿格里皮万万没有想到，她交给儿子权力的同时，也把残忍教给了他，而自己最终也死在这种残忍之下。

阿格里皮为了掌权，常常用自己的意志控制尼禄，并以女皇的身份自居。她严格控制并监视尼禄的言行，甚至连他的婚姻也要亲自操办，这激起了尼禄对她的反感。起初，尼禄以假装退位和隐居来威胁母亲，并设法使人们对她产生憎恨。接着，尼禄在一次亚美尼亚使臣谒见的场合中，以皇帝的身份阻止母亲进入会场。

阿格里皮没有想到自己的努力竟换来如此的待遇，她扬言要用暴力对付尼禄，并以扶助即将成年的幼弟不列塔尼库斯来威胁尼禄。55年，不列塔尼库斯在一次用餐后中毒身亡，后人猜测是尼禄下的毒。

很快，尼禄又以谋反为名流放了帕拉斯，帕拉斯是阿格里皮的朝中密友，此举表明尼禄开始公开与母亲对抗。59年，尼禄突然大献殷勤，邀请母亲到坎帕尼亚海边的拜亚别墅度假。尼禄特别订制了一艘豪华的小船去接阿格里皮，他预先在船上做了手脚，当船在深水中航行时会突然沉没。但阿格里皮擅长游泳，被路过的渔船救起。阿格里皮派她的奴隶向尼禄报安，尼禄得知后，命人将一把匕首偷偷地藏在奴隶的身旁，然后下令把这个奴隶抓起来，说他是阿格里皮派来谋杀皇帝的刺客，并派兵到阿格里皮的别馆里杀死了她。同时，尼禄向全国宣称，阿格里皮是因刺杀行动暴露而逃离皇宫的。

暴君尼禄与星占学关系密切。他自幼就受到星占学的教育，有三位老师：一位是来自亚历山大城的喀雷蒙，一位是历史上著名的作家、斯多噶派哲学家、大名鼎鼎的塞涅卡，还有一位占星学家的身份尚不确定。

尼禄出生时恰逢旭日东升，这被认为是祥瑞之兆。据此，他母亲曾请占星学家为他算命，占星学家告诉她，尼禄可以当上皇帝，但他称帝后会弑母。据说当时阿格里皮表示："只要是能做皇帝，杀就杀吧。"后来这一预言果然成真。

神秘的预言诗集《诸世纪》之谜

> 在那个科技并不发达的时代,为什么他能如此真切地看到未来?他究竟是骗子还是预言家?谁能证明?

1551年的一天,法国国王亨利二世召见了一位地方医生,让他为自己算命。医生仔细地端详了一阵国王那沉醉于酒色的双眼,然后用低沉而冷静的声音说:"陛下,十年之内,你的脑部会被锐利的武器刺入,也许还会因此丢掉性命。"亨利二世听后怏怏不乐,但也没把他的话放在心上。

时光渐渐流逝,十年即将过去,一切平安。人们早已忘记那位地方医生的预言。可是,就在这十年期限的最后一夜,令人意想不到的悲剧发生了。那晚,亨利二世一时兴起,提出要和他的卫队长比试枪法。当卫队长举枪向国王刺去时,锋利的枪尖一下子刺透了国王的黄金头盔,刺中了他的眼睛,并伤及他的脑部,亨利二世惨叫一声倒在地上,没过多久就断了气。这时,人们才回忆起十年前那位医生的预言,不禁胆战心惊。那位医生名叫诺查丹玛斯。

诺查丹玛斯于1503年生于法国普罗旺斯的圣雷梅,曾在医学院求学。他是第一个发现血清的人,还同当时流行于法国南方的黑死病做过卓有成效的斗争,可以说是近代医学的鼻祖。

诺查丹玛斯的预言家生涯亦是从他行医时开始的。他给病人诊断、治疗时,常常能获得一种自己也不明白的启示,那是一种直觉、一种灵感。相比他所掌握的医学知识,这些发自内心的声音更能指导他给病人看病。于是,他开始追踪自己的"心声",并运用一些方法加强了这种声音的清晰度。渐渐地,他掌握了随时捕捉这种声音的方法。同时,他掌握了广博的占星知识。他通过对天文星相的研究来检验自己心中的预言,从而大大提高了预言的精确度。在此基础上,他写出了《诸世纪》一书。

数百年来,人们始终对诺查丹玛斯的预言争论不休。有人称他是"有史以来最狡猾的骗子",但也有人称他是"世界历史上最伟大的天才"。1566年7月,他逝于法国南部的萨朗。在逝世前,他曾自信地说:"在今后数百年内,人类将越来越重视我。"这句话本身就是一个预言,历史验证了他的话。

《诸世纪》这部奇书用押韵的诗体写成：每4行一小节，每100小节预言一个世纪。预言书把法文、西班牙文和希伯来文的词汇糅合在一起。由于它的语言完全是象征性的，多数情况下含糊其词，因此后人对某一预言总会有各种不同的解释。

下面是《诸世纪》中的几首预言诗：

崇拜偶像的强大党徒，
把整个多瑙河两岸征服，
他们挂着弯成"卐"字形的铁十字架，
从无数废墟的碎片中去寻求黄金、宝石和奴仆。
（第二次世界大战时德国法西斯曾一度称霸欧洲）

数年之后战争在法国了结，
越过卡斯蒂利亚领土的境界，
胜利尚未定，三大巨人得桂冠，
鹰、鸡、月亮、狮子攻击的目标只留下太阳未摘。
（苏美英三国首先在欧洲打败了德国，这时法西斯轴心国只剩下了日本）

女子乘船在天空里飞翔，
其后不久，
一个伟大的国王在他鲁斯把命丧……
（1963年7月，苏联出现了女宇航员，同年11月，肯尼迪总统在达拉斯遇刺身亡）

诗中叙述了第二次世界大战中盟军诺曼底登陆、墨索里尼暴尸街头、原子弹迫使日本投降等事件。诺查丹玛斯对希特勒名字的推测仅一字之差（希斯特），而对佛朗哥名字的推测则完全吻合。

20世纪发生了许多重大事件：第一次世界大战、俄国革命、纳粹集中营建立、原子弹爆炸、肯尼迪遇刺、伊朗革命、中东战争、石油危机……这些都被诺查丹玛斯预言到了，并且有80%是正确的。

至于诺查丹玛斯的预言究竟从何而来，这个谜的谜底恐怕永远都无法揭开了。

著名女占卜师的死亡之谜

> 她一生为无数人占卜,包括拿破仑、约瑟芬、罗伯斯庇尔、马拉、圣茹斯特等。然而,她的死亡却似乎完全顺从了命运的安排。

玛利亚·亚德莱达·勒诺曼是历史上著名的女占卜师。她预言了拿破仑和约瑟芬的邂逅,预言了法国大革命时期不可一世的领导人们——罗伯斯庇尔、马拉、圣茹斯特的悲惨结局……这些当时令人难以想象的预言,后来成了真实的历史。

1772年3月,玛利亚出生于法国巴黎附近的小城镇亚兰森。她的一生充满了奇异色彩:她刚出生就有一头乌黑的长发和满口洁白的牙齿,接生婆被她吓了个半死。幸好她的父亲——一个极度期望有个孩子的棉花富商并没有把她当成怪物丢弃,父母都很疼爱她。但"怪物出生"的消息迅速传遍了城镇,深恐灾祸降临的民众坚持把她送走。尽管玛利亚的父母辩称他们的女儿既没有长角和爪子,也不是怪物,但迫于民众的压力还是把她送到了附近的天主教修道院,每月付生活费请修女抚养她。

玛利亚在幼年的时候就展示了神奇的预知能力,这令人们对她刮目相看。在预言了修道院院长的命运后,她一举成名。

她6岁时,突然逢人便说修道院院长将离职,被这条消息困扰的院长去责问玛利亚,谁知玛利亚竟告诉她,她将结束修女生涯并与一个富家子弟结婚,修道院长当然不信。一个月后,这件事真的发生了,而且与玛利亚预测得一模一样。

然而,上天在赋予玛利亚神奇的预言能力的同时,也让玛利亚的容貌愈发丑陋。人们都在私底下议论这个预言大师恐怕只能在修道院终老一生了。

玛利亚的父亲去世后,家里不再给她支付生活费。虽然很多人请玛利亚预测命运,但是她都不要报酬,也不许修道院收钱。失去生活来源后,玛利亚干脆离开修道院,去巴黎闯天下。正好曾被她预测命运的修道院院长出嫁后搬到了巴黎,在她的帮助下,玛利亚成立了一个占卜沙龙。由于她的预测相当灵验,在巴黎上流社会的圈子里,玛利亚的名气越来越大,找她占卜的人的身份也越来越高贵。

法国大革命时期正值雅各宾派掌权。一天,著名的领导人罗伯斯庇尔、马拉和圣茹斯特到沙龙占卜,玛利亚预言他们都将死于非命,这些位高权重的领导人不但不信,还轻松地互相打趣。看到这幅景象,玛利亚突然靠近马拉身边,在他耳边低声说:"看着我的眼睛!"马拉顺从地照做,不一会儿,马拉突然一脸惊骇地倒退了几步。罗伯斯庇尔和圣茹斯特赶紧问他发生了什么事,心知不妙的马拉立刻拉着同伴离开,并小声告诉他们:"在这个丑陋的妇人眼里,我看到了一片血海!"话音未落,他们就听到玛利亚冷冷地说:"你们被砍掉头后恐怕也英俊不到哪儿去!"1793年7月13日,患有皮肤病正在浴盆内泡药澡的马拉被女刺客夏洛蒂刺杀身亡。1794年7月27日,罗伯斯庇尔和圣茹斯特被"热月政变"赶下台,并于次日被送上断头台。玛利亚的预言又一次应验了。

罗伯斯庇尔的雅各宾派专政被热月党人的统治取代了,法国建立了法兰西第一帝国。但是改朝换代并没有影响玛利亚的占卜事业,她的占卜沙龙依然门庭若市。

一天,两个妇女走进了占卜沙龙,其中一个名叫特雷莎,她想知道她是否会嫁个富人,玛利亚预言她将拥有公主的头衔,并收获一段刻骨铭心的爱情。特雷莎随即转过头去对同伴约瑟芬抱怨说:"她只是看穿了我想嫁人的心情,然后信口开河。"听到特雷莎的抱怨,约瑟芬决定放弃请眼前这个又矮又肥的丑妇人占卜的打算。正当她想转身离开时,突然听到玛利亚淡淡地说:"夫人,你最好留下来,在未来很长一段时间里,法国的命运将掌握在你手中。"这番话顿时激发了约瑟芬的好奇心,她决定留下来听听玛利亚会说些什么。玛利亚郑重其事地动用了一些占卜用的辅助器材(平时她不需要这些器材的帮助),她预言约瑟芬这个有两个孩子的寡妇是个"天命之人",不久她将遇到令她全身心去爱恋的男人,这个男人会让她无比出名,但是最后又会把她抛弃。

听着玛利亚的喃喃细语,约瑟芬向她提出了自己的疑问,玛丽亚见约瑟芬不信,便拿起约瑟芬的手,用一根金针戳破一个小指头,然后对她说:"你既然还不相信,我就给你看一些东西,以前来占卜的人可没有这个福分,你大富大贵后要记得保护我。"玛利亚从手指头上挤出一滴血,滴到一个装着不知名液体的碗里。这滴血在碗里也不扩散,只是不停地变化形状,最开始像紫罗兰和郁金香(约瑟芬最喜爱的花),然后变成丁香,最后凝结成王冠的形状。紧接着,玛利亚用不容置疑的语气对约瑟芬说:"你将成为皇后!"

约瑟芬感觉自己像是在做梦,她神情恍惚地准备离开。走到门口的时候,她突然在起居室的角落里看见一个花花公子打扮的男子,但她没怎么留意,她还想着刚才的遭遇:"我不可能成为皇后,不过再没有比今天遇到的事更奇怪的了。"

"我的皇上,你来了!你要成亲了,不久你将遇到你的新娘。你将成为皇帝,名震天下,过着奢华的生活。但这只是你40岁之前的事,40岁时,你将忘却天意安排给你的爱人,这是你悲惨的后半生的开始。你将痛苦地死去,而且你所有的亲戚朋友都会声称自己从不认识你!"炮兵军官拿破仑·波拿巴想起玛利亚的预言时仍然非常恼怒:"我怎么会相信占卜师的鬼话,她对我怎么会有帮助呢。"但是,在拿破仑的脑海里,在沙龙门口邂逅的那位夫人的倩影挥之不去。正如玛利亚所料,之后事态的发展和历史记载的一模一样。

五年后,俄罗斯军队攻进了法国,玛利亚又一次出现在历史舞台上。许多俄国军官都久闻玛利亚的大名,但不敢找她占卜,怕听到不好的结果。军官卢宁、雷利夫和穆拉维耶夫不信这个邪,他们结伴去占卜沙龙找玛利亚预测命运。玛利亚预言他们的命运极其相似,都将迅速获得提升,开始成功的政坛生涯,最后悲惨地死去。

"你会被吊死的!"她用一种很可怕的语气对穆拉维耶夫说,而穆拉维耶夫并没有被可怕的预言吓倒,他泰然自若地说:"可能你把我当成了英国人,但我是俄国人,在我们那里死刑早就被废除了。"事实上,没有人相信这个出身名门的贵族军官会被吊死,然而世事难料。终于有一天,穆拉维耶夫穿着囚衣,与其他图谋推翻俄皇的同谋者一起被推上了绞刑架。行刑士兵敲着鼓,粗大的绞绳圈落到了他的脖子上,或许当绳圈收紧,他逐渐失去意识时,才会想起玛利亚的预言。

尽管世间大多数事情都在她的预料之中,但玛利亚自己的命运仿佛是个例外。她深知自己一生的命运已经注定,即使是位高权重的皇帝也无法令其躲过命运的劫数。她躲过了占卜沙龙失火;她乘坐的小艇却在塞纳河上沉没,她本人却不可思议地逃生了。然而,1843年,玛利亚莫名卷入了一场暴乱。在这场暴乱中,她被一个从未见过的狂怒男子掐住脖子,窒息而亡。

罗伯特·安森·海因莱因的预言

罗伯特·安森·海因莱因是世界政治舞台上一位神秘莫测的预言家,他写下的种种预言,给人们留下了一个个未解之谜。

1907年7月7日,罗伯特·安森·海因莱因生于密苏里州的巴特拉市,青年时期就读于密苏里大学。1925年进入安那波利斯海军学院学习,毕业后作为航空母舰和驱逐舰的士官在海军服役五年。1934年因病复员。他在加利福尼亚大学洛杉矶分校攻读物理。第二次世界大战期间，他在费城海军航空试验所担任工程师。海因莱因被誉为"美国现代科幻小说之父""美国科幻空前绝后的优秀作家""美国科幻黄金时代四大才子之一"。

海因莱因和写作结缘完全出于偶然。当他失业且穷困潦倒时，他在一家杂志上看到一则征文广告，便坐下来写了一篇小说《生命线》。写完后海因莱因就把它寄给了科幻界的头牌杂志社——约翰·伍德·坎贝尔主编的《惊奇科幻》，这篇小说很快被发表，并得到了良好的反馈。

海因莱因的早期作品大多属于他的"未来历史"系列，如《出卖月亮的人》《地球青山》《2100年起义》《梅瑟斯拉神的孩子们》和《天堂的孤儿们》。

1947年起，他的短篇作品出现在《星期六晚邮报》等高价杂志上，他的长篇则是一系列少年儿童科幻故事，如《伽利略号火箭飞船》《太空军官候补生》《红色的行星》《星球人琼斯》《星球兽》和《银河系的公民》。这些作品不仅吸引了许多青少年读者，而且吸引了许多成年读者。

20世纪50年代起，海因莱因开始转向长篇小说的创作，如《傀儡主人》《双星》《进入盛夏之门》和《星际船上的部队》。《星际船上的部队》的发表在科幻界引起了不小的争议，尽管它获得了雨果奖，但有不少人认为这部描写星际战争的作品内容过激，带有军国主义倾向。当然，也有评论家认为这是一部爱国主义的科幻小说。

值得注意的是，海因莱因还是一个神奇的预言家。他的第一个预言是：首先使用原子弹的国家必定是美国而不是其他国家。他在1940年就断定美国必然要和苏联结成盟军，第二次世界大战将在"原子爆炸声"中结束。后来，这些预言都变成了现实："二战"爆发后，为了抵抗强大的法西斯集团，美、英、苏等大国结成同盟国；"二战"末期，美国成功研制出原子弹，并将其中的两颗投掷在了日本的广岛、长崎，迫使日本侵略者投降。

20世纪60年代，当中美关系异常紧张时，海因莱因又预言道：不出20年，中美极有可能成为"关系友好"的国家，虽然这两个大国不一定能成为盟国。果然，尼克松执政以后，中美关系开始松动，不再处处针锋相对。1972年，尼克松总统访华，中美发表了《中美联合公报》，两国建立了外交关系。1979年，两国签署了《中美建交公报》，正式建交。当时，中国在北面遭受苏联的侵略，与美国建立外交关系也是为了遏制苏联。虽然中美不是盟国，但就像海因莱因所说的那样——

"关系友好"。也许,这根本就不是预言,而是海因莱因认真观察国际局势后做出的判断。毕竟中美都是实力强大的大国,恢复正常关系无疑是顺应历史的改变。

海因莱因还有一个神奇的预言:很早以前,他就认定日本将在经济上异军突起,并以毋庸置疑的口吻宣称,东南亚地区将是一个多事的角落。"二战"期间,日本经济遭受了毁灭性的打击,但战后,日本经济迅速崛起,取得了不可思议的进步。而东南亚地区也是战乱不断,如美越战争、柬埔寨内乱等。海因莱因预言的准确性使人们感到惊讶。

美国总统的诅咒

160多年来,在逢0年份当选的美国总统中,除里根和布什外,其他人都死在了任上,这一诅咒是否还会继续应验呢?

"肖尼人的诅咒"是美国每隔20年便有总统在任期内死亡。该诅咒自1840年开始应验,每逢结尾数字是0的年份当选的美国总统,都会遇到危及生命的灾难并死在任上。这个诅咒闻名世界,迄今为止,先后有7位美国总统在任期内死亡,他们恰巧都是相隔20年后在逢0年份当选的。

俄亥俄州有一个著名的印第安人部落——肖尼部落,肖尼部落的首领是特库姆赛和腾思科瓦塔瓦两兄弟,他们组织了一个"泛印第安部落抵抗运动",号召印第安各个部落联合起来,以抵御日益发展壮大的来自西部的殖民者以及美国士兵的侵略,从而保卫他们守护了几千年的土地。通过多年的努力,他们成功地使许多部落联合在一起,印第安人的力量逐渐壮大。

威廉·亨利·哈里森是1841年上任的第9位美国总统。他最初学医,后来弃医从军。1790年,他因在美国西北地区的印第安人战争中作战英勇而被封为军官。1811年,身为印第安人领地的总督,他带领一群职业军人和民兵在蒂皮卡诺战役中对肖尼部落的印第安人大开杀戒,此事震惊全国。

由于白人大量屠杀印第安人,因此印第安人开始对白人进行报复。在蒂皮卡诺战役之后,印第安人诅咒哈里森总统"将在第二年获得伟大的胜利并成为首领,但他会死在他的任期中。自他以后,每隔20年都会有一位美国总统死在他的任期上。每一任总统的去世都将使大家记住印第安人的牺牲。"美国每4年选举一任总统,所以从1840年算起,每20年就有一任总统在结尾数字是0的年份当选。

1840年,哈里森在总统大选中获胜。在他就职演说那天,风很大,天气也非常冷,他的演说持续了1小时40分钟。1个月后,这位总统因感冒而死于肺炎。

20年后,又一次总统大选"证明"这不是一次偶然事件。亚伯拉罕·林肯在1860年首次当选总统。在任时被暗杀。

1880年当选的第20位总统、共和党人詹姆斯·加菲尔德在1881年上任4个月后就被枪杀。

1900年当选总统的威廉·麦金莱是第二次出任总统。他上任一年半后被枪杀。

1920年共和党人沃伦·G.哈丁当选为美国第29位总统。1923年,他于旧金山突发心脏病,最后死在总统酒店的房间内。

1940年民主党人富兰克林·德拉诺·罗斯福连任成为第32位总统,但在1945年第4次当选总统后不久就因大脑动脉瘤不治身亡。

1960年约翰·菲茨杰拉德·肯尼迪当选为美国第35位总统,他是美国最年轻的总统。1963年11月22日他在达拉斯遭枪杀。

1980年共和党人罗纳德·里根当选为第40位总统。1980年里根遇刺,手术后康复。但他最终还是因肺炎复发而不治身亡。

2000年,乔治·沃克·布什当选为美国第43任总统,幸运的是,他没有像前任遭受诅咒的那些总统一样死在任上,而是平安地度过了任期。其实,布什在佐治亚州进行演讲时曾躲过一次暗杀。

从华盛顿到布什,美国已经经历了49次总统选举。事实上,美国已经有54位总统就职,但是被诅咒后,逢0年份当选的9位总统中已经有7位死在任职期间,只有里根和布什幸免于难。这是不是意味着从1980年里根总统开始,诅咒就失效了呢?这一切还需要时间来证明。

希特勒的神奇预言

希特勒不仅发动了惨绝人寰的第二次世界大战,更成功地预言了自己的结局,这些预言是希特勒亲口说的吗?

阿道夫·希特勒是第二次世界大战的发动者和头号战犯,也是世界近代史上臭名昭著的人物。希特勒在第二次世界大战中犯下了滔天罪行，不但对许多国家发动了侵略战争，还大肆屠杀犹太人，妄图消灭犹太民族。就是这样一个令人恐惧的法西斯分子，除了会丧心病狂地发动战争，还会莫名其妙地说一些预言。据希特勒的私人医生记载，他会进入一种虚妄的状态，说出一些连他自己也不明白的预言，但这些预言大部分都应验了。当然，也有许多人对这些预言的真实性提出了质疑。

也许是蓄谋发动战争已久，希特勒已接近疯狂。有一年夏天他在法国的郎斯时，突然对人说道："1935年后，人类将分成两类，无论什么国家，无论是男是女，都将两极分化。"1939年8月末的一个夜晚，希特勒突然从睡梦中跳下床来大叫："就是现在，我已接到指令！"几天之后，德国军队以闪电般的速度占领了波兰，发动了第二次世界大战。不久，整个世界分化为以同盟国和轴心国为核心的两极，进行血与火的生死搏斗，和希特勒的预言几乎相同，让世人震惊。但是，很多人认为这是希特勒为自己的侵略战争寻找借口，并不可信。

就在德国战败前不久，希特勒又做出了一个令人震惊的预言。当然，这次希特勒预言的是自己的命运。在1944年12月的一次英美空军对柏林的空袭时，希特勒在他地下大本营中的午餐会上突然对赫尔曼·戈林和海因里希·希姆莱说："喂！赫尔曼，海因里希！你们觉得这儿的地下生活怎么样？我不觉得丝毫不悦。正相反，我觉得非常舒适，头脑也比以前清晰多了。你们呢？好像也不错嘛！你们和戈培尔都是我们纳粹最高级的领导人，是我最忠实的朋友。不过，我看得很清楚，在我最后的日子到来前的第七天，你们会背叛我，和美国人一个鼻孔出气。"希特勒连自己的死亡日期都说出来了，的确让人觉得不可思议。

赫尔曼和海因里希是希特勒的心腹。前者是纳粹的空军大臣，后者则是希特勒的元首卫队和秘密警察的总头目。这两位作为希特勒的死心塌地的追随者，当时对希特勒并无二心，他们不知道元首为什么会突然说出这样的话。两人立刻脸色发青，如临大敌，不知道希特勒有什么意图。希特勒似乎也被自己的话怔住了，觉得有些突兀，半天没有说话。当时的气氛甚至不能用"死寂"来形容。

西奥多·莫勒尔是希特勒的私人医生，他的医术非常高明。希特勒一直患有严重的精神恐慌症、胃肠道障碍及失眠等疾病，靠着莫勒尔的治疗才勉强支撑，因此莫勒尔深得希特勒的宠信。据说，就在希特勒做出上述预言后的一天，他突然对莫勒尔说："莫勒尔，你不是军人，因此我什么都可以对你说。这些话如果对军人说了会让他们丧失斗志的。你听着，根据我的预判，纳粹就快战败了。战败后德国会失去一切,这里将变成一块美丽的草坪,在草坪的一角会竖立着一块木牌,上面写着'纳粹总部'。但谁也不会到这里游玩或参观。这附近会筑起一面长长的墙壁,德意志会一分为二。这种情况将持续到20世纪末。"后来,莫勒尔博士将这些话记入了自己的日记,也许他想验证希特勒预言的真假。

时隔不久,希特勒的战败预言应验了。尽管赫尔曼和海因里希一直对希特勒很忠诚,但是他们确实在希特勒战败自杀之前的第七天,即1945年4月23日背叛了他。为了给自己找条生路,他们私下与美国进行秘密谈判:"只要能够让我们免受战争审判,我们愿捉住元首并将他引渡给美军。"也许希特勒的预言只是个幌子,他当时只是看透了自己的处境和身边人的心思,但是谁又能知道呢?

第二次世界大战后,希特勒的纳粹大本营也确实变成了一片草坪,边上不远处是苏军修筑的分割东西德国的柏林墙。这片无人问津的草坪上孤零零地竖立着一块石碑,上面刻着"这里曾经是纳粹总部"。20世纪末,德国人民推倒了柏林墙,分裂了近半个世纪的德国重新统一。除了预言中的"一块木板"和现实中的石碑稍有出入之外,整个情景和预言惊人地相似。希特勒和纳粹早已成为历史,他的预言却令世人震惊。

更奇怪的是,早在3000年前就有人预测到了希特勒的存在以及他的命运。当时,一位名叫丹尼斯的埃及人在狮身人面像的前足下埋了古拉丁语的羊皮手稿,上面写着:"我不知那是什么时候,人类中出现了一位魔王,他拥有旷世的权力,他的子民们为了满足他的欲望而屠杀、侵略和掠夺……我亲爱的孩子们,你们千万不要听信他的话。他的每一句话,都将把你们带到不可回头的罪恶和灾难之渊。"这位先哲实际上预言了希特勒的出现和他发动的侵略战争,难道人类中真的有先知?

当然,关于希特勒的预言也许只是传言,也许是有人为了增加希特勒的神秘感而故意编造的。但是,希特勒确实给人类带来了很大的危害。即使没有预言,这次侵略也会以失败告终,因为胜利永远属于正义的一方。

第三章　追本溯源，寻找民族之根

腓力斯丁人——"海上民族"从何而来

> 历史上许多文明的消失都与腓力斯丁人有关,传说他们的航海技术十分发达,到过许多地方。那么这个"海上民族"到底从何而来呢?

公元前13世纪下半叶,在南起埃及、北至希腊半岛、东抵小亚细亚、西达克里特岛的广阔区域内,出现了许多古代文化中心迅速衰落甚至灭亡的现象。

经过考古学家和历史学家的发掘和探索,他们认为出现这种现象的原因是腓力斯丁人的入侵。

古希腊人将腓力斯丁人的居住地称为巴勒斯坦,即腓力斯丁人的国家,这也是巴勒斯坦地名的由来。显而易见,腓力斯丁人和巴勒斯坦地区的联系由来已久,和希伯来文明更是密不可分。

希伯来人的起源至今仍是一个令人困惑的问题。公元前14世纪,摩西率领希伯来人逃离埃及进入西奈半岛。在征服巴勒斯坦地区的过程中,希伯来人遇上了一支更加崭新、更加可怕的敌人——从小亚细亚和爱琴海诸岛进入巴勒斯坦的腓力斯丁人。腓力斯丁人比希伯来人更为强大有力,他们迅速扩充地盘,迫使希伯来人放弃许多已经到手的土地,并把加沙、阿什克伦、阿什杜德等地结成联盟,以便防守自己居住的地区。腓力斯丁人住在最富饶的地区,并拥有可观的财产,掌握炼铁和制造武器的秘方。他们身材魁梧、相貌堂堂,士兵的装备精良,战斗力极强。公元前1025年,以色列王国建立后,新王扫罗先把全部精力都投入到了反击腓力斯丁人的斗争中。继任君王大卫则将腓力斯丁人赶出了巴勒斯坦地区,腓力斯丁人的地盘缩小到南方狭窄的沿海地带。

腓力斯丁人究竟源自何处?他们是由哪些人组成的?他们与犹太人的历史发展有何关系?这些都是古代文化史中的难题。美国著名的历史学家爱德华·伯恩斯和菲利普·拉尔夫认为,腓力斯丁人是从小亚细亚和爱琴海诸岛进入巴勒斯坦地区的。以色列著名的政治家、历史学家阿巴·埃班也认为,腓力斯丁人是爱琴海上的一个民族,入侵的北方部落把他们从家乡克里特岛和小亚细亚的沿海地区赶了出来。腓力斯丁人最初想在埃及找到立足之地,但没有成功,然后他们才进入了巴勒斯坦。

俄罗斯著名的古代史专家阿甫基耶夫认为，腓力斯丁人是在公元前12世纪突然出现在叙利亚和巴勒斯坦的。他说："腓力斯丁人是属于爱琴部落集团的，在埃及铭文中这些部落被称为'海上民族'。"但这一集团包括什么人这一问题，阿甫基耶夫却避而不谈。他认为，腓力斯丁人的强大在于他们广泛地使用铁，而铁在公元前13世纪时是十分珍贵和稀少的。

另一名俄罗斯古代史学家塞尔格耶夫提出了与阿甫基耶夫不同的假说。他认为，腓力斯丁人就是以希腊人为主的一个强大的部落集团。古代希腊人自称达那俄斯人，也称亚该亚人。公元前13世纪至公元前12世纪，亚该亚人联合加里亚人、西里西亚人、条克里人从海上入侵埃及，后来他们分散于地中海诸岛和沿岸方向。对此，希腊铭文曾有记载。

有学者认为，要解决这一问题必须重新研究涉及"海上民族"的古埃及文献资料，纠正从埃及学发展早期流传下来的一些不正确概念。还有学者认为，过多地注意埃及文献中的某一名词是一个错误，这是一个众多民族融合的过程。西西里人、撒丁人、腓利斯人和色雷斯人也曾是"海上民族"的一部分，而后来活跃于世界历史舞台上的雅典人、吕底亚人、腓尼基人、以色列人、阿拉美亚人和罗马人等则是"海上民族"各部落集团因迁移而相互融合所产生的新部落集团。

"海上民族"究竟源于何处？他们是一个民族还是多个地方的人组成的集团？一些突然消失的文明是否与他们有关？他们最终去向何处？这一系列问题目前仍在讨论之中，没有形成统一的定论。

阿兹特克人起源之谜

> 阿兹特克人曾经在墨西哥的土地上创造了璀璨的文明，然而长久以来，人们不知道他们起源于何处，又为何迁到了墨西哥。

关于墨西哥阿兹特克人的来源有这样一个故事：大约在12世纪，印第安人阿兹特克部落为了躲避敌人的追击，从北方的故乡迁徙到墨西哥河谷。有一天，战神对正在寻找栖息地的阿兹特克人说："你们去寻找一只鹰，它栖息在一株仙人掌上，口中还衔着一条蛇，它所在的地方就是你们居住的地方。"

阿兹特克人遵照战神的指示，来到了特斯科科湖畔的一个岛上，果然看到一只鹰叼着一条蛇站在仙人掌上的奇特场景。于是他们便在岛上居住下来，建立新的城市，并把这个城市称为"特诺奇蒂特兰"，意为"仙人掌之地"。

14世纪初，阿兹特克人定居于墨西哥中部谷地，后不断扩张。16世纪初形成东达墨西哥湾、西抵太平洋的庞大国家。15世纪至16世纪初，中部美洲的阿兹特克人在吸收了墨西哥谷地的其他发达文化的基础上，创造和发展了自己独特的璀璨文化，同时在政治和军事上行使霸权。1521年，西班牙殖民者侵入特诺奇蒂兰特，大肆屠杀，彻底毁坏了那座城市。就在特诺奇蒂兰特的废墟上，墨西哥城建立起来了。

据考古学家研究，曾经称霸墨西哥的阿兹特克人可能于13世纪从墨西哥北部迁徙而来。那么，他们究竟来自北方的哪座城市？又为何迁徙到墨西哥中部？

在现存的各种历史文献中，关于阿兹特克人搬出阿兹特兰的记述十分模糊，也十分难懂。而且，许多记叙或描写阿兹特克人起源的文献，往往把历史事实和神话传说混杂在一起。因此，人们很难判断阿兹特克人的起源地究竟是哪里。

根据阿兹特克人的传说，他们在12世纪以前只是墨西哥平原北部一个狩猎兼营采集的部落，后来才迁徙到中美洲。在西班牙殖民者侵入美洲大陆后不久，墨西哥便出现了一本名为《漫游书卷》（又称《博图里尼古抄本》）的书。阿兹特克人在这本书中记载了自己的历史：他们从一个神秘的起源地出发，经过长期漫游，到达墨西哥谷地的特斯科科湖。据说其起源地叫作"阿兹特兰"，其民族的名称"阿兹特克"就是从这个地名中产生的。

在《漫游书卷》的第一幅插图中，第一批离开小岛的阿兹特克人正在横渡大湖。有位学者认为，阿兹特兰位于今墨西哥的墨斯卡系蒂坦岛，它可能就是古抄本插图中所显示的地方；而墨斯卡系蒂坦岛位于纳雅里特海岸的一个滨海湖内，那里至今仍有一个叫作"阿兹特兰"的地方。由于古抄本记叙的历史不详细，且其中可能存在臆想的成分，因此也不能完全按照它来推测阿兹特克人的起源地。

阿兹特克人也有可能来自一个叫作"奇科莫斯托克"的地方，意思是"七洞穴"或"母亲之地"。西班牙的一些学者认为，12世纪末到14世纪是阿兹特克国家开始形成的时期，这一时期十分混乱，墨西哥谷地的特斯科科湖周围突然出现了许多城市，同一个种族的部落集团之间相互征战。这些集团有一个共同的起源地——"奇科莫斯托克"，它位于今美国的新墨西哥州境内。

在西班牙被征服以前，定居在墨西哥谷地的许多印第安部落集团（包括阿兹特克人），都是从北方的"契契梅克"地区迁移南下的。他们都是游牧部落集团，行踪飘忽不定，因此人们很难判断他们到底是从哪儿来的。迄今为止，阿兹特克人的起源地仍是一个历史难题。

白人、黑人起源之谜

白人和黑人是特征明显不同的两个人种，关于他们的故事很多。然而，他们是从哪里迁徙到目前居住的广大地区的？长久以来，人类学家一直在寻找这个问题的答案。

关于人类起源的问题有两层含义：一个是人类的起源，即人是由何种动物演变而成的，这些动物是如何演变成人的；另一个是现代人的起源，即地球上黄、白、黑、棕四色人种是起源于何处、如何起源。四色人种时期是人类进化过程中离现代最近的局部阶段，是一个非常重要的阶段。

人类起源于非洲，这是考古学家通过长期的考古发掘得出的结论。人类诞生后必然会不断地迁移，迁移的地方不同，所处的环境不同，肤色也不同。非洲阳光强烈，人的肤色较黑；欧洲阳光较弱，肤色就比较白；亚洲的阳光强度居中，人的肤色也居中。

那么，不同肤色的人种分别起源于何处？白人与黑人的起源地问题在当今世界颇有影响，也是科学家们长期以来关心且想要考证的热门问题。

在以前，科学家们认为非洲的黑人起源于非洲西部，然后向南迁移。后来科学家们在南非瓜祖卢的边界洞中发现了一个破碎的成人头骨，据说这个头骨是11万年前的，且具有现代黑人的性状。结合其他证据，最终得出黑人起源于非洲南部，然后向西部和北部迁移的结论。黑人起源于非洲已经是不争的事实了，但究竟起源于非洲的哪个地区，还有待进一步的考古研究。

在当今世界上，白人的分布范围非常广泛，欧洲、北美、西亚、北印度、北非等地都有白人的踪迹，白人的流动性很强，因此很难确定他们的起源地具体在哪里。关于白人的起源地，目前有三种说法：第一种认为，生活在尼安德特河谷的早期智人尼安德特人是欧洲白人的祖先；第二种认为，西亚或非洲人入侵了尼安德特人的居住区域，消灭了土著居民，成了现代白人；第三种认为，欧洲的白种人是当地的尼人和外来人群混杂而成的，因为尼人高耸的鼻子与今天的欧洲人相似。总之,关于白人的起源地问题,目前还存在很多争议。

当然,也有科学家认为黑人和白人起源于一个地方,这个地方有可能是亚洲。因为在36万年前到18万年前,他们具有相似的遗传基因。

美国加利福尼亚大学的布朗博士从13名白人、4名黄种人、4名黑人的细胞里提取线粒体基因并进行实验。线粒体是细胞的能源供给工厂,具有独特的遗传基因。他用18种酶切碎线粒体基因,将基因组结果进行比对,结果发现各基因组的组成要素非常相似,来自同一时期。因此他认为,人种间之所以存在差异,是因为人类的基因在漫长的发展过程中突然发生了变异;不管黑人、白人还是黄种人,36万年前到18万年前都是同一个祖先。

白人、黑人起源于何地?从目前的科学发展水平来看,这一问题还没有确切的结论。相信随着科学技术的发展,人类肤色之谜会被逐渐解开。

谁是复活节岛上最早的居民

>复活节岛的神秘不仅仅在于它有许多来源不明的巨大石像,更在于没人知道谁是岛上最早的居民,他们又是如何发现复活节岛的。

复活节岛位于南太平洋上的智利西海岸,长久以来它只是一个鲜为人知的荒凉小岛。1722年4月,荷兰探险家雅各布·罗格文率领三艘战舰发现了这个小岛,由于这一天是复活节,所以他们把这个小岛命名为复活节岛。后来陆陆续续有不少考古学家、历史学家、地理学家、探险家登上小岛。

复活节岛以拥有数量庞大的巨石雕像而著名。小岛的面积仅有117平方千米,岛上却密布着600多尊巨石雕像。这些巨人石像最重的可达90吨,就连最普通的也有20吨到30吨重。更加令人惊异的是,这些巨人石像大都顶着巨大的红石帽子。一顶红石帽,小的也有20吨,大的重达40吨到50吨。此外,岛上还有一种奇特的"文字",它们是用石器或鱼齿刻凿在木板上的一些奇状的符号,类似古代的象形文字。这些文字至今都没被破解。神秘的巨像、古怪的文字引起人们探索岛上居民渊源的强烈欲望。岛上最早的居民究竟是从哪里来的?

第一个到达岛上的罗格文在其回忆录里写道:有的岛民皮肤为褐色,有的岛民皮肤颜色更深,有的岛民则完全是白皮肤,也有的岛民皮肤呈红色。区区几百人，却有那么多种肤色，这更加让人觉得不可思议。这些不同肤色的人如今仍在复活节岛上生活。

最早登陆复活节岛的探险家们看到，岛上的很多居民都是头戴红帽的白人，因此推断岛上居民为来自西方的白人。此外，岛上遗留下的高大石像和将尸体埋在巨石建筑物中的做法以及发现的那些象形文字，这些又与古埃及文化有相似之处。因此，有人认为是古代埃及人和腓尼基人把西方文明带到了岛上。可是众所周知，古埃及人和腓尼基人的主要活动范围是地中海周围，即使有人驶出直布罗陀海峡，也不可能进入太平洋水域，因此他们不可能登上复活节岛。

有的学者将复活节岛上居民的生活习俗、宗教信仰与西南太平洋上美拉尼西亚群岛居民的习俗、信仰相比较，发现二者极为相似。于是他们认为岛上最早的居民是从西南太平洋美拉尼西亚群岛上迁徙过来的。

有人认为岛上最初的居民是至今仍在岛上生活的波利尼西亚人的祖先。8世纪到9世纪，太平洋马克萨斯群岛上的波利尼西亚人历经艰辛，漂洋过海来到这里。他们带来了波利尼西亚语言，至今岛上的居民仍以该语言作为通用的语言。波利尼西亚人还将雕刻石像的风俗带到了复活节岛上，后来由于种种原因，雕刻石像之风愈演愈烈。

有一部分人认为，波利尼西亚人本来就是岛上土著居民，并非是从其他地方迁徙到这里的。星散在太平洋四周的波利尼西亚群岛本是一整块大陆，后来由于地壳变动，主大陆沉入洋底，只剩下一些零星的岛屿，复活节岛上的波利尼西亚人就是这场灾难的幸存者。

也有人认为复活节岛上的原始居民来自南美洲，因为那里离南美洲最近，大陆上的居民乘坐原始的简易木筏完全可以漂渡到复活节岛。此外，考古学家还在岛上发现了许多与印加蒂亚瓦讷科文化相同的古文物，如具有典型印加文化的石砌墙垣建筑，双膝跪地、双手抚膝的虔诚石像，双手安放在腹部、围着腰带的石像，位于悬崖峭壁上的、刻有月牙形船的壁画，等等。这些巨石建筑物与印加时代的巨石文化基本相同。因此，岛上最早的居民很可能是南美印加时代的印第安人。

还有更加离奇的说法，有人认为复活节岛原始居民的祖先是大西洋沉没了的古国——大西国的后裔。

种种观点莫衷一是，使这个本来就有些复杂的问题变得更加扑朔迷离。

谁也不否认，现代复活节岛上的居民是波利尼西亚人。但是，最早来到复活节岛的人是谁呢？岛上究竟居住着几个民族？他们又是怎样漂洋过海来到这座孤岛的？

他们是外星人的后代吗

地球上有一些奇怪的种族,科学家们在他们的遗址里发现了许多类似外星文明的文物。那么,他们是外星人的后代吗?

由于人们频繁声称自己看到了UFO,很多人开始相信外星人的存在,相信他们在地球上有自己的基地,但这些都无法求证。与此同时,人们在地球上发现了一些与外星人联系紧密的奇特种族,难道他们真是生活在地球上的外星人后代?

山洞中的外星人遗骨

1988年,巴西著名的考古学家乔治·狄詹路博士带领20名学生来到圣保罗市附近的山区寻找印第安人的古物,却意外在深山中发现了一个外星人居住过的地下城市遗址。当时,考古队中的1名学生失足跌落到一个洞穴中,狄詹路和其他学生下去救他时发现,这个又湿又黑的洞穴内竟然别有天地。这个洞穴不但宽大,而且深不可测。在洞穴中他们找到一个巨大的密室,里面堆满了陶瓷器皿、珠宝首饰,还有一些只有1.2米高的小人状骷髅。骷髅的头颅很大,双眼距离较一般人近得多,每只手只有两根手指,脚上也只有三根脚趾。

他们还在洞内发现了一批通信工具。对洞内物件年份的鉴定结果显示,它们已经有超过6000年的历史。这些外星人不但身体结构与人类不同,其智慧也远远超出人类。从发现的通信器材来看,他们可能来自另一个星系。

西藏深山中的神秘民族

1935年,在中国西藏的深山中有一群以狩猎和放牧为生的人,他们自称朱洛巴人和康巴人。他们认为自己的家乡在遥远的星空。村外有几个被视为"圣地"的山洞,科学家们在洞中发现了数百具身高不足一米的人体骷髅和716张刻有文字的电磁盘。磁盘上的文字显示,康巴人因飞船发生故障而不得不永远留在地球上。朱洛巴人与康巴人的遭遇相似,都是因为飞船被撞坏了才不得不留在地球上。随着时间的推移,朱洛巴人和康巴人的生理结构逐渐退化,文明程度也慢慢降低,最终沦为不开化的种族。在山洞里,考古学家还发现了一些已有1.2万年历史的金属残片。而在西藏,使用金属是公元后的事情。如果山洞里的一切都是真的,那么可以断定,早在1.2万年以前,西藏就存在一种高度发达的文明。

火星人的村落

1987年4月,瑞典科学家希莱·温斯罗夫等人在扎伊尔东部的原始森林里进行考察时,意外发现了一个火星人居住的村落。这些火星人带领温斯罗夫等人参观了他们当年来地球时乘坐的飞船残骸。这些火星人说,他们是为了躲避火星上流行的瘟疫,才于1812年乘飞船来地球避难的。当年来到地球的共有25人,其中22人已经先后死去,剩下的人经过繁衍,如今他们的后代已经有50多人了。科学家们发现,这些火星人特别喜欢圆形图案。他们的房屋、室内的陈设、使用的工具及佩戴的饰品等都是圆形的。直到现在,他们还珍藏着太阳和火星的详细地图。

来自天狼星的多贡部落

在非洲马里共和国境内,居住着一个叫多贡的黑人土著部落。他们不会使用文字,多数人还居住在山洞里,生活非常贫苦。

20世纪20年代,法国人类学家格里奥和狄德伦通过多贡人的高级祭司了解到一个惊人的现象:多贡人竟然知道天狼星有一个伙伴,并称它为"朴托(指细小的种子)鲁(指星)",还说这颗星是"最重的星",是白色的。多贡人甚至可以准确地画出天狼伴星运行的椭圆形轨道。而天文学家直到1928年才认识到天狼伴星是一颗体积很小、密度极大的白矮星,直到1970年才拍下了它的第一张照片。

那么,多贡人是怎样获得有关天狼星的知识的?据多贡人说,他们是乘坐飞行器来到地球的。还有一种说法是,天狼星人曾来到他们的部落,与他们的祖先进行了深入交流,还帮助他们建立了文明。多贡人说过,天狼星系中还有第三颗星,叫"恩美雅"。也许"恩美雅"有一天真的会出现,那时多贡部落之谜也会随之解开。

上述这些奇怪的种族是外星种族吗?外星人的飞船是否降临过地球?如果他们只是普通的地球人类,那么那些奇怪的考古发现又该如何解释呢?

吉卜赛人故乡之谜

一部《巴黎圣母院》让许多人了解了吉卜赛人,这是一个从未停止流浪的民族。那么,他们为何要不停地流浪?他们的故乡在哪里?

读过《巴黎圣母院》的人都不会忘记那个体态优美、能歌善舞的美丽少女——吉卜赛女郎埃斯梅拉达。她纯洁善良,以卖艺乞钱为生,却无故受到一位神父的诬陷，这也从一个侧面反映了吉卜赛人的生活境遇。吉卜赛民族是一个聪明智慧、能歌善舞，但社会地位很低的少数民族，他们长期以来备受歧视，四处漂泊。

吉卜赛人到处流浪，足迹遍及欧洲、亚洲、美洲、北非和澳洲各国。第二次世界大战后，巴尔干半岛成为世界上吉卜赛人最为集中的地区。在巴尔干各国的大小城市都能见到吉卜赛人的身影；在南斯拉夫，甚至有"没有吉卜赛人就不能称作城镇"的谚语。

吉卜赛人为什么四处流浪？何处是他们的故土？为了揭开谜底，几个世纪以来，各国学者深入吉卜赛人住地，搜集资料，进行探讨。但由于原始数据匮乏，长期以来，学者们各执己见，无法达成一致的结论。

从人种上来看，吉卜赛人颧骨高起，黄色皮肤，瞳孔和毛发均为黑色，颇似东亚人。因此，德国北部及北欧诸国认为他们是鞑靼或蒙古人；法国人称他们为吉卜赛人的同时，也叫他们波希米亚人；西班牙除了称他们为吉卜赛人、波希米亚人外，还称他们为茨冈人或希腊人，理由是他们可能来自希腊；俄罗斯人也称吉卜赛人为茨冈人。总之，吉卜赛人有许许多多的称呼，但这些称呼都是其他民族加给他们的，根据主观臆断确定吉卜赛人的族源是不可靠的。

英国学者认为吉卜赛人来自埃及，因为在英语中，"吉卜赛"（Gypsy）一词含有"从埃及来的"的意思。但是吉卜赛这个名字本身就是错误的，15世纪时欧洲人对于流浪到欧洲的异乡人不太了解，误以为他们来自埃及，所以称他们为"埃及人"，慢慢就变成"吉卜赛人"了。吉卜赛人自称是"罗姆人"（Romani），这个词语在吉卜赛语中是"人"的意思。

18世纪80年代，三位语言学家——德国的鲁迪格与格雷尔曼、英国的雅各布·布赖恩，通过对吉卜赛人方言的研究，发现其中很多词汇与印度的梵文极为相似，也与印度语族的印地语十分相似，因而推断吉卜赛人源于印度。后来，各国学者通过对吉卜赛人的语言进行研究，证实了这个结论。吉卜赛人的发源地是印度，他们的祖先是早就居住在北印度的多姆人。

考古学家通过考证得知，古代印度的多姆人早在4世纪就以爱好音乐与占卜著称。他们大多能歌善舞，以卖艺为生，闯荡江湖，没有固定的职业。虽然个别技艺高超者受到当时统治者的青睐，但多数人仍从事诸如更夫、清道夫等低贱的职业，受到其他民族的歧视，不被允许与外族人通婚。据说有些地方的多姆人，为了适应各地的生活条件，能讲两三国语言，并掌握冶炼和制造金属器皿的技艺。这一技艺被传给了他们的后裔——吉卜赛人。通过对多姆族习俗、文化和历史的研究，考古学家得出古代多姆人是吉卜赛人的祖先的结论。

据考古学家推断，吉卜赛人在10世纪左右离开印度，11世纪到波斯，14世纪初到东南欧，15世纪到西欧。到20世纪下半叶，吉卜赛人的足迹已经遍布北美和南美，甚至来到了澳大利亚，就这样，吉卜赛民族逐渐成为世界闻名的流浪民族。

当然，还有许多人不支持吉卜赛人是印度多姆人的后裔这一说法。关于这一问题，还有待进一步考证。

谁是美洲印第安人的祖先

印第安民族是一个强悍的民族，关于他们的起源地问题始终存在争议，他们究竟是来自亚洲、大洋洲，还是一直都生活在美洲呢？

印第安人是对除因纽特人以外的所有美洲原住民的总称。在美洲土著居民中，印第安人占绝大多数。1492年，哥伦布登上圣萨尔瓦多岛，误将美洲大陆当作东方的印度，并且误把包括因纽特人、阿留申人和易洛魁人在内的土著居民叫作"印第安人"。事实证明哥伦布并没有到达印度，但"印第安人"这一称呼却流传了下来，直到今天还在使用。

印第安人为黄种人，体格强悍，有着自己独特的文化风俗。16世纪前，印第安人尚处于母系氏族阶段，玛雅人、阿兹特克人和印加人已形成早期奴隶制国家并且具有相当高的文化水平。由于此前从未有人去过美洲大陆，印第安人也从未与欧洲国家进行过联系，因此美洲印第安人一被发现，人们就在议论：这些土著居民最初究竟生活在世界的哪个角落？他们是土生土长还是从其他大陆迁徙而来？从16世纪起，围绕着这一问题，人们提出了各种各样的猜测和假说。

新大陆开辟后，进入美洲大陆的传教士们认为，公元前7世纪，居住在巴勒斯坦北部的希伯来人因战祸来到美洲避难并定居下来，他们是美洲人真正的祖先。还有人以古代传说为依据，传说大西洋中有一个阿特兰提斯岛，该岛在一场地震后遭到灭顶之灾。岛上居民纷纷逃离，其中一部分人来到美洲，成为印第安人的祖先。但这些猜测缺乏历史根据，很难令人信服。

19世纪以来，许多考古学家都在美洲大陆进行考古研究。科学家认为，印第安人是从别的地方迁徙到美洲大陆的，他们可能从西伯利亚移居而来，属于蒙古族旁系种族或蒙古族以前的派生种族。据地质学家测定，在冰川时期，亚洲东北部与美洲西北部有陆桥相连。因此人们推测，当时蒙古人型的亚洲人通过白令海峡的陆桥，从阿拉斯加进入了美洲大陆，后来又从北美向南迁移，足迹遍布美洲大陆。

有人认为大洋洲人是美洲印第安人的祖先。在他们看来，南美洲印第安人与亚洲蒙古人种之间存在的种族差异，是受大洋洲人影响的结果。此外，在最早的印第安语中，存在着数百个被认为是来自大洋洲的词语。由此可见，南美印第安人中有的来自美拉尼西亚，有的来自波利尼西亚，有的来自马来西亚。

也有人认为美洲印第安人的祖先是从欧洲大陆向北经过冰岛和格陵兰岛进入美洲的。至于是哪一支进入了美洲，有人说是爱尔兰人，有人说是日耳曼人，有人说是苏格兰北部和西部的盖尔人，有人说是丹麦的弗里松人，还有人说是克尔特人。

还有一种不同的意见，认为美洲印第安人的祖先来自南北两极。地球形成后，南北两极最先开始冷却，因此那里是最早具备生态条件的地方，能够产生动植物甚至养育人类。后来由于南北两极生存条件恶化，印第安人逐渐南迁或北迁，进入美洲大陆。

当然，也有学者认为美洲印第安人是美洲土著人。他们认为，既然世界上其他大陆能够孕育人类，那么美洲大陆也具备适宜的生态条件和成长环境，也能孕育人类，甚至有人认为地球上所有地区的人类都发源于美洲大陆，并随后向世界各地扩散。

综合起来看，人们大都认为美洲印第安人是从自己所在的大陆或国家迁徙过去的，这其中的世界观较为狭隘。无论怎样争辩，关于美洲印第安人的起源问题，至今仍没有一个确切的答案。

绿孩子——传说中的外星人

英国和西班牙曾经出现过全身绿色的孩子，难道他们真的来自外星？

据说，11世纪，从英国乌尔毕特的一个山洞里曾走出来两个绿孩子。他们的皮肤是绿色的，他们穿的衣服也十分独特，没人见过这种面料。他们说自己来自一个没有太阳的地方。绿孩子事件并非仅此一例，后来西班牙也出现过绿孩子。

1887年8月的一天对西班牙班贺斯附近的居民来说是终生难忘的。这天，他们正在地里干活，突然看见山洞里走出两个绿孩子，一个男孩一个女孩。只见这两个孩子皮肤呈绿色，绿得像树叶一样。他们的穿着、语言都很特别。两个孩子讲的话，村民们一句也听不懂。人们简直不敢相信自己的眼睛，纷纷小心地走到跟前仔细观看。两个孩子皮肤上的绿色不是被抹上去的。这两个绿孩子的脸很像非洲人，但眼睛却像亚洲人。

当时，两个孩子看起来不知所措，只是惊恐地站着。好奇和同情心使人们很快给孩子弄来了各种各样的食品，但他们一口也不肯吃。后来，有人给他们送来新鲜的青豆，他们才吃了起来。男孩由于体力太弱，很快就死掉了。女孩比较乖巧，在被当地的治安法官收留后，她皮肤上的绿色慢慢消退了，后来居然还学会了一些西班牙语，能和人们交谈。她向人们介绍自己的来历，说他们来自一个没有太阳的地方，那里始终一片漆黑，但与之相邻的世界却充满光明。有一天，他们被旋风卷起并抛在了那个山洞里。这与当初英国绿孩子的经历非常相似。这个绿女孩后来又活了5年，于1892年死去。

一般而言，地球上的人有四种肤色，白人分布于欧洲、美洲，黄种人大多分布在亚洲，黑人大多分布在非洲，某些太平洋岛国的人皮肤呈棕色，而绿色显然是人们没有见过的肤色，或者可以说他们不属于地球人类。在一些神秘的飞碟事件或者外星人事件中，人们总是把外星人描绘成身材矮小、浑身绿色的类人生物。这不禁使人们猜测，在英国和西班牙出现的绿孩子是不是也与外星人有关，他们是外星人的后裔吗？而绿孩子所说的"没有太阳的地方"，到底是哪儿？他们是如何到达地球的？

在浩瀚的宇宙中，除了地球以外，其他星球上也可能存在智慧生物。据科学家研究，仅仅在银河系就有一亿颗星球可能存在生命。其中有1.8万颗行星适合类人生物居住，这里面至少有10颗行星的文明能得到发展并有望超过地球，所以如果绿孩子事件是真实的，那么他们很可能来自其他星球。

也许随着人类探测太空脚步的加快，随着地外文明与地球文明接触的频繁，有一天我们真的可以见到外星人。到那时，绿孩子也许就不再是个秘密了。希望那一天会到来，并且不会太遥远。

第四章 被历史遗忘的文明碎片

苏美尔人之谜

西亚地区是最早进入文明社会的地区之一，苏美尔人则是最先在西亚创造辉煌的远古文明的民族，这个与众不同的民族究竟来自何方？

苏美尔人是两河流域最早的居民，他们在公元前5000年至公元前4000年期间就来到了这里，并且创造了辉煌的两河流域文明。

1835年，人们在伊朗克尔曼沙阿东的贝希斯屯发现了一处浮雕石刻，石刻上的文字吸引了英国军官罗林森的注意。此后，德国哥廷根大学希腊文教授格罗特芬德翻译了一篇铭文中的8个字，并运用这8个字读出了石刻上3个国王的名字。1848年到1879年，欧洲人雷雅德在库云吉克附近挖掘出亚述帝国首都尼尼微的遗址，庞大的宫殿、宽阔的马路、坚固的城墙让人惊叹。他们共挖掘出2万多片刻有楔形文字的泥版和5万多件文物，这些重大发现为进一步了解两河流域的古代文明打下基础。

"巴比伦"原意为"神之门"，1899年，考古学家科尔维德在卡色尔堡遗址的土丘上发现了巴比伦城遗址。经考证，这里曾经是巴比伦王国的首都，也是古代两河流域最大的城市。后来，另一位考古学家发现了一个更加古老的文明遗址——苏美尔文明遗址，起源于公元前4000年左右。这些考古发掘有力地证明了两河流域的美索不达米亚平原是世界上最古老的文明发祥地之一。

根据考古资料推断，古代两河流域的文字体系源于苏美尔。公元前3500年，苏美尔人创造了图画式文字。到了公元前3000年左右，这种文字发展为楔形文字。苏美尔人通常用平头的芦秆在未干的软泥版上刻写出字迹，线条形同楔形。最初，楔形文字被刻成直行，后来逐渐演变成由左而右、由上而下的刻写方式。

苏美尔人已经具备了丰富的天文学知识，他们在观察月亮运行规律的基础上编制了太阴历，将两次新月出现的时间间隔作为1个月，每个月包括29天或30天。全年被分成12个月——其中6个月为29天，另外6个月为30天，共354天，并设闰月加以调整。

开创了辉煌文明的苏美尔民族是一个外来民族，他们的长相、语言、生活习俗、宗教信仰，都与其相邻的民族截然不同。

苏美尔人喜欢在平原上堆起土丘，然后在土丘上面建起神庙。苏美尔的富人也常在山顶上建起堡垒或大厦，在苏美尔人消亡多年后，犹太人来到巴比伦，仍然在这里看到了许多矗立在绿色平原上的奇怪矮丘。这表明苏美尔人最初可能居住在山林中，后来，他们虽然为了追求肥沃的土地而离开了山林，却并没有抛弃他们的习俗，仍然在平原上堆筑起无数小山般的矮丘。

苏美尔人的遗址中还出土了大量圆柱形的印章。它们大多由贵重的金属或玉石制成，印章外壁刻上了精美的图案和文字。这样的印章曾大量出现在印度河流域，这似乎表明苏美尔文明与印度河文明间存在着某些联系。那么，究竟是苏美尔文明来自南亚印度，还是印度河文明传自西亚呢？苏美尔人的语言又与汉语有些相似，含有不少汉语的语音，这是不是表明苏美尔人来自远东呢？

还有些人认为如此发达的文明只能来自外星球，这一点可以从苏美尔人的传说中找到证据。据说他们的祖先是降落到人间的众神子孙，一些古老的史诗中描述了他们在空中飞行的画面。

苏美尔人究竟从何而来，至今没有明确的答案。也许，随着进一步的考古发掘，我们会对苏美尔人及苏美尔文明有更深的了解。

泰国班清文明之谜

> 泰国班清文明是一个辉煌的文明，但为什么史书上没有一点儿记载呢？他们的科技之谜又该如何解释呢？

班清位于有"万佛之国"称号的泰国，它只是泰国东北部呵叻高原上一个普通的小镇，是个所有史书中都没有提到过的小镇。一次偶然的机遇，这个鲜为人知的小镇得以名扬天下。

1966年，美国驻泰国大使的儿子斯蒂芬·扬来到班清进行社会调查。一天，他路过一个筑路工地时，在堆积石料的地方看到了许多被推土机挖出的破损陶器。他被上面的图案所吸引，就捡了一个美丽的陶罐带给泰国的婵荷公主玩赏。这个陶罐虽然已经破损，但仍然可以在浅黄色的底色上看到一些奇怪的深红色图案和精确的几何图案。这种色彩搭配不但抢眼还相当赏心悦目，再加上美丽的图案，使陶器具有强烈的艺术感染力。另外，婵荷公主注意到这种图案不同于泰国已发现的任何一种，倒是有几分像古希腊的陶器图案。

这些陶器形状各异，最令人惊叹的是一些颈部只有一根筷子那么细的高花瓶，即使是用现代技术也很难做成，古人是怎样做到的？还有一些粗矮的大缸，上面竟也有许多精致得不可思议的图案，显得很不协调。那些图案象征着什么？

公主深知这些文物非比寻常，但在佛教盛行的泰国，大规模开挖墓葬很难得到王室批准，她决定借助国外的力量。她将陶器全部拍成照片并编印成册向国外发行。图片发表之后轰动了整个世界，因为，在亚洲的其他地方从未出土过这样的陶器。泰国怎么会有这么古老的陶器呢？

1968年，美国著名的艺术史学家伊丽莎白·莱昂斯把一些陶器碎片送到费城大学的考古研究中心。经碳14测定，班清的陶器是公元前4000年左右制造的，几乎和两河文明的年代一样。后又多次测试，结果都是一样。这令人难以相信，一般认为，泰国的可考历史最多只有1500年。

1974年，在联合国的资助下，泰国开始对班清小镇的古墓葬进行挖掘。开挖的第一天，人们的期望值并不高。很难想象这个人口不足5000人、世代以种稻为生的小镇会有多么悠久的历史。然而，当挖到5米深时，一种考古者熟知和梦寐以求的土层出现了：这是6层界线分明的墓葬，最深的一层是公元前4000年的，最浅的一层也可追溯到公元前2500年。这将大大提前泰国的可考历史年限。

挖掘工作渐入佳境，每天都有大量的文物被挖掘出来。到1986年，班清出土了各种文物共计18吨，其中包括大量的青铜器和金银装饰品，一些用象牙和骨头雕成的人像，还有用玻璃和次等宝石制成的光彩夺目的珠串。

经过对挖掘文物的测定，这些珍宝至少已经在班清埋藏了5000年之久，也就是说，早在公元前3000年，班清人就掌握了青铜的冶炼技术。研究表明，这是世界上历史最久远的发明。过去的历史学家一直认为，5000年前的东南亚人还生活在原始的石器时代，而青铜器最早起源于美索不达米亚的两河流域，冶金术是从西亚传播到世界各地的。班清的考古发掘对于这种结论将是极为有力的挑战。

班清文化不仅是东南亚，而且很可能是世界上最早出现的青铜文化。最初的中东青铜是红铜与砷的混合物，后来，在接近公元前3000年时，锡取代了砷，青铜变成了铜与锡的合金。据此，有人认为，班清的青铜文化可能是世界文化的源头。人们甚至猜想，班清的地下文明也许是人类文明的摇篮之一。

有人猜测，班清已出土的宝藏只是冰山一角，因为这里有成千上万个古墓葬，数量之多远远超过埃及的帝王谷。这个文明的地域范围远远超过玛雅文明，甚至不亚于印度河文明。

那么，班清的地下到底还有多少古墓和珍宝呢？这是一个辉煌的文明，但为什么史书上没有一点儿记载呢？看来我们只能在后续的考古中寻找答案了。

摩亨佐·达罗突然消失之谜

> 摩亨佐·达罗是沙漠中的奇迹，它的发现把印度的历史向前推进了2000年。在摩亨佐·达罗的文化已到了相当发达的程度时，它是怎样衰落直至葬身黄沙之下的呢？

摩亨佐·达罗位于巴基斯坦信德省境内，拉尔卡纳县城南20千米处，距卡拉奇约500千米，是巴基斯坦著名的旅游胜地。摩亨佐·达罗的原意是"死亡之地"，它靠近印度河右岸，处在一望无际的信德沙漠中，气候干旱，环境荒凉，在很长一段时期内都人迹罕至，没有人知道黄沙之下竟然埋藏着一座几千年前的繁华都市。

1921年到1922年，考古学家班纳吉在印度河主流的沙丘上发现了一些"奇怪的史前遗物"——许多古物和两枚印章，印章上刻着一些奇怪的符号，有的像牛头，有的是鱼纹，还有的刻画着大象、羊等形象。这引起了考古学家的注意。几年以后，印度考古学者又在信德地区的一个佛塔下面发现了许多印章，上面同样刻画着许多象形符号，考古学家以这些印章为线索进行进一步发掘，一个大约建于4500年前的古城遗址渐渐出现在人们的眼前。这座"被埋没的城市"是一个青铜时代的古城遗址。这一发现堪称古印度考古史上最伟大的发现，因为它直接把印度的历史向前推进了2000年。

摩亨佐·达罗城的突然消失标志着哈拉帕文化的灭绝，当年繁华的城市，现在仅剩下一片砖瓦残迹。这一过程迅速而干净，没有给后人留下任何可以确认的凭证，甚至连神话传说都没有留下。一些被发掘出的珍贵文物表明了摩亨佐·达罗的文化已到了相当发达的程度。但是，摩亨佐·达罗城是怎样衰落直至葬身黄沙之下的？摩亨佐·达罗人是在什么时候遗弃这座城市的？他们后来去了哪里？摩亨佐·达罗以其惊人的古代文明和神奇的未解之谜吸引着无数的学者和游客前去参观。

世界各国的考古学家、历史学家、人种学家和古文字学家一直试图通过研究古城遗址、石制印章、陶器、青铜器皿等文物，来揭开古城的秘密。

经考证，摩亨佐·达罗在公元前15世纪突然消失是由于猛烈的爆炸和大火。1922年，印度考古学家巴纳尔季在印度河口的一个小岛上发现一片古代废墟，所有迹象都表明，这座城市是毁于一次突发的灾难。这里到处都是烧熔的黏土和矿物碎片，显示出爆炸和大火的痕迹。巨大的爆炸力将古城半径约1000米内的所有建筑物全部摧毁，还有一个明显的爆炸中心，这个中心的所有建筑都被夷为平地，由中心向外延伸，距离越远破坏程度越轻。

这一爆炸的场景与通古斯大爆炸相似，古印度史诗《摩诃婆罗多》中有着这样的描述："突然空中响起巨大的轰鸣，接着是一道闪电撕裂天空，南边天空一股火柱冲天而起，耀眼的火光胜过太阳，天空被割成两半——房屋街道及一切生物都被这突如其来的大火烧毁了……"

另外，印度流传着远古时曾发生过一次奇特的大爆炸的传说，传说中有大量"耀眼的光芒""无烟的大火""紫白色的极光""银色的云""奇异的夕阳""黑夜中的白昼"等描述性词语。

那么，大爆炸是由什么引起的呢？有人说是自然灾害，有人说是外星人的飞船大爆炸，然而这些说法都过于荒诞且没有旁证。

后来，考古学者曾经在摩亨佐·达罗下城南部的一座房屋内发现了十几具尸体遗骸，遗骸上留有刀痕，而且横躺侧卧，杂乱无序，有的尸体上还带着手镯、戒指、串环等，他们身体扭曲，四肢挣扎，一副痛苦的样子，应该是遭到了意外的杀害。于是许多人认为摩亨佐·达罗的毁灭是由于外敌入侵，并开始寻找新证据，然而十几具尸骨遗骸并不能说明出现了大规模的外族入侵，对摩亨佐·达罗消失原因的探索仍是"前路漫漫"。

被火山吞噬的米诺斯文明

一次火山大爆发消灭了一个古老的文明社会，克里特王国被人们遗忘了，只留下了一些无从考证的传说……

"米诺斯"这个名字源于古希腊神话中的克里特国王米诺斯，位于克里特岛的克里特王国曾经创造了灿烂的米诺斯文明，为后来希腊大陆文化的繁荣奠定了基础。

公元前2000年前后，克里特岛发展到青铜器全盛时期，建立了统治全岛的奴隶制国家。公元前1700年前后，克里特岛突然变得一片混乱，这可能是因为一场地震，也可能是因为有外敌入侵。

此后，岛上人口增加，宫殿规模也变得更加庞大。然而，公元前1500年左右，曾经辉煌的米诺斯文明，却突然在鼎盛时期消失得无影无踪，这是为什么呢？

考古学家们认为，是火山喷发淹没了米诺斯文明。公元前1470年前后，距克里特岛70千米的锡拉火山岛大爆发，并引发了一次骇人听闻的大海啸。这次海啸给地中海地区带来了巨大灾难，希腊沿海及其岛屿的居民点均遭摧毁，米诺斯文明消失了，克里特王国不复存在。少数幸存者渡海来到希腊伯罗奔尼撒半岛东北部的迈锡尼，将米诺斯的文字、艺术、先进的技术带到这里，逐渐发展起灿烂的迈锡尼文明。在公元前12世纪至公元前11世纪，多利安人南下，迈锡尼文明被毁。于是，克诺索斯王国成了一个遥远的记忆，而米诺斯文明也逐渐被人们所淡忘。那么，米诺斯文明是怎样的文明？它究竟藏于何处呢？

为了揭开这个千古之谜，英国一位考古学家带了一支考察队到克里特岛。经过考证，他们断定该岛首府伊腊克林以南7千米的克诺索斯地下掩埋着一座古城。1900年，他们开始进行发掘，清出无数浮土。8年后，一座宏伟的宫殿出现在人们面前。

米诺斯王宫坐落于凯夫拉山麓，整个王宫依山而建，占地面积约为2200平方米。入口位于王宫西南部，进了宫门是一条用石板铺成的甬道，甬道尽头便是中心庭院。它的周围分布着各种房间，其数量最少也在1500间以上。庭院的东侧似乎是国王居住的地方，有正殿、王后寝室、卫生间、浴室、库房等；西侧有一系列狭长的仓库；东南角有阶梯直通山下。

克里特王宫层层相连、宫室环抱，有数不清的门户和阶梯，加上无数错杂的小走廊，不禁令人眼花缭乱。王宫的建筑结构颇具特色，房屋宽敞，室内室外房间之间往往只用几根柱子划分。每组围着采光天井的房间中都有一个主要的长方形房间，我们称之为"麦加伦"，即"正厅"。希腊神庙和著名的雅典卫城也沿用了这种"麦加伦"结构。

各个宫室和廊道上的壁画代表了米诺斯文明的最高水平。几千年前留下的彩绘至今未褪，色彩相当鲜艳。作画用的颜料都是从植物、矿物和骨螺中提炼出来的，在泥壁将干未干时挥毫成画，色彩渗入墙壁，就能经久保存。

能在一个8000多平方千米的岛屿上创作出如此巨大而完美的建筑，这简直令人难以置信,大到整体布局,小到细节的设计,无不体现出克里特人的智慧。

米诺斯衰落后,以迈锡尼为代表的一批大陆城市强盛起来,历史舞台转到了伯罗奔尼撒半岛上的迈锡尼。许多克里特文明的成就被继承下来。从此,爱琴海文明翻开了新的一页。

就这样,一场意外消灭了一个古老的文明社会,克里特王国被人们遗忘了。克里特文明的兴亡至今仍是考古学中令人费解的难题之一。

米诺斯迷宫的传说

米诺斯迷宫的建造起源于一个传说,人们也只把它当作一个传说,可是考古学家发现了迷宫的遗址,这是真的吗?

相传位于爱琴海地区的克里特岛,早在公元前16世纪左右就出现了一个强大的王国,国王米诺斯在流传颇广的希腊神话中,被说成是天神宙斯和腓尼基公主欧罗巴的儿子。

相传米诺斯是一个野心勃勃的君主,为了与兄弟竞争王位,米诺斯向海神波塞冬请求支持。波塞冬从海中升起一头白色的公牛表示自己答应了米诺斯的请求。同时,海神也命令米诺斯将得到的公牛献祭给他,来证明米诺斯对海神的崇敬。但是米诺斯的贪欲使他违抗了神祇,因而触怒了波塞冬。波塞冬决定要狠狠地惩罚他,在他的妻子生下几个正常的儿女后,波塞冬让她产下了一个牛头人身的怪物,人称"米诺牛",即"米诺斯之牛"。米诺斯令代达罗斯为怪物米诺牛建造了一座迷宫。这座巨大的迷宫是米诺牛的住所,外面有很多纵横交错的曲折道路与该住所相通,迷宫内也布满了机关,如果有人误入这座宫殿,不是会饿死在暗道,就是会成为米诺牛的盘中之物。

后来,雅典人杀死了米诺斯的一个儿子,米诺斯恳求父亲宙斯为他复仇,宙斯给雅典带来了瘟疫,为了阻止瘟疫的流行,雅典人必须每年给米诺牛供奉7对童男童女。雅典王子忒修斯为了拯救雅典的童男童女,决定闯入迷宫,杀死米诺牛。米诺斯的女儿阿里阿德涅深深地爱上了忒修斯,她听从代达罗斯的建议,送给忒修斯一个线团和一柄魔剑,让他将线头系在入口处,放线球进入迷宫。忒修斯在迷宫深处找到了米诺牛,经过一场殊死搏斗,终于杀死了米诺牛,救出童男童女,逃出了迷宫。

起初，人们无法证实这些传说，只把它当作一个动人的故事，但古希腊历史学家希罗多德、修昔的底斯等人的著作里都曾提及米诺斯的名字。后来，德国考古学家施里曼探索荷马时代的遗址，发现了特洛伊城。于是，人们开始寻找传说中的米诺斯王宫，真正解开这个谜团的是著名的英国学者阿尔图·伊文思。

从1900年开始，伊文思就在克里特岛进行发掘。不久，他在岛的北端发现了米诺斯王宫的遗址和大量古代文物，古老的传说得到了证实。

米诺斯王宫坐落在克里特岛北面的诺萨斯，整个王宫依山而建，总面积约2万平方米，高低错落有致。中央是一长方形的庭院，周围环以国王宝殿、王后寝宫以及含有宗教意义的双斧宫，山坡上建有楼房、储藏室、仓库等，共有1500多间宫室。各建筑间利用长廊、门厅、复道、阶梯等互相连接，迂回曲折，显得扑朔迷离，仿佛传说中的迷宫。

米诺斯宫中出土了许多有价值的文物，但最令考古学家感到迷惑不解的还是这座宫殿为什么会屡毁屡建。究其原因，说法各异。

1966年，美国有一批海洋地理学家在爱琴海地区进行科学考察，发现该区域海底沉积着一层很厚的火山熔岩。经研究认为，在公元前1480年左右，克里特岛以北不远的地方曾发生过一次罕见的火山爆发，可能是那次火山爆发引起的强烈地震和海啸，毁灭了克诺索斯等城市。

另一些研究者认为王宫在毁坏前曾遭到浩劫，公元前1400年左右，克诺索斯的最后一个王宫被毁，此后再没有重建过。

也有些学者认为，这可能是希腊半岛上的迈锡尼人入侵的结果。

当然，这些说法都属于推测，真相还有待考古的进一步挖掘。

埃勒拉文化之谜

埃勒拉人建立了一座像特洛伊一样的古代名城，他们创造的塞姆语至今无人知晓，那么他们的王国又为何突然在历史上销声匿迹了呢？

1955年，一个叙利亚农民在阿勒颇以南的特尔马蒂克村附近的沙漠里偶然挖出了一个石狮和一个石盆，它们均用灰色的玄武岩雕成，盆上刻有行军的武士和宴会的情景。

1962年，意大利考古学家保罗·马蒂尔带领一支考古队到叙利亚考察，他们在7年前发现石狮和石盆的地方进行发掘。这里有一个面积为56公顷、高出地面15米的大土包，在叙利亚平原上出现这种干燥多灰的大土包是十分罕见的，因此马蒂尔推测，这个大土包下埋藏着某个人类遗址。

经过长时间的挖掘，1968年，马蒂尔发现了一块用玄武石雕成的无头人像，该人像服饰高贵、仪态大方，年代在公元前2000年左右。雕像的两肩之间，用阿卡德楔形文字刻了26个字，意为："埃勃拉国王伊贝特·利姆把这尊像献给阿斯特尔神殿"。看到埃勃拉这个名字，马蒂尔意识到这可能是一座像特洛伊一样的古代名城。

随着挖掘工作的不断深入，1973年，马蒂尔考古队果然在这里发现了一个王宫遗址，王宫周围环绕着又高又厚的城墙。随后，遗址里出土的碑牌证实了这里确是埃勃拉城，即消亡了的埃勃拉古王国的首都。

1975年9月的最后一天，考古队在一个房间里发现了约1.5万块泥版文书，然后又在另外两个房间里发现了约1.6万块泥版文书。这样大量的泥版文书的发现是史无前例的，一个早已消亡的并沉睡在地下几千年的文明古国的神秘面纱被缓缓揭开。

埃勃拉楔形文字是世界上最古老的文字，是苏美尔楔形文字演化为阿卡德楔形文字的过渡形式，专家们花费了很多精力，终于将其主要内容解读出来。从埃勃拉大量的泥版文书中可以看出，在公元前3000年的一段时间里，埃勃拉曾是中东最强大的国家之一，公元前2300年前后达到鼎盛。当时它是一个拥有26万人口的大国，文化发达，商业繁荣，国势强盛。埃勃拉王国为了控制幼发拉底河流域，与当时另一大强国阿卡德进行过战争，结果被阿卡德国王萨尔贡一世击败，埃勃拉城一度被攻占。数十年后，萨尔贡之孙那拉姆·辛再度攻下埃勃拉城，并将包括王宫在内的整个城市付之一炬。此后埃勃拉王国又几经兴衰，到公元前1600年左右便在历史上完全消失了。

初步考查表明，大多数泥版记载的是经济账目，还有些泥版记载的是有关外交关系、王族内部事务、宗教文化等方面的内容。一块泥版上记载了某个国王有38个儿子，另一块泥版上刻着"强奸处女者判处死刑"。还有一块泥版上列举了260座古代城市的名称，可惜大多数地名现已无法查明。

总之，埃勃拉遗址和泥版文书给我们展示了一个早被人们遗忘的文明古国的面貌，为我们更多地了解中东早期城市的历史提供了丰富的资料，还可以进一步增进我们对整个古代世界的了解。值得一提的是，埃勃拉泥版中提到的不少人名、地名、事件都与《圣经》中所写的相同或相似。

但是，由于泥版上的大多数文字是用一种至今无人知晓的古老的塞姆语写的，所以关于埃勃拉王国的很多情况尚属历史之谜。埃勃拉人究竟是如何建立起这座繁荣的古代城市的？埃勃拉王国为什么突然在历史上销声匿迹？埃勃拉人后来的去向如何？他们的后裔是谁？泥版上提到的200多个城市，有哪些至今仍然存在？这些问题目前还没有明确的答案，正因为如此，埃勃拉文明的历史地位目前还难以估计。它是否是人们所说的"第三个人类灿烂文明的摇篮"，还有待进一步考证。

考古史的传奇：迈锡尼文明

> 伯罗奔尼撒半岛上的亚哥里斯平原干旱贫瘠，人们很难把它与荷马史诗所描述的"多金的迈锡尼"联系在一起。"多金的迈锡尼"真的存在吗？

迈锡尼文明是希腊青铜时代晚期的文明，因伯罗奔尼撒半岛的迈锡尼城而得名。公元前2000年左右，希腊人开始在巴尔干半岛南端定居。公元前16世纪上半叶，那里逐渐出现了一些奴隶制国家，形成了迈锡尼文明。迈锡尼文明在公元前17世纪中期至公元前12世纪盛极一时。

在《伊利亚特》和《奥德赛》中，荷马多次提到迈锡尼国的国王阿伽门农，而且每次提到迈锡尼时，都要用"多金的"来形容它。在荷马的笔下，迈锡尼似乎是一座满地黄金的城市。迈锡尼国曾向外扩张，其君王阿伽门农曾率领希腊联军渡海远征特洛伊，入侵小亚细亚西南沿海一带，特洛伊战争正是迈锡尼人与特洛伊人争夺海上霸权的一场交锋。迈锡尼虽然取得了特洛伊战争的胜利，但不久便被南下的强悍民族多利亚人征服，从此迈锡尼文明急剧衰亡，希腊倒退到没有文字记载的史前社会时期。迈锡尼文明也逐渐被人们淡忘。

19世纪末，德国考古学者H.谢里曼在迈锡尼遗址发掘出许多王族墓葬，并出土了丰富的金银饰物，他相信自己找到了荷马史诗《伊利亚特》和《奥德赛》中的世界。他将众多文物中的金箔面具命名为"阿伽门农面具"，迈锡尼文明及其历史地位开始得到肯定。

迈锡尼的遗址在一个高丘上,城堡的堡墙是一圈环山的巨石,大门上因有双狮石刻而被称为"狮子门"。考古结果显示,它建于公元前1300年左右。城堡大门两侧的城墙向外突出,形成一条过道,加强了城门的防御性。大门宽3.5米,高4米,门柱用整块石头制成;柱子上有一块横梁,重20吨,中间厚两边薄,形成一个弧形,巧妙地减轻了横梁的承重力。横梁上面装饰有三角形的石板,石板上雕着两只狮子,狮子的前爪搭在祭台上,形成双狮拱卫之状,威风凛凛地向下俯视着。门口的阶梯也是用整块岩石铺成的,上面还留有战争的轮辙。虽然迈锡尼城堡已成废墟,但历经3000年的风吹雨打,这个庄严肃穆的城门依然巍然屹立,威风不减当年。

1939年起,由希腊考古学家帕巴德米特里领导的希腊考古学会和由英国考古学家韦思领导的考古队共同对迈锡尼遗址进行发掘。发掘工作断断续续进行了几十年,奇迹不断出现,人们对迈锡尼文明的了解越来越深入、全面。

迈锡尼的圆顶墓相当宏伟,属于石构建筑。最大的圆顶墓是"阿特柔斯①王的宝库",该墓高13.2米,用巨石叠砌而成,仅墓门的一块楣石就重达120吨。除受米诺斯文明的影响外,迈锡尼的陶器和工艺品也有自己的风格,它们大多强劲而粗放。竖穴墓中的随葬品,如面具、角杯、指环、刀剑等,都是杰出的工艺品。目前,圆顶墓已全部被盗而少有遗存,瓦孚墓中残存的两只金杯极为生动精美,以浮雕表现捕捉林中野牛的情景。迈锡尼的线形文字"B"的发现,给神秘的迈锡尼文明又增添了新的魅力。线形文字"B"如今已被成功解读,这使我们对迈锡尼社会的奴隶制度和高度发达的社会经济有了进一步的了解。我们可以从各地出土的泥版文书上了解到,该文明的社会经济情况与古代东方的奴隶制王国相似。泥版文书中还出现了宙斯、赫拉、雅典娜、阿波罗等古希腊众神的名字,这表明该文明与此后出现的希腊文明存在继承关系。

迈锡尼坟墓和王宫遗址的成功发掘,使一个湮没已久的文明重新出现在人们眼前,证实了荷马史诗中"多金的迈锡尼"的存在。迈锡尼考古使荷马优美的诗句又一次回响在迈锡尼的废墟中。"多金的迈锡尼"成了历史上继特洛伊之后的又一个传奇。

---

① 阿伽门农之父。

奥尔梅克文明之谜

奥尔梅克文明比玛雅文明还要古老,被称为中美洲的"文明之母"。那么,它究竟有多少不为人知的秘密呢?

墨西哥民间有这样一个古老的传说:远古时代的密林里生活着一个古老的民族——拉文塔族,他们住在仙境般美丽的城市里,有着高度发达的文明……这就是位于墨西哥湾沿海地区的著名的奥尔梅克文明。

墨西哥的维拉克鲁斯州和塔巴斯科州是奥尔梅克文明的发祥地,这片地区西起帕帕洛阿潘河,东至托纳拉河,面积约为1.8万平方千米。这一带西部为洪泛区,东部为沼泽地,气候炎热多雨,并且橡胶树成片,"奥尔梅克"的意思就是"橡胶之乡"。

奥尔梅克文明出现在3300多年前,是墨西哥最早出现的较为发达的古文明之一,被称为中美洲的"文明之母"。奥尔梅克文明主要被分为三部分:圣洛伦佐文明、拉文塔文明和特雷斯·萨波特斯文明。这三种文明的发展、繁荣期相互衔接,由它们组成的奥尔梅克文明不仅影响了墨西哥本地,而且影响了整个中美洲地区。中美洲后来出现的玛雅文明、阿兹特克文明等都与奥尔梅克文明有关。

奥尔梅克文明是中美洲文明的始祖,其出土的文物艺术价值极高,其中最著名的是奥尔梅克的雕像。这些雕像以精美的石刻工艺见长,其头部大都雕刻着厚厚的嘴唇和炯炯有神的眼睛。1938年发现的14座巨石头像是奥尔梅克文明中最著名的艺术品,这些头像由整块玄武岩雕成,构思完善,写实感极强。其中最大的是一个青年的头面雕像,重30吨,高3.05米,形象十分生动。他鼻子扁平,嘴唇丰满,眼睛半睁,呈扁桃状,眼皮显得十分沉重。他头戴一顶花纹装饰的头盔,遮住了两耳。考古学家认为该头像可能是当时奥尔梅克领袖的雕像,或者是一种向死者致敬的纪念碑。

雕像的雕刻工艺之高,连几千年后的现代人都叹为观止。它们不仅体积巨大,而且栩栩如生,最令人震惊的是,这些雕像所用的石头都来自很远的地方。在当时没有先进机械设备的情况下,奥尔梅克人把沉重的玄武岩石从40千米外的火山区拖到圣洛伦索,并将其打磨成了10米高的石像,这其中蕴含的力量与智慧令人惊叹。因此，科学家认为，这些石像是文明的标志。

除了雕刻出巨型石像外，奥尔梅克人还用绿玉或黑玉雕出许多小型的人像、动物像等。奥尔梅克人喜欢用翡翠来制作各种珍贵的礼器、宗教用具和装饰品，这是奥尔梅克文明的一大特色。在奥尔梅克人看来，玉石是最贵重的物品，代表着一流的、无上的体面，是珍贵和生命的同义词。翡翠的颜色青翠欲滴，仿佛荡漾的碧波，奥尔梅克人用它雕刻出的小型石像晶莹圆润，玲珑可爱。这些玉石人大多裸体直立或戴着面具，有的小人像胸前还缀有一面用黑曜石凿成的镜类饰物，这类饰物即使在3000多年后的今天仍然闪闪发光。在玉雕作品中，最常见的是头部带有美洲豹特征的神像，该神像是人身，学者们称之为"豹人"或"豹娃"。美洲豹是奥尔梅克人崇拜的主要天神的象征，因此这个神的形象往往兼具人和豹的特点。奥尔梅克人的这些作品既反映了他们独特的宗教信仰，又形成了一种方正凝重、深厚圆润的风格，成为奥尔梅克艺术的典范。

不仅如此，奥尔梅克人还发明了一种橡皮球游戏，后来这种游戏在整个地区广泛流传，成为人们喜闻乐见的活动。此种发明无疑展现了奥尔梅克人特有的智慧。

3000年前，在地球上的大多数角落仍然处于黑暗中时，奥尔梅克已经在城市中创造了属于自己的文明，在黑暗中闪耀着夺目的光芒。他们曾经很强盛，但到公元前900年，不知为何，他们突然消失了。他们的遗迹中没有任何遭到外敌入侵的痕迹。科学家猜测，他们赖以生存的河流由于淤泥堵塞而改道，导致他们不得不放弃这里，远走他乡。

遭受灭顶之灾的庞贝古城

庞贝古城是一个遥远的传说，它在地下沉睡了千年后才重新回到人们的视线里。这么庞大的一座古城是如何消失的呢？

庞贝城位于亚平宁半岛的坎佩尼亚地区，是一座历史悠久的古城，距罗马约240千米。它位于意大利南部那不勒斯附近，距维苏威火山东南脚10千米，是一座背山面海的避暑胜地。庞贝在公元前4世纪开始逐渐受到罗马势力的影响，公元前89年与赫库兰尼姆城一同并入罗马，所以也被称为罗马庞贝城。

第四章 被历史遗忘的文明碎片

79年，庞贝城毁于维苏威火山大爆发。庞贝在当时属于中小城镇，由于被火山灰掩埋，因此街道房屋保存得比较完整。对庞贝古城的考古发掘从1748年起持续至今，为我们了解古罗马社会提供了宝贵的资料。

在罗马古籍的记载中，庞贝城是一座"美丽的花园"。据记载，庞贝城是奥斯坎斯部落修建的，是一座人口稠密、商旅云集的小城。公元前89年，庞贝城被罗马人占领，成为罗马帝国的属地。到79年，这里已经成为富人的乐园，贵族富商纷纷在这里修建豪宅、别墅。约有2万居民生活在这座"花园"中，围绕市政广场有朱庇特神庙、阿波罗神庙、大会堂、浴场、剧场、体育馆、斗兽场，等等。经济的繁荣带动了科学文化的发展，庞贝文明远超同一时期还处于蛮荒时代的其他欧洲国家。然而，就在庞贝城达到繁荣巅峰时，它却神秘地消失了。曾经辉煌一时的庞贝文明遁迹于历史长河中，留下的唯有一个个难解的谜团……

在19世纪大规模的考古挖掘中，考古学家们挖掘出了大量人和动物的尸骨。当他们将石膏灌进已经干枯了的人的尸体空壳，制成石膏像时，他们吃惊地发现这些遇难者的面部表情十分痛苦。当年的庞贝遭遇了什么，能让整座城的居民都无处可逃而死于痛苦？考古学家对古城遗址、地质做了大量考察，推测古城的消失与离此不远的维苏威火山有关。

维苏威火山海拔1281米，据地质学家们考证，它是一座典型的活火山，数千年来一直时有喷发。维苏威火山又一次喷发后，人们在变硬的熔岩上修建了庞贝城。他们在火山两侧肥沃的土地上耕作，并不在意这座火山，丝毫没有想到这座"死火山"正在酝酿着一场毁灭性的大灾难。62年2月8日，一次强烈的地震袭击了这一地区，许多建筑物被毁，我们今天在庞贝城看到的许多被毁坏的建筑都是那次地震造成的。地震后，庞贝人重建城市，而且更加奢侈豪华。然而庞贝还没来得及从那次地震中复苏过来，79年8月24日，维苏威火山又爆发了。后来考古学家发现了10月的铭文，推测火山爆发的时间为10月24日左右。

强烈的火山爆发掩埋了整个庞贝城，最深处竟达19米，曾被誉为"美丽的花园"的庞贝城消失了。此后，维苏威火山又多次爆发。由于火山灰和熔岩的层层覆盖，地下的古城被埋得更深，后人从地面上再也见不到古城的一点踪迹。于是，庞贝古城渐渐成为古籍史册和民间传说中的神秘之处，没有人知道它的位置和模样。

一直到18世纪，这个沉睡千年的古城才初现人间，由于当时的挖掘行动具有一定的掠夺性和破坏性，因此无数珍贵的文物惨遭毁坏。1860年，由于官方介入，发掘工作才走上正轨。经过长达100多年大规模的系统挖掘，庞贝城这座沉睡了千年的古城逐渐揭开了神秘的面纱。人们从这片遗址中惊喜地发现,富有表现欲的庞贝人在公元前6世纪至公元前8世纪中期,创造了空前的文明神话。

昔日的庞贝城一派繁华,人们从残垣断壁之间依然能依稀看到当年古罗马的繁荣和奢华。庞贝古城的悲剧会重演吗?维苏威火山自庞贝城覆灭后从未平静过。专家预测,在最近200年间,维苏威火山会像2000年前那样大规模爆发。若是如此的话,庞贝城是否会再次遭受灭顶之灾?

奇异的玛雅文明

> 玛雅人的历法为什么这么准确?玛雅人的建筑为何这么神奇?难道这一切真的与外星人有关?

中美洲尤卡坦半岛上的玛雅人无疑是地球上最神秘莫测、最富有传奇色彩的人种之一。玛雅人既没有金属工具,也没有运输工具,却能在新石器时代就创造出如此灿烂的文明。他们在这里留下了高耸的金字塔神庙、庄严的宫殿和天文观象台,留下了雕刻精美、含义深邃的记事石碑,还留下了许多做工精美的陶器与祭祀用品。他们有精确的数学体系和天文历法系统(太阳历),还有我们至今未能破译的象形文字系统。

"太阳历"是玛雅人的民用年历,也叫"哈布历"。它是一种以地球围绕太阳旋转一周作为一年的精准历法。这种历法一年为365天,是在长数历每年18个月、每月20天的基础上,再加上5天祭祀日构成的,即一年共有20×18+5=365天。

在玛雅文明中,时间是玛雅人宇宙观的核心。几乎所有的玛雅装饰、浮雕、塑像和建筑,都与历法中的某些具体日期直接相关。最为显著的是玛雅人修建的宏伟的金字塔和庙宇,每个部位的设计都暗藏玄机,每个细节都符合一定的天文历法要求。

譬如,于1992年被联合国教科文组织列为世界文化遗产的墨西哥埃尔塔欣遗迹的壁龛金字塔,塔内有与1年天数相对应的365个壁龛;其7层塔基的阶梯又分为18个部分,这又正好对应太阳历中1年的月数。

与此相似的是位于墨西哥尤卡坦半岛北部的库库尔坎金字塔,四周各由91级台阶环绕,加起来一共364阶,再加上塔顶的羽蛇神庙,共有365阶,刚好代表一个太阳年中的365天。

目前,世界通用的历法是以地球绕太阳公转相继两次通过春分点的周期(天文学上称为回归年)来确定的,所以称为阳历(公历)。经实测,这个周期为365.2425天,即一年。也正因如此,才会出现365天为平年,366天为闰年,并以"四年一闰,百年不闰,四百年又闰"来纠正误差。

专家学者发现,玛雅的"太阳历"以365.2420天计算,根据目前最先进的天文设备观测记录,最精确的结果应该是一年为365.2422天。由此看来,古代玛雅人所使用的"太阳历"比我们现在所使用的阳历更为精确,其误差不超过0.0002天,即17.28秒。也就是说,5000年的误差才仅仅1天,误差之小令人咋舌。要知道,一个天文学家若想得到如此精确的数值,至少得花上1万年以上的时间进行天体观测。

除此之外,我国习惯使用的农历是以月球绕着地球公转一周的时间作为一个月、12个月作为一年来确定,所以也称阴历。现代天文观测的精确结果是,阴历的一个月为29.530588天。玛雅人经过长期观察和周密计算,得到月亮绕地球运行的周期为29.528395天。两者数据如此接近,可相距年代又是如此遥远,科技文明水平又有天壤之别,令人感到惊奇疑惑:在当时没有任何精确测量工具的前提下,古代玛雅人怎么能进行如此高精度的天文学观测和计算呢?答案或许蕴含在玛雅的数学体系中。

事实证明,古玛雅人在当时已经创造了极为先进的数学体系。譬如,玛雅人极有见地地创造出20进制计数法,仅使用3个符号——一点、一横和一个代表"0"的贝壳形符号,可以表示任何数字。精确的历法与发达的数学密不可分。因此,在数学领域取得非凡成就的玛雅文明拥有精确的历法体系并不奇怪,可以说是水到渠成、顺理成章的。

1952年,在墨西哥高原的帕伦克古城,人们在一处神殿的废墟里发掘出了刻有人物和花纹的石板。当时人们仅仅以为石板上雕刻的是玛雅古代神话。直到20世纪60年代,人们乘坐宇宙飞船进入太空后,那些参与过宇航研究的美国科学家们才恍然大悟:原来那块石板上雕刻的是一幅宇航员驾驶着宇宙飞行器的画面!虽然经过了图案化的变形,但宇宙飞船的进气口、排气管、操纵杆、脚踏板、方向舵、天线、软管及各种仪表仍清晰可见。当这幅图画的照片被送到美国航天中心时,那些宇航专家们惊叹不已,一致认为它就是古代的宇航器。

也许精密的历法和先进的天文知识,正是遨游太空的玛雅人所需要的。那么为什么他们突然消失得无影无踪?神秘的玛雅人之谜究竟何时才能被解开?

蒂卡尔古城突然消失之谜

迄今为止,玛雅文明还是一个尚未解开的谜。散布在中美洲的热带丛林之中的蒂卡尔城就是玛雅时期最大的城邦之一。

蒂卡尔是玛雅最重要的城邦之一,也是迄今为止发现的历史最悠久、规模最大的一座玛雅古城,城市的发展在200年到850年达到顶峰。10世纪末,蒂卡尔被彻底遗弃,在原始森林中默默地度过了几百年光阴。

1848年,一个叫莫德斯托·门德斯的人被蒂卡尔传说所吸引,来到这里做了一次探险性考察,可惜一无所获。直到19世纪,这座湮没在原始森林中长达数十世纪之久的文化遗址才被正式发现。

这座古圣城中的建筑群被一望无际的林海所包围,树林中掩映着众多胜景灵迹:巍峨雄壮的金字塔、金碧辉煌的神庙、神秘莫测的石碑、栩栩如生的雕刻、广漠宏伟的广场……无不让人赞叹不已。

锥形金字塔是蒂卡尔最主要的建筑成就。这里的玛雅金字塔和墨西哥、埃及的金字塔有很大不同,玛雅金字塔一般为斜截锥形,由高大的台基及其顶端的神殿构成,其外观十分匀称。蓝天之下,一座座拔地而起的金字塔刺破林莽的密网,在绚烂的热带阳光下遥遥相对、熠熠生辉。更令人叹为观止的是蒂卡尔金字塔斜度达70度的惊人设计,其外形有如欧洲哥特式教堂般奇峭,因而被称为"丛林大教堂"。

蒂卡尔最繁华的时候,其城市面积超过65平方千米,居民多达5万人,有3000座以上的金字塔、祭坛、石碑等遗迹。其影响区域达500平方千米,控制着近200万人口。仅中心区域就有十几座大型金字塔、50多座小型神庙,它们分布在古老的中心广场四周,旁边还有装饰着浮雕彩画的王宫和进行贸易的市场。

玛雅人每隔20年立一块石碑,每块石碑都刻有象形文字的铭文,铭文开头均注有年代。但为什么被称为蒂卡尔玛雅文明的标志——中心广场上的石碑,上面刻凿的碑文记载到889年就中断了呢?为什么玛雅人突然丢弃了这座雄伟壮观、繁花似锦的城市呢?为什么它的消亡时间会和尤卡坦半岛上其他玛雅文明中心的消失时间如此一致呢?

有人认为是气候的变化使玛雅人离开了蒂卡尔城；也有一部分学者认为，城市的衰落是玛雅人从事刀耕火种将土地肥力消耗殆尽的结果；还有一些学者认为，城市的覆灭是因为外族的入侵，或者是遇到特大灾难，如强烈地震、瘟疫流行等，但是这些理由都无法使人信服。

蒂卡尔出土的大量金字塔、庙宇、殿堂、圣坛、石刻使大多数学者认为它曾是玛雅文化全盛时期的宗教中心，是古代玛雅人祭祀太阳神和其他神灵的场所。也有一部分人认为它可能就是玛雅传说中的"百声汇合之地"，而玛雅文明在天文、数学、历法、建筑、艺术、文字上所取得的卓越成就也证实了这一点。

玛雅文明直到今天仍然颇有影响力，而蒂卡尔城也给我们留下了一系列的谜题。或许只有等到人们破解了玛雅文明的那一天，蒂卡尔城的谜底才会浮现。

查科文化为何突然消失

> 阿拉撒热人在查科创造了不可思议的史前文化，引起众多历史学家和考古学家的赞叹和重视。然而，他们在没有留下任何记录的情况下突然消失了。

美国新墨西哥州西北部，一直到19世纪后半叶还是一个荒无人烟、寸草不生的地方。然而在峡谷里，有一座后来闻名遐迩的"悬崖宫"。整个宫殿宛如一座壮丽辉煌的城堡，一幢幢石筑的多层建筑星散在城堡里。宫殿矗立在峡谷中央，四周被高耸入云的悬崖峭壁包围着，这些峭壁犹如屏障，把它与外界隔绝开来。

一直湮没于尘世的"悬崖宫"直到19世纪末才被人发现。从此，此地因拥有墨西哥北部古代印第安人的史前文化遗址而广受关注。

后来，考古学家在犹他州、亚利桑那州、新墨西哥州都发现了类似的建筑物，其中新墨西哥州西北部的查科峡谷最引人注目，也最典型。

11世纪中期到12世纪中期是查科文化的巅峰时期。

普韦布洛部落是一片建在地面上的半圆形建筑，占地面积1.2万平方米，砂岩城墙共有4层，背朝峡谷峭壁。它有3层台地，中间有将近800个相互通连的房间，都围绕着一个宽大的中心广场排列成半圆形。每座屋子都有厚厚的石墙和窄小的门窗。

最使人困惑不解的是查科地区的"道路"。在这里，人们发现了数百条9米宽的硬面路，每条路都直通悬崖顶，长达320千米，而且每隔12千米到16千米就有一座村镇，我们至今仍能看到这些村镇的遗址。悬崖峭壁上还刻凿着一些至今不得其解的图画。种种迹象都说明，这里曾经是印第安文化的政治、经济、宗教中心，人口数量在5000人以上。

当时的人们在查科创造了不可思议的史前文化，引起众多历史学家和考古学家的赞叹和重视，同时也产生了诸多疑问：为什么要在荒凉贫瘠的峡谷中建造起那么多"悬崖宫"？他们又是怎样在这么艰苦的地方建立起如此繁荣的城市并养活那么多人口的？除此之外，让人更加疑惑的是，查科文化从12世纪开始衰落，到了13世纪，查科峡谷的村落群里已经没人居住了。这是为什么呢？由于他们没有留下任何文字记录，所以，有关查科文化为何突然消失这一历史之谜，至今仍众说纷纭。

有人认为是因为部落内部不和，为防御和抵抗外来入侵者，人们不得不抛弃这些城镇，在山谷峭壁上凿洞开始过洞穴生活。而造成不和的原因可能主要是为了抢夺土地和水源。有人认为是恶劣气候迫使他们离家出走，据有关人员考证，发生于12世纪和13世纪的一系列旱灾使得那里的居民越来越难以生存。大约到了1200年，当地人砍光了那里所有的树木，进一步加剧了干旱和土地资源的恶化，粮食和水源的短缺让他们彻底面临生存的危机，不得不远走他乡，离开了他们赖以生存的家园。也有人认为，他们遭遇了外敌的入侵。

这些说法虽然具有一定的道理，但无疑都缺乏充分的证据，不能作为查科文化神秘消失的真正原因。

"编筐文化"突然消失之谜

阿纳萨齐人能够在崖壁上建造房屋，不能不说是一个奇迹，然而，他们为什么会毫无迹象地消失呢？这其中究竟有什么原因？

阿纳萨齐人是美国西南部的原始居民。在哥伦布踏上美洲大陆之前，他们就已经在以"四角"著称的贫瘠之地（犹他、科罗拉多、亚利桑那和新墨西哥州交界的地方）创造了高度发达的文明。

阿纳萨齐人第一次出现在美国西南部大约是在公元前100年。那时，他们的农业技术以及工艺知识还很有限，但他们发展出了杰出的编织技术，并在此后的数百年间步入了一个以"编筐文化"著称的时期。400年左右，阿纳萨齐人开始居住在半地下的地穴式永久性住所里。他们的村庄扩大了，农业知识变得丰富了。他们在继续编筐的同时发展了制陶技术，阿纳萨齐族成为美国西南部地区第一个会制造陶器的民族。

700年后，阿纳萨齐人建造了大量直线形或新月形的房舍，石制建筑开始取代早先的泥、木结构。地窖用作地下礼堂，地上房则全部用作居室。后来，阿纳萨齐文化进入崖房时期，村落聚于悬崖表面凹陷处，上有天然岩棚，其他与泥石房屋及村落无异。同时期也有大型独立式建筑，其形如公寓，沿峡谷表面的崖壁构筑。这些社区结构最多拥有1000间房间。

1300年，阿纳萨齐文明的发展到达巅峰，可是这个文明从此开始衰落了。谁也不知道究竟是什么原因导致了他们的衰落。阿纳萨齐人留下的线索少之又少，就连考古学家也无法确定当时到底发生了什么事情。有人说是由于人口过剩；有人说是由于外敌入侵；也有人说是由于1276年至1297年的美国西南部大旱，当时阿纳萨齐人没有精心设计灌溉系统，完全靠天吃饭，大旱使他们遭害严重，不得不向北或向南迁徙。这些各执一词的假说缺乏强有力的证据，很难得到大家的认可。

无论阿纳萨齐文明消失的原因究竟是什么，我们都必须承认阿纳萨齐人曾在那个落后的社会里创造了一种高度发达的"编筐文化"。

失落的印加帝国

> 印加帝国信奉太阳神，曾一度有着辉煌灿烂的高度文明，然而，这一切却在西班牙入侵后神秘消失了，是发生了毁灭性的瘟疫还是他们遁入了山林？

美洲一直被认为是一个缺少古文明的大洲，直到1911年，失落了多个世纪的古城马丘比丘在秘鲁被发现，一段古老的文明终于重见天日。

大约在12世纪，秘鲁利马附近的库斯科谷地中的印第安部落逐渐强盛起来，开始向外扩张，兼并周边地区。1438年，他们开始大面积扩张，占据了安第斯山脉的一部分，建立了强大的奴隶制国家——印加帝国。16世纪初，印加帝国达到鼎盛时期，控制南美洲广大土地，人口多达600万，建都于库斯科。印加帝国雄霸一方。他们信奉太阳神，建立了完善的农业体系。他们还有进步的政治制度，能够使用完善的法律来治理百姓，绝不以严刑峻法苛难。

以农立国的印加人，早在公元前400年就知道集约栽培法，他们栽培玉米的技术非常高超。此外，印加人在纺织品的生产技术上有很大的突破，各种各样的织法以及各种形态的精致图案都令人赞叹不已。印加人还大量使用青铜器，只是不知道怎样炼铁，不会使用火器。印加人没有文字记录，人们普遍使用结绳记事法，用不同颜色、不同距离、不同大小的绳结来记事、记数。

印加帝国的首都库斯科位于今秘鲁南部。那里有巨大的太阳神庙，神庙的墙壁上贴满了金箔，金箔上绘有代表太阳的圆球，金球旁有几百条金线，代表太阳的光芒。金矿的发掘使印加人使用大量的黄金来装饰宫殿，大部分皇家建筑都镶满了金饰品，显得金碧辉煌。

印加帝国在全盛时期拥有600万国民，掌握当时先进的有色金属冶炼、加工技术，能制造出一流的冷兵器，其境内还有许多险要的城堡。可是数百名西班牙殖民者闯入印加帝国后，印加末代国王图帕克被斩首，帝国在很短的时间内就消亡了，印加文明从此失落。

1532年，印加帝国的两位继承人瓦斯卡尔和阿塔瓦尔帕因争夺王位而爆发内战，印加人形成了派别，开始了血腥战斗。正值印加人因分裂而国力日衰之际，残暴的西班牙冒险家们乘虚而入，他们攻击印加人，疯狂掠夺黄金。在这个动荡纷乱的帝国中，他们巧妙地攫取了意想不到的利益。一支百余人的队伍轻而易举地战胜了数万人的印加军队，武器的先进固然是一个因素，但事情显然没有这么简单。西班牙人的胜利完全是印加人自己拱手送上的，内乱已经使他们筋疲力尽了。

由于印加人没有发明文字，因此其遗留下来的问题更具神秘性。又有一批学者根据印加人的记录，大胆推测当时印加帝国虽然拥有高度文明，但被突袭而来的恐怖瘟疫横扫全国。就算发生瘟疫，作为侵略者西班牙人为何没有被感染？一场瘟疫怎能使600万人全部消失呢？

也有学者认为，西班牙人入侵印加帝国后，国王瓦斯卡尔率领数以百万的印加人躲入安第斯山中，在山上修建栖息之所以养精蓄锐。然而，大瘟疫再次袭来，残存的印加人无力出战，只得继续留在山中。他们销毁了自己的文明，企图掩饰当年印加帝国的强盛，然后以聚集部落这种最简单的方式为生，成为今日印第安人的祖先。

近年来，许多考古学家陆续在绵延的安第斯山脉中发掘到许多印加帝国的遗迹。这些遗迹证明，印加人确实抛弃了辛苦经营的帝国，而在蛮荒的山地中再建王国。

古老的印加帝国遗留下来的重重疑云，为其忽然灭亡增添了点点神秘色彩。印加帝国消失的真正原因还有待历史学家和考古学家们继续考证。

第五章 大地奇观，都是谁的杰作

巴西洞穴岩图之谜

> 巴西洞穴岩图上的人为何有6个脚趾,4根手指?难道这些人像真的是外星人的自画像?

拉瓜桑塔自治区地处巴西中部的戈亚斯州,距离巴西的里约热内卢大约80千米,这个自治区里约有400多个天然洞穴,其中大部分至今未被发掘。1971年开始,一些外国学者与巴西学者组成联合考察队,对其中的十多个洞穴进行了发掘和研究,发现了许多令人惊异的奇迹。

在佩德罗·莱奥波尔多的西坡,有一座100多平方米的石山,陡峭的悬崖上布满了各式各样的壁画。画面上除了有一系列的神秘的题词外,还有4个指头的手掌、6个脚趾的脚板、形似牛头的图案、类似猫和猩猩的动物,等等。这些图案构图精巧,绘制得十分生动。

在塞特拉瓜斯、马托西尼奥斯等地的一些天然洞穴里的石壁上也有类似神秘莫测的雕刻绘画、象形符号和考古学家根本不认识的古怪题词,雕刻技艺娴熟精湛。

在巴西亚马孙河上游的文化遗址中,考古学家发现了大量的陶器碎片,有些陶片上刻有拟日纹饰和几何图形纹饰,还有一件上刻有鹿头装饰。这些石刻大多以太阳形象为主,这说明当时人们很信奉太阳,这里可能是古人祭拜太阳神的场所。

从这些洞穴里残存的灰烬来看,在这里生活的古人距我们至少有9万年至1.3万年之久,那时这里已经有了相当发达的文明。这些壁画、题词只有运用极锋利的金属工具才能雕成,可是1万多年前还没有金属工具,使用石刀、石凿之类的原始工具是不可能完成这些壁画的。那么这些壁画、题词是怎样刻上去的?考古学家对此表示费解。

石壁上的题词很有规律地排列着,有些人认为这些题词有特殊的含义。但有些学者认为,这些题词只是古人帮助记忆的一些表意符号。其中有些符号与欧洲斯堪的纳维亚的远古字母相似,也许早在几千年到1万多年前美洲就与欧洲有联系。当然,这也只是猜测,具体细节还有待进一步考察研究。

神的驿站——巴别塔之谜

> 传说古巴比伦的国王为天上众神修筑了巴别塔，作为他们落脚休息的地方。巴别塔到底修在哪里？又有多少天神在上面居住过呢？

5000多年前，伊拉克首都巴格达城以南约100千米的幼发拉底河沿岸，曾矗立着一座无比壮丽的巴比伦塔。它堪与埃及著名的金字塔媲美，形状也有几分相似。据说，它是天上诸神前往凡间的中转站，称得上是天路的"驿站"或"旅店"。

巴别塔，也译作巴贝尔塔、巴比伦塔，或意译为通天塔。巴别塔源于犹太教《塔纳赫·创世纪篇》（该书又被称作《希伯来圣经》或者《旧约全书》）中的一个故事，故事讲述的是人类使用不同语言的原因：一群只说一种语言的人在"大洪水"之后从东方来到了示拿地区，并决定在这里修建一座"能够通天"的高塔；上帝见此情形就把他们的语言打乱，让他们再也不能明白对方的意思，并把他们分散到了世界各地。

根据一些现代学者的看法，巴别塔和一些已知的建筑物之间存在联系，其中一个十分著名的就是"埃特曼安吉神庙"，这是一座由巴比伦尼亚国王那波帕拉萨尔修建的、献给美索不达米亚的神马尔杜克的塔庙（大约建于公元前610年）。这座神庙高91米，也被称为"巴比伦大金字塔"。亚历山大大帝在公元前331年左右下令拆毁这座神庙，在原址上建造他的陵墓。

通过有关的零星记载、只言片语以及神话传说可知，昔日的巴别塔，可与被列为世界七大奇迹之一的空中花园齐名，它们被视为5000年前美索不达米亚城鼎盛的标志。但是，同空中花园现已荡然无存的厄运一样，巴别塔经过历次的洗劫，也只留下一片废墟。那巨大的方形地基上长满野草，巴比伦昔日的灿烂文明已"难认前朝"了。

巴别塔既是世界上著名的古代奇迹，也是一个长期未解的谜团。几千年来人们一直都没有发现巴比伦通天塔的遗迹，有人认为它不过是个神话。1899年3月，一批德国考古学家在今天巴格达以南90千米的幼发拉底河畔进行了持续10多年的大规模考古发掘工作，终于找到了已经失踪2000多年、由尼布甲尼撒二世在公元前605年改建的巴比伦古城遗址。

后来考古学家在古巴比伦遗址上发现了一个由石块、泥砖砌成的拱形建筑废墟，废墟中间有口正方形的大井。开始考古学家以为这是空中花园的遗址，直到后来在附近出土了一块记载巴别塔的方位和式样的石碑，才知道这就是巴别塔的塔基。公元前1234年，巴别塔被攻占巴比伦的亚述人摧毁。后来新巴比伦王国的尼布甲尼撒二世曾重建该塔，但他去世后，巴比伦又渐渐衰落。公元前484年，巴别塔再次毁于战火。虽然人们如今已基本复原了它的外观，但是整体的设计和结构仍与原样相去甚远。

　　巴别塔和其他美索不达米亚的庙塔一样，都是用砖构筑的，原因是当地缺乏良好的岩石。为使庙塔的巨墙外观不至于显得单调，聪明的工匠们建造了高大的斜桥和斜形阶梯，再用支墩作装饰，把巨大平面的墙巧妙地分成了有变化的几段。从现代建筑技术的角度来看，这种巨大立面的处理手法是十分高明的，很合乎建筑艺术的法度。

　　人们普遍认为，巴别塔是一座宗教建筑。在巴比伦人看来，巴比伦王的王位是马尔杜克授予的，僧侣是马尔杜克的仆人，人民需要得到他的庇护。为了取悦他，换取他的恩典，维护国家的稳定，巴比伦人将巴别塔作为礼物献给了他。在巴别塔里，每年都要举行大规模的典礼活动，成群结队的信徒从全国各地赶来朝拜。

　　考古学家和历史学家认为，巴别塔除了奉祀圣灵外还有两个用途。一是尼布甲尼撒二世借神的形象显示个人的荣耀和威严，以求永垂不朽。二是讨好僧侣集团，换取他们的支持以便稳固江山。美索不达米亚是一个宗教盛行的地方，神庙林立，僧侣众多。僧侣不仅在意识形态上影响着人民，而且掌握着大量土地和财富，如果不在政治上得到他们的支持，恐怕很难坐稳王位。

　　随着巴比伦的覆灭，伟大的美索不达米亚文明也很快就结束了。

埃及金字塔之谜

　　　　金字塔的秘密就像埃及沙漠中的沙子一样数不胜数，一座座金字塔
　　不仅是人间奇迹，更是一个个让人琢磨不透的千古之谜。

　　埃及金字塔的神奇远远超出了人类的想象，它是地球上最伟大的奇迹之一。如此宏伟的金字塔是怎样建造的？人们对于这一问题众说纷纭，却始终没有确切的

答案。

在大约110座大小金字塔中,最著名的是吉萨高地的三大金字塔,其中胡夫金字塔是埃及最大的金字塔。胡夫金字塔高146.59米,底边长230.37米,约用230万块巨石建成,平均每块巨石重2.5吨,金字塔总重约575万吨。

据专家们估计,在修建胡夫金字塔时,埃及约有5000万居民。建造金字塔的劳工、进行管理监督的军队、不事生产的僧侣、借机谋利的官员……仅靠尼罗河三角洲的农业收成能养活这些人吗?马和马车直到1600年左右才被引进埃及,在没有任何起重工具的年代,工人如何快速地搬运、堆砌石块?金字塔的外壁石块排列得十分紧密,就像用激光切割过一样,最锐利的刀也插不进去,即使用现代最先进的土木技术也很难完成。

有很多科学家认为,建造金字塔的巨石不是天然的,而是人工浇筑的。科学家们从金字塔上取下小石块,并将其逐个进行化验,结果表明,这些石块的确是由人工浇筑而成的。由此推测,奴隶建造埃及金字塔很可能是采用"化整为零"的办法,先将搅拌好的混凝土装进筐子,再抬上正在建造中的金字塔。这样,只要掌握一定的技术,就能浇筑成一块块巨石。有趣的是,科学家还在石块中发现了一缕一英寸的头发。而这缕头发可能就是古埃及人辛勤劳动和灿烂智慧的见证。

当然,建造金字塔的石块可能是用木制的滚轴来运送的,可是尼罗河流域生长最多的是棕榈树,而它既是埃及人不可缺少的食物,也是炎热沙漠中唯一的遮蔽物,古埃及人不可能大肆砍伐这种树木。而且棕榈树的材质比较柔软,难以充当滚木。如果滚轴的确是木制的,那么,埃及人很可能利用船队从国外进口木材,然而考古学家至今尚未找到运输木材的船只遗骸。古埃及人用石块砌成陵墓,陵墓内部的通道和陵室的布局宛如迷宫。石壁是那么光滑,古埃及人是用什么方法设计、挖掘、雕刻的?要知道,4500年前的人类尚未掌握铁器,如此精湛的工艺出自4500年前古埃及的工匠和奴隶之手,的确令人难以置信。

胡夫金字塔的内部结构极为复杂,墓室和甬道内部还饰有雕刻、绘画等艺术作品。由于墓室和甬道里十分黑暗,这些精致的艺术作品只有利用火炬照明或在油灯下才能完成。如果当时真的使用过火炬或油灯,必然会留下一些"用火"的痕迹。现代科学家对墓室和甬道里积存了5000多年的灰尘进行了全面、仔细的科学化验和分析,结果证明:灰尘里没有任何黑烟和烟油的微粒,没有一丝一毫使用过火炬或油灯的痕迹。由此可见,艺术家在胡夫金字塔的地下墓室和甬道里雕刻、绘制壁画时,根本没有使用火炬或油灯来照明,而很可能使用了某种特殊的蓄电池或其他能够发光亮的电气装置。难道距今5000多年前的古埃及人已经掌握了现代照明技术吗？

20世纪30年代，一群科学家到埃及游览金字塔群时，发现在塔高五分之一的地方有一只垃圾桶，桶内有死猫死狗之类的小动物尸体，还有一些水果。令科学家们感到惊奇的是：尽管桶内湿度相当大，这些尸体却没有腐烂变质，反而脱水变成了"木乃伊"。回国后，有人按照金字塔的比例造了一座小金字塔，并把一只死猫放在位于塔高三分之一处的平台上。结果，死猫不久也变成了"木乃伊"。接着，很多科学家都做了同类的试验，证明这样的金字塔结构不仅能保存动物的尸体，而且能使食物保持新鲜。人们将这种现象称为"金字塔能"效应。原来，金字塔式结构建筑的内温分布、空气流通方式等，与冰箱、烘干机的原理相似。

总之，埃及金字塔让人们见证了太多奇迹的同时，也留下了太多疑问，有些疑问也许我们永远都无法解答。

英国巨石阵之谜

作为欧洲著名的史前时代文化神庙遗址，巨石阵可能是最不可思议的奇迹之一，这些巨石已经默默地在风雨中矗立了几千年。可是令人们百思不得其解的是：原始人类是如何建起如此雄伟的巨石阵的？他们的目的是什么？

索尔兹伯里平原位于英格兰的威尔特郡，因史前遗迹巨石阵而闻名世界。这些巨石默默地在风雨中经过了几千年，注视着人间的沧桑变化。

这个巨大的石建筑群位于一片空旷的原野上，占地面积约为11平方千米，由许多整块的蓝砂岩组成，每块约重50吨。巨石阵的主体是由几十根巨大的石柱组成的同心圆。巨石阵的外围是直径约90米的环形土沟与土岗，内侧是56个圆形坑，坑用灰土填满，灰土里还夹杂着人类的骨灰。令人称奇的是，石阵中心的巨石最高的约8米，平均重量约30吨，更有不少7吨重的巨石横架在石柱上。巨石的主轴线通往石柱的古道，和夏至日早晨初升的太阳在同一条线上；另外，还有两块石头的连线指向冬至日落的方向。

几个世纪以来，这些巨石块一直与一些神秘、离奇的传说联系在一起。令人们百思不得其解的是，原始人类是如何建立如此雄伟的巨石阵的？他们的目的是什么？关于巨石阵的推测有很多，有些非常复杂，甚至堪称荒诞。有人说这是个祭扫天神的场所，有人说这里是古代墓地，还有人说这个石阵是座巨大的太阳钟……种种说法莫衷一是，至今仍没有定论。

后来又有人提出一种假设，巨石群可能是一种季节钟：用石柱来测量太阳的移动位置，从而判断四季的变化。在一年中，日出的位置是不断变化的，当时人们发现了这个现象，就在视线开阔平原上观测日出并竖起石柱，通过日出方位和石柱之间的位置移动来观测季节的变化。这种说法正确与否，有待科学论证。

有学者猜测，巨石阵的建造方法是：在起点和目的地之间挖一条小水沟，把它注满水。冬天水沟结冰，巨石就可以沿着这条冰沟被拉到目的地。将20吨重的石块拉上8米高的石柱的方法是：在石柱四周填满规则石块，形成A形石斜坡，在A形石斜坡上涂上猪油润滑，用建金字塔的方法在塔对面把20吨重的石块拉上去。

那么，生产技术低下的古代人，为什么要辛辛苦苦垒起这样一座"石头城"？不仅考古学家们在寻找这个问题的答案，每年数以万计的来自世界各地的游客们也在寻找这个问题的答案。

几百年来，神秘的巨石阵遗址一直困扰着人们。英国史学家杰弗里于1126年编写的《中世纪编年史》中最早记录了有关巨石阵的信息，它记载了阿瑟王的谋臣默林用魔法把巨石阵从爱尔兰运到英格兰的功绩。此外，还有人认为巨石阵是入侵英国的古罗马祭司朱伊特建造的祭坛。直到现在，每年夏至的时候，还有许多人身着朱伊特的白袍聚集在巨石阵周围，他们吹响号角，迎接夏季的到来。

巨石阵究竟是天文观测器，还是举行祭祀活动的宗教场所，或是其他什么场所，这至今仍是个谜。不管怎样，能够建造出如此雄伟壮丽的巨石建筑，古人的智慧和力量着实令人佩服。

空中花园只是一个传说

一提到巴比伦文明，人们首先想到的就是空中花园。空中花园是一个奇迹，令无数人神往，可它究竟在哪里呢？

通过对巴比伦城遗址的发掘，人们相信远古时代的巴比伦王国确实存在着一座美丽的空中花园。可是，这个美丽传说的背后，隐藏着一个又一个的未解之谜。

相传在公元前6世纪，尼布甲尼撒二世娶安美伊迪丝为妻，这位王妃生于米底（今伊朗高原西部），那里重峦叠嶂，与巴比伦尼亚的一马平川迥然不同。这位来自异国他乡的公主每每想起故国的山川美景，总是忍不住低头垂泪，蛾眉紧锁。国王不忍心看着心爱的王妃郁郁寡欢，于是下令仿照王妃故乡的模样，在巴比伦王宫的西北角建了一座阶梯花园。这就是他们的爱情堡垒，流传至今的空中花园。

这座林木茂密、花卉盛开的高台悬在空中，故以空中花园为名。它与金字塔齐名，同为世界七大奇迹之一。令人遗憾的是，空中花园和巴比伦文明的其他建筑一样，早已湮没在滚滚黄沙之中。我们只能通过历史记载和近代的考古发掘来了解空中花园。

围绕空中花园的学术争论很多，大多数学者认为空中花园确实存在，因为古希腊和古罗马的许多历史著述中都有关于它的记载。比如，公元前1世纪中期，西西里岛的历史学家狄奥多鲁斯和奥古斯都时期的罗马学者斯特拉波，都描写过空中花园的情形。今天，伊拉克的首都巴格达就有一座根据传说复原的空中花园。

然而，不少在自己的著作中提及空中花园的古人并没有目睹过实物，而仅仅是道听途说。事实上，流传至今的有关空中花园的记载，几乎都出自古希腊、古罗马的作家、历史学家之手。更让人不解的是，建立了丰功伟绩、名扬四邻的尼布甲尼撒二世流传下来的诏令无数，但世人从中找不到任何有关空中花园的记载。于是有人认为，空中花园是古代的诗人和历史学家通过想象力创造出来的。

空中花园是否存在？如果存在，它究竟在哪里？

1899年，德国人罗伯特·科尔德维发现了巴比伦城的遗址。他们在发掘南宫苑时，在东北角挖掘出一个不寻常的、半地下的、近似长方形的建筑物。该建筑物面积约为1260平方米，由两排小屋组成，每个小屋的面积平均只有6.6平方米。两排小屋被一条走廊分开，呈对称布局，小屋周围被高而宽厚的围墙所环绕。西边一间小屋中有一口开了三个水槽的水井，一个是正方形，两个是椭圆形的。根据考古学家的分析，这些小屋可能是原来的水房，那些水槽是用来安装压水机的。考古学家认为这里很可能是传说中的空中花园的遗址。而且，考古学家的确在遗址中发现了大量种植花木的痕迹。然而，到目前为止，在已发现的刻有巴比伦楔形文字的泥版中，还没有找到关于空中花园的确切的文献记载。

2010年，一批冷战早期的美国日冕卫星照片解密，学者发现伊拉克的卫星照片上有一条97千米的古运河遗迹，部分地段的深度甚至超过了苏伊士运河。该运河遗址位于古亚述境内，它曾是一个国家文明与实力的象征，但现在已经因为人为破坏与农业革命而变得面目全非、难以辨认。因此有人提出一个新理论，即巴比伦空中花园实际上位于巴比伦以北300英里①之外的亚述首都尼尼微。尼尼微的建造者是亚述王辛拿基立，而不是巴比伦的尼布甲尼撒二世，因此应将巴比伦空中花园更正为亚述空中花园。

也许空中花园只是一个美好的传说，但是有关空中花园的美好画面和无限的想象将永远留在人们的脑海中，因为它既是美的象征，也是古人智慧的代表。

太阳神巨像的风采究竟如何

> 罗德岛的太阳神巨像为无数船只指明了方向，可它的真面目究竟是什么样的呢？

罗德岛是爱琴海上的一个岛屿，因建有世界七大奇迹之一的太阳神巨像而闻名于世。太阳神像建在岛北端的罗德市港口，形象为一个手举火炬、脚踩两岸的巨人。进港的船只都要从他的胯下通过，明亮的火焰昼夜不息地为来往的船只引航。

公元前4世纪，马其顿对罗德岛发起了大规模的进攻。公元前304年，在罗德岛居民的坚决抵抗和埃及军队的大力支援下，罗德岛击退了强大的马其顿的进攻。为纪念这次胜利，罗德岛居民决定用敌人遗弃的青铜兵器修建一座雕像。雕像由建筑师查尔斯设计，形象是太阳神阿波罗。传说阿波罗是罗德岛的保护神，当地居民以此来感谢阿波罗对他们的保佑。这座雕像用了整整12年的时间才修建完成。

建造神像在古希腊并不罕见，但建造如此巨大的神像却是前所未有的。怪不得巨像刚刚建成，就被同时代的罗马哲学家安蒂培特誉为"世界七大奇迹之一"。

如此巨大的雕像是如何铸成的？在缺乏起重设备的远古时代，人们又是如何把它竖立起来的？这些难题也是太阳神巨像让人感到惊奇的原因之一。

然而，罗德岛的巨大铜像只矗立了50余年就惨遭不测。在公元前226年的一次大地震中，罗德岛的城墙、船坞、房舍遭到了严重破坏，巨像也倒塌了。它从基座上被抛起，双腿齐膝折断，上半身倒在地上。

---

① 1英里=1.609344千米。

巨像的残骸倒在地上近千年之久，653年，阿拉伯人侵入罗德岛，发现了躺在地上的巨像残骸，他们费了九牛二虎之力才把残骸运送到叙利亚，并把它卖给了一位商人。据说那个商人用了880头骆驼才把残骸运完，后来巨像就不知所踪了。也有人说，巨像倒塌后不久就被人盗走，但贼船在海上遇风暴沉没，铜像被埋在了深海海底。但铜像真的躺在港口近千年无人过问吗？据说神像倒塌后，埃及国王托勒密三世立即送来了重建铜像的资金，可见当时地中海沿岸各国的君主对此神像相当重视。神像有没有可能被他们运回本国收藏起来了呢？神像究竟去了哪里？

这尊巨像在当时颇负盛名，以至于只要古代作家谈到雕像，就会以称赞的笔触对它加以描述。但是这些描述没有流传下来，后人只能凭借史书中的简略记载来构思它的规模，凭借自己的想象来还原这尊巨像。

早在11世纪，人们就开始想象传说中的罗德岛神像：巨像右手举着投枪，左手按着长剑，脚踩结实的铜柱，四周环绕着起伏的海浪。但有人认为，太阳神阿波罗像应该头戴太阳光环，驾着马车，马车上载着一轮鲜艳的红日，且巨像的胯下能进出轮船。由于没有确凿的证据，因此谁也无法确定神像的外形。

到了文艺复兴时期，罗德岛的太阳神巨像又一次激起人们的好奇心。人们仔细研究古代文献后认为，罗德岛的太阳神巨像两脚宽宽地叉开，横跨在罗德港的两岸。阿波罗手持火把，威严地注视着来往的船只。在这里，罗德岛巨像被设想成一座灯塔，保护进出罗德港的船只，并为它们指引方向。然而这个设想在崇尚科学、理性的近代遭到了质疑。

进入20世纪后，关于神像的争论仍在继续。由于缺乏可靠的信息，很多人怀疑罗德岛巨像的传说只是以讹传讹。不同的史书关于巨像外形和位置的记载有很大的出入。毕竟年代太过久远，关于巨像的一切都已成为历史之谜。

可是，考古学家的努力似乎为揭开谜底带来了一线希望。随着考古发掘的深入，越来越多的文物被发掘出来。一枚出自公元前3世纪的钱币引起了人们的注意，这枚钱币上有太阳神赫利俄斯的头像，经专家鉴定，这个头像正是太阳神巨像作者哈列塔斯作品的临摹画。但遗憾的是，铜币上只有赫利俄斯的头像，没有身体，巨像的姿势依然无法推测。

如今，小小的罗德岛上游客众多，罗德岛居民依然享受着太阳神带给他们的恩泽。1984年春天，希腊政府宣布修复巨像，也许这个决定会加快对巨像的揭秘过程。将来，世人也许能重新看到几千年前屹立在这里的太阳神巨像，领略巨像的雄伟风采。

纳斯卡线条究竟是谁的杰作

如果从秘鲁南部的纳斯卡荒原的高空向下俯瞰，你会惊异地发现，荒原上镶刻着一幅幅巨型的奇异图画。这些雕刻精美的史前巨画从何而来？它有什么寓意？

南美大陆存在着一个已有2000年之久的未解之谜——在秘鲁南部安第斯山一带的纳斯卡地区，有一片绵延几千米的线条，它们构成各种生动的图案，镶嵌在大地上，从空中看就好像是用巨大的手指画出来的。这是一处令人难以理解的奇迹，这些线条沉默无言，似乎在耐心地等待后人的破解。

1939年，美国考古学家保罗·柯索飞过安第斯山脉上空，无意间朝地面看了一眼。令他吃惊不已的是，平时看似无奇的地表线条，竟然连成了一幅巨大的图画。后来，一支考察队来到了纳斯卡荒原。他们发现这些巨画的每一根线条都是把荒原表面的细砾石挖开，向下刻凿十几厘米，使之露出黄白色的沙土所形成的沟槽构成的。经过一段时间的研究，考察队发现这竟然是一幅喙部突出的巨鹰图。之后他们在这片大沙漠上相继发现了各种奇异的线条：有的线条组成了三角形、长方形；有的线条组成了带有装饰风格的动物图形；还有的线条纵横交错，很像我们今天飞机场跑道上的标志性图案，转角和交叉处棱角分明。

这一惊奇的发现震惊了考古学界，考古学家们陆续来到纳斯卡荒原，他们不仅在这里发现了许多的直线、弧线图案，而且还在沙漠和相邻的山坡上发现了许多动物图案，例如飞鸟、猴子、蜘蛛、鲸鱼等。在这些千奇百怪的图案中，有一幅著名的蜘蛛图，它是纳斯卡荒原上最动人的动物寓意图形之一。这只蜘蛛长45米，形象生动，颇具神秘色彩。有人认为这幅蜘蛛图很可能是某个特权阶层的图腾，他们在某个特定节日制作了这个图形，而图形中的蜘蛛很可能与预测未来的占卜仪式有关。也有人认为，这是纳斯卡人崇拜的星座之一。同时，在纳斯卡荒原上还发现了大量的鸟纹图案，出土的部分陶器上也有类似的图案。

纳斯卡地画给世人带来极大震撼的同时，也带来了巨大的疑问。究竟是谁在这片沙漠上绘制了这些神秘的图形？在根本看不到全貌的情况下，古代的纳斯卡人是怎样设计、制造出这些巨大的直线、弧线及动物图案的？他们又是怎样确定线条方向、制定图形各部分比例的？即使在21世纪的今天，人们也无法在地面上看到纳斯卡巨画的全貌；在遥远的古代，纳斯卡地画的创造者是如何欣赏自己的杰作的？

还有，在纳斯卡荒原所描绘的动物图形中，除秃鹰外，几乎没有一种是产于当地的，例如蜘蛛、鲸和猴子等。在这片荒漠中描绘出如此庞大、精确且不存在于当地的动物，纳斯卡人是怎样做到的？

有人说，纳斯卡荒原的直线可能与某种天文历法有关，因为这些图形中的几条直线极其准确地指向了黄道上的夏至点与秋至点。也有人说，某些动、植物图形是某些星座图的变形，某些长短不一、形状各异的线条则是星辰运行的轨道。

然而，纳斯卡荒原上的土著居民，他们的社会发展程度非常低下，有些领域的发展至今还停留在石器时代。这幅巨画却体现出高超的设计、测量和计算能力，同时也显示出建造者对几何图形极高的认识程度，这些都与纳斯卡荒原现有的社会发展水平形成强烈的反差。因此，土著居民不可能是这些杰作的创造者。秘鲁山区中生活着纳斯卡人的后代——印加人，他们中至今还流传着"会飞的物体"的传说，许多出土的纳斯卡陶器和织物残片上都饰有飞行物体的图案，例如鸟和像鸟一样的飞人。是否曾有来自外星的超智慧生命指点过他们？古纳斯卡人是否能与这些超智慧生命相沟通？

古纳斯卡人与玛雅人一样，其智慧远远超出了我们的想象。凭借当时人类的技术水平，是不可能制作出这些神秘图案的。这些图案显示出一种"超智慧"的存在，显示出一种人类地球文明之外的"超文明"的存在。

太阳门——上帝的杰作

太阳门是蒂亚瓦纳科文化最杰出的象征，古代的印加人是怎样只靠人力和简单的原始工具建造出规模如此宏大的建筑群的？

在距的的喀喀湖东南部21千米的安第斯高原上，有一座前印加时期的文化遗址，它就是南美洲著名的蒂亚瓦纳科遗址，以大量精美的巨石建筑闻名于世。"蒂亚瓦纳科"在古印第安语中的意思是"创世中心"。

蒂亚瓦纳科遗址的建筑至今仍完好无损，遗址四周有坚固的石墙，里面有梯级通向地下内院，西北角坐落着美洲最卓越、最著名的古迹之一——太阳门。它被视为蒂亚瓦纳科文化最杰出的象征,是南美大陆最负盛名的古代文明奇迹。

凡是见过太阳门的人,无不为它的宏伟壮观惊叹不已。太阳门是用一整块巨大的岩石雕刻而成的,高3.05米,宽3.96米,重约12吨,上面雕刻着极其精美的图案。巨石中央凿有一个门洞,门楣上有许多精美的浮雕。其中有一个神秘的人形浅浮雕,他双手各执一根权杖,头部放射出许多道光线,其间还夹杂有蛇像。在大人像两旁平列着3排、48个生动逼真的小人像,其中上下两排是面对神像的、带有翅膀的勇士,中间一排是人形的飞禽,浮雕展现了一个深奥而复杂的神话世界。每年的9月21日,黎明的第一束阳光都会从这扇石门的中间射向大地,这就是太阳门这一名字的来历。

面对太阳门,我们在惊叹之余不禁产生种种疑问。首先,古代的印加人为何不惜耗费巨大的劳动力来建造这巨大的石门?或者说,太阳门的作用究竟是什么?

从秋分时节的第一道阳光会射入太阳门这点来看,有人认为,太阳门上刻的是历法知识。如果真是这样,这无疑是世界上最古老的历法。然而这些图案与符号是如何表达历法的?古印加人又是如何测算出秋分时节的太阳直射光线与太阳门位置的关系的?

另外,的的喀喀湖湖面海拔3812米,建造太阳门的安山岩产于的的喀喀湖上一个名叫珂帕卡班纳的半岛,这些石块重达数吨、数十吨,有的石块甚至重达200吨。据考证,古印加人不会冶炼铁,他们没有钢铁工具,没有炸药,更不可能有任何机械、轮子和绞车。在高寒、低压、缺氧甚至连呼吸都极为困难的恶劣环境中,在没有轮制运输工具的情况下,当时的人们是用什么方法从高山上挖取这样巨大的石块并把它们搬运到蒂亚瓦纳科来的?要建造如此庞大、沉重的石门,必须要用大型的起重机,而当时的印加人连车辆都没有,他们是怎样把这巨大的石门建立起来的?只靠人力、只用极简单的原始工具就能建造出规模如此宏大、雄伟的建筑物群吗?据估计,星散在的的喀喀湖畔的巨石建筑物群,它们的总工程量比修筑金字塔还要庞大。究竟是什么人、在什么时候、用什么方法创造出石像湖畔的奇迹的?

通过放射性碳14鉴定,专家认为,蒂亚瓦纳科建筑群应该始建于公元前300年,建成于8世纪以前,一般认为在5世纪到6世纪。安第斯山区是古代美洲文明的发祥地之一,大约在公元前8500年至公元前10000年左右,这里就已经有人类居住了。在印加国家形成之前,安第斯山区已出现过一系列发展水平较高的古代文明。印加人在继承和发扬前代文化的基础上,创造出南美洲光辉灿烂的印加文化。

但许多人认为,以捕鱼和狩猎为主要谋生手段的古代印加人,根本不可能在的的喀喀湖一带创造出如此辉煌的蒂亚瓦纳科文化。更有人认为，蒂亚瓦纳科是外星人在某个时期建造在地球上的一座城市，湖畔太阳门上的图案描绘了"外星人"的形象并精确地记载了27000年前的星空，太阳门是太空之门。

各界学者各执一词，莫衷一是。相信随着考古资料的不断发掘和科学技术的不断进步，太阳门的秘密总有一天会被揭开。

吴哥古城——你的面纱由谁解开

吴哥古城是柬埔寨的象征，也是人类文化的瑰宝，它与埃及金字塔、中国长城、印度尼西亚的波罗浮屠并称"东方四大奇观"。它在密林中隐藏了400多年才被人发现。

历史的车轮滚滚向前，一刻也没有停息，光阴的流逝带走了不少珍奇异宝，也留下了许多未解之谜。庞贝古城、玛雅文化遗址已经让人们感慨不已，吴哥古城则是在丛林之中吸引了世人的目光。

1861年，法国博物学家亨利·穆奥来到柬埔寨进行考古工作。在进入森林的第5天，他和随从人员突然发现前面不远的森林中显露出5座高大的石塔，这些石塔在蓝天白云的映衬下显得格外清晰、美丽。尤其是中间那座最高塔，它的塔尖在夕阳的照耀下金光闪闪。这就是传说中的吴哥古城。从此，这个被茫茫林海掩埋、在历史长河中沉睡400年之久的古都终于重现于世，并焕发出独特的青春与活力。

吴哥古城是9世纪至15世纪高棉王国的都城，主要由9世纪至13世纪建造的石结构建筑群和精美的石刻浮雕组成。古城占地面积约为3000平方千米，四周环以高墙，内有多处宫殿、庙宇、宝塔，是柬埔寨古代建筑艺术的代表。其建筑之精细、浮雕之生动、设计之巧妙均堪称绝品。吴哥古迹现存大小各式建筑物600余座，散布在约45平方千米的森林里。

据史料记载，吴哥窟（也称小吴哥）始建于12世纪前半叶吴哥王朝的全盛时期。当时在位的高棉国王苏利耶跋摩二世信奉婆罗门教，为了祭祀保护神、炫耀自己的功绩，并为自己死后修建陵墓，他专门建造了这座神庙。

吴哥窟的整个结构呈正方形：最外层是壕沟，中间是围墙，里面是3道回廊，层层相套，浑然一体。中心建筑是大神殿，分为3层台基。最上层是中央佛塔，离地面高度约为65米，其余4座较小的佛塔位于第2层的四角。神殿各层皆环以圆柱回廊，墙壁上布满精美的浮雕和壁画。整个建筑象征着佛教传说中的宇宙中心须弥山。由于都是用巨石垒砌而成，因而显得格外整齐肃穆、和谐庄严。此外，寺内还有一座图书馆和一处提供饮水的蓄水池。

与之相对应，吴哥城（也称大吴哥）位于吴哥窟的北部，是耶跋摩七世于统治时期建造的新都。吴哥城规模宏伟，占地面积约为9平方千米，城墙长12千米、高7米、厚6米，周围环以相当宽阔的护城河，可谓固若金汤。吴哥城南门外的护城河上架有石桥，桥的两侧栏杆上各有54个半身像石雕，一边代表神灵，另一边代表恶魔。在吴哥城中央是依照佛教须弥圣山概念建造的拜云寺，环绕中央尖塔的是49座四面都雕有巨大佛面的佛面塔，这些佛像面带微笑，表情各异，慈悲中带有几分神秘。

重现于世的吴哥古迹具有独特的魅力，世界各地的人们纷纷为之倾倒。从建筑上看，吴哥古城无疑是世界建筑史上的奇迹，它的每一块石头都经过了精雕细琢，遍布浮雕壁画，技巧之娴熟、精湛，想象力之丰富，令人难以置信，以至于很长一段时间人们都认为吴哥古迹是天神的创造，不可能出自凡人之手。垒砌这些建筑没有使用任何黏合剂之类的材料，完全靠石块本身的重量和形状紧密相连，丝丝入扣。时至今日，吴哥古迹的大部分建筑虽历经沧桑，仍岿然不动。

吴哥古迹充分显示了柬埔寨人的艺术才能和古老的智慧。15世纪上半叶，吴哥城突然人去城空，曾经繁华昌盛的吴哥城杂草丛生，逐渐被茂密的热带森林所湮没，这使吴哥古城变得更加神奇。有关柬埔寨中古时代的史料极其匮乏，在19世纪穆奥发现这个遗迹以前，就连柬埔寨当地的居民都对此一无所知。

一般来说，任何一个民族的文化都应该有它的延续性，更何况像高棉这样一个繁荣了600多年的王朝。但它的文化就这样忽然中断，消失在历史长河中。有人认为这是外敌入侵造成的，但外敌入侵可能导致王朝改朝换代，却无法使一个民族突然消失。据考察，吴哥地区曾有100多万人居住，这些人到底去了哪里？这始终是一个无法解开的谜。

谁建造了大津巴布韦遗址

在广阔的非洲大陆，有一座久负盛名的古文明遗址，每年来这里参观的人不计其数，它就是著名的大津巴布韦遗址。

大津巴布韦遗址地处津巴布韦的首都哈拉雷以南约300千米处，是非洲著名的古代文化遗址，也是撒哈拉沙漠以南规模最大、保存最为完好的石构造建筑群体，它可以证明，非洲南部确实存在过一段辉煌、灿烂的文明。

早在欧洲殖民主义者入侵前，非洲人就在这里建立了自己的国家。19世纪后期，这里沦为英国殖民地，英国殖民者将这里命名为南罗得西亚。1980年，津巴布韦独立后，这里的人们以勤劳的祖先创造的灿烂的石头城来命名自己的祖国——津巴布韦共和国。

卡尔·毛奇听说非洲南部曾存在过高级文明，便于1871年来这里寻找，并发现了大津巴布韦遗址。由于种族主义偏见，他认定非洲人无法建造这样宏伟的建筑。卡尔·毛奇认为大津巴布韦是示巴女王的城市，并称之为"黄金之城"。在很长一段时间内，学者都否认非洲人是大津巴布韦的建造者，他们认为非洲人不可能创造出如此灿烂的文化。

大津巴布韦遗址由内城、卫城、谷地残垣三部分组成，所有建筑物均用长30厘米、厚10厘米的花岗石砌成，石块连接处没有发现任何黏合物，建筑至今仍坚固挺拔、宏伟壮观。遗址面积约为7.2平方千米，其中内城最为雄伟壮观，保存得也最为完整。

卫城建在离内城不远的小石山山顶上，全长244米。它是顺着山势的自然走向建造的，其中还有一段城墙建在山嘴上，煞是壮观，令人赞叹不已。卫城内有一个祭祀场所，一些科学工作者在那里找到了不少文物：中东的陶瓷、阿拉伯的玻璃、中国的青瓷残片，还有一块圆形白瓷片上用青釉刻了"大明成化年制"6个字，这很可能是明朝郑和下西洋时带去非洲的。

据记载，大津巴布韦卫城上有7座实心塔，现今只剩下4座。人们至今也没有弄明白这4座塔的真正用途。更令人费解的是神庙里的圆锥塔，此塔高20多米，没有任何文字标记。多年来，一批又一批的考古学家试图在塔内搜寻黄金、宝藏及古物，他们千方百计地想钻进去探查，却无法找到入口。有人认为它是瞭望台，有人认为它是某种宗教象征，有人认为它是粮仓的模型，还有人认为它是男性生殖器的象征，但种种说法都缺少足够的依据，人们至今也不明白它真正的用途。

谷地残垣在内城和卫城之间，上面星散着一些矮小的石屋，从规模、技术及出土的文物判断，这里很可能曾是平民百姓的居住区。

有的考古学家认为，这里在13世纪至15世纪曾相当繁荣，鼎盛时期的居民人数在万人以上。这个建筑群是古代非洲文明的杰出代表，是津巴布韦人的伟大创造。用于装饰大围圈顶部的津巴布韦鸟是大津巴布韦遗址中最珍贵的文物。鸟用淡绿色的皂石雕刻而成，鸟身如鹰，头似鸽子，脖子高仰，翅膀紧贴身子，长约50厘米，雄踞在1米高的石柱顶端。这种石雕鸟是津巴布韦部族世代崇拜的图腾信物，它们大多工艺精细、造型雄健、价值连城。据说，在大津巴布韦遗址中先后发现了8只这样的津巴布韦鸟。现在它是津巴布韦共和国的象征，作为一种图腾被印在国旗和硬币上。

但也有人认为，该遗址是由公元前来自地中海的腓尼基人建造的，也有可能是当地非洲人在中世纪外来民族的影响下建造的。历史记载，最后一个在津巴布韦城居住的民族，已于1830年的祖鲁战争期间被全部驱逐。现在生活在这里的是马绍纳族人的一个分支——卡兰加人，但他们至今仍居住在低矮简陋的窝棚中，他们的生活似乎和这些建筑毫无关系。这一古迹的真正建造者似乎已随着历史的烟云远去，无从寻觅。

印加奇观——萨克萨瓦曼古堡

> 萨克萨瓦曼古堡是一座设备齐全、攻防兼备的军事要塞，置身于这座雄伟的堡垒中，人们不禁对印第安人的智慧和能力赞叹不已。那么，这座古堡到底是什么时候建成的？又是怎样建成的？

库斯科城是灿烂的古印加文化的摇篮。大约1000年前，秘鲁南部的高原上有一个说奇楚阿语的印第安人小部落，他们自称"印加"，意为"太阳的子孙"。1200年前后，印加部落在其首领——太阳神之子曼科·卡帕克的率领下来到这里，建立了自己的国家。他们遵照太阳神的吩咐，修筑库斯科城作为首都，并以这里为中心，建立了庞大的印加帝国。他们创造的印加文化是南美洲印第安文明的巅峰。

由于印加帝国是通过征服周围的部落来不断扩大版图的，因此帝国内部矛盾较多。为了防止被征服的部落进行报复，印加帝国的统治者修建了四通八达的道路和固若金汤的城池，并在中心城市四周修筑堡垒。为了保护首都，库斯科城外的堡垒建得极其坚固，其中萨克萨瓦曼古堡最为有名。

"萨克萨瓦曼"在奇楚阿语中是"山鹰"的意思。这座无比雄伟的古堡像一只矫健的巨鹰立在库斯科城以北海拔约3700米的高山之巅，远远望去非常壮观。萨克萨瓦曼古堡占地面积约为4平方千米，主体由里外三层围墙组成，城墙高18米，长540米，均用巨石垒砌而成。古堡高处有3座塔，上塔呈圆柱状，塔内有温泉。古堡下层台阶用石板铺成，长800米。古堡地下有石砌的网状地道，和3座塔楼相通。古堡最高处是一个由3座塔楼围起来的非常整齐的三角形，圆柱体主塔基层呈放射状。其他两座塔呈正方形，是驻军之处。总之，萨克萨瓦曼古堡是一座设备齐全、攻防兼备的军事要塞。

　　萨克萨瓦曼古堡的建筑工程异常浩大，建筑技艺也十分精湛。古堡共有30多万块石料，每块都是重以吨计的巨石。最大的一块石头长8米，宽4.2米，厚3.6米，重量超过200吨。石块不仅重，而且加工相当精细。垒成石墙的石块之间未用灰浆黏合，但是缝隙细如发丝，根本摸不出来。萨克萨瓦曼古堡经历了几百年的风风雨雨，至今仍以独特的雄姿傲然屹立在安第斯高山上。1950年，库斯科发生强烈地震，许多西班牙时期的建筑都遭到破坏，印加时期建成的萨克萨瓦曼古堡却安然无恙，这座古堡的坚固程度可见一斑。

　　这一宏伟壮观的建筑群彰显了印加帝国的强大。从建筑艺术角度来看，古堡的结构新颖复杂，建筑整体庞大而坚固，不愧为美洲印第安人最伟大的古建筑之一。

　　置身于这座雄伟的堡垒中，人们不禁对印第安人的智慧和能力赞叹不已。那么，这座古堡到底是何时建成的？它又是怎么建成的？

　　即使在印加帝国的鼎盛时期，印第安人仍处于青铜文化时期，这意味着他们既没有铁器、车马，也没有大型工具。他们是用什么办法建成工程如此浩大、技巧如此精湛的萨克萨瓦曼古堡的？即使在建筑、运输技术高度发达的今天，要从几公里之外把几十吨乃至上百吨的巨石运上陡峭的山地，再垒砌成密不透风的石墙，也是极为困难的。

　　专家指出，建筑古堡所用的巨石全是靠滚木、滑板这类最原始的工具运上山坡的，用更坚硬的石块来开采、打制石坯，再用沙子将石坯磨平、抛光，它不仅需要数十万人的投入，而且需要通力合作，这种加工、搬运、垒砌石块的方法令人惊叹。

　　也有的专家根据古堡的建筑风格和技巧进行推断，认为它应当是由印加人来到此地之前某个生活在这里的、不知名的民族修建的。更有甚者认为，以印第安人的技术和力量无法兴建如此巨大而复杂的工程，这座古堡很可能是外星人修建的。

但是这种说法显然缺乏说服力，只是人们的臆想。

由于印加帝国没有文字，且考古发现的证据不足，因此萨克萨瓦曼古堡到底是怎样建成的，这一问题至今还没有明确的答案。

泰姬陵——爱与美的结晶

> 在许多人看来，泰姬陵见证了一段可歌可泣的爱情，可是很少有人知道，它的建造者——莫卧儿帝国第五代皇帝沙贾汗有多么残忍。

泰姬陵是印度知名度最高的古迹之一，在今印度距新德里200公里外的北方邦的阿格拉城内。泰姬陵是莫卧儿王朝第五代皇帝沙·贾汗为爱妻慕泰姬·玛哈尔修建的陵墓。它始建于1631年，动用2万名工匠，历时22年才修建完成。

凡是见过泰姬陵的人，都会为它洁白晶莹、玲珑剔透的身影所倾倒。在世人眼中，泰姬陵就是印度的代名词。泰姬陵作为陵墓建筑中的典范，一直被人们瞻仰和称颂；这座建筑背后动人心弦的爱情故事，更是为它披上了一层神秘的面纱。在人们的心里，泰姬陵是爱与美的结晶，歌颂着一段伟大的爱情故事。然而，泰姬陵的修建过程中还隐藏着一个血腥的秘密。

1631年，莫卧儿帝国第五代皇帝沙·贾汗的妻子死于难产。沙·贾汗伤心欲绝，穿了两年丧服（另一记载称，他的头发因悲伤而全变白了）。他发誓要建造一座世界上最美丽的陵墓，以纪念这永恒的爱情。为避免日后有其他陵墓胜过泰姬陵，沙贾汗竟残忍地在陵墓完工后砍掉设计师的头，又砍掉众工匠的手，其血腥程度可谓世间少有。

举世闻名的泰姬陵建筑群包括大门、玛哈墓、两座清真寺、四座尖塔和一些附属建筑物，建筑与建筑之间的设计互相配合，浑然一体。陵墓高耸于河边，气势雄伟。陵园占地17万平方米，布局精巧，中间有一个十字形水池，中心为喷泉。从陵园大门到陵墓，有一条用红石铺成的直长甬道，甬道尽头就是用白色大理石砌成的陵墓。陵墓建筑在一座7米高、95米长的正方形大理石基座上，寝宫居中，四周各有一座40米高的圆塔。寝宫高74米，上部为一高耸的穹顶，下部为八角形陵壁。宫内墙上有用珠宝镶成的繁花佳卉。寝宫分5间宫室，中央宫室里置放着泰姬和沙·贾汗的大理石石棺。陵墓的东西两侧分别屹立着两座构造相同的清真寺翼殿，均用红砂石筑成。

沙·贾汗在大理石棺上镶嵌了无数宝石,此工程选用了本国的大理石,中国的宝石、水晶和翠玉,巴格达和也门的玛瑙,斯里兰卡的宝石,阿拉伯的珊瑚,等等,仅原材料就多达几十种。墓室内到处可见纯银烛台、纯金灯座和华丽的波斯地毯,雕花大理石棺四周甚至围了一道纯金的栏杆。1983年,联合国教科文组织将泰姬陵列为世界遗产,称其为"印度穆斯林艺术的瑰宝奇葩""世界遗产中令人赞叹的经典杰作之一"。

无法解释的珊瑚石城堡

失恋的李特斯奈克沉默了20年,最后,他用一座奇特而又壮观的珊瑚石城堡为自己的爱情和人生画上了句号。难道只要心中有爱,就能仅凭一人之力建造起一座城堡?

美国佛罗里达州有一座奇特而壮观的珊瑚石城堡。在这座迷宫般的珊瑚石城堡中游览,你会发现,厅堂、喷泉、石雕精巧玲珑、怪石林立、千姿百态,仿佛置身于扑朔迷离的仙境。最让人惊奇的是,城堡内有一扇重达9吨的石门,但是这扇巧夺天工的巨大石门,哪怕是小孩轻轻一推,也会缓缓开启。前去参观的物理学家、建筑学家至今也没能解开这其中的奥秘。

城堡的主人李特斯奈克的一生充满传奇色彩。他于1887年出生于拉脱维亚(又说俄罗斯),在一次失恋后远走美国,定居佛罗里达。他虽身在异国,但无时无刻不在思念自己已经失去的恋人,因此决心利用他住所附近的珊瑚石建造一座城堡,献给那位他苦苦痴恋着的、无情的爱人。

20世纪20年代,他开始在自己住所附近的岩床上凿下一块块巨大的珊瑚石,进行城堡的修建工作。他在城堡外用珊瑚石砌起了一道8米高的围墙,严严实实地构筑了一道外人根本无法窥视的屏障,因此没人知道这一城堡的修建过程具体是怎样的。40年代末,这座珊瑚石城堡终于屹立起来了,然而李特斯奈克却由于过度劳累和营养不良,于1951年在迈阿密医院里溘然长逝。

很多人在参观了这座壮观的城堡之后都会产生这样的疑惑:这座神奇的城堡真的是李特斯奈克仅凭一己之力修建的吗?李特斯奈克个子矮小,体重只有45公斤左右，只身一人进行如此浩大的建筑工程，实在是难以想象。没有先进的现代化起重设备，他如何徒手搬起一块9吨重的巨石？更令人生疑的是，从没有人亲眼见过李特斯奈克工作，据说他只在太阳落山后才开始他的建造工程，且拒绝任何人进入他的园子来看他如何工作。

城堡内有一座石碑，石碑上刻着火星、土星，一张硕大的石桌被凿成佛罗里达州的图形。城堡内有两件用珊瑚石制成的天象仪，其中日晷仪可随时显示时间，误差不会超过5分钟。还有一座用两块珊瑚石制成的北极星望远镜，第一块上面被钻了一个直径为25毫米的小孔，其高度与人立地观测的高度齐平；旁边是一根拔地而起的7.5米高的石柱，石柱顶端被钻了一个小孔，在晴朗的夜空，通过小孔可以观测到石柱上空的北极星。有人猜测这个奇迹并不是李特斯奈克的作品，而极有可能是天外来客所为，或是李特斯奈克得到了外星人的帮助。

也有人以为，古人尚能完成许多不可思议的奇迹，那么李特斯奈克仅凭一己之力建成珊瑚石城堡也不是没有可能。可能他掌握了一些早已湮灭的远古的建筑技艺，因此能独立完成这座城堡的修建工作。因为今人已无法知晓这些技术的具体操作过程，所以才产生了种种推测和猜想。

李特斯奈克传奇的一生和谜一般的城堡引起了人们极大的兴趣，不少人想揭开神秘的城堡内幕，但都无功而返。

丛林大石球——巨人的玩具

> 在拉丁美洲人迹罕至的丛林中，竟然藏着许多几十吨重的石球，有人戏称它为巨人玩的石球，究竟是谁雕琢了它们？

20世纪30年代末，美国人乔治·奇坦在哥斯达黎加人迹罕至的三角洲热带丛林中发现了约200个疑似人工雕刻而成的石球。这些石球大小不等，最大的直径为几十米，最小的直径也在2米以上，它们制作技艺精湛，堪称一绝。加拉卡地区有三处石球群，其中一处数量多达45枚，另外两处的数量分别为15枚和17枚。石球的排列没有一定的规则，有的成直线，有的成弧线。据专家米切尔·舒马克研究，有些石球显然是从山上滚落下来，碰巧排成直线的。

这些分布在不同地区、大小不一的石球引起了人们极大的兴趣。科学家们对这些石球进行了详细认真的测量，发现石球表面各点的曲率几乎完全一致，这是一些规格非常理想的圆球。但这些石球有什么用，没有人能够给出合理的解释。

据考查，这些谜一样的石球基本上都是用坚固且美观的花岗岩制作而成的。令科学家和考古工作者迷惑不解的是，这些石球附近并没有花岗岩石料，在其他地方也找不到任何原始制作者留下的踪迹。面对这样奇特的现象，人们提出了一连串问题：是什么人在什么时候制作了这些了不起的石球？体积巨大的石料是如何被运送到这里的？用什么工具加工制作？哥斯达黎加的史册中并无相关记载。16世纪西班牙人曾入侵此地，但西班牙人并不知道这里有如此巨大的石球。

从大石球精确的曲率可以判断，制作这些石球的人员必须掌握丰富的几何学知识和高超的加工技术，还要有坚硬无比的加工工具和精密的测量装置。也许在远古时期，生活在这里的印第安人都是雕琢石头的巧匠能手。然而，雕琢如此巨大的石球无疑需要付出艰苦的劳动，从采石、切割到打磨，每一道工序都要求不断地转动石块。要知道这些石球重达几十吨，这可不是一件容易的事。难道这些直径长达几十米的石球是他们的祖先在缺乏测量仪器的情况下，运用最原始的工具一刀一刀雕琢而成的吗？这实在是令人难以置信。

在哥斯达黎加的印第安人中长期流传着许多古老的神奇传说，其中就有外星人乘坐球形宇宙飞船降落到这里的故事。因此，不少人猜想这些大石球与天外来客有直接联系。依照他们的看法，这些天外来客降临到这里后，在较短的时间内制作了这些大石球，并将它们按一定的位置和距离来排列，布置成某种程度上的宇宙模型。但是，今天有谁能理解这个"星球模型"的真正含义呢？在这些大石球中，哪一个能代表这些天外来客的故乡呢？

有的考古学家推测，这些大石球是远古时代当地人信奉的太阳神、月亮神等神灵的雕像；有的考古学家认为，它们是古人墓葬的标志，因为有人曾在古代墓穴中发现过小石球。但这些说法都缺乏充足的证据，大石球逐渐成了考古学中的一个谜团。

第六章　历史大事件的另一面

古代日本人到唐朝真的是为了"留学"吗

众所周知，古代日本人通过派遣"遣唐使"来大唐"留学"，为日本带回了中国先进的科技文化知识，极大地促进了日本的发展。然而也是在那之后，中国开始了饱受"倭寇"侵扰的历史。因此，人们不断怀疑：古代日本人到唐朝真的是为了"留学"吗？

如今，中国人常去日本、美国等国家留学，"留学镀金"已成为人们经常讨论的热门话题。其实，出国留学并非现代经济社会的专利，早在1000多年的唐朝，我国就要常常迎接大批来自周边各国的"留学"人员，尤其是来自地理位置优越的日本的使节和商人。

据历史记载，唐朝时，日本人凭借地理位置优势经常造访中国，日本天皇派出遣唐使来学习我国先进的经济、政治政策。630年，唐太宗李世民即位，同时，以犬上御田秋为首的第一批日本遣唐使来到了长安。从630年到894年，日本政府向唐朝派出遣唐使共计19次，其中两次受阻未能前往，一次是为了迎接上一位遣唐使回国，三次是为了护送唐朝使节回国，因此，实际上日本正式派出遣唐使的次数应为13次。在那个海上交通极为不便的时代，为什么日本政府要不厌其烦、一次又一次地派遣遣唐使呢？

大多数人认为，这是因为当时的唐朝在经济文化方面的发展已经到达了巅峰。波斯、印度、拜占庭等国纷纷派遣使节来到唐朝学习先进的经济、文化政策，各国商人也纷纷来到中国购买丝绸、瓷器等工艺品。

日本比起东欧、非洲各国有明显的地理优势，且日本人极富进取精神，不甘落后。为了学习中国的治国经验和文化制度，天皇政府派大批使臣、学者到中国参观学习，在日本史书上，遣唐使又称"西海使"或"入唐使"。遣唐使团初期规模较小，每次仅有一两艘航船，每艘航船大约载120人。后来使团的规模逐渐扩大，每次使用4艘航船，团员多达500人。因为遣唐使团通常是4艘航船一起拔锚起航，又一起扬帆归来，所以日本的文学作品中往往把遣唐使称为"四舶"。遣唐使团由政府使官、学习访问人员和航海工作人员组成。

当时的遣唐使和现在的"公派留学"差不多，日本政府对其给予高度重视。

所有使团人员均经过精挑细选，凡入选使团者一律封官加爵，并赏赐大量珍宝。政府对留学生给予厚待，对船员免除徭役，对使团官员予以一定资助，希望他们学有成就，回国效力。使团起航前夕，日本会举行隆重的拜朝典礼谒拜天皇，天皇赐予正副使节"使节刀"，还会举行饯别宴会，甚至有时会专门准备唐朝筵席。

历史证明，日本政府派遣的这些遣唐使不负众望，为日本带回了唐朝先进的文化和科学技术。一时之间，唐朝的工艺美术、生产技术、文史哲学、天文数学、建筑学、医药学、衣冠器物、典章制度等等纷纷传到日本，极大地促进了日本的发展。从日本现在的民俗风情和生活习惯中，也不难看出中国古代文化的痕迹。

然而，大唐文化和科学技术滋养出了一个飞速发展的日本，也滋养出了日本扩张领土的狼子野心。倭寇随后登上了中国的历史舞台，极大地危害了中国沿海经济的发展，这也是明、清政府实施闭关锁国政策的重要原因之一，而闭关锁国又在一定程度上导致了中国经济发展的滞后。看到这里，我们不禁疑惑：日本遣唐使到中国的目的仅仅是为了学习中国的经济、文化政策吗？

英国成为海上霸主之谜

> 在19世纪，谁拥有制海权，谁就是强者；谁失去制海权，谁就要受制于人。那么，英国是如何夺得制海权，开创"英国的世纪"并成为"日不落帝国"的？

众所周知，最先开始探索海洋的是西班牙和葡萄牙，那么，作为后起之秀的英国是如何从强大的西班牙手中争得海上霸权的？这要从英国击败西班牙的无敌舰队说起。

无敌舰队既是西班牙最强大的舰队，也是最幸运的、最难击败的舰队，无敌舰队是西班牙为远征英国而组建的，由西班牙国王腓力二世在1588年派出。该舰队包括130艘兵船与运输船、7000名船员与水手、两三万名步兵。

1588年5月，英国海军上将霍华德、海军中将德雷克率领的英国舰队，在朴次茅斯海面附近与无敌舰队相遇。为了迎战西班牙舰队，海盗出身的英国海军将领豪金斯对英国战舰进行改造，他增加了战舰的长度，去掉了船楼结构，把许多火炮装在舷窗内而不是甲板上，战舰的火力强度和准确性大大提高。

此外，英国舰队还尽量避免与西班牙舰队近战，而采用远距离炮击策略。相比之下，西班牙军舰显得十分笨重，行动缓慢，成了英军"小船"炮击的靶子。英国舰队灵活闪避、活动自如，主要进行远程攻击，避免进入西班牙军舰的射程内，这使西班牙舰队的炮火很难击中英舰。这种远距离炮战无法充分发挥西班牙舰队步兵和重炮的作用。激烈的炮战持续了一天，直到双方弹药用尽，轰击才宣告终止。无敌舰队被打得七零八落，两只分舰队的旗舰中弹、撞伤，一个分舰队司令被俘。剩下的西班牙军舰只好乘着风势向北逃窜，绕过苏格兰、爱尔兰回国。狼狈逃窜的西班牙舰队弹尽粮绝，更倒霉的是在海上接连遇到了两次大风暴，又有不少船只沉没。许多士兵、船员被风浪冲到爱尔兰西海岸，被英军杀死。截至1588年10月，无敌舰队仅剩43艘残破的船只返回西班牙，以近乎全军覆没的结局惨败。而英舰几乎没有损失，阵亡的海员、水手只有百人左右。

从此，国势鼎盛的西班牙一蹶不振，英国一跃成为海上霸主，开启伊丽莎白一世的盛世。英国之所以能够取胜，与英国先进的谍报工作是分不开的。1587年，在英国展开大规模海战的前夕，弗朗西斯·沃辛汉爵士截获了3月22日西班牙海军元帅圣克鲁斯报给西班牙国王的《关于海军的总报告和具体报告》的抄件，完全掌握了西班牙无敌舰队的部署计划、军力等具有重要价值的军事情报，这为击败西班牙无敌舰队奠定了基础。自那时起，各国的作战计划成了极为重要的秘密及各国极力盗取的目标。

拿破仑和亚历山大密谈之谜

在第一次世界大战中，法俄关系一度紧张，两国之间战争不断。但我们不知道的是，当时的法国皇帝拿破仑和俄国皇帝亚历山大一世曾友好会谈过，并最终签订《提尔西特和约》。对于这次密谈，学术界一直存在争论。

1805年12月2日，被誉为"三皇①之战"的奥斯特里茨战役最终以法国胜利告终，这标志着第三次反法同盟的瓦解，也充分体现了拿破仑的军事才能。此次战役

---

① 法国皇帝拿破仑·波拿巴、俄国皇帝亚历山大一世、奥地利皇帝弗朗西斯二世

之后，拿破仑登上了欧洲霸主的宝座。

俄国军队退入波兰，1807年6月法军又在波兰打败俄国军队，年轻气盛的俄国皇帝亚历山大一世再次受到沉重打击，选择与拿破仑和谈。于是，1807年6月25日，在俄国与普鲁士的边境——提尔西特（又译蒂尔西特，今俄罗斯加里宁格勒州苏维埃茨克市）附近的涅曼河上，拿破仑与亚历山大一世在一个木筏上进行了私人会晤。

有人猜测，在会谈中，拿破仑在亚历山大面前表现出了自己极高的表演天分，他在自己与亚历山大之间营造出一种兄弟式的亲密感情，想方设法打动亚历山大，抨击英国是欧洲一切纠纷的制造者，并以他奔放的想象力使亚历山大神魂颠倒，最终蛊惑住了这位年轻气盛、经验不足的俄皇。

这次秘密会谈结束后不久，1807年7月7日，法俄双方签订了《提尔西特和约》，宣告法兰西帝国和俄罗斯帝国结成了反对英国的同盟。

对于拿破仑与亚历山大的密谈，我国作家张慧剑在其民国时期的著作《辰子说林》一书中描述道：

一八〇七年，俄皇亚历山大在拿破仑军威之下，与拿氏成立一种不正常的友好关系，欧洲史上所谓"的尔西特之会"是也。

拿氏彼时以惊人之坦率接待俄皇，一再表示对俄无领土野心，且愿予俄皇以对付芬兰、土耳其之充分自由，拿氏所要求于俄者，仅合作打倒英国之大陆势力而已，俄皇亦欣然以此诺之。

史谓俄皇当时情不自禁，竟向拿氏发问："欧洲究在何处？"

拿破仑答曰："你与我联合起来不就是欧洲吗？"

不幸此光辉灿烂、热烈缠绵之美梦，未及五年即瓦解冰消，紧接而有一八一二年拿破仑征俄之举，亚历山大对拿氏此一军事冒险切齿痛恨，辄申申詈曰："拿破仑独夫，汝不讲信义，终必自食其果！"

客观之历史批评家曰："无论如何，亚历山大多少总是上了拿破仑的当！"

为什么要说"亚历山大多少总是上了拿破仑的当"呢？这是因为尽管法俄同盟在表面上维持了5年，但俄国几乎没有从中获得任何利益，亚历山大很快发现，他非但没有在这个同盟中赢得和平，反而浪费了自己的时间。

虽然和拿破仑签订《提尔西特和约》并没有使俄国丧失什么土地，反而获得了普鲁士割让给它的别洛斯托克地区。但是，亚历山大一世必须承认法国在德国占领的地区、拿破仑在那里所修改的疆界、拿破仑对伊奥尼亚群岛的统治权，并同意成立华沙大公国（这是法国在俄国边界上的一个进攻基地）。法国还要求俄国与土耳其进行和平谈判，如果和谈未成，法国将帮助俄国进攻土耳其。此外，法国要求俄国参加对英国的封锁（即"大陆封锁"），正是此举导致欧洲大陆和平的崩溃。

其实，在签订完《提尔西特和约》后不久，年轻的俄皇就感觉自己上了拿破仑的当，尤其到了1810年12月31日，亚历山大认为参加"大陆封锁"严重损害俄国的贸易，于是选择对中立国的船只开放港口。为此，拿破仑的附庸华沙大公国对俄国施加威胁，可此时的亚历山大已不再是当初那个毛头小子，他毅然决然地选择无视法国的威胁。这直接导致法俄同盟的解体，拿破仑于1812年6月入侵俄国。

亚历山大一世在提尔西特谈判时的软弱和后来对抗拿破仑时的强硬形成了鲜明对比，人们不禁好奇，涅曼河上木筏中到底发生了什么？拿破仑是如何说服亚历山大的？这至今仍是个谜。

是谁放火烧了莫斯科

既然法俄之间的和平不再，拿破仑毅然选择向他昔日的盟友开炮，并迅速攻占了沙俄首府莫斯科。然而，就在拿破仑刚开始享受宫廷生活时，一场蔓延莫斯科全城的大火把他吓得落荒而逃。是谁放了这把火？

1807年，法国皇帝拿破仑与俄国皇帝亚历山大一世签订了《提尔西特和约》，宣告法兰西帝国和俄罗斯帝国结成反对英国的同盟。但没过多久，年轻的亚利山大一世就发现自己上了拿破仑的当，他并未在这场法俄的同盟中获得什么利益。因此，他很快改变了对拿破仑的忍让策略，开始强硬起来，并与英国合作，建立反法同盟。

对于俄国的"背叛"，拿破仑十分愤怒。为了实现统一欧洲大陆的计划，在对英国的战略进攻失败后，拿破仑意识到只有先打败俄国才能占领英国。1812年6月24日，法国对俄国发起了进攻。

面对突如其来的法军，俄国由于没有防备而显得非常被动，军队节节败退，国土大片丧失。1812年8月9日，经过一场血战之后，法军占领了斯摩棱斯克。两天后，俄皇亚历山大一世任命天才统帅库图佐夫为俄军总司令，带领俄军抵抗法国的入侵。8月26日，库图佐夫指挥20万大军，与法军在莫斯科西郊展开了著名的"博罗迪诺会战"，双方死伤无数，损失惨重。库田佐夫为了保存实力进行反击，决定放弃莫斯科，莫斯科城内的居民也随同军队一起撤离。

法军就这样攻占了莫斯科，拿破仑也住进了俄皇的皇宫之中。但是好景不长，9月17日早晨，拿破仑从睡梦中惊醒，当他透过克里姆林宫的窗户向外眺望时，只见莫斯科全城烈焰腾空，化身为一片火海。这位法国皇帝顿时惊得面如土色，连声叫道："多么可怕的景象！"实际上，从法国军队侵入莫斯科的第一天——9月15日深夜，莫斯科就已经起火。16日到17日，由于狂风大作，火势更加猛烈。克里姆林宫附近、莫斯科河南岸一带和索良卡等地，火逐风飞，烟焰满天。最后，连克里姆林宫的特洛伊茨塔也燃起了呼呼的火苗，拿破仑只得和他的随从一起狼狈逃出。这场来势凶猛的大火烧了一个多星期，大火熄灭后，昔日风光绮丽的莫斯科变成了一片令人心悸的废墟。

莫斯科被毁，法军无法从莫斯科取得补给。同时由于法军挺进太深，后方援助不能及时到达，因此法军的粮草供给非常紧张。在不得已的情况下，10月19日，拿破仑被迫从莫斯科撤军。

得知法军撤退的消息后，俄军在沿途不断予以狙击，迫使拿破仑不得不临时改变撤退路线，直到12月才撤出俄境。法军虽然逃离了俄国，但损失惨重，士兵死亡人数高达5万人，且丧失了所有骑兵和几乎全部炮兵。

对于拿破仑这次军事冒险的失败，人们并不感到意外，可对于当时莫斯科那场罕见大火的起因，多少年来却一直争论不休。

多数人认为，那场大火应该是莫斯科人自己放的。为了不给入侵者留下任何有用的东西，莫斯科居民忍痛放火烧了莫斯科城。拿破仑却认为"放火烧城"是莫斯科军政总督罗斯托普金蓄意谋划的。因为当法军企图救火时发现，偌大的莫斯科城内居然没有一件消防水龙头和灭火工具，显然有人事先把它们都运走了。另外，城里、城外同时起火，这显然是有计划、有部署的预谋。当时法军逮捕到的纵火嫌疑人，也交代是罗斯托普金指使他们这样干的。据说，罗斯托普金在后来也承认，是他命令放火烧城的。

从战略的角度上来看，放火烧城的决定虽然代价惨重，但十分正确。这是一次十分勇敢的"焦土政策"，它表明了俄国人民不惜一切代价抗击侵略者的决心。

若真正追究放火的元凶，那么元凶应该是法国人，正是由于他们的入侵，才迫使莫斯科人民烧毁自己美丽的家园。

也有人认为，这场大火是由莫斯科人和法国人共同所为，更为激进的说法则是法国人蓄意纵火。苏联的一位历史学家在他的论著中这样写道："看到莫斯科大火的俄国人证明，拿破仑是有计划地来焚毁和破坏莫斯科的。"

然而，无论是谁放的火，都让莫斯科城遭到了一场空前浩劫，战争也无疑给莫斯科人民带来了深沉的伤痛。

俄国贱卖阿拉斯加之谜

阿拉斯加的地下埋藏着丰富的石油、天然气、金、铜、铂、银等宝藏，这里也是盛产鲑鱼和大比目鱼的世界著名渔场。无论从哪方面来看，它都是一块宝地，然而，多年以前，俄国政府却选择将这块宝地拱手让给美国，这是为什么呢？

美国自1766年正式建国后，就热衷于扩大自己的领土。1803年从法国购得西路易斯安娜，1819年迫使西班牙让出佛罗里达，1845年至1853年夺占墨西哥多块领土，1898年吞并夏威夷……在领土扩张战略中，1867年，美国花720万美元从俄国购买了占美国领土面积1/6的阿拉斯加，这件事一直颇受争议。

19世纪，英、美、俄、法各国都忙着扩张领土，为什么俄国会将自己辛辛苦苦开发的殖民地阿拉斯加贱卖给美国呢？

之所以说贱卖，是因为阿拉斯加是一块资源丰富的宝地。尽管阿拉斯加有三分之一的土地位于北极圈内，气候严寒，除南部沿岸外，年平均温度在0℃以下，但这块"不毛之地"却拥有丰富的地下宝藏，包括石油、金、铜、铂、银等。特别是北极地区的滨海凹陷地带，那里为石炭纪以及三叠纪和白垩纪地层，石油和天然气储量极大。此外，太平洋东北部暖流使阿拉斯加南部成为世界著名的渔场，盛产鲑鱼和大比目鱼。这些物产资源的价值远远超出720万美元。

根据历史记载，在这场领土买卖中，俄国似乎比美国更加急切。1857年3月，当时的沙俄重臣康斯坦丁·尼古拉耶维奇给俄国新上任的外务大臣亚·戈尔恰科夫公爵写信，建议卖掉阿拉斯加，他在信中写道："这种出让是完全合乎现代要求的。我们不必欺骗自己,而应该有所预见。美利坚合众国想要整个地统治北美,肯定会攫取我们这些领地,而我们又无法把它们藏掖起来。再说,这些领地带给我们的好处微乎其微,出卖它们不会引起过分的反响……"对此提议,俄皇御笔批示:"此议值得考虑。"因此,俄国的权臣们自发组成了一个秘密集团,开始悄悄筹备出售阿拉斯加一事。

康斯坦丁·尼古拉耶维奇大公是这个秘密集团的主谋,他经常在皇帝身边旁敲侧击,还把财务大臣赖滕拉入圈内。而驻美公使斯捷克利男爵一开始就是这个集团的得力干将,为出售领土给美国,不遗余力奔走10年,甚至准备了使俄国蒙羞的条约文稿。"十年磨一剑",秘密集团分头行动:大公负责打通外务部,重新向外务大臣提出这个问题;财务大臣以金融危机来逼压俄皇,建议向西方贷款;驻美公使则加紧同美国政府进行磋商。

1866年12月16日中午,秘密集团的全体成员以参加日祷活动的名义来到外务大臣家,俄皇本人也来了。他明确表示同意出卖阿拉斯加。这场密会没有正式记录,只在亚历山大二世的日记中留下了两行文字:"中午1时,戈尔恰科夫公爵就美洲公司之事举行了会议,决定卖给美国。"俄皇的日记表明售出阿拉斯加已成定局,可此时俄国大臣会议和国务会议对此一无所知。

就这样,秘密集团避开外务部,指定驻美公使斯捷克利男爵全权负责谈判和签约等事务。可是,全权代表这项事务的公使先生手上竟没有任何形式的政府书面指示或授权书,只有财务大臣的一句叮嘱:"要500万美元。"

就这样,斯捷克利男爵同美国的谈判成了一场不折不扣的卖国丑剧。条约正文由美方口授笔录。七项条款中有五项讲的是美方权利,即签约后美国政府可以得到什么。其余两项是有关付款的问题,但对付款过程中违约的责任和惩罚只字未提。

1868年8月,斯捷克利男爵交给俄罗斯国库一张"720万美元全部收讫"的凭据,并称钱已转入纽约某银行,可该银行向美国国会作证时确认,汇入银行的钱只有703.5万美元。不用说,16.5万美元已装进外交代表的腰包。

这位男爵最后的命运更是让这场领土买卖迷雾重重。据记载,1869年5月,斯捷克利男爵曾写信给外务部的友人,说希望得到两年的休假,信中充满了恐惧和忧伤。在此之后,这位男爵便失踪了。

《田中奏折》是真是假

《田中奏折》是反映日本法西斯主义侵略扩张野心的一份文件，一经公布就引起了世界各国的注意。但日本政府却一致否认这份奏折的真实性。这到底是为什么呢？

每一场浩大持久的战争中都会发生一些神秘莫测的重大事件，日本对中国的侵华战争也不例外。日本侵华史上著名的《田中奏折》事件，就是一个当时在国际上引起轰动却几十年来依旧真相不明的"历史公案"。

19世纪末，日本经过明治维新后迅速崛起，发展成一个资本主义强国。但日本国土狭小、资源贫乏，经济发展受到了极大的制约，这导致日本急于走上殖民扩张的道路。作为日本邻国的中国，由于自身资源丰富且国力衰弱，不可避免地受到了日本帝国主义的觊觎。

1929年12月，南京出版的《时事月报》上刊登了震惊世界的《惊心动魄之日本满蒙积极政策——田中义一上日皇之奏章》，即《田中奏折》。

《田中奏折》明确表示："过去的日俄战争实际上是中日战争，将来如欲控制中国，必须首先打倒美国势力，这和日俄战争大同小异。如欲征服中国必先征服满蒙；如欲征服世界，必先征服中国。倘若中国完全被我国征服，其他如小亚细亚、印度、南洋等地异服的民族必然会敬畏我国而向我国投降，使全世界认识到亚洲是属于我国的，而永远不敢侵犯我国。这是明治大帝的遗策，也是我大日本帝国存立的必要大事……"《田中奏折》全文6706字，分五大章节和一个附件，从军事行动、经济、铁路、金融、机构设置等方面对侵略行动做了详细的安排部署，字字句句无不彰显日本帝国主义准备使用武力侵吞中国乃至整个亚洲的狼子野心。

《田中奏折》一经曝光就引起了世界范围的哗然和震动，各国舆论纷纷对日本表示谴责，中国各地举行了声势浩大的示威游行，抗日浪潮席卷全国。

但日本当局立即否认有此奏折，并一致声称《田中奏折》系伪造，旨在污蔑大日本帝国。日本当局的当事人还先后出面发表谈话，声称从未见过此奏折。日本学者也推波助澜，叫嚣《田中奏折》纯属伪造。

日本方面否认的理由主要有以下两点：

第一，《田中奏折》的书写形式不符合日本惯例。

日本政府认为，当时中国公布的《田中奏折》从内容到形式均存在许多错误，不符合日本书写和呈送奏折的惯例。从上奏的形式来说，奏折一般不写收件人的姓名，并且通过"内大臣"向上呈递。但这个奏折不仅写了收件人，而且将收件人写成了"宫内大臣"。

第二，奏折内容存在失实、错讹之处。

日本政府认为，奏折内容有失实、错讹之处。奏折里提到山县有朋参加了关于解决"华盛顿九国公约"问题的会议，但此条约是1922年2月6日缔结的，山县有朋在1月份就去世了。奏折写道，这个时期田中义一被派到了欧美，实际上他去的是菲律宾。沈吉铁路的竣工日期是1929年5月，而1927年写成的奏折，却说它已经竣工了。

那么，《田中奏折》到底是真是假呢？既然它是田中义一递给天皇的秘密奏折，中国方面又是如何得知其确切内容的？在这里，我们不可避免地要提到该事件中的两个关键人物——在日本亲手抄录《田中奏折》的蔡智堪和得到《田中奏折》抄本并进行翻译和发表工作的王家桢。

蔡智堪，中国台湾人，旅居日本多年。他在日本政治家牧野伸显的帮助，扮作补册工人进入皇室书库，将《田中奏折》抄录带出，并交给王家桢。王家桢将其翻译后未敢擅自向外界公布，将它交给了当时的中国外长王正廷，王正廷最终决定在《时事月报》上将其曝光。

如果说《田中奏折》是伪作，那日本政府为什么要在《田中奏折》公开的第二天，就将当时书库的官员全部免职？就连蔡智堪也遭到拘捕，身陷囹圄，财产损失殆尽。而日本自1927年以后采取的一系列侵略扩张行为，与《田中奏折》中的战略规划如出一辙，没有丝毫偏差。这又做何解释呢？

因此，有学者推测日本方面的否认有不合理的地方：

一是日本投降之前曾大量销毁文件及证据，不排除《田中奏折》原件已被销毁的可能性；

二是该奏折在战败之前是机密内容，此类内容经常在一定时间后被销毁，字词错误仅是传抄中出现的问题；

三是九国会议召开时间为1921年11月12日至1922年2月6日，山县有朋死于1922年2月1日，有足够时间接受大正先帝密召；

四是大正先帝以后，日本大臣奏章已无固定格式，且此文是以代奏形式呈送给昭和天皇的，是东方会议的记录整理。

佛朗哥为什么没有参加第二次世界大战

> 在受尽苦难和蹂躏的欧洲,西班牙是一块难得的净土,这是"国家主义运动"的成绩。
>
> ——佛朗哥

在第二次世界大战的法西斯独裁者中,德国的阿道夫·希特勒饮弹自杀,意大利的贝尼托·墨索里尼被枪毙,日本的东条英机被远东国际军事法庭处以绞刑,而西班牙的弗朗西斯科·佛朗哥却安然无恙地活到了83岁的高龄,直到1975年11月20日才因冠心病复发而在西班牙首都马德里逝世。

为什么佛朗哥能把世界上最后一个法西斯独裁政权维持近40年之久?人们普遍认为,最主要的原因是佛朗哥在第二次世界大战中保持了中立态度。那为什么佛朗哥没有参加第二次世界大战呢?是这位独裁者"爱好和平",还是他"能掐会算",早知轴心国必败?否则,作为欧洲三大法西斯国家之一,又和德、意在刚刚结束的西班牙内战中结成了非同寻常的关系,西班牙为什么不和德意同步呢?

1939年的欧洲,战争一触即发。和希特勒、墨索里尼试图征服世界的野心不同,佛朗哥认为发动一场全面战争是毫无意义的。1939年9月1日德军进攻波兰,9月3日英、法对德宣战,同天,佛朗哥公开呼吁使战争局部化,声称愿意和其他国家一起商讨如何结束一场有可能导致"亚洲式的野蛮残暴"的战争。9月4日,西班牙宣布在第二次世界大战中保持中立。

对于佛朗哥中立态度背后的原因,人们众说纷纭。

有人认为,佛朗哥不参战是因为国内爆发了政治、经济危机。当时西班牙内战刚刚结束,国民经济处于停滞状态,食品严重不足,灾荒频繁,人心浮动,必要的进口工业材料和设备供给不足,黄金、外汇储备十分短缺。

在政治方面,共和派、君主派右翼集团和共产主义左翼集团依然具有不可忽视的社会力量。佛朗哥领导的长枪党内部也酝酿着种种不和,猜忌、斗争削弱了党独裁统治的能力。因此,佛朗哥首先要解决的问题是如何发展国民经济、稳定政局、确保独裁统治。

对于这种说法,有人提出质疑,国内危机并非佛朗哥不参战的理由。历史经验告诉我们,转移政治危机、缓解经济危机最快捷、有效的办法,正是对外战争。

有人认为,佛朗哥不参战是因为同盟国的利诱和拉拢。西班牙特殊的地理位置使同盟国担心,一旦西班牙加入轴心国作战,直布罗陀海峡就会被轴心国所控制,大西洋与地中海航路中断,后果不堪设想。为此,1940年3月,英国同意向西班牙提供200万英镑的贷款,并允许它从盟国进口某些禁运的工业原材料,英国还从阿根廷快速运送了一批食品到西班牙,以解决其燃眉之急。1941年初,美国以红十字会的名义援助了西班牙价值150万美元的食品和药物。随后,罗斯福又设法让国会同意,放松对美国商人向西班牙输出石油的控制。

但这种说法似乎也不太合理,我们都知道,希特勒和墨索里尼在佛朗哥建立政权后给予了大力支持,说希特勒和墨索里尼是佛朗哥的大恩人也不为过,三者更是形成了"兄弟式"的亲密关系。而且,德国一直在对西班牙提供军事援助,希特勒更是对佛朗哥许以重诺,可佛朗哥始终不为所动。

还有人认为,佛朗哥并不仇视英、法、美等其他西方国家,他只是反对苏联。因为苏联是支持西班牙国内左翼力量的后台。佛朗哥曾经说过,西班牙和西方世界的真正敌人是苏俄,西方国家之间的任何战争都不过是为俄国人"火中取栗"。1941年6月,德国进攻苏联,佛朗哥立即表示支持德国的军事行动,并很快募集了1.7万人的长枪党志愿军,组成"蓝色师团",参加对苏作战。佛朗哥强调,"蓝色师团"只表明西班牙抵制苏俄的一贯立场,不代表站在德国一方参战。

然而,这种说法也存在疑点。1943年德军失去对苏优势后,佛朗哥为什么要落井下石撤回"蓝色师团"呢?而且佛朗哥与各国的交往表明,他是一个讲求实际的人,不可能仅仅因为反对苏联就放弃参战可能带来的利益。

更让人疑惑的是,当时在欧洲势力正盛的希特勒对弗朗哥的中立态度一再容忍,甚至在佛朗哥拒绝他进攻直布罗陀海峡的提议后,也并未对西班牙开战。这其中的种种疑惑,最终随着佛朗哥的逝世而尘封在了历史长河中。

巴尔干半岛的政治纠纷之谜

巴尔干半岛这块政治、军事要地,自古以来就令欧洲各国垂涎不已。在第二次世界大战中,巴尔干半岛毫不例外地成为轴心国和同盟国争斗的目标,一场轰轰烈烈的政治纠纷在所难免。然而,这一切都源于保加利亚君主鲍里斯三世的离奇死亡。

巴尔干地区自古以来就是欧洲各国争夺的焦点，它不仅有着重要的政治地位，而且有着极其重要的军事地位。列强之间的种种矛盾导致巴尔干半岛地区经常发生纠纷、冲突和战争。然而，在第二次世界大战中，巴尔干地区发生的政治纠纷是一个至今未能解开的谜团。

对阿道夫·希特勒来说，巴尔干不仅是其第三帝国的东部前线，更是重要的战略资源——石油的储备地。同时，巴尔干的保加利亚、罗马尼亚和匈牙利等地还为德军提供了十万多名士兵。

苏联领导人约瑟夫·斯大林也密切关注着巴尔干地区的局势——这块土地太适合传播共产主义了，而且这里丰富的自然资源无疑会给战争提供巨大的帮助。英、美更是一直在散布谣言，使希特勒相信盟军将要进攻巴尔干重地保加利亚，诱导他把军队调到这里，从而减轻盟军在西欧的压力。

由此可知，巴尔干地区在当时具有极其重要的政治和军事地位。从地理位置来看，保加利亚位于黑海之滨，南临希腊，北临罗马尼亚，是一个山地国家；从政治上来看，保加利亚君主鲍里斯三世一方面在珍珠港事件后不久对英、美宣战，一方面又尽量避免与苏联发生冲突。鲍里斯三世的作战态度实在让人不解。

1943年年中，希特勒在东普鲁士指挥所得到消息，鲍里斯三世试图悄悄地将保加利亚从轴心国分裂出去。希特勒顿时警觉起来，1943年8月28日，希特勒紧急召见鲍里斯三世。在希特勒一阵暴风雨般的咆哮后，鲍里斯三世同意让保加利亚继续留在轴心国。然而，正是这场会面拉开了一场著名的政治纠纷的序幕。

同希特勒这次不愉快的会面结束后，鲍里斯三世刚回到首都索菲亚没几天就暴毙宫中，从发病到死亡不过一个小时。在柏林，纳粹宣传部长保罗·戈培尔宣布，保加利亚君主鲍里斯死于一种罕见的毒，可能是蛇毒。

毋庸置疑，有人谋杀了鲍里斯三世。但谁是谋杀者呢？德国人、英国人、美国人、苏联人都有可能，甚至可能是一个保加利亚人。一个保卫森严的皇宫里怎么可能出现毒蛇呢？就这样，皇帝离奇死亡在保加利亚国内引起了不安和骚动。

鲍里斯三世死后，他年仅6岁的儿子西美昂二世登上了王位，为了辅佐新君，皇叔和其他两位大臣组成了摄政委员会，派人到开罗与英、美接洽，以求和平。就在这时，斯大林害怕保加利亚加入西方阵营，于是对保加利亚宣战。保加利亚为了免遭苏联人的进攻，反戈一击，于9月8日对德国宣战。保加利亚派出了10个师中的

5个师，到前线与德国作战，这几个师完全是由希特勒装备的。在这两个前盟国开战的同时，保加利亚的摄政委员会在莫斯科与英国、美国和苏联签署了停战协定。

然而斯大林对保加利亚的行为毫不领情，停战协定上的墨迹还未干，斯大林就派乌克兰第三方面军进入保加利亚。保加利亚共产党接管了政权，摄政委员会的成员被逮捕并处死。接着，保加利亚在全国范围内掀起了"清算叛国者"的高潮。

这场政治风云的根源无疑是保加利亚君主鲍里斯三世的离奇死亡。然而，时至今日，也没人能揭秘鲍里斯三世谋杀案的真相。

日本天皇战后逃脱审判之谜

第二次世界大战结束后，远东军事法庭对日本法西斯的战犯进行公开审决，东条英机更是被视为日本最大的犯人和最疯狂的战争狂人而被远东军事法庭处以绞刑。然而，作为日本最高统治者的日本天皇却逃脱了这场审判，这是为什么？

在第二轮的审判过程中，我们得到无数的证据，足以证明他（日本天皇）即使不是日本侵略战争阴谋的发起人之一，也至少是一个消极的阴谋参加者。这一点足以构成他从犯的罪名。

——梅汝璈在1948年11月30日《申报》的谈话

在中国人看来，尽管远东国际军事法庭确立了若干正确原则，但仍如中国法官梅汝璈所说，"一场差强人意的审判，留有众多遗憾"，其中最大的遗憾在于让日本昭和天皇逃脱了战争责任。

众所周知，日本天皇具有至高无上的权利，《大日本帝国宪法》第一章第四条明文规定："天皇为国家之元首，总揽统治权，并依本宪法之条例行使之。"日本是发动第二次世界大战的三大轴心国之一，更是在中国战场上对中国人民犯下了令人发指的滔天罪行。为什么许多日本战犯，如东条英机等人都被送上了国际军事法庭，接受世界的审判，而作为日本最高统治者的昭和天皇反倒不用对战争罪行负责？在众多日本战犯被处决的同时，昭和天皇身在何处？更令人吃惊的是，尽管后来日本实行民主选举制，却始终没有废除天皇，这无疑令人感到蹊跷。

1945年8月15日，日本昭和天皇颁布《终战诏书》，向日本民众乃至全世界正式宣布，日本无条件投降。日本投降后，日本民众、受害国、国际仲裁机构都认为天皇应对战争负起责任。日本国内一些进步团体的领袖及部分深受战争创伤的同盟国认为，作为战争期间的国家元首，昭和天皇是发动战争的元凶，理应作为头号战犯接受军事法庭的审判与惩罚。他们还再三强调，日本应废除天皇制，改变现有的政治体制。为清算法西斯余孽，重建世界和平与公正，战后，同盟国在东京成立了远东国际军事法庭。作为军事法庭的审判长，澳大利亚法官威廉·韦伯认为："如果不审判天皇，就无法对任何一个战犯处以死刑。为了维护法律的公正，他应在国内或国外受到拘禁。"甚至昭和天皇本人也感到理亏，难以面对愤怒的世人，觉得自己应当负起战争的责任。

然而，这个看似没有悬念的结果却因为一个历史性的会面而被彻底改写，它不仅改变了昭和天皇的命运，也给第二次世界大战的历史增添了一丝神秘。

在对日本天皇"坦荡磊落"的认罪态度表示钦佩的基础上，美国五星上将道格拉斯·麦克阿瑟在综合考虑美国的国家利益和盟军面临的形势后，在随后向美国总统杜鲁门的汇报中称"不能把日本昭和天皇作为战犯逮捕"。原因很简单，美国要利用天皇在日本的特殊地位及对日本民众的影响来控制日本。

尽管中国和其他遭受日本侵略的国家对此表示强烈的不满和抗议，但远东国际军事法庭审判员仍以表决的形式做出了裁决：凡涉及日本天皇的各类起诉，均不予受理。就这样，日本昭和天皇获得了美国的"免死金牌"。由此可知，日本天皇之所以能逃脱审判，不是历史的错误，也并非天意，而是美国处于全球战略考虑而策划的人为阴谋。正是这个阴谋，让战后的日本政府拒绝正视那段残酷的侵略历史。

火炬岛自焚事件之谜

凡是踏上火炬岛的人大多会莫名其妙地自燃，美丽的小岛因此被蒙上一层恐惧的面纱，让好奇的人望而却步。这火焰到底是怎么来的呢？

在东太平洋上，加拿大北部地区的帕尔斯奇湖边，有一个仅有一平方千米大的圆形小岛，当地人称之为"普罗米修斯的火炬"，这就是美洲广为流传的死亡之岛——"火炬岛"。"火炬"二字的意思并不是"人类手执火炬，为世界带来光明，或为海上航船指明方向"，而是踏上此岛的人将变成一把火炬，是一种能使人燃烧殆尽的警告。在美洲一直流传着一些有关此岛的骇人听闻的故事。

有这样一个古老的传说：当年，普罗米修斯把火种带给人类后，顺手将已经没用了的火炬扔进北冰洋，然而有火焰的一端并没有沉下去，而是露在水面继续燃烧，日久天长便形成一个小岛。小岛上的火经过风吹雨打渐渐熄灭了。但是，即使过了许多年，它依旧有一种神奇的力量，那就是一旦有人踏上小岛，就会如烈焰般自焚起来，火炬岛也由此得名。

17世纪50年代，有几位荷兰人来到帕尔斯奇湖。当地人再三叮嘱他们：千万不要去火炬岛。一个名叫马斯连斯的荷兰人觉得当地居民是在吓唬他们。他认为帕尔斯奇湖处在北极圈内，即使想在岛上点一堆火，恐怕也要费些周折，更不用说是使人自焚了。

因此，马斯连斯固执地邀了几个同伴向火炬岛进发，希望找到所谓的印第安人埋藏的宝物。来到小岛边时，马斯连斯决定上岛探视一下。于是独自一人登上火炬岛，船上的同伴目送着他向火炬岛的深处走去，他的身影渐渐地在同伴的视野中消失了。

时隔不久，他们突然看到马斯连斯浑身是火地从岛上飞奔过来，一下子跃进湖里。水中的马斯连斯还在继续燃烧着。同伴立即冲了上去，但谁也不敢跳下去救他，只能眼睁睁地看着他被活活烧死。

1974年，加拿大普森量理工大学的伊尔福德组织了一个考察组前往火炬岛考察，为安全起见，他们都穿上了特制的绝缘耐高温的服装。一开始，他们并没有在岛上发现什么怪异的地方。然而，就在两个小时的考察即将结束时，考察组成员莱克夫人突然说她心里发热，腹部发烧。结果莱克夫人的口鼻中喷出阵阵烟雾，同时有一股烧焦的肉味。待焚烧结束后，那套耐火服装居然完好无损，而莱克夫人的躯体已化为焦炭。

此后，又陆陆续续有五个考察队前往火炬岛考察，每次都有人丧生。于是，当地政府不得不下令禁止任何人以科学考察的名义进入火炬岛。美丽的小岛就这样被蒙上了一层恐惧的面纱，让好奇的人望而却步。

人在火炬岛上究竟为何会燃烧？人们纷纷用科学理论来解释这个问题，做了各种各样的假设和推测。

有人认为，火炬岛上有一种特殊的植物，它在新陈代谢的过程中会排出甲烷之类的可燃性气体，这些可燃性气体在岛上特别茂盛的灌木丛中聚集，浓度越来越大，只要有一点火星就能引发熊熊烈火。探险寻宝者上了火炬岛，他们所带的金属器具相互碰撞，特别是金属挖掘工具与石块的碰撞，甚至鞋钉与岛上岩石的摩擦都会产生火花，瞬间点燃可燃性气体。火焰从地面蹿起来，人也就变成了一把火炬。

还有人认为，火炬岛的空气和土壤中存在着一种奇特的细菌。当人大量地吸入这种细菌时，它们就会在一些人身上发生作用，使人体内的某些物质发生一些奇妙的化学变化，产生一种物质，然后最终导致人体自燃。

如今，火炬岛早已人迹罕至，但它仍旧静静地坐落在帕尔斯奇湖畔，似乎有意等待人们去揭开它的神秘面纱：这奇特的自然现象到底因何而起？

第七章　权力围城中的那些事

古罗马政治家苏拉隐退之谜

　　古罗马执政官苏拉出身社会底层，他费尽心机登上权力高峰后突然宣布辞职，并以一个普通公民的身份隐居到了自己的海滨别墅里。

　　谁不想拥有至高无上的权利？谁不想居万人之上，君临天下？然而，古罗马就有这样一个与众不同的人，他急流勇退，放弃了唾手可得的权力。这个人就是古罗马著名的政治家、军事家卢基乌斯·苏拉，他通过奋斗获得最高权力后自愿放弃，归隐海滨，成为一介平民。苏拉为何突然隐退？这一直是千百年来人们感兴趣的问题。

　　公元前138年，苏拉出生于古罗马一个没落的贵族家庭，他自幼喜爱文艺，善于交际，拥有远大的志向却一直怀才不遇。30岁后，他时来运转，经济状况也逐渐好转。后来，他投身军队，参加战争。由于他勇敢善战又富有谋略，立下了赫赫战功，因此成了民族英雄。

　　苏拉50岁的时候，东方的本都国王反叛，元老院决定出兵东方，但在军队统帅人选一事上，苏拉与马略竞争激烈。最终，苏拉在元老院的支持下当选为执政官，并经过与马略的两次斗争后建立了自己的独裁统治。为了终身掌握国家的最高权力，苏拉不惜践踏民主传统，违背民意，甚至威胁元老院。他最终如愿以偿，任终身独裁官一职，集立法、行政、司法、经济、军事大权于一身，走上了人生巅峰。苏拉为巩固自己的终身独裁统治权，进行了种种"宪政改革"。他取消民众大会的否决权，削减保民官权限，把自己的亲信大量安插在元老院。可以说，在那时的罗马，苏拉就是一切，他拥有整个国家。

　　然而，令人难以理解的是，公元前79年，也就是苏拉担任终身独裁官后的第三年，他突然宣布隐退并放弃了一切权力。最后，苏拉以一个普通公民的身份回到了自己的海滨别墅，从此在那里隐居，与世无争。他曾为争夺最高权力赴汤蹈火，甚至不惜以道德的堕落、国家的灾难和人民的生命为代价，而正当他的权势发展得如日中天的时候，他却突然放弃了这种权力，这是为什么呢？

　　据说，当他决定放弃最高权力的时候，曾在广场上发表过一次演说。他在演说中提出，如果有人质问他的话，他愿意说明辞职的原因。可在那种情况下，没有人敢冒着生命危险去质问他。苏拉辞职后，一个青年曾当面辱骂他，苏拉竟然默默地忍受了这个青年的辱骂，只是轻轻地说道："看过这个青年的所作所为后，任何一位掌握最高权力的人都不会再轻易放弃它了。"

人们纷纷猜测苏拉隐退的原因，有人说他在进行了3年的独裁统治后突然良心发现，还政于民是明智之举；有人说他因改革遇到阻力，成功无望而急流勇退；也有人说他是在满足权力欲望后厌倦战争、厌倦权力、厌倦政治而向往田园生活，才归隐海滨的；还有人说他患了严重的皮肤病，无法亲理朝政才放弃了政权。但这些都是人们的猜测，真正的答案只有苏拉自己清楚。

从权倾一时到默默无闻，从钩心斗角的宫廷到与世无争的海滨，这究竟是一种什么样的人生转变？这其中的滋味恐怕只有苏拉自己才能体会了。

公元前78年，苏拉因肠道出血去世。他离开的同时也带走了事情的真相，给后人留下了一个说不完的话题。

罗马城是被尼禄烧的吗

> 尼禄是历史上有名的暴君，他不仅弑母杀兄，还烧毁了罗马城。可他却说自己并没有犯下这样的罪行，人们会相信他的话吗？

64年7月18日，罗马城内的圆形竞技场附近突然着起了大火。大竞技场位于台伯河东岸，而罗马城的西南部又堆满了帐篷等易燃物品，再加上起火的这几天刮西南风，火势一发不可收拾。大火吞没竞技场后，又延伸出两股火势：一股向凯旋大街烧去，接连点燃凯旋门、布匿战争纪念碑、高卢战争纪念牌坊、神殿等建筑物；另一股火势则烧毁了帝国政府，街道、商店及民房也在顷刻间化为乌有。几乎全城都陷入一片火海之中，大火一连烧了六天七夜，罗马城变为焦土。

大多数人认为这场火灾是人为所致，而暴戾恣睢的尼禄皇帝嫌疑最大。作为罗马帝国的皇帝，他为什么要放火烧掉自己的城邦呢？这实在让人百思不得其解，但从大火发生时尼禄的所作所为来看，他的确是唆使纵火的头号嫌疑人。

据说尼禄不喜欢罗马城的古旧建筑和曲折狭窄的街道，想按照自己的意愿重新规划罗马城并扩建皇宫。然而都城皇宫周围住满罗马平民，几乎难以开工。因此，尼禄命人趁着夜深人静时纵火，以遂其所愿。甚至有传言，当罗马变成一片火海时，有人看见他站在高塔上穿着戏装弹奏里拉琴，面对火海演唱那首关于特洛伊陷落的民谣。

火灾之后，尼禄大兴土木，为自己建造了金碧辉煌的"黄金之屋"。这座"金屋"里包括林苑、田园、水榭、浴场、水池和动物园，庭院湖光水色、林木幽雅，彰显着独特的风情。宫殿内部用黄金、宝石和珍珠装饰，就连天花板都是象牙镶边，尼禄对此十分满意。

尼禄在火灾后的言行令人们对他议论纷纷，他是罗马大火的纵火者吗？对于这个问题，历史学家们有着不同的看法。

古罗马历史学家普布利乌斯·塔西陀认为，的确是尼禄放火烧了罗马城。他记录道："当大火吞噬城市时，没有人敢去救火，因为有一些人不断发出威胁，不许人们去救火；还有一些人公然投射火把，说自己是奉命这样做的。"这些在大火中行为怪异的人很可能是尼禄的亲信。另一位历史学家记载："几位前任执政官在自己的庄园上发现尼禄的侍从正拿着麻屑和火把四处纵火，没有人敢上前捉拿他们。"古罗马的史学家们几乎一致认为火灾是尼禄所为，他为了重建罗马城而纵火焚城。

也有人认为罗马城的火灾只是一次天灾，不能因为尼禄是一个品行很差的皇帝，就认为他是纵火犯。

68年6月9日，尼禄在众叛亲离下自杀身亡。随着尼禄的死去，罗马城的大火成了一个永远也无法解开的谜。或许将来有一天人们能从历史的遗迹中找到线索，重新探索这个未解之谜。

彼得大帝的遗嘱是真是假

彼得大帝在临死前拟定了一份俄国发展的蓝图，可是这份遗嘱真的是彼得大帝的临终旨意吗？还是有人杜撰出来的呢？

彼得一世（1672—1725），俄国历史上最伟大的皇帝，马克思认为他具有"雄才大略"。他在俄国历史上被尊称为"彼得大帝"。他在执政期间（1689—1725）大力倡导改革，积极仿效西欧的经济、文化制度，使各方面都比较落后的俄国取得了突飞猛进的发展，建立了无数的丰功伟绩。

第七章 权力围城中的那些事

彼得大帝于1725年去世，自他去世之日起，欧洲一直谣传他立下了一份长篇遗嘱，指导他的继承者和子孙们继续完成他未竟的事业。据说，遗嘱还指明了俄国在未来的对外关系和军事用兵方面应注意的问题。

1836年，法国人德奥出版了一本回忆录，书中记载了所谓的《彼得大帝统治欧洲的计划》，该书一经出版就引起了巨大的轰动。计划内容大致如下：

1．使俄国长期保持战争状态；
2．广纳贤才；
3．参与欧洲事务；
4．瓜分波兰；
5．征服瑞典；
6．王室联姻；
7．与英国结盟通商；
8．沿黑海、波罗的海分向南北扩张；
9．挺进君士坦丁堡与印度；
10．对奥地利进行某种保护；
11．挑动奥地利与欧洲各大国作战；
12．全面统治希腊；
13．利用法、奥中的一个制服另一个；
14．征服日耳曼和法国。

德奥为什么能拿到彼得大帝的遗嘱？主要因为他是伊丽莎白·彼得罗芙娜[①]最宠爱的男人，在俄国的宫廷内部享有许多特权。他不仅可以随意出入皇宫，还可以随意翻阅历代皇帝的机密档案。德奥在回忆录中写道，他是一年夏天偶然在圣彼得堡皇帝别宫的档案文件中发现《彼得大帝统治欧洲的计划》的。

据说，这份计划书是彼得大帝临终时作为遗嘱留下的。德奥欣喜若狂，马上一字不漏地抄录了一份。1757年，德奥将该抄录件呈献给法王路易十五。这份文件极具价值，然而不知道什么原因，路易十五没有把它公之于世。后来德奥的回忆录出版，这份遗嘱才有机会面世。

[①] 彼得一世的女儿，俄国女皇。

这份遗嘱真的是彼得大帝的临终旨意吗？还是只是德奥杜撰出来的？

一般认为，所谓的彼得大帝遗嘱是杜撰出来的。据史料记载，1724年冬，彼得大帝在巡视芬兰湾后得了急性肺炎，一病不起。1725年1月7日下午，彼得大帝预感将不久于人世，就想留下遗嘱传位，可仅仅提笔写了"将一切传位"这几个字，便昏迷过去，于次日凌晨与世长辞。他都来不及指定新的皇位继承人，又怎么可能有条不紊地写下一份长篇文件呢？

俄国的历史记载中也没有提到彼得大帝留有遗嘱。在德奥披露"计划"后，俄国的历史学家遍寻历代俄国皇帝的档案，始终未能找到"计划"的原件。据记载，在德奥将《彼得大帝统治欧洲的计划》献给路易十五的40年后，一个流亡法国的波兰将军也曾向大革命时期的法国政府提交过一份名为《俄罗斯扩张计划概要》的文件，其文件的内容与德奥呈献给路易十五的完全相同。这是偶然的巧合，还是另有蹊跷？

"加尔各答黑洞事件"的死者真的有一百多人吗？

"加尔各答黑洞事件"中究竟死了多少英国人？由于政治因素的影响，这至今仍是个谜，阳光什么时候才能照亮这个"黑洞"？

"加尔各答黑洞"是法国于1756年6月在孟加拉国建立的临时监狱，专门用来监禁英国俘虏，据说它只是一座环境极为恶劣的普通土牢。

1756年4月8日，印度莫卧儿帝国的纳瓦布①阿拉尔瓦迪汗年迈病逝，其外孙西拉杰·道拉继任纳瓦布之职。道拉对英国东印度公司的商人在孟加拉国的种种违法行径深感不满，为维护国家的尊严和权力，打击周围的亲英势力，他决定把部分英国商人驱逐出境。

6月4日，道拉率兵占领了英国商馆，并于次日进军加尔各答。6月20日，道拉攻到了加尔各答城下，加尔各答东印度公司的负责人和威廉堡守军长官稍做反抗后便弃城投降。道拉轻而易举地占领了加尔各答并俘虏了一批英国人。道拉下令，在黎明到来前不得随意处置任何一个俘虏。然而，道拉手下怀有强烈民族感的印度士

---

① 即太守。

兵将俘获来的146个英国人全部关进了一间黑屋子里。第二天凌晨,英国殖民军官罗伯特·克莱武率领一支3000人的队伍从马德拉斯出发,重新攻占了加尔各答。关押着英国俘虏的黑屋子只有一扇小窗,房间里阴冷潮湿,当克莱武打开房门时,被俘的146名英国人中已有123人窒息死亡。消息很快传到英国并在国内引起轩然大波,这些人的野蛮与残忍引起了英国国民强烈的愤怒。

有关"加尔各答黑洞事件"的传说,在英国和印度学者撰写的历史著作中可谓众说纷纭,莫衷一是。在这一事件中,英国到底死了多少人,是否存在这回事,至今仍然是个谜。

英国历史学家一般认为,死于黑洞悲剧的总人数是123人,但是这一说法并无根据。根据一位当事人——加尔各答东印度公司负责人的说法,被俘的英国人只有39人,其中有16人在那天晚上死亡。如果这是事实的话,那么"黑洞事件"显然只是英国入侵孟加拉国的一个借口,他们以此作为幌子,对南亚次大陆展开了大规模的侵略,当时的殖民军军官克莱武甚至公开在下议院炫耀自己的强盗行为。

英国著名史学家珀西瓦·斯皮尔在其所著的《牛津印度现代史》一书中表达了自己的看法。他认为"黑洞事件"未必可信,更不应只听信威廉堡守军长官的一人之言,将此事的责任归咎于道拉一人。

印度和巴基斯坦的一些历史学家也不赞同传说中的"加尔各答黑洞事件"。据《印度通史》记载,事发那天晚上根本不可能有多达146个欧洲人留在加尔各答,真正的人数大概只有60人,后来之所以夸大说死了123人,很可能是那位"爱好虚荣的长官"想借机表现自己。巴基斯坦学者拉希姆等人在书写《巴基斯坦简史》时,也提到了这一事件:"按照其他人的说法,总数为39人,其中16人在夜间死去"。不管是16人也好,60人也罢,他们的死亡原因始终难以确定。由于当时加尔各答的局势混乱,因此始终找不到确凿可信的证据来证明究竟有多少英国人被俘并死亡。众所周知,当时适逢英法七年战争爆发之际,一方面英国人耀武扬威,准备与法国殖民者争夺南印度霸权;另一方面,孟加拉人对英国"生意人"的横行霸道深恶痛绝,所以当道拉率军攻打加尔各答城内威廉堡时,英国人肯定是孤立无援的,在混战中英国一方死掉一些人也是完全有可能的。霍威尔之所以夸大其词,不过是想唆使英国人反对道拉政府。

"加尔各答黑洞事件"的另一个疑点在于,关押英国俘虏的"黑洞"到底有多大,能在一夜之间使123人窒息而死。一般认为,这146人被关在一间约1.85平方米的房间内,四周漆黑,只有一扇小窗供通气,所以一夜之间才闷死了那么多人。

印度文献有关"黑洞"的记载称,这间屋子只有约1.67平方米大。如果真是如此,那么它是绝不可能容纳下这么多人的。

由此可见,威廉堡守军长官的口述言过其实,很难令人相信。显然,霍威尔的说法别有用心。事后,英国人果真采取了报复手段,试图重新夺回加尔各答,为死去的同伴报仇。

法国大革命领袖丹东叛国之谜

丹东为法国大革命做出了巨大的贡献,就是这样一个政府要员,最后竟以叛国罪为名被送上断头台,这其中的缘由又有谁能说清?

法国大革命时期,欧洲政治局势复杂,诸多不安的因素威胁着新生的资产阶级政权。一批波旁王朝的流亡贵族更是勾结国外封建反动势力,伺机颠覆新政权。对此,法国共和政府始终保持高度警惕,并组建著名的公安委员会和革命法庭,镇压敌人内外勾结的破坏活动,保卫法兰西共和国的安全。

在国家安全问题没有得到彻底解决的情况下,国内的政治斗争却日益尖锐。在复杂的党派斗争中,为了彻底打击政敌,执政党动辄就给持有不同政见的人扣上"通敌"的帽子。1793年至1794年,在雅各宾派专政时期,这种政治斗争更是走到了极端,甚至连雅各宾派自己的领袖人物也难以幸免,乔治·丹东便是这场政治斗争的牺牲品之一。

1759年10月26日,丹东出生于奥布河畔阿尔西镇的一个检察官家庭。丹东自幼学习法律,年轻时是一名律师。1798年法国大革命爆发,他加入雅各宾俱乐部,后被选入议会,曾任科德利埃俱乐部主席、共和政府的司法部部长等职,与保尔·马拉、马克西米连·罗伯斯庇尔并称为雅各宾派"三巨头",为拯救共和国做出了巨大贡献。

1793年6月,在雅各宾派取得革命政权后,丹东主张对内实行法治,对外休战议和,提倡宽容和人道。他的这些主张引起了激进派罗伯斯庇尔、圣茹斯特等人的不满,雅各宾派开始走向分裂。由于与罗伯斯庇尔等人的严重分歧,丹东逐渐变成雅各宾派的右翼,被排挤出救国委员会,回归故里,过了一段时间后才得以复出。

丹东复出后极力攻击以罗伯斯庇尔为首的公安委员会和社会保安委员会,吉伦特派分子乘机利用丹东势力准备发动政变，预谋推翻雅各宾派政权。1794年3月30日夜，丹东与德穆兰等人被救国委员会逮捕，被指控勾结奥诺雷·米拉波、从王室领取贿金、图谋劫持国王路易十六外逃、与吉伦特派结盟、主张对敌人和解与宽容、与可疑的外国人勾结、个人财产急剧膨胀等多项罪名。4月5日，丹东以"预谋恢复君主制颠覆共和国"的罪名被送上断头台，年仅35岁。

丹东一案疑团重重，扑朔迷离，他为什么会被判处通敌叛国的罪名呢？这可能与他在法国大革命时期急剧膨胀的个人财富有关。

法国大革命时期，为了颠覆新兴的资产阶级政府，英国政府暗中收买在法国流亡的贵族以及在法国从事间谍活动的特务。早在1798年马拉被诬陷时，丹东就被称为"密探"和"英国间谍"，并指控他甘愿"把自己卖给任何一个想收买他的人"。后来，科尔得利俱乐部向各区及制宪会议、市政厅发出为丹东辩解的陈情书，流言蜚语才稍微平息。

然而，丹东大批的私人财产始终令人怀疑。1790年底他还债台高筑，而到了1791年，他不仅还清了所有债务，还购置了大片田产及新的住宅。1803年，一位保皇党人潜回巴黎时被拿破仑·波拿马当局抓获，他在供词中称丹东曾参与劫持路易十六外逃的密谋，并以此向英国人索取高额酬金。一名保皇党人的回忆录中也有类似记录。1851年公布的米拉波与王室代理人马克公爵的通信中也提到"丹东收到3万里弗尔"，这更为丹东的名声蒙上了一层阴影。

但与此同时，也有人在为丹东辩解。1848年革命前夕，史学家韦尔奥梅耐心收集资料，试图证明丹东的财产取之有道。著名史学家儒勒·米什莱在自己的著作《法国革命史》中称丹东是"大革命的天才"，是"法国人民的象征"。后来，第二帝国和第三共和国的一些历史学家也纷纷著书撰文，试图证明丹东是一位伟大的革命家。

丹东究竟是不是英国间谍？他是否领取过效忠英国的报酬？这或许会成为一桩永远无法了结的悬案。

华盛顿为何拒绝竞选第三任总统

当如今美国的共和党和民主党为了竞选总统而打得头破血流时，可曾想过为什么当初华盛顿要在民意极高的情况下拒绝连任美国总统呢？

乔治·华盛顿是美国历史上的一位重量级人物，作为美国的开国元勋，他领导美国人民进行独立战争，彻底摆脱了英国殖民者的统治，推动美国走上了自由之路。

1789年到1797年，华盛顿连任两届美国总统。他组建了第一个合众国政府，确立了国家信誉。执政期间，他促进海上贸易发展，收回在联邦时期被侵占的领土，平息白人叛乱，制定影响深远的土地政策。在他执政期间，美国国内和平，国际政治经济地位明显提高。这一切足以使他终生受到美国人的爱戴。

在第二次任期即将结束时，很多人都准备继续推选他担任美国总统。可是，华盛顿不以功臣自居，毅然谢绝竞选第三任总统，并在1796年9月发表了著名的告别演讲。在演讲中，他说服了国会，详细地阐述了他对治国安邦的见解。1797年3月4日，华盛顿向他的继任者约翰·亚当斯和平移交了权力，创立了和平移交最高权力的典范，为后来历届总统所遵循。华盛顿从此告别政坛，回到弗农山庄园，专心于他的家庭生活及种植园的管理工作。

对于华盛顿这一出人意料的举动，国内外历史学家进行了长期的探讨和研究。

因为华盛顿无论是在位时，还是卸任返回他心爱的弗农山庄园后，都没有详细说明过自己这么做的原因。尽管如此，历史学家们还是根据华盛顿的生平经历进行了大胆猜测，探究华盛顿拒绝连任总统的原因。

有些历史学家认为，华盛顿是因为担心自己卷入激烈的党派斗争才不想继续从政。当时美国历史上第一次出现了激烈的党派斗争，华盛顿本人也察觉到了选民中日益增长的党派情绪，因此极力在告别演说中呼吁团结，反对党派斗争和其他分裂势力。不幸的是，他虽然在党派斗争中一直保持中立，但在第二任总统后期，他失去了非党派的立场，成了一个联邦党人。在这种形势下，中断自己的政治生涯似乎是一个政治家最好的选择。

还有一些历史学家认为，舆论的攻击对华盛顿做出拒绝连任第三任总统的决定影响颇深。

英国一位历史学家则说得比较明确：由于想要空闲，由于感到体力衰退，由于受到反对派的谩骂，华盛顿拒绝担任第三任总统。

美国多数历史学家、政治学家的看法也是如此。随着党派斗争的加剧，舆论界的斗争愈演愈烈。在两派报刊互相攻击的同时，华盛顿也受到了反对派无情的攻击。这种攻击如此激烈，以致弄得他焦头烂额，十分难受。他被指责为"伪君子""恺撒"，还有很多人说他藐视公众。当他提出不连任第三任总统时，许多杂志在头版头条中把这一举动称为"恶毒的谎言"。史学家们认为，这些都是华盛顿不想连任第三任总统的原因。

不管怎样，华盛顿不顾公众压力，拒绝连任第三任国家总统，这也创立了美国总统任期决不超过两届的不成文惯例。这个惯例直到1940年才被富兰克林·罗斯福打破，但在罗斯福死后，这个惯例被正式写进宪法第22号修正案里面，华盛顿创立的传统正式得到了法律的保护。

1799年12月12日，华盛顿偶感风寒，最后病情加重，不治身亡。这位国父虽然去世了，但他为美国人留下的精神财富永远保存在人们心中。

扑朔迷离的尼古拉二世营救计划

> 尼古拉二世至死都在谋划逃跑方案，可保皇分子一次次的营救为何均以失败告终？

1917年3月，俄国末代皇帝尼古拉二世·亚历山德罗维奇被迫签署退位诏书，这标志着俄罗斯罗曼诺夫王朝的覆灭。同日，彼得格勒苏维埃执行委员会下达了关于逮捕尼古拉及罗曼诺夫家族其他成员的命令。

1917年11月7日，俄国十月革命爆发，尼古拉二世家族被布尔什维克军队逮捕。1918年7月16日深夜，乌拉尔州肃反委员会成员尤罗夫斯基奉命在监狱枪杀末代皇帝尼古拉二世及其妻子、5个儿女、4个仆役。

尼古拉二世被捕后，俄国的保皇分子、临时政府的头面人物、外国使节一直在想方设法营救他。

尼古拉二世刚刚被捕，作为临时政府司法部部长、负责领导警卫工作的亚历山大·克伦斯基就立刻开始进行营救活动，传闻他当时已将尼古拉二世送到摩尔曼斯克，并安排他搭乘英国军舰出国，后来他又将尼古拉二世转移到托博尔斯克。

尼古拉二世被捕后，民间保皇分子也积极开展营救活动。早在尼古拉二世身陷囹圄之初，就有一个名叫马尔科夫二世的人网罗人马，企图劫狱救驾。在尼古拉二世被转移到托博尔斯克后，当地大主教格尔莫根与尾随而来的前宫廷人员、军官、外国人开始策划新的阴谋。据说，一直停泊在护城河中的"圣玛丽亚号"帆船就是供尼古拉二世出逃使用的。但是还没等河面解冻，尼古拉二世就被押送到了叶卡捷琳堡。在尼古拉二世被押到叶卡捷琳堡后，叛军集中兵力围攻该城，当地苏维埃抢在叛乱者救出"皇上"之前对他执行了死刑，营救尼古拉二世的行动就这样无疾而终。

为什么一次又一次的营救计划会全都落空？苏联方面一直强调人民群众在其中起到的重要作用。他们指出，在人民群情激愤的情况下，临时政府放弃了送尼古拉二世经摩尔曼斯克出国的计划。托博尔斯克的看守士兵自觉加强警备，后来苏联怀疑潘克拉托夫勾结保皇分子，便主动撤了他的职。形势紧急时，驻守在鄂木斯克的一支武装赤卫队及时赶到托博尔斯克，把前来营救尼古拉二世的叛军打了个措手不及。

其实，在整个监禁期间，叛军并非完全没有希望营救出尼古拉二世。当时俄国政局极其混乱，看守卫队几经更换，长期负责警卫的科贝林斯基和潘克拉托夫对尼古拉二世一家十分同情，十分希望加入营救行动。即使在苏维埃政权建立后，监禁也相当松弛。可是16个月过去了，保皇分子为什么连一次尝试性的营救行动也没有展开呢？

民间保皇分子中的大多数人都是投机分子，想借救驾一事捞取名利，但不敢冒风险。但也有许多死心塌地的保皇派不惜花费重金，甚至甘愿冒生命危险千里迢迢尾随尼古拉二世来到托博尔斯克。那他们为什么没有发挥一定的作用呢？有人认为症结在囚犯本身。尼古拉二世优柔寡断、态度消极，甚至给劫狱的马尔科夫二世传话，要他暂缓行动。尼古拉二世想由政府安排出国，因为那样既体面又安全。

虽然保皇分子曾尝试营救尼古拉二世，但他最终还是死在枪口下，营救活动也随之烟消云散。

列宁遇刺之谜

伟大的列宁造就了强大的苏维埃政权，这样一位国家之父竟然被本国人刺杀，这其中隐藏了什么秘密？

1918年8月30日，列宁在莫斯科谢尔普霍夫卡大街上的米海尔松工厂进行演讲，演讲结束后他穿过人群，走向自己的汽车，工人和水兵们簇拥着领袖，高声叫喊着他的名字。突然，一阵枪声响起，列宁捂着伤口倒下了。

据俄国《共青团真理报》报道，列宁是在当晚11时左右来到大街上的，那时暮色已深，周围一片嘈杂，因此枪响的时候根本没人听见，当列宁倒下时，人群才一下子被恐惧覆盖。片刻之后，人们开始四处逃散，只有一个人还保持冷静——苏维埃步兵师政治委员助理巴图林。巴图林后来说："我没看见向列宁开枪的人，当我大喊'抓住凶手'时，我看到后面有个神色慌张的女人，于是我搜了她的口袋，夺了她的提包和伞，叫她跟我走。这时，人群中有人指认她就是向列宁开枪的人。"这个女人就是范妮·卡普兰。

卡普兰在被逮捕后第三天遭到了枪决。行刑的地方就在克里姆林宫内，当时外面恰好有一辆轻型卡车经过，执行的枪声被卡车马达的轰鸣声掩盖了。卡普兰死后，她的尸体没有被掩埋，而是被塞进一个铁桶里浇上汽油焚烧了。

女刺客卡普兰行刺后被捕，她为何会如此迅速地遭到处决？

卡普兰的全名是范妮·耶菲莫芙娜·卡普兰，她于1890年出生在乌克兰沃伦省的一个犹太人家庭。

1905年俄国爆发革命后，卡普兰开始接近无政府主义者，参加他们的各种活动，她在革命者圈子里活动时化名"多拉"。卡普兰于1906年第一次参加恐怖活动，计划对基辅行政长官进行暗杀，但没有成功，被捕后被判终生苦役。就这样，年纪轻轻的卡普兰开始品尝到铁窗生涯的沉重和痛苦。据俄罗斯解禁的历史资料记载，她当时几乎完全失明，后被送往教会医院就医，虽恢复了健康但视力始终很差，无法开枪射击。因此，她是否能刺杀列宁，这一问题值得商榷。

许多证词中都没有提到指认者的姓名。其实除卡普兰外，还有两名嫌疑人：一名中学生和一名戴水兵帽的人。据说，列宁中弹后问他的司机吉尔："抓住他没有？"列宁用的是男性"他"，而不是女性"她"。吉尔一开始说只看见一只拿手枪的手，后来才说看到了卡普兰。卡普兰的枪支于4天后才被发现，1922年德国大夫从列宁颈部取出了子弹，经检验，子弹不是那支枪射出的。

绝大多数人都认为卡普兰就是刺杀列宁的真凶，是右翼社会革命党委派的恐怖分子，但这与卡普兰的审讯记录相去甚远。

一些学者认为，视力不好的卡普兰没有直接参加刺杀列宁的行动，她的背后另有其人。还有的学者认为，列宁被刺就是后来"克里姆林宫大审判"的导火索。同时，列宁遇刺后，与之相关的事件成了苏维埃政权长达一个世纪的高度机密，以至于这件事最终成为"20世纪的黑洞"，成为俄罗斯历史上永远的谜团。

希特勒的情妇吉莉·拉包尔因何而死

1931年9月中下旬,一个爆炸性新闻突然在德国纳粹党内迅速传播开来:希特勒的情妇、外甥女,年仅23岁的吉莉·拉包尔开枪自杀了。纳粹党内顿时议论纷纷。

阿道夫·希特勒是德国法西斯纳粹党头目,第二次世界大战的头号战犯,以他为首的纳粹德国在第二次世界大战期间给各国人民带来了空前的灾难。希特勒的一生给人们留下了无数的谜题,其中包括他与自己的亲外甥女吉莉·拉包尔的关系以及吉莉的离奇死亡。

吉莉·拉包尔是希特勒同父异母的姐姐安吉拉·拉包尔的大女儿,整整比希特勒小20岁。1928年夏天,希特勒在巴伐利亚的上萨尔斯堡租了瓦亨菲尔德别墅,邀请他的异母姐姐、孀居的安吉拉·拉包尔从维也纳来做管家。拉包尔太太带来了她的两个女儿,吉莉·拉包尔和弗莉德尔。吉莉年方二十,一头金发,面容俊秀,很会讨人欢心。希特勒为吉莉的美貌倾倒,不久就爱上了她。为博取吉莉的欢心,希特勒绞尽脑汁地讨好她。1929年,希特勒在慕尼黑最时髦的摄政王大街租用了一套豪华公寓,特地将九个房间中的一间单独留给了她。于是,希特勒和他外甥女的流言蜚语不可避免地在慕尼黑和整个南德的纳粹党人中间传开了。有人劝希特勒不要在公开场合携带他的年轻情人,希特勒听后非常生气。

当时希特勒是打算同他的外甥女结婚的,但希特勒的控制欲太强,禁止吉莉和别的男人一同出现在公开场合,禁止她学音乐、戏剧,不让她做自己喜欢的事情,两人经常为此发生争吵。至于双方究竟为何产生隔阂,至今仍有很多不同的说法。有人说这是由于两人相互妒忌,彼此胡乱猜疑。吉莉对希特勒注意其他女性,尤其是威尼弗雷德·瓦格纳(她与希特勒关系暧昧)深感不满。希特勒则怀疑吉莉同他的卫兵关系暧昧,总是限制他们来往。当他发现吉莉与卫兵调情时,顿时醋性大发,对吉莉暴跳如雷,从此禁止她与异性交往。

不久后,人们在奥地利维也纳的郊外发现了希特勒卫兵的尸体。据维也纳警方的公报说,他是被人用冲锋枪打死的,身上共有21个枪眼。有人说,是希特勒派人杀掉了这位情敌。得知这个消息后,吉莉·拉包尔彻底崩溃了。她准备当天就离开这里去往维也纳，结果被希特勒蛮横地拒绝了。

随后，希特勒有事要去汉堡。临行前，他又与吉莉在摄政王大街公寓内进行了一场激烈的争吵，但争执很快就平静下来。于是，希特勒按原计划前往纽伦堡参加竞选会。谁知刚到纽伦堡，他就接到纳粹党副元首鲁道夫·赫斯的电话，说吉莉在自己的房间内中弹身亡。他火速赶回慕尼黑，据希特勒的用人回忆，希特勒冲出拉包尔卧室时神情沮丧，别的事情他们则一概不知。

那么，吉莉到底是自杀还是他杀？事发后，巴伐利亚检察官对此案进行了调查。法医在验尸时发现，吉莉躺在地板上，靠近睡椅，旁边放着一支6.35毫米口径的手枪，一颗手枪子弹穿透了她的左前胸，直入心脏。经过现场调查，判定吉莉是自杀身亡，排除了希特勒的嫌疑，不过整件事情似乎并不像看上去的那么简单。

并不是所有的人都相信检察官的判断，吉莉死后多年，慕尼黑一直流传着吉莉被谋杀的说法。有人说她是被盛怒之下的希特勒枪杀的；有人说她是被海因里希·希姆莱打死的，他们之所以杀死吉莉，是为了把希特勒和纳粹党从困境中解脱出来。希特勒与其外甥女的暧昧关系在纳粹党内引起了不少流言蜚语，甚至已经对纳粹党的团结及希特勒的个人声望产生了影响。不仅是希特勒，整个纳粹党的处境都非常尴尬。要想摆脱困境，唯一的办法就是杀死吉莉。

有些人既对希特勒和吉莉都很熟悉，又相信吉莉是自杀的，但他们对吉莉自杀的原因也有不同的解释。希特勒的摄影师海因里希·霍夫曼认为，吉莉另有所爱，她之所以自杀是因为她受不了希特勒的专制。希特勒的管家则认为，吉莉是爱希特勒的，她的自杀是失望或灰心丧志所致。也许只有希特勒或吉莉本人才清楚，吉莉究竟因何而死。

转眼几十个春秋过去了，希特勒早已成为千古罪人。吉莉之死至今尚存疑窦，令人困惑不解。除非有明确的证据，否则历史学家们仍无法对这一悬案做出合理的解释。

"国会纵火案"之谜

1933年2月27日晚，坐落在柏林市中心的国会大厦突然起火，这就是轰动世界的"国会纵火案"。究竟是谁潜入国会大厦并将它付之一炬？

1932年11月德国大选后，阿道夫·希特勒出任政府总理，但纳粹党并未获得压倒多数的选票，只占据了议会32%的席位。希特勒试图实行《授权法》，重新进行选举。在德国历史上，《授权法》只在1923年经济危机时启用过。总之，希特勒上台后要求总统立即解散议会，于1933年3月5日重新进行选举。

当时德国共产党是议会中第二大党，占有17%的席位，他们坚决反对启动《授权法》。希特勒要想占有议会的多数席位，就必须将共产党打下去，因此他大力宣传德国正处于共产党发动革命的关键时刻，只有启动《授权法》才能制止共产党发动革命，否则德国就会处于共产党的恐怖统治中。

国会大厦纵火事件发生后，以希特勒为首的法西斯团体以此为契机，嫁祸共产党人。案情发生仅半小时，希特勒的得力干将、国会议长兼内务部长赫尔曼·戈林就驱车赶到现场，穷凶极恶地宣称这是共产党发动革命的信号。随后希特勒也赶到出事地点，滔滔不绝地对记者说："这是共产主义者干的！"随着希特勒的一声令下，早有准备的冲锋队员冲进现场，当场抓住了"纵火者"马里努斯·卢贝。

卢贝经过严刑拷打后，承认是他纵的火，目的是反对纳粹党。根据《国会纵火法令》，希特勒于3月1日宣布共产党意图暴动，发起革命。第二天，希特勒党徒按照早已拟订好的名单开始了大搜捕。3月3日德国共产党的领导人恩斯特·台尔曼被捕，3月9日共产国际西欧局负责人、保加利亚共产党主席格奥尔基·季米特洛夫等人被捕。紧接着，希特勒又颁布了紧急法令，宣布解散除法西斯党以外的一切政党，取缔工会及一切结社、集会。霎时间，白色恐怖笼罩了整个德国。

1933年9月至12月，"国会纵火案"在莱比锡展开公审。"纵火犯"卢贝在法庭上当众表明：他不认识季米特洛夫，也从未与他有过任何联系。抓住卢贝的三位警察也否认在卢贝身上搜出过共产党员的党证。这样的结果让那些幕后策划者感到无可奈何，就算叫纳粹头子戈林和戈培尔出庭作证也无济于事，最后他们不得不将季米特洛夫等四人无罪释放，但卢贝仍被判处死刑。不管怎样，纳粹嫁祸共产党人的阴谋最后还是以失败告终。

后来，经专门调查，"国会纵火案"原来是纳粹党人为寻找打击共产党人的借口而导演的一出闹剧。通过戈林住宅连接国会大厦的秘密通道，冲锋队长恩斯特·施朗格等人事先运进了汽油等易燃物，然后唆使卢贝在国会大厦放火。同时，纳粹分子也从秘密通道进入国会大厦，在议会大厅点燃了易燃品，大厦顿时浓烟四起。就当卢贝在国会大厦内四处乱窜的时候，他被当作纵火的替罪羊抓获，并被诬陷为共产党指派的纵火者。

德国"国会纵火案"的真相似乎已经很清楚了,所有人都相信这是纳粹分子诬陷共产党的阴谋。但是在1962年,一位法学家在一本书中提出,放火焚烧国会大厦一案是荷兰青年卢贝一个人干的,他既与纳粹党无关,也与共产党无关,他只是一个无所事事的无政府主义者。在事发的那天晚上,他悄悄潜入国会大厦,用几根木炭点燃了这座高大的建筑物。托比亚斯在书中得出这样的结论:"这不是一个精心策划的政治预谋,我们必须承认这一令人吃惊的事实——纵火案纯属偶然,一个谬误掀起了这轩然大波,并导致了后来的迫害浪潮。"

这个结论顿时引起了轩然大波,史学界人士对此议论纷纷。持赞同和反对意见的两派史学家各执一词,争论不休。两派都没有妥协,谁是国会纵火犯的问题也一直悬而未决。但是无论如何,纳粹分子利用"国会纵火案"诬陷共产党的阴谋是不争的事实,历史最终也还了德国共产党一个清白。

法国总统密特朗枪击案之谜

> 竟然有人敢刺杀法国总统,此人一定是胆大妄为,可是如果刺杀总统的是总统本人呢?密特朗真的是这样的人吗?

弗朗索瓦·密特朗,1981年至1995年间任法国总统,他是法国历史上最伟大的政治家之一,同时也称得上是法国政坛上的常青树。他的一生跌宕起伏,其中天文台公园枪击事件是对他的政治生涯影响最深的一段经历。

1959年10月15日,《巴黎新闻》头版头条刊载了一条骇人听闻的消息:极端殖民主义分子准备暗杀一批主张用谈判解决阿尔及利亚问题的人士,极端分子已越过西班牙边境,刺杀黑名单已经确定,悲剧随时可能发生。

当天夜里,时任国会参议员的密特朗同几个朋友用完餐后开车回家,路上一直有一辆黑色轿车跟着他。为了防止发生意外,他快速把车开到参议院南边的天文台公园,然后从车上跳了下来,躲在路边公园的花草丛中。就在这时,他的汽车遭到袭击,事后发现汽车上至少有7个弹孔。

第二天,各大报纸纷纷报道密特朗遇刺一事,人们一致认为密特朗是极端分子名单上的首要人物。一时间,人们纷纷对他表示慰问,密特朗也因此成了"国民英雄"。

然而，事情只过了一个星期就发生了翻天覆地的变化，天文台枪击事件竟成了密特朗的一桩政治丑闻。前右翼议员对记者称，这起枪击案是密特朗自己一手策划的。他是在进入天文台公园后，才让同伙开枪的。在行动前，他的同伙于10月7日、14日、15日三次会见密特朗，共同策划、商定行动路线和执行计划的方式方法。如果这是事实的话，天文台事件显然成了密特朗沽名钓誉的"苦肉计"。

作为当事人的密特朗，除了矢口否认外，拿不出任何证据来证明自己的无辜。密特朗说，事发前自己确实秘密会见过前右议员，但对方是来告诉他，他位于暗杀名单的榜首，平日里要小心提防。前右议员还为自己出谋划策：一旦发现汽车被盯上，千万别往家里开，因为那里无处躲藏，逃往天文台公园比较安全。他还要密特朗保守秘密，因为他透露的是机密情报，一旦发生什么事，请密特朗不要向警察局报告。所以发生枪击事件后，密特朗信守诺言，事先没有告诉任何人，事后也没有告诉警方。

双方两套矛盾的说辞使密特朗顿时从一个受害者变成了一个政治骗子，他也因此被政敌抓住了攻击的把柄。

由于密特朗的政治主张一直与夏尔·戴高乐对立，1959年1月，在戴高乐就任共和国总统后，密特朗的政治生涯跌到了低谷。他先是丢掉了7年间任不同部长的优势，随后又在国民议会选举中丢掉了连选连任11年的议员席位。1959年4月，他虽然再次当选为参议员，但政治影响明显大不如前，此时出现的"天文台事件"几乎断送了密特朗的政治前程。

密特朗认为，即使有人不想置他于死地，也多少想让他名誉扫地。在此之后，前右议员被指控参加议会爆炸案并被逮捕，几年后，这位议员的说辞发生了变化。1959年11月4日，该议员坦白，天文台事件的幕后策划者是戴高乐手下的人。不过，他无法拿出证据，因此大多数人都不相信他的说法。但同情密特朗的人相信，此案是戴高乐操纵情报部门所为，目的是从政治上消灭最危险的对手，密特朗首当其冲。

坚强的密特朗并没有向逆境妥协，经过短暂的休息，他再次向戴高乐政权发出挑战。1962年11月，在法国的立法选举中，他终于击败戴高乐集团的候选人，再次当选国民议会议员。1981年，密特朗登上总统宝座，实现了自己的政治愿望。1988年，他再次击败对手，蝉联法国总统。年逾七十的密特朗，经历了40多年的宦海沉浮，终于到达政治生涯的顶峰，奠定了他在法国历史中的独特地位。1995年，密特朗下台。1996年1月8日，密特朗病逝。

格瓦拉出走之谜

> 切·格瓦拉也被称为"红色罗宾汉""共产主义的堂·吉诃德""拉丁美洲的加里波第""尘世的耶稣"……他究竟为什么要离开待他不薄且有着非凡人格魅力的卡斯特罗?

切·格瓦拉出生于阿根廷,是古巴革命和社会主义建设的主要领导人,他后来离开古巴前往非洲、拉丁美洲开展游击战,最后在玻利维亚遇害。格瓦拉牺牲后逐渐成为全球青年的偶像,成为理想主义、革命和激情的象征。

1928年6月14日,格瓦拉出生于阿根廷罗萨里奥,青年时期参加了菲德尔·卡斯特罗领导的古巴革命运动。1959年古巴革命胜利后,政府宣布格瓦拉为古巴公民,格瓦拉先后担任土地改革委员会工业部主任、国家银行行长和工业部部长等职务,在国际、国内都获得了很高的声誉。

1965年3月初,格瓦拉出国访问后回到古巴;3月15日,他向工业部工作人员汇报自己国外之行的有关情况,这是他最后一次在古巴的公开场合进行演讲。在此之后,他神秘地消失了。一时间国际上众说纷纭,有善意的解释,也有恶意的攻击。

在他给卡斯特罗的告别信被公开后,谜团才逐渐解开。原来,格瓦拉在1965年秘密前往刚果、阿尔及利亚等国,重新开始了自己的游击队战士生涯。他后来转战玻利维亚,直到1967年10月被玻利维亚政府军和美国中情局杀害。

格瓦拉出走前正担任古巴的重要领导职务,可谓地位显赫。他为何要放弃名利,投入艰巨且生死未卜的革命事业中?这个问题长期以来困扰着许多格瓦拉的崇拜者以及研究他生平的学者。虽然人们一直在对他出走的原因进行探讨,但始终没有得到明确的答案。

有人认为,格瓦拉之所以出走,是因为他与古巴其他领导人在对苏关系、援助第三次世界革命等问题上存在严重的分歧。

还有人认为,苏联反对格瓦拉的政策是迫使他出走的原因之一。当时中苏关系破裂,格瓦拉对苏联在一些问题上的做法十分不满。另外,尼基塔·赫鲁晓夫不同意格瓦拉和卡斯特罗直接参与拉美各国开展的武装革命斗争,并要求他们从拉丁美洲革命中撤出。不过,不论是卡斯特罗还是格瓦拉,都没有听从赫鲁晓夫的意见。

1965年2月,古苏签订贸易协定。古巴在经济上从属于苏联,尽管苏联加大了援助力度,但古巴又回到了单一经济的老路,格瓦拉的工业化和农业化措施彻底失败。这让格瓦拉更加失望,最终决定出走。

此外,也有人认为格瓦拉的革命思想是促使他出走的决定性因素。格瓦拉是个理想主义者,他想在拉美的某个地方组织一个阵线,以解放整个拉美为己任。从古巴革命胜利开始,他就主张革命,并且认为只有他能担任革命领导人的职位。另外,与所有的理想主义者一样,格瓦拉甘愿为了实现理想而放弃一切,甚至自己的生命。因此,他抛下一切名利,毫不犹豫地离开古巴,前往生死未卜的战场。

"水门事件"之谜

提起尼克松这个名字,人们首先想到的是第一个走进中国的美国总统,接下来便是一个家喻户晓的政治丑闻——"水门事件"。

1972年,美国总统理查德·尼克松连任总统,但就职典礼之后不久,1974年8月,尼克松成为第一位辞职的美国总统。尼克松的辞职在很大程度上是因为"水门事件"的丑闻。

1972年6月17日,五个人悄悄潜入了位于华盛顿水门大厦的民主党委员会办公室,就在他们安装窃听器并偷拍有关文件时,这五个人被当场抓获。显然,有人为了赢得总统大选,取得民主党内部竞选策略的情报,才出此下策。之后,联邦调查局找到了这伙人的活动资金,发现这些钱中有不少连号的百元大钞。由此追查发现,其来源是尼克松的筹款组织——这些是总统竞选连任委员会的政治捐款和经费。

事发后,尼克松否认自己参与过这起事件。在11月的大选中,尼克松以少有的压倒性优势击败了民主党候选人乔治·麦戈文,获得连任。

"水门事件"最初并未得到媒体的足够重视,连审理此案的法官也并不关注这起事件,法庭只是走个过场。但《华盛顿邮报》两个年轻的记者——鲍勃·伍德沃德和卡尔·伯恩斯坦认为,该案件具有独特的价值。他们调查后发现,嫌犯的通讯录上竟然有"白宫"两个字眼。更让人不解的是,嫌犯曾多次打电话给尼克松的竞选办公室。

几天后，两位记者供职的《华盛顿邮报》头版以极其醒目的标题爆出新闻："白宫顾问与水门窃贼有染"。这条新闻立刻引起白宫方面的强烈不满。但政府的反应越强烈，人们越怀疑这其中另有隐情。在媒体的接连报道下，法院终于决定重审水门窃听案。

此时，尼克松再次发表声明，表示自己事先并不知道这一案件，事后也没有采取任何阻挠调查的行为。在随后对这一案件的调查中，尼克松背后的许多人都被陆续揭发出来，最后矛头直指尼克松本人。

不久，"水门事件"委员会掌握了一个新的情况：1971年年初，尼克松为了记录与手下的谈话和电话内容，下令在白宫办公室里安装窃听系统。委员会要求尼克松交出相关录音带和文件资料，尼克松以行政特权为理由拒绝了这项要求，最后此事闹到了法院。在经过长达三个星期的对峙后，多数法官认为总统也要受法律的约束，尼克松必须交出录音带和文件资料。

1973年，美国众议院决定由该院的司法委员会负责调查、搜集尼克松的罪证，为弹劾尼克松做准备。1974年，司法委员会决定公布与弹劾尼克松有关的全部证据。7月底，司法委员会陆续通过了三项弹劾尼克松的条款。8月5日，尼克松交出了三盘录音带，有盘录音带上清楚地记录着，"水门事件"发生后的第六天，尼克松让他的助手阻挠联邦调查局调查"水门事件"，这无疑是尼克松掩盖事实真相的铁证。

面对不可避免的弹劾，1974年8月8日晚，尼克松面向全国发表电视演说，宣布辞去总统职务。于是他成为美国历史上第一位、也是迄今唯一一位因丑闻而中途下台的总统。

不过，"水门事件"的真相至今仍然众说纷纭。尼克松白宫办公厅主任H. R. 霍尔德曼说："这场悲剧里有两个疑点。首先是谁下令让这几个人潜入白宫？他为什么要这么做？其次，这个微不足道的破门偷窃事件，或者按尼克松的说法，这个'三流企图盗窃案'，是怎么发展成美国政治史上的丑闻，并最终迫使尼克松辞职的？"

值得注意的是，1973年12月7日，有人发现录音的一部分被删除了。尼克松的私人秘书罗斯·伍兹称，是自己意外删除的。伍兹于2005年1月22日去世，生前没有向任何人透露这被删的18.5分钟的录音内容。就这样，原本就复杂离奇的"水门事件"又平添了几分神秘。

第八章　让人匪夷所思的宫廷秘闻

埃及艳后克里奥帕特拉的情爱纠葛

克里奥帕特拉七世的一生充满了传奇色彩,她与恺撒、安东尼关系密切,是罗马共和国末期的重要人物。她曾为保护国家免受罗马帝国吞并而色诱恺撒及其手下,也因此得名埃及艳后。

在人类历史上的众多女性中,"埃及艳后"——克里奥帕特拉七世无疑是一位焦点人物。据说,这位古埃及托勒密王朝的末代女皇,曾以自己惊人的外貌、出众的才华、令人倾倒的魅力,先后征服了罗马历史上两位叱咤风云的人物——盖乌斯·恺撒和马克·安东尼。罗马帝国的帝王也纷纷拜倒在她的石榴裙下,在罗马帝国势力如日中天的时候,她仅凭一己之力就保全了埃及的所有国土,同时也改变了罗马的历史。

克里奥帕特拉七世是托勒密十二世的后裔,她的父亲托勒密十二世在她18岁时就去世了,留下遗嘱让她和她的弟弟托勒密十三世共同执政。但权力欲望特别强烈的克里奥帕特拉七世不能容忍弟弟分享她的王位,两人因派系斗争和争夺权力而失和。克里奥帕特拉七世于公元前48年被逐出亚历山大里亚,后在埃及与叙利亚边界一带聚集军队,准备攻入埃及。

此时,恺撒追击庞培来到埃及,对埃及的王位之争进行调停。克里奥帕特拉七世得此消息,乘船于夜间潜入亚历山大里亚,以毛毯裹身,由人抬到恺撒房门前。克里奥帕特拉七世突然出现在恺撒面前,她的勇气和美貌深深地打动了恺撒,二人很快相爱。后来,托勒密十三世在对战恺撒的尼罗河战役中失败,溺死于尼罗河。恺撒征服埃及后,本想将埃及变为罗马的一个行省,但克里奥帕特拉七世使恺撒放弃了原来的想法,于是克里奥帕特拉七世重新登上王位,成了埃及的统治者。

公元前44年,恺撒被暗杀,他的朋友安东尼统治罗马帝国的东部省份。为了筹措资金,他遣使传讯给克里奥帕特拉七世,意图剥夺她的王位,再次征服埃及。埃及王国又一次陷入危机之中。

克里奥帕特拉七世是一位非常理智的女子。为了保护她的祖国、保全她的王位,她决定和罗马的强权人物结婚。安东尼很快就被这位美女迷得神魂颠倒,把统治帝国的大事都抛到脑后,终日与克里奥帕特拉七世形影不离,甚至跟着她到埃及的亚历山大里亚度过了两个冬天。

几年后，安东尼正式宣布与克里奥帕特拉七世结婚。安东尼征服亚美尼亚王国后，宣布同克里奥帕特拉七世共同统治埃及和塞浦路斯，他还让克里奥帕特拉七世做了昔兰尼和利比亚的国王，这引起了罗马元老院的不满，也给屋大维反对安东尼提供了契机。

公元前31年，安东尼和克里奥帕特拉七世率军在阿克提乌姆湾和屋大维开始了最后的对决，痴情的安东尼在这场战争中惨败。

后人猜测，为了保证埃及的安全，克里奥帕特拉七世在没有征得安东尼同意的情况下向屋大维投降。安东尼发现克里奥帕特拉七世的佣兵开始投降，又听说克里奥帕特拉七世战败被杀，一时受不了这样的打击，绝望地自杀了。克里奥帕特拉七世用埋葬国王的豪华仪式为安东尼举办了葬礼后也自杀了。在遗言中，她希望将自己和安东尼埋在同一个坟墓中。

克里奥帕特拉七世以她的美貌、魅力和才智挽救了埃及，使埃及能在罗马的威胁下持续生存。虽说在野史、传说和文学作品中总能见到这位"埃及艳后"神秘的影子，但有关她本人的文物资料却是少之又少。

伦敦大英博物馆曾经展出过这位传奇女人的雕像，从雕像上来看，女王长相一般，脸上轮廓分明，看起来极为严厉。她的个头矮小，身高只有1.5米，身材明显偏胖。衣着也相当朴素，脖子上甚至有很明显的赘肉，牙齿更是毫无美感。考古学家根据出土的古埃及雕像证实，真实的女王相貌平平甚至有些丑陋。这可能与埃及人为了保持血统的纯净，实行近亲婚配的制度有关。此外，女王还可能有其他方面的缺陷。如果这是真的，那么她究竟有什么特殊的魅力使安东尼对她生死相随？这真是一个难解之谜。

冈比西斯的死亡之谜

在班师回国、平定叛乱的途中，冈比西斯二世突然神秘死亡，对于他的死因，学界一直争论不休。

公元前6世纪，伊朗高原的西南部出现了一个强大的帝国——波斯帝国。波斯帝国的缔造者是居鲁士二世，居鲁士二世死后，他的儿子冈比西斯二世继承父业，于公元前522年起兵征服埃及。

战争期间，国内一个名叫高墨达的祭司起兵造反，夺取了政权。冈比西斯二世决定立即回国处理叛乱。然而，就在从埃及返回波斯的途中，这位内外交困的国王突然去世了。

古希腊历史学家希罗多德在《历史》中提到了冈比西斯二世的死：古埃及人说，冈比西斯二世是因刺杀了埃及神牛阿庇斯，遭到了神的"报复"才去世的。

阿庇斯是古埃及神话中的圣牛，最初被认为是创世神普塔的化身，后来演变为奥西里斯的化身。在埃及的神殿里，阿庇斯是神与人的中介，专门传达普塔的神谕。阿庇斯周身黑色，只有前额上有块三角形的白色印记，头上的牛角之间装饰着日盘和圣蛇乌赖乌斯，背上长着母鹫之双翼，它的尾巴分为两股，象征着南北两个王国。历代法老都将阿庇斯看成是今生和来世的庇护者，埃及人会举行隆重的节庆，用洁净的牛犊来祭祀阿庇斯。

冈比西斯二世沿尼罗河而上远征埃塞俄比亚，当他失败后，从底比斯返回孟菲斯时，埃及人正在举行这种盛大的祭祀。据说，阿庇斯很久才会出现一次，机会难得，因此这次祭祀活动的场面也格外壮大。在心情沮丧的冈比西斯二世看来，埃及人的狂欢行为是对他战败的嘲笑。他一气之下杀死了几个组织祭祀的埃及贵族，命令埃及祭司将阿庇斯带来。祭司刚把阿庇斯领进来，冈比西斯二世就立刻拔出短刀，向它的腹部刺去，但只刺中了它的大腿。接着，冈比西斯二世又下令痛笞祭司，杀死那些正在庆祝节日的埃及人。阿庇斯卧在神殿里，因腿被刺伤而死去。

古埃及人说，冈比西斯二世做了这件事后开始变得疯狂起来，又犯下了许多令人发指的罪行，如杀死亲兄弟、残害亲姐妹、活埋波斯知名贵族等。

后来，他从埃及回国，打算回去惩办篡夺波斯王位的米底王国祭司。在途中上马时，他佩刀刀鞘的扣子松了，里面的刀刃刺中了他的大腿，这正好是他刺伤埃及神牛阿庇斯的地方。结果骨头坏疽，大腿溃烂，他因此去世。

在古代，除了埃及人的这一说法之外，波斯国王大流士镌刻在贝希斯敦岩壁上的著名楔形铭文也提到了冈比西斯二世之死，但写得极为简略，仅用一组词语"uv ā ma r iyu amariyat ā"来描述，这组词语是什么意思呢？

有人认为铭文中词组的意思是"自杀"，因为冈比西斯二世在埃塞俄比亚战败，本来就心情沮丧，这时国内又传来高墨达篡夺王位的消息，内外交困下，冈比西斯二世在绝望中以自杀的方式结束了自己的生命。有人认为，铭文中词组的意思是"自然死亡"，至于是怎样自然死亡的，至今没有明确的解释。

还有人认为，冈比西斯二世可能是被米底王国的祭司杀死的。也有人说，冈比西斯二世"是军队阴谋的牺牲品"。

关于冈比西斯二世死亡的地点也有不同的说法。据希罗多德记载，冈比西斯二世曾在临死前询问自己所在城市的名字，人们告诉他是阿格巴坦那。但近代有人考证，古时叙利亚无此城名，因此推测冈比西斯二世可能死于叙利亚某个乡村。也有人认为他死在了巴比伦、大马士革等。

冈比西斯二世究竟是怎样死亡的？他的神秘死亡给历史留下了一个又一个谜团。

查理曼大帝为何被加冕

> 在遥远的意大利有一桩这样的奇闻——查理曼大帝突然被教皇加冕，这到底是一场阴谋，还是突如其来的喜讯？

800年12月25日，意大利罗马发生了一件举世瞩目的事情：加洛林王朝的皇帝查理曼大帝被罗马教皇戴上了一顶金冠，被加冕为罗马人的皇帝。这件事影响深远，甚至改变了欧洲的政治格局。

查理曼的祖父查理·马特是墨洛温王朝大权实握的宫相，以打败外族的进攻和实行采邑改革而闻名。查理的父亲"矮子丕平"（丕平三世）于751年与教皇勾结，废黜了墨洛温王朝的末代国君，取而代之，创建了加洛林王朝，丕平的儿子——查理曼大帝开创了加洛林王朝的盛世。

查理曼生活的年代正是西欧封建化进程急剧进行的时候，他所实行的政策措施客观上加速了这一进程，得到了新兴封建地主阶层的拥护。查理曼是位好战的国王，为了建立一个强大的国家，他率军四处征战，使法兰克王国的版图不断扩张。经过几十次战争后，法兰克王国控制了西欧的大部分地区，它西临大西洋、东及多瑙河、北达北海、南至意大利中部，差不多囊括了昔日西罗马帝国的全部国土。

795年，罗马教皇阿德里安一世逝世，查理曼支持利奥三世当选为新的教皇，利奥三世为了答谢查理曼，在罗马为他大唱赞歌，但这引起了罗马贵族的不满。阿德里安派煽动暴乱，以利奥三世行为不端为借口，殴打利奥三世，并将其逮捕入狱，导致利奥三世又盲又哑。利奥逃出监狱后向查理曼求援，查理曼于800年12月亲率大兵护送利奥三世回罗马，用武力平息了这场纠纷。他召集主教、神职人员及贵族开会，帮助利奥三世复位，并对反对利奥三世的人处以重刑。

利奥三世对查理曼感激涕零，为答谢查理曼的支持，800年12月25日，当查理曼跪在圣彼得大教堂做弥撒时，利奥三世为查理曼戴上了一顶金皇冠，封他为"罗马人的皇帝"，并高声宣布："上帝为查理曼皇帝加冕，愿这位伟大的皇帝万寿无疆、战无不胜！"参加仪式的教徒也齐声高呼："上帝以西罗马皇帝的金冠授予查理曼，查理曼就是伟大的罗马皇帝。"从此，法兰克王国被称为"查理曼帝国"，查理曼国王变成了"查理曼大帝"，亦称"查理曼"。

关于查理曼加冕称帝的问题，历史上存在着不同的说法。有人认为查理曼本无意被加冕，那只是教皇一厢情愿的报恩行为。据为查理曼作传的爱因哈德所述，查理曼对加冕一事一无所知，利奥本想给查理曼一个惊喜，但他的做法并没有收到预期的效果，反而使查理曼感到尴尬。查理曼认为，自己并不需要被授予尊贵荣誉，他甚至对"奥古斯都""皇帝"等称号十分反感。他肯定地说，假如当初能够预见教皇的意图，即使那天是教会的重要节日，他也绝不会进教堂一步。这样看来，查理曼大帝并不愿被加冕称帝。很多学者赞同这一说法，因为爱因哈德从20岁起便被查理曼聘请到宫中担任秘书并参与机要工作，一生中大部分时间都跟随在查理曼左右，深得查理曼宠信，他的记载应该比较可信。

事实果真如此吗？许多西方历史学家都对此表示怀疑。有人认为，查理曼既拥有至高无上的权力，又能严密控制局势，这种违背他意愿的事绝不可能发生。从当时利奥三世的处境看，他也绝不敢做冒犯查理曼的事。他们认为，查理曼的加冕可能是他身边那些向往帝国梦的宫廷学者怂恿的结果。不过，人们普遍认为，查理曼不愿称帝的最大可能，还是他忌讳教皇利奥三世。查理曼觉得，教皇主动给自己加冕不是为了报恩，而是想趁机获得一些权力。

事实上，不管查理曼是否愿意被罗马教皇加冕，他都已经成为古罗马帝国的合法继承人和基督教世界的保护者。这次加冕是中世纪历史上的一件大事，其影响极其深远，它奠定了教廷和王廷对西欧进行双重统治的政治思想基础，开创了中世纪教皇为皇帝加冕的先例，也为日后的教权与王权之争埋下了祸根。

查理曼加冕的真相究竟如何？这是教皇利奥三世别出心裁的偶然举动，还是经过精心策划的历史事件？这一历史谜团尚须认真研究、考证，才能被解开。

伊凡雷帝杀子之谜

> 历国历代的宫廷内部都充满了血雨腥风,父子相残、兄弟反目的事情层出不穷。暴虐成性的伊凡雷帝真的忍心杀死自己的儿子吗?

伊凡四世·瓦西里耶维奇,也称伊凡雷帝,是俄国历史上第一位皇帝,16世纪俄罗斯的专制统治者。他17岁时杀死握有实权的摄政王,自立为帝。为了巩固政权,他曾毫不留情地屠杀所有反对他的政敌,镇压叛乱、绞死主教。他的政权是建立在恐怖基础上的,所以世人称他为"恐怖的伊凡"。

俄国著名画家列宾曾创作过一幅名为《伊凡雷帝杀子》的油画:在灰暗压抑的气氛下,奄奄一息的皇太子伊凡·伊万诺维奇无力地靠在父亲的胸前,伊凡雷帝用一只苍老的、血管突出的手抱着伊凡的身体,另一只手紧紧按住儿子流血的伤口,试图挽回儿子的生命。但死亡的阴影已经笼罩了伊凡,他无力地倒在地毯上,用一双绝望而宽恕的眼睛看着衰老的父亲,伊凡雷帝的眼中则充满了惊恐和悔恨,两人的眼神形成了强烈的对比。

整幅画有一种摄人心魄的艺术魅力,它也描绘了俄国历史上的一个传闻:俄国皇帝伊凡雷帝盛怒之下,用铁头权杖刺中太子伊凡的太阳穴,后者不治身亡。

人们为什么会怀疑伊凡雷帝杀死了自己的儿子呢?伊凡雷帝性情残暴,在孩童时就经常把捉住的小鸟一刀一刀地杀死,或是站在高高的墙上,将手中的小狗摔死,从而发泄心中的不满。在他13岁的时候,他放出豢养的恶狗,将身边的人活活咬死后暴尸宫门。他登上皇位后,为了加强皇权,在全国范围内实行恐怖政策,惩罚反对皇权的富商贵族,不可避免地杀害了许多无辜的平民,他还用尖桩、炮烙、活挖人心、抽筋剖腹等酷刑处死了数万人。他的暴政和独裁不仅引起了贵族阶级的怨恨,而且引起了广大人民的强烈反对,就连俄皇身边的人也有"伴君如伴虎"的危机感。

关于伊凡太子的死因有着不同的说法,最普遍的一种是:从1581年起,伊凡雷帝就开始怀疑太子有夺取皇位的嫌疑,他多疑的性格使这种想法愈演愈烈,父子关系也因他的提防而紧张起来。11月15日,伊凡雷帝看见伊凡的妻子仅穿一件薄裙在宫中走动,这违反了俄国妇女至少要穿三件衣裙的惯例。他勃然大怒,动手打了儿媳，怀有身孕的伊凡妻子当即因惊吓而流产。太子伊凡闻讯后，对伊凡雷帝大吼大叫，激怒了伊凡雷帝。于是，伊凡雷帝一边大骂"你这个可耻的叛徒"，一边举起铁头权杖向儿子刺去，正中伊凡的太阳穴，伊凡最终因伤势过重而死。法国传记作家亨利·特罗亚在《一代暴君——伊凡雷帝》中也记载了这一事件。

苏联历史学家对此却有不同的看法。他认为，1581年11月15日，伊凡父子虽发生了激烈争吵，但父亲只是用权杖在儿子的身上打了几下，并未造成致命的伤害。太子伊凡主要因丧子和恨父导致心理极度悲伤，以致突发癫痫，后又继发热病死亡。这个观点的主要论据是，伊凡雷帝在1581年11月9日给友人的信中写道："儿子伊凡病倒了，今天他仍在病中。"可以证明伊凡是病重而死，而非为父所杀。

当然，伊凡雷帝有没有杀死自己的儿子，至今尚无定论，看来真正的答案只能让历史来慢慢寻找了。

法国国王亨利四世死因之谜

法国国王亨利四世在即将出征的时候被刺身亡，凶手是为了阻止这场一触即发的战争吗？这其中显然涉及更加复杂的政治目的。

亨利四世全名亨利·德·波旁，他是法国波旁王朝的第一位国王，也是一个很有作为的君主。他本是法国南部又小又穷的纳瓦拉王国的国王，是法国瓦卢瓦王室的远亲。1562年，顽固天主教分子挑起了胡格诺宗教战争。在这场战争中，他以新教领袖的身份参战，凭借出色的军事才能引起了广泛关注。1589年，他被加冕为法国国王，建立了波旁王朝。

亨利四世结束了困扰法国多年的宗教战争。首领亨利公爵一死，长期在法国政坛占主导地位的吉斯家族就再也无法阻止和平的到来。亨利四世执政后加强了国王的专制权力，镇压反叛，大力发展经济。法国的经济在他的统治下发展起来。在他统治期间，法国国力增强，国际地位明显提高，亨利四世也因此成为一个深受人民爱戴的君主。

但同时，亨利四世传奇的一生同数不清的阴谋交织在一起，他身边的不少人都成了阴谋的牺牲品，亨利四世本人最后也没能逃脱厄运。

1610年5月14日，他正准备出征，与哈布斯堡王朝决一雌雄。正当他在巴黎的大街上乘马车兜风时，一个天主教徒将他刺死，亨利四世落了个出师未捷身先死的结局。

由于亨利四世是哈布斯堡王朝不共戴天的仇敌，他出征前又被刺身亡，人们纷纷议论亨利四世是"西班牙阴谋"的牺牲品。但是从审问刺客的结果来看，刺杀之事似乎与哈布斯堡王朝无关。刺客名叫弗朗索瓦·拉瓦莱克，他反对国王挑起对西班牙的战争，因为西班牙是天主教的领头势力。尽管后来又对凶手进行了多次刑讯，但他始终一口咬定自己没有任何同谋。

不过凶手的话不可完全相信，亨利四世遇刺一案中有不少疑点。当亨利四世的轿式马车驶过狭窄的巴黎街道时，突然被几辆四轮马车堵住了去路，身材高大的拉瓦莱克就是这时窜出来并顺利得手的，这无疑需要同伙的配合。

人们发现，1610年4月底到6月初期间，西班牙国家档案中的一些重要档案失窃了，而这些失窃的档案恰好与西班牙的劲敌——亨利四世的死亡有关。

据仆人透露，侯爵夫人与觊觎王位的台彼尔农公爵是这次阴谋的组织者，这伙人一直跟马德里宫廷保持密切联系。另外，也有人说是西班牙王室策划了刺杀亨利四世的阴谋。更令人奇怪的是，对于皇帝遇刺案件，司法机关竟没有进行深入调查，这是为什么呢？

有人认为这是王后玛丽·美第奇的主意。亨利四世是个十足的好色之徒，王后深恐丈夫同自己离婚而使她失去在宫廷中的地位，因此她对丈夫不怀好意，甚至可以说盼他早死。亨利四世遇刺后，当有人声称掌握了阴谋分子的确凿证据要求拜见王后时，玛·美第奇却避而不见，任凭这件事情不明不白地过去。

亨利四世到底是不是"西班牙阴谋"的牺牲品？几百年过去了，这个问题至今也没有明确的答案。

伊凡六世遇害之谜

尚处襁褓便被立为皇帝，自此"再无天日"，伊凡六世就这样度过了悲惨的一生。直到现在，人们也不知道是谁对他下了毒手。

俄罗斯皇帝伊凡六世·安东诺维奇出生在圣彼得堡，他的父亲是不伦瑞克的安东·乌尔利克，母亲是梅克伦堡女公爵安娜·利奥波德芙娜。1740年10月，还在襁褓中的伊凡当上了俄国皇帝。因伊凡六世当时只有3个月大，便由其母安娜摄政，总管国事。

安娜上台后，肆意颁布法令、任免大臣、发动战争，鱼肉百姓，导致社会各阶层对她十分不满。很多贵族都无法忍受安娜的统治，他们联名上奏，希望请彼得大帝的最后一位继承人——伊丽莎白·罗曼诺娃公主继位。

1741年12月，俄国再次发生宫廷政变，彼得一世的女儿伊丽莎白依靠皇族和禁卫军的支持，逮捕了伊凡六世及他的父母并自立为皇。于是，"上台"仅13个月的伊凡六世沦为阶下囚。为防止有人假借伊凡六世的名义叛乱，伊丽莎白一世下令将他单独看押。从此，伊凡离开父母，终日与牢房为伴。1756年，伊凡被秘密押送到什利谢利堡，编号为"一号囚徒"，被单独关押，任何人都不知道他的姓名和真实身份。奉命看守伊凡的两个禁卫军军官直接对女王伊丽莎白一世宣誓，并且每半个月向帝国枢密院呈报一份有关"一号囚徒"情况的秘密报告。

长年的牢房生活使伊凡的生理和心理都发生了严重的畸变。他目光呆滞、头发蓬松、面色苍白，身患多种疾病。他每天除了读《圣经》和《使徒列传》以外，没有别的事可做，对外面的世界也一无所知。长大后，他不知道伊丽莎白女王已死，彼得三世·费奥多罗维奇和叶卡捷琳娜二世·阿列克谢耶夫娜已相继做了皇帝。彼得三世和叶卡捷琳娜二世执政期间都曾秘密来什利谢利堡要塞看过他，但伊凡六世并不知道来者的身份。

1762年，叶卡捷琳娜二世登上了皇帝的宝座。彼得三世死后，她害怕有人拥戴伊凡六世危及她的统治，于是命令看守者严禁任何未持有女皇的手谕或枢密院命令的人进入"一号囚犯"的牢房，违反者一律格杀勿论。1764年7月，人们发现"一号囚徒"身中数剑倒在血泊中，已死去多时。就这样，年仅24岁的伊凡六世在度过了20多年的铁窗生涯后，终于成了俄国宫廷政治的又一个牺牲品。

伊凡六世死于凶杀已是不可争议的事实了，但他死于何人之手？又因何而死呢？有人认为是看守者杀死了伊凡六世。自1756年伊凡六世被押送到什利谢利堡要塞时，这两人就奉命看守。他们常年与伊凡一起住在监狱里，不能离开要塞一步，也不能与亲友见面，无异于被判处了终身监禁。只要"一号囚徒"不死，他们就永无自由之日。两人曾多次向枢密院请求调换他人，但官员除了给他们加薪外，对二人其他的请求一概置之不理。最终他们忍无可忍，杀死伊凡以寻求解脱。

也有人认为是瓦西里·罗维奇中尉准备拥戴伊凡六世为皇帝并发动政变，导致看守者被迫杀死伊凡六世。米罗维奇少尉是什利谢利堡要塞的驻守军官，他无意中得知"一号囚徒"的真实身份后,打算推翻叶卡捷琳娜二世统治,拥护伊凡六世为王。但当他带兵冲进伊凡六世的牢房时,发现伊凡六世已经被杀死了。

可怜的伊凡六世没有真正地当过一天皇帝,他就这样死去了,更可悲的是他的死因永远都无法查清。

铁面人之谜

> 法国的"铁面人"是人类历史上最具传奇色彩的人物之一,那么,这张铁面后究竟隐藏了怎样一副面孔呢?

巴士底监狱入口处有一行字,上面写着:囚犯号码64389000,铁面人。可铁面人到底是谁却无从考证,囚犯的身份成了一个谜。

1929年,英国电影公司改编了法国著名作家大仲马的小说《布拉热洛公爵》,首次将"铁面人"的故事搬上银幕,轰动一时。1939年和1998年,美国的电影公司又两度将其搬上银幕,电视剧也对其进行了多次翻拍。那么,这个神秘的"铁面人"究竟是谁呢?

最早在作品中提到"铁面人"的是法国思想家、哲学家伏尔泰,在他的名著《路易十四时代》一书中有这样一段描述:

1661年,圣玛格丽特岛上的一座城堡里迎来了一位特殊的客人,那是一个身材颀长、举止典雅的年轻人。之所以说他是特殊的客人,是因为他的头上罩着一个特制的铁皮面罩。无论是在其被秘密押解的途中,还是在囚禁期间都不得摘掉,没有人见过这个年轻人的真面目。

在圣玛格丽特岛上关押了一段时间后,这个年轻人又被秘密押送到了巴士底狱。巴士底狱虽然是令人不寒而栗的政治犯监狱,但年轻人在那里却受到了特殊的待遇,生活条件良好。他享受着头等的饭菜、精美的衣着,监狱允许他弹奏他心爱的乐器——吉他,并定期为他检查身体。年轻人对自己的身世守口如瓶,所有监护人员对他的了解都仅限于他身材优美,皮肤略带棕色,举止文明,谈吐风趣。1703年,这个在监狱中度过了大半生的神秘人突然死去,当晚便被葬在圣保罗教区。随着他的离世,这位"铁面人"原本就神秘的身世变得更加扑朔迷离。

伏尔泰的记述到此为止，此外再无更多的信息。伏尔泰还提到，"这个囚犯无疑是个重要的人物""他被送到圣玛格丽特岛时，欧洲并没有什么重要的人物失踪"。以上种种对于"铁面人"的描述，为后人留下了无限的想象空间。

那个神秘的"铁面人"究竟是谁呢？据说在18世纪，法国国王路易十五、路易十六都曾下令调查过"铁面人"，但调查的结果却不为外人所知。路易十六曾明确表示，要严守"铁面人"的秘密。

几个世纪以来，人们对"铁面人"身份的猜测概括起来有以下几种：

第一种，"铁面人"是路易十四的生父。路易十三和王后安娜·哈布斯堡婚后不和，长期分居，后经担任首相的红衣大主教黎塞留调解才重归于好。但此时的安娜在与一贵族情人的交往中已身怀六甲，不久生下了路易十四。为了不露出马脚，安娜的情人、路易十四的生父只得流落他乡。路易十四登基后，其生父偷偷返回，向儿子求赏，路易十四既怕丑闻暴露，又不忍心加害生父，于是就有了一个戴面罩的终身囚徒。

第二种，"铁面人"是路易十四的长兄。他为人忠厚老实，凶险狡诈的弟弟以阴险的手段夺走了本属于他的王位。为了不让世人知道他的存在，路易十四将哥哥终身监禁，用铁面罩掩盖他的真实面目。但是，皇室的权势之争向来万分残酷，以凶残著称的路易十四既然已经夺取了王位，为什么不秘密处死兄长以彻底解决问题？大发善心地让"祸根"活在世上，并给予种种优待，这样做反而不合常理。

第三种，"铁面人"是意大利的外交官埃尔科莱·马蒂奥利伯爵。这种说法是法国历史学家托拜恩提出的，当时路易十四企图将意大利曼托瓦公爵卡洛三世的卡萨莱蒙费拉托要塞据为己有，并答应事成之后给公爵不菲的回报。公爵慎重考虑后派自己的亲信马蒂奥利伯爵前往法国谈判。为了使阴谋得逞，路易十四企图用金钱贿赂马蒂奥利，不料马蒂奥利不为金钱所动，反而将此事告诉了公爵夫人。可公爵夫人与路易十四的关系暧昧，路易十四很快得知了真相并逮捕了马蒂奥利，将其变成了阶下囚。

这三种观点似乎都有一定的道理，但同时也有很多漏洞。时至今日，"铁面人"的身份依然是个谜，看来我们只能根据电影中的故事去想象了。

法国王冠钻石失踪之谜

　　混乱的国家，混乱的政局，在这样一个混乱的时代，法国遗失了一件珍贵的宝物。可是，法国王冠上的钻石真的是被小偷窃走的吗？

　　1789年，法国爆发资产阶级革命，国王路易十六表面上接受立宪政体，暗地里力图绞杀革命。1791年6月20日，路易十六携家眷逃至法奥边境瓦伦，两天后被群众押回巴黎，历时1500多年的法国封建王朝从此崩溃。

　　几天后，法国制宪议会的一位议员向公众发出警告称，敌人正在试图夺取王冠上的钻石。法国王冠镶有世界上最美丽的钻石，只有圣马丁复活节的那个星期二，在保安及警察的监护下，巴黎人民才可在陈列柜前匆匆走过，观赏珍宝。这些稀世珍宝一直都保存在珍宝贮藏室里。自路易十六执政以来，始终由忠诚可靠的卫士看管。

　　在议员的警告下，制宪议会选出3位议员和11位专家组成专门委员会，负责清点法国王室的珍贵珠宝。看管珠宝的卫士对此十分担心，他怕这样会给不法之徒以可乘之机，但该卫士的职务很快被吉伦特派领袖罗兰的心腹所代替。

　　1792年9月，路易十六因预谋复辟而被废黜。此时的法国处在危机之中，外部面临欧洲联盟的入侵，国内各派斗争激烈，到处是失业、饥荒、恐怖与暗杀。在这严峻的时刻，为了安全起见，珍宝贮藏室被贴上了封条。但令人惊奇的是，如此之多的奇珍异宝竟无人看守。此时，内务大臣在国民议会突然宣布：珍宝贮藏室的门被撬了，钻石全部丢失。这个消息震惊全国。

　　据称，盗匪3次光顾珍宝贮藏室均无人觉察，盗匪第4次实施盗窃时才被国民自卫军巡逻队抓获。

　　这起骇人听闻的盗窃案顿时引起了人们的广泛关注。为什么议员会提前发出警告？为什么忠实可靠的卫士被撤职？为什么不多派人手看守珍宝贮藏室？为什么会连续发生4起盗窃案？谁是幕后策划者？

　　9月21日，刑事法庭对2名盗匪判处死刑。次日，死刑执行前，一名濒死的囚犯向庭长供出他家厕所藏有100多颗钻石。不久，警察又抓住了另一个窃贼，在他的供认下，警察抓住了第三名只有17岁的盗匪。这个年轻人的父亲得知自己的儿子入狱后，声称要揭发一桩耸人听闻的案子。但是第二天一早他就被人毒死了，他的儿子也死在监狱。

1792年9月，在珍宝失窃的同时，法国国内、国外都发生了重大的历史事件。国内，路易十六因预谋复辟而被废黜；国外，法国正在进行瓦尔密战役，并因敌方撤军而很快取得了胜利，但从战略上来讲，敌方指挥官不该发布撤退命令。

人们只知道拿破仑领导了瓦尔密战役的胜利，拯救了巴黎和法兰西民族，却不知道瓦尔密战役胜利背后的秘密。这颗法国王冠上的稀世珍宝，它的神秘失踪是否与瓦尔密战争意料之外的胜利有关，这也是一个未解之谜。

亚历山大一世弑父篡位之谜

尽管亚历山大一世在位的时间不长，却给后人留下了许多未解之谜。他是否曾弑父篡位，学界至今仍对这一问题争议不断。

亚历山大一世·帕夫洛维奇是俄国罗曼诺夫王朝的第14位皇帝，后人称他为"北方的斯芬克斯"，普希金则认为他是"一位懦弱而狡猾的君主"。他之所以有名，不仅因为他曾3次打败野心勃勃的拿破仑·波拿马，还因为他神秘、离奇的人生经历。

亚历山大一世的父亲保罗一世·彼得罗维奇是女皇叶卡捷琳娜二世·阿列克谢耶夫娜的私生子，保罗一世出生后，叶卡捷琳娜二世对他极其冷淡。保罗一世成年后，二人的母子关系更加紧张。保罗一世怨恨母亲给了他一个"不光彩"的出身，也怨恨母亲久占皇位，他无法上台称帝。因此，除了热衷于操练军队外，保罗一世终日颓废、不事政务。

亚历山大一世出生于1777年12月12日，叶卡捷琳娜二世很疼爱他，决定让这个新生儿取代保罗一世成为真正的皇位继承人。因此，她亲自为孙子取名为亚历山大，希望他能像亚历山大大帝一样建立丰功伟绩。

叶卡捷琳娜二世对亚历山大的要求十分严格，每天早晨让他在低于15℃的房间里开着窗户洗冷水澡，以磨炼他的意志。在亚历山大6岁时，叶卡捷琳娜二世将家里的女佣赶走，找了12名男家庭教师教育他，以培养他勇猛、坚定的性格。

叶卡捷琳娜二世将皇位继承人的选择看成一件大事。她对保罗感到厌恶、失望，决定立孙子亚历山大一世为皇位继承人。她秘密起草了一份诏书，宣布废除保罗的皇位继承权，立亚历山大为新皇。她准备在1796年11月24日，即俄历圣叶卡捷琳娜日正式公布这份诏书，晓谕天下。亚历山大一世知道此事后，立即给祖母写信，表示心领神会。同时给父亲保罗写信，发誓父亲才是合法的皇帝继承人。

然而，1796年11月6日，显赫一时的叶卡捷琳娜女皇因中风去世，保罗趁机夺取皇位，称为保罗一世。保罗一世即位之初，大反其母叶卡捷琳娜二世的政策：削弱军人的地位，加强书报检查，实行恐怖统治，全国上下顿时哀声一片。

保罗一世将亚历山大立为皇储，但经常训斥他。渐渐地，亚历山大一世结交了一些有实权的朋友，他们都对保罗一世的统治感到不满，常常一起商议如何废除保罗一世的统治，实现全体公民的平等，建立公正、博爱的社会。随着保罗一世越来越自负、狂躁，反对他的人也越来越多，大臣们开始策划推翻他的统治，扶植亚历山大一世即位。

1801年3月11日夜里，密谋集团的主要成员带兵冲进皇帝卧室，逼迫保罗一世退位。保罗一世拼死拒绝，推搡之间烛灭光息。黑暗中，有人将保罗一世杀死。当夜，亚历山大宣布保罗一世中风身亡，自己即位称帝，俄国开始了亚历山大一世的统治时期。

保罗一世死于非命，至于亚历山大一世是否参与了这项刺杀活动，则众说纷纭。大多数人认为亚历山大一世与此事有关；还有一部分人认为他直接参与了密谋策划活动，其弟康斯坦丁·巴甫罗维奇还亲自参加3月11日晚的暗杀活动。也有人表示亚历山大一世事先了解"反对保罗"的密谋活动，副首相曾隐晦地向他透露了这个计划，他虽然拒绝参与，但也未加制止。他选择置身其外，静观事态发展。

也有人认为，无论出于人伦纲常，还是出于父子亲情，亚历山大一世都不可能参与密谋活动。亚历山大一世与保罗的关系一直不错，而且保罗即位之初就确定了亚历山大的皇储地位，亚历山大一世似乎没有必要这样做。

亚历山大一世是否弑父篡位，至今尚无定论。

亚历山大一世与胞妹的关系之谜

亚历山大一世一生中留下了无数个未解之谜，他与胞妹叶卡捷琳娜之间的感情究竟是纯洁的兄妹之情，还是违背伦理的爱情，后人一直对此议论纷纷。

亚历山大一世·帕夫洛维奇刚满13岁，祖母就为他找好了未来的妻子——德国巴登公国的公主路易莎·奥古斯特，她后来改名为伊丽莎白·阿列克谢耶芙娜。1793年，亚历山大一世16岁，二人成婚。

1796年，叶卡捷琳娜二世·阿列克谢耶夫娜逝世，保罗一世登基，亚历山大一世正式被立为皇储。1801年3月11日夜发生宫廷政变，皇帝保罗被杀，亚历山大一世即位。

亚历山大一世即位后，身边美女成群。既有上流社会的贵妇，也有法国的女歌唱家，他甚至在访问普鲁士期间与普鲁士王后路易莎眉目传情。

亚历山大一世虽然妻妾成群，但心中始终只有一个女人——叶卡捷琳娜·帕夫洛夫娜公主。叶卡捷琳娜公主是亚历山大一世的妹妹，她美艳动人、才华横溢，美中不足的是有些孤傲自负。二人年龄相当，从小就一起长大，朝夕相处让两人产生了超出兄妹的感情。在亚历山大一世的婚姻名存实亡的时候，兄妹二人的感情达到了顶峰。他们经常单独闲坐，彻夜长谈，有时动作过分亲昵，许多宫中随从都觉得他们的行为有些越矩。

亚历山大一世和叶卡捷琳娜虽然都住在宫中且常常见面，但他们还是坚持每天给对方写信。如果亚历山大一世外出巡视或出国访问，兄妹二人的书信往来就更加频繁。亚历山大在给妹妹的信中写道："你的爱是我幸福的源泉，因为你是世界上最完美的女人。""我像疯子一般爱你！……看到你，我如痴如狂，我像个着魔的人一样四处奔波，多希望能在你的怀里甜蜜地松懈下来。"亚历山大一世的情人怀上小皇子后，他第一时间将这个消息告诉了叶卡捷琳娜。他在信中写道："我在家里给你写信，我的伴侣和孩子都向你致意……生活对我的吸引力，只剩我在这个小家庭里的幸福，以及你对我的深情。"

1808年，威镇欧洲的法兰西皇帝拿破仑·波拿马向叶卡捷琳娜求婚，这让亚历山大一世很不高兴。他不忍心将心爱的妹妹嫁给法国的"食人怪物"，于是代妹妹婉言谢绝了。叶卡捷琳娜得知后有些不满，她一方面表示不愿意离开"亲爱的哥哥"，远嫁异国他乡；另一方面又责怪兄长回绝得太早。亚历山大一世害怕拿破仑又来求婚，于是匆忙将叶卡捷琳娜嫁给了德国的奥登堡乔治公爵，这位公爵相貌平常、性格懦弱且地位不高。婚礼举行得非常仓促，叶卡捷琳娜婚后仍住在圣彼得堡。她的丈夫病死后，兄妹之间的感情又像以前一样无所顾忌了。

亚历山大一世和他的妹妹之间的感情始终让人捉摸不透。

皇女和宫为何下嫁将军德川家茂

> 和宫是仁孝天皇的第8个女儿,贵为皇女的她在6岁时就被许配给了贵族有栖川宫炽仁亲王。然而,和宫长大后却嫁给了第14代将军——德川家茂,这究竟是为什么呢?

和宫原名亲子,是仁孝天皇的第8个女儿、孝明天皇的妹妹。她6岁时被许配给贵族有栖川宫炽仁亲王。德川幕府后期,西方列强侵略日本,掌握政治大权的幕府不得不屈从于列强的强大压力,同意打开国门与西方各国通商。幕府的这种做法受到了朝廷和尊王攘夷派的猛烈攻击。为了缓和幕府与朝廷的紧张关系、平息民众的不满情绪、稳定动荡的政治局势,幕府决策机构一方面重新明确"朝廷听命于幕府"的上下级关系;另一方面推进"公武合体"运动,即推进朝廷与幕府之间的联合。

作为"公武合体"的一项重要步骤,幕府奏请朝廷,希望将孝明天皇的妹妹和宫下嫁给第14代将军家茂。为此,幕府进行了许多活动,比如中止家茂与伏见宫贞教亲王的妹妹伦宫的婚姻谈判,散布有栖川宫炽仁亲王因封禄甚少而对与和宫结婚一事感到不安等流言。尽管和宫一再拒绝,幕府还是再三奏请,以至于人们纷纷指斥幕府蛮横无理,但幕府对此毫不在意。

在历史上,沦为政治交易筹码的女子比比皆是,贵为天皇之女的和宫也难逃厄运。孝明天皇迫于无奈,想让自己未满两岁的女儿代替和宫嫁给将军家茂,遭到了幕府的拒绝。万般无奈之下,16岁的和宫只得于1861年12月从京都来到江户,并于次年2月与同龄的德川家茂正式举行婚礼。

4年后,德川家茂为了征讨反对幕府的长州藩而扎营大阪,在第二次征讨中因狭心症发作死亡,年仅20岁。德川家茂死后,和宫剃发为尼,遁入空门,改称静宽院宫。

1867年,孝明天皇病死。两年后,维新派推举有栖川宫炽仁亲王为东征大总督,举兵倒幕,德川幕府的统治岌岌可危。在江户战火浩劫之际,和宫接受了幕府大臣胜海舟的请求,致信有栖川宫炽仁亲王,请求停止攻击江户,并宽大处理德川一族。有栖川宫炽仁亲王念于旧情,网开一面,让江户和平开城,避免生灵涂炭。

1877年，和宫因病去世，年仅31岁。

在很多人看来，和宫的一生是一场悲剧，她无法掌握自己的命运。她坚决拒绝与将军结婚，但最终被迫妥协，这场短暂的婚姻仅持续了4年就戛然而止。作为政治交易的牺牲品，和宫博得了许多人的同情。然而有人认为，和宫下嫁德川家茂并不是一场悲剧。据将军府中的人说，和宫与德川家茂感情甚笃，家茂出征前，夫妻曾秉烛夜谈至深夜，和宫还请家茂顺路到她的故乡京都替她买西阵出产的腰带。德川家茂死后，按照他的遗言，腰带仍被送到和宫手中。和宫接到后睹物思人，非常伤心。德川家茂生前也未曾迎娶其他夫人，这在德川将军府中实属罕见。

就和宫而言，与有栖川宫炽仁亲王的婚约是年幼时长辈所定，并非出于她自己的选择，长大后，和宫希望避开传统的皇族内部通婚，寻求新的人生。如此说来，也许和宫与家茂结婚不算为政治牺牲，反而成全了她逃离皇宫的愿望。

奥匈帝国皇太子自杀之谜

> 1889年1月30日，奥匈帝国皇子自杀身亡。年轻有为的皇子为何自杀，为情还是为权？

1889年1月30日早上7点半，奥匈帝国皇太子鲁道夫·约瑟夫的贴身仆人发现，皇太子和他的情人玛丽·维色拉在梅林宫的房间里开枪自杀了。奥匈帝国皇帝弗兰茨·约瑟夫一世闻知皇子死讯后非常伤心，召集全体皇室成员和大臣，通报并紧急处置这一突发事件。

2月2日夜，一辆灵车悄悄地将皇子运回了维也纳。2月5日，皇子的灵柩被送往皇家墓地。皇帝没有让各大臣来参加葬礼，不过据在场的人说，皇帝哭得很伤心。

根据皇帝的命令，两位名医对皇子的尸体做了解剖检验。他们认为皇子是"因一时精神错乱而自杀"，但皇帝根本不信。所有人都想不通，这位年轻有为的皇子为何突然自杀。

有人认为这是一场爱情悲剧，皇子鲁道夫16岁就和比利时公主斯蒂芬妮订婚，然而他们的婚后生活并不幸福。鲁道夫一直想离婚，但皇帝不同意他这么做。皇子别无他法，只好到处寻欢作乐，以缓解自己精神上的痛苦。他经常夜不归宿，通宵达旦地和别的女人厮混在一起。

1887年末,在波兰人举办的一次舞会上,鲁道夫经人介绍认识了一位名叫玛丽·维色拉的少女,这位少女也对英俊潇洒、风流倜傥的皇太子一见钟情,疯狂地爱上了他。两人之间的感情有损皇室的名誉,不被皇室允许。皇子与妻子的关系越来越僵,以致一次鲁道夫公然对斯蒂芬妮说:"既然没有解决的办法,我只好先打死你,然后自杀了事。"这些威胁性的话语传到了皇帝的耳朵里,令他头疼不已。为了皇室的稳定,皇帝命令鲁道夫与玛丽断绝关系。

1889年1月28日清晨,皇帝突然召见鲁道夫,两人谈话的内容不得而知。鲁道夫从父亲那里出来后回到了自己的办公室,他迅速在那里写了几封信,分别寄给斯蒂芬妮、他的妹妹、他的母亲及其他一些朋友。他回到自己的寝宫和妻女告别后便独自动身前往梅林宫,与此同时,玛丽也悄悄地去了梅林宫。

在鲁道夫结束生命前的最后一个晚上,他给自己的贴身仆人写了一张便条,让他去找一名牧师为自己祈祷,并把自己和玛丽合葬在一起。悲剧发生后,人们在鲁道夫写给妻子的信中看到这样的话语:"你终于可以从我为你带来的痛苦之中解脱出来了,祝你万事如意……"人们还从玛丽写给她妹妹的遗书中读到:"你只能为爱情而结婚。我没能这样做,所以我情愿到另一个世界去。"因此很多人认为,皇帝突然召见鲁道夫时一定严厉地训斥了他一顿,并且逼他立刻与情人绝交,痴情的鲁道夫只得和情人双双殉情。

也有人认为皇太子自杀的背后深藏着政治原因,不单单是为情所困。鲁道夫作为皇位继承人,自幼就受到与众不同的教育,他的观点非常另类,甚至在奥地利报刊上匿名发表过抨击奥地利贵族制度的文章。他的叛逆性格和行为导致他每次外出都会被警察跟踪,他的住处也受到监视。据说,鲁道夫答应,只要匈牙利人起兵反对他的父亲,他就宣布奥匈分治并任匈牙利国王。由此推断,鲁道夫可能是由于政治原因自杀的。当然,要证实这一点还缺乏足够的材料。

关键点在于,皇帝于28日清晨紧急召见皇太子时到底谈了些什么,谈话内容很可能是导致鲁道夫自杀的真正原因。皇帝可能是这个悲剧故事的唯一知情者,当他撒手尘世时,也带走了梅林宫悲剧的谜底。梅林宫的悲剧成为17世纪末至20世纪初欧洲六大历史之谜之一。

俄国末代公主之谜

在俄国皇帝尼古拉二世一家被枪毙后的几十年内，很多人都声称自己是死里逃生的末代公主，她们这样做或许只是为了获得遗产。

1917年2月，圣彼得堡爆发了资产阶级民主革命。在人民运动的强大压力下，尼古拉二世·亚历山德罗维奇在3月15日宣布退位，统治俄国300年之久的罗曼诺夫王朝就这样退出了历史舞台。

俄皇尼古拉二世的家庭成员均被逮捕，他们要被押送到乌拉尔地区。不久，尼古拉二世全家（包括尼古拉二世的妻子、22岁的女儿奥尔加·罗曼诺娃、21岁的女儿塔季扬娜·尼古拉耶芙娜、19岁的女儿玛丽亚·尼古拉耶芙娜、17岁的女儿安娜斯塔西娅·罗曼诺娃、13岁的患有先天性血友病的儿子阿列克谢·罗曼诺夫）及他们的医生、厨师、女佣，均被执行枪决。行刑队把他们的尸体丢到废矿井，用硫酸处理后用汽油烧毁。

令人难以置信的是，不久后欧洲各大报纸上竟刊登出了这样的消息：俄国公主安娜斯塔西娅奇迹般地逃脱了布尔什维克的"魔掌"，已辗转到达了欧洲。这个消息报道得非常详细，引起了极大的轰动。据报道称，一位看押士兵在皇恩感召下于处决前夜将安娜斯塔西娅偷偷放走，安娜斯塔西娅在西欧见到了侨居丹麦的祖母——俄国皇太后玛丽娅·费奥多罗夫娜，皇太后承认了她的身份。报纸上还刊登了许多她和祖母的合影，但苏维埃政权坚决否定俄国公主生还出逃的说法。

1991年，考古学家在乌拉尔地区发现了尼古拉二世家族的残骸，他们并未找到小公主安娜斯塔西娅和王子阿列克谢的尸骨。有人认为，阿列克谢患有血友病，身体状况很差，可能已经在逃亡的路上死去了。即便不是如此，他的生命也不会持续太久。而小公主安娜斯塔西娅的去向令人迷惑。

尼古拉二世一家被处决后，短短几十年出现了30多位不同国籍的女人，她们都自称是安娜斯塔西娅，要求继承罗曼诺夫家族的遗产和爵位。一瞬间，好像每个国家都有一位俄国公主。真假公主的出现愈发使整件事变得扑朔迷离，谁也不知道真正的公主究竟去了哪里。

朝鲜国王李熙暴死之谜

> 朝鲜国王李熙的死引发了震惊世界的"三一运动",这位可怜的傀儡皇帝是被日本侵略者所害吗?

1919年1月,朝鲜李朝第26代国王李熙突然死亡,朝鲜随之爆发了震惊世界的"三一运动"。

李熙生于1852年,是兴宣大院君李昰应的第二个儿子,他12岁即位,帝号高宗。李熙在孩童时代就享尽了一代帝王的荣华富贵,然而当他亲掌政权时,朝廷内部展开了争权夺利的斗争,国力日益衰微。雪上加霜的是,日本和俄国乘虚而入,占领了朝鲜。从此,李熙过上了悲惨的生活,饱尝受人欺侮的苦楚。

1894年6月21日,日本驻朝鲜公使无视皇帝尊严,公然带兵冲进王宫抢劫财物,将李家王朝500年来积累的珍宝抢夺一空。面对日本强盗,李熙吓得面如土色、浑身发抖,却又无可奈何。

1895年10月,在日本公使和汉城日军守卫队长的策划下,日军包围了王宫并向王宫卫队开火。40多名日本暴徒持刀闯进宫内,王后、大臣、宫女都惨遭杀害。

更为嚣张的是,日本公使还强迫高宗下"断发令",强迫朝鲜人改变传统习俗,禁止留发。在暴力威逼之下,李熙和太子一起带头剪发。受尽侮辱的李熙认为日本人欺人太甚,转而投靠俄国人,想依靠他们来重整旗鼓。然而俄国人趁机在朝鲜作威作福,1898年9月12日——国王祝寿之日,俄国人唆使奸臣在寿茶中下毒加害李熙,幸好李熙躲过一劫。

为了维护国家的独立、挽救皇室的尊严,1907年,走投无路的李熙派使臣前往海牙,向参加第二届"万国和平会议"的代表要求维护朝鲜独立、废除日本在朝鲜的特权。此事非但没有成功,反而被日本侵略者所记恨。

1907年,日本逼迫李熙退位,把他幽禁在德寿宫内,扶植其子李坧上台做傀儡皇帝,朝鲜政府名存实亡。1910年,日本提出签订《日韩合并条约》,公开要求将朝鲜半岛的主权永久让与日本。

作为日本天皇统治下的特殊臣民,李熙父子被幽禁在旧王宫里,虚度着亡国之君的悲苦光阴。1917年,李熙听说他的儿子要同日本姑娘结婚,顿时悲愤交加,卧床不起。1919年1月22日，李熙猝死，终年67岁。对于他的死，朝鲜民众议论纷纷，王宫里的人认为李熙是被毒死的。他们认为，日本人指使奸臣韩相鹤把毒药放进醋里，李熙吃过醋后，不久就毒性发作，于次日凌晨3点死去。李熙死后两眼赤色，全身有红斑且腐烂，不像病亡。日本当局为了遮人耳目，发出公告称李熙因脑出血而死，没有公布详细的病情。

李熙猝死之事引起了朝鲜群众的愤慨，各地人民纷纷来到首都吊唁，整整7天7夜，吊唁的人络绎不绝，李熙的葬礼成了一次反日民族大起义。3月1日，人们纷纷唱着《祖国光复》歌，涌进汉城塔洞公园。他们宣读《独立宣言》，散发宣言书，高喊"朝鲜独立万岁"。祭灵之后，队伍分成东西两路，在都城的8个区内进行声势浩大的游行示威。虽然日本军队挥舞着刀棍向手无寸铁的群众扑去，但游行队伍丝毫没有畏惧，反而浩浩荡荡地向日本侵略者冲去。

这股反日斗争风潮迅速席卷全国。李熙的死成了朝鲜"三一运动"的导火线。但是，李熙究竟是病死的还是被毒死的，这至今仍是一个悬案。

爱德华八世放弃王位之谜

身为一代帝王，却不爱江山爱美人。1936年12月11日，英王爱德华八世自愿放弃王位，与一个两次离婚的平民妇女结婚，这确实让人惊叹。

电影中常常出现"不爱江山爱美人"的情节，然而在现实世界中，面对权与利，英王爱德华八世做出了同样的惊人之举。不管从什么角度来说，他与沃利斯之间的爱情都算得上是"历史上最伟大的爱情"之一，这段爱情为后人广为传颂。

爱德华八世生于1894年，他是乔治五世的长子，也是英国女王伊丽莎白二世的叔叔。1910年，爱德华16岁，这一年他被封为"威尔士亲王"。

1931年11月，爱德华八世在伦敦的一次宴会上邂逅了沃利斯·沃菲尔德。沃利斯是美国人，她的第一个丈夫是美国海军军官。1927年离婚后，她东渡大西洋，来到伦敦，同巨商欧内斯特·辛普森先生结了婚。她既没有漂亮的容貌，也没有超人的才华，根本无法和众多追逐王子的美女相提并论。可爱德华八世第一次遇到沃利斯时，就为她通晓事理、举止潇洒的风度所倾倒，沃利斯虽人近中年，但依然窈窕如初。为了讨沃利斯的欢心，爱德华八世悄悄地从王室的珠宝库中拿出了价值10

万英镑的黄金、玉器、钻石、首饰等传世之宝，将它们送给沃利斯。后来，他仍觉得不能表达自己的心意，又拿出了一颗价值连城的祖母绿宝石。

但是，王室、内阁，包括爱德华八世的父母都竭力反对他的行为。身患重病的英王乔治五世满怀忧虑地对英国首相斯坦利·鲍尔温说："我死之后，这个孩子很快就会把自己毁掉！"

1936年，乔治五世驾崩，爱德华八世继承王位。爱德华八世登基还不到1年，沃利斯就同丈夫起诉离婚。1937年11月，爱德华八世提出与沃利斯结婚，英国王室、政府、议会两院非常震惊，因为这不符合王室遴选后妃的惯例。鲍德温代表政府、王室、议会提出：英国不能接受一个美国人为后，国王只能在王位和沃利斯之间做选择。经过几天的考虑后，爱德华八世辞退了王位，选择与沃利斯结婚。

政治风暴骤临，性格刚强的沃利斯在"存心勾引国王，妄想当王后"等诽谤、咒骂声中离去，不愿因自己的存在而使国王受到中伤。她从国外写信给爱德华八世，表示愿意牺牲自我，并劝国王斩断情丝。可是爱德华八世却说："同你在一起，比一顶王冠、一块令牌、一个王位更令我心悦。"这句爱情高于一切的誓言使沃利斯得到了安慰。

1936年12月10日，仅上位325天的爱德华八世向全国宣告退位。他的退位讲话中有这样一句："若没有我爱人的帮助和支持，我将无法承担这样的责任。"

1937年，爱德华八世的弟弟约克公爵继位为王，称号乔治六世。43岁的爱德华八世辞去王位后，受封为温莎公爵，不久与沃利斯在法国顺利成婚。二人婚后双宿双飞，恩爱无比。为了爱情，爱德华抛弃了王位。从此，世上少了一个国王，多了一个温莎公爵和沃利斯的爱情神话。

后来，公爵被任命为英国驻法军事代表团成员，参与军机。法国败亡后，公爵携带夫人转往西班牙。后被任为大英帝国巴哈马总督，于1940年7月远渡重洋赴任。1972年，温莎公爵无疾而终，死于泉林，享年78岁。

1986年4月24日，沃利斯因肺炎在巴黎郊外逝世，享年90岁。就这样，他们之间动人的爱情故事也落下了帷幕。但是，作为"历史上最伟大的爱情故事"之一，他们的故事永远被人们津津乐道。

由于世俗的虚伪和礼教的约束，沃利斯没能为公爵的举动进行公开辩解，也没能将自己长久以来所蒙受的冤屈洗刷殆尽。人们对爱德华八世"不爱江山爱美人"的举动褒贬不一。有人认为，王子受"现代派思潮"影响，以这种行为来冲击腐朽的君主制度。还有人认为，他受了沃利斯的迷惑，一时失去了理智。据说，在第二次世界大战期间,温莎公爵计划借助希特勒的力量来推翻丘吉尔政权,然后逼迫乔治六世退位,自己重登王位。他还为德国法西斯提供了许多英国和法国的军事防御机密,致使德军在6周内先后击溃了英军和法军。但很多人怀疑这种说法的准确性,至今也没有证据能证明温莎公爵曾做过英国的叛徒。

当然,大多数人还是认为爱德华八世是为了真挚的爱情才放弃王位的。不管真相如何,我们看到的事实是,爱德华八世与沃利斯一同度过了35年的幸福生活,用行动向世人证明了爱情的伟大。他们离开人世时带走了所有秘密,也许有朝一日,人们能从他们已公布的80多封情书中探究出这个爱情故事的真相。

肯尼迪遗孀再嫁之谜

肯尼迪的遇刺身亡给他的妻子留下了难以磨灭的心理阴影,杰奎琳后来嫁给了一个老态的希腊船王。可有人说她是出于金钱的目的,真的是这样吗?

1968年10月20日,希腊的一个小教堂里举行了一场轰动世界的婚礼。39岁的新娘依然年轻出众、美丽动人;62岁的新郎尽管穿着一双高跟鞋,但看起来还是比新娘矮上一大截,而且已显得有些老态。这就是美国前总统约翰·肯尼迪的遗孀杰奎琳·肯尼迪和希腊船王、亿万富翁亚里士多德·奥纳西斯的婚礼现场。他们的婚礼引起了全世界的关注,这件事引起的震动不亚于前总统约翰·肯尼迪遇刺的消息。

自从肯尼迪总统遇刺之后,民众们普遍同情这位守寡的第一夫人,把她当作完美的象征。每当杰奎琳出现在社交场合的时候,总能引起一阵不小的轰动。4年来,她把全部的精力都花在了纪念亡夫和抚养一双儿女上。那么,她为什么突然嫁给一个年过半百的希腊人?其中的原因实在是令人费解。

对于杰奎琳再嫁的真正原因,人们进行了诸多猜测,大多数人认为她嫁给船王完全是出于经济上的原因。希腊船王奥纳西斯是世界著名的亿万富翁,他于1975年去世,去世时遗产总数高达10亿美元。众所周知的是,杰奎琳的购物欲很强,她在做第一夫人期间,习惯于在最高档的商店购物且从来不问价。事实上,嫁给奥纳西斯后,她的购物欲变本加厉。为了寻求一个强有力的经济后盾,杰奎琳把自己托付给了这个只有5英尺高,既没什么魅力又乏味透顶的外国人。

可是，在好莱坞著名影星伊丽莎白·泰勒看来，她认为杰奎琳找到了一个"迷人、和谐、体贴"的伴侣。这位"机智的希腊船王"以独特的幽默感吸引了寡居中的杰奎琳。当时社交界的许多女性都认为，其貌不扬的船王其实有着与众不同的魅力，他有一种无法言说的气质，令很多女性为他着迷。杰奎琳被这种气质深深吸引，甘愿投入他的怀抱，这与金钱、地位没有任何关系。

此外，还有人认为杰奎琳嫁给船王是为了逃避厄运。肯尼迪家族有"美国王室"之称，不仅拥有数不清的财富，而且能在政坛上呼风唤雨。肯尼迪家族才俊辈出，但同时多灾多难。肯尼迪总统遇刺身亡后，杰奎琳一直害怕自己和子女再遭毒手，因此对周围的环境充满警惕。1968年6月，肯尼迪的弟弟参加总统竞选时遇刺身亡，杰奎琳认为肯尼迪家族已经成为暗杀的目标。为了保护儿女，在葬礼上，悲痛的杰奎琳当众宣布她要离开美国。自从杰奎琳嫁入肯尼迪家族以后，她经常为这个家族的权势和荣耀所带来的种种灾难忧心不已，也许正因如此，她才选择了逃离。

杰奎琳是个神秘的女人，除非她愿意说，否则谁也无法了解她再嫁船王的真正原因。所以，这场婚姻背后到底隐藏着什么秘密，恐怕除了当事人之外，谁也无从知晓了。

英国戴安娜王妃车祸之谜

1997年的8月31日，戴安娜与男友多迪在法国巴黎的一场车祸中不幸遇难。她究竟是死于交通意外还是死于谋杀？

1997年8月30日，英国王妃戴安娜与男友多迪·法耶兹结束了在法国南部圣托贝为期一周的度假，于当天下午返回巴黎。午夜，他们在巴黎里茨饭店用餐后，准备前往多迪在巴黎16区的私人住宅。由于酒店门口聚集了大量闻风而来的记者，多迪和戴安娜打算从酒店后门悄悄离开，饭店派亨利·保罗为他们开车。他们乘坐的奔驰280·SE3.5型豪华轿车时速高达150千米，可几名骑摩托车的摄影记者仍然对他们紧追不舍。

8月31日凌晨零时30分，汽车行至巴黎市中心塞纳河畔的阿尔玛桥下公路隧道时突然失去控制，撞在隧道中央一根水泥柱上，汽车完全毁坏，多迪和司机亨利·保罗当场身亡，戴安娜与她的保镖身负重伤。记者们蜂拥而至，他们没有对伤者进行抢救，反而围在汽车周围，举起相机从各个角度拼命拍照。戴安娜后来被火速送往医院救治，追踪戴安娜的摄影记者被警方拘留。凌晨4时，戴安娜因胸部大出血在医院逝世，年仅36岁。当晚，她的遗体在查尔斯王子和两个姐妹的护送下由专机送回英国。

戴安娜遇难事件使英、法两国为之震惊，巴黎警方迅速对她的死因展开调查。最初人们认为是狗仔队的追赶导致了车祸，媒体与记者成为人们指责的对象。戴安娜早就指责过英国媒体对她的骚扰，这次车祸可以说是为了躲避记者的追踪而超速驾驶造成的。更令人气愤的是，车祸发生后，记者没有对伤者进行及时抢救，反而忙于拍照。就这样，与戴安娜车祸有关的摄影记者和报社摩托车手受到控告。最后，法院做出判决，宣告他们的杀人罪名不成立。但在另外一起诉讼中，这些摄影记者在车祸发生后对车内拍照已触及个人隐私权，须接受侵犯隐私权的指控调查。

1999年，法国地方法院裁定车祸原因是司机保罗酒后驾车及超速行驶，当时保罗体内每升血液酒精含量高达1.75克。但是后来不断有人证实保罗早已戒酒，开车当晚并没有喝酒。

2006年，英国警方以"车祸为交通意外，系司机亨利·保罗酒后超速驾驶所致"的调查结果将此案终结。十多年来，戴安娜的死亡原因一直广受怀疑，而那场车祸虽几经调查，仍留下了不少疑点，很多人相信那不只是个意外。

一项民意调查显示，有85%的英国人相信戴安娜死于谋杀，而谋杀论的具体说法更是五花八门。有人认为是地雷制造商策划的谋杀，因为地雷制造商们痛恨戴安娜积极推动的全球禁雷运动，损害了他们的利益。当然，更普遍的一种说法是，英国王室早就对戴安娜我行我素的行事方式心怀不满，但戴安娜不想做出任何改变。

戴安娜男友多迪的父亲穆罕默德·法耶兹曾公开表示，这是一场忠于皇室的人策划的阴谋，他本人则斥资5000万美元捉拿凶手。这位年逾古稀的老人坚信，是英国军情六处的特工杀害了戴安娜。当年在车祸现场，人们发现戴安娜手上带有一枚黄金钻戒。法耶兹向外界透露，戴安娜和自己的爱子多迪已经准备订婚，戒指是多迪送给戴安娜的订婚礼物。法耶兹还宣称，当时戴安娜很可能已经怀孕，有人害怕身为英国的王位继承人的威廉王子会有一个伊斯兰血统的弟弟或妹妹，导致王室的血统不再纯正，因此采取了谋杀措施。穆罕默德·法耶兹曾要求法庭传唤菲利普·蒙巴顿亲王出庭，并以书面质询的方式要求女王作证，但均遭到拒绝。

有些人指出戴安娜的遗体在法国未经验尸就做了防腐处理，目的就是掩饰怀孕的证据。验尸最终在英国伦敦富勒姆殡仪馆举行，经理罗伯特·汤森见证了整个验尸过程，但他否认戴安娜当时已经怀孕。

除怀孕问题外，司机亨利·保罗的血样和真实身份也是疑云重重，始终是谋杀论者质疑的焦点。记者通过调查发现，亨利·保罗竟然是英、法两国情报机关的双料特工。那会不会是保罗受命谋杀戴安娜，并最终与二人同归于尽呢？

戴安娜王妃的车祸里究竟隐藏着什么秘密？一定有人知道真相，只是不知道这个真相何时才能被公之于众。

第九章　政界名人趣闻追踪

古罗马皇帝克劳狄真的有智力障碍吗

古罗马有位皇帝政绩出色,可却有智力障碍。这是一个奇迹,抑或只是一个假象?

克劳狄一世(前10—54),古罗马皇帝,相貌丑陋,寡言少语,被称为"糊涂皇帝"。41年罗马皇宫政变后,克劳狄一世被近卫军推为皇帝。他在任时与元老院关系和谐,主张扩张政策,占领了不列颠、德意志、叙利亚等国家,并主持修建公路、疏浚港口。

克劳狄一世是罗马帝国历史上最有争议的皇帝,因为他是一个以"愚钝"闻名的皇帝,有人说他是笨蛋、是傻瓜,也有人说他是历史上最伟大的皇帝。克劳狄一世因为一起偶然事件登上王位,又不明不白地死去,给人们留下了很多谜团。

克劳狄一世的"糊涂"之名由来已久。公元前10年,他出生于罗马行省高卢的首府——鲁恩,他的父亲德鲁苏斯是这个省的总督。虽然出身高贵,但童年时期的克劳狄一世十分不幸。无情的病魔不仅损害了他的健康、毁坏了他的容貌,而且影响了他智力和思维的正常发育。他弱不禁风,行动迟缓笨重,不善与人交谈,为此饱受痛苦、歧视和嘲笑,是奥古斯都家族有名的"丑小鸭"。

克劳狄一世是在50岁时登上皇帝宝座的,而他这次登基纯粹是因为一场意外。41年1月24日,克劳狄一世目睹了可怕的一幕:在皇宫里,近卫军刺杀了罗马帝国皇帝卡利古拉。克劳狄一世非常害怕,躲在窗帘后面颤抖不已。当近卫军把他从窗帘后面拖出来时,克劳狄一世立即恐惧万分地跪在士兵脚下,近卫军见他貌似痴呆且胆小怕事,就恶作剧般地拥立他为皇帝。

当时,罗马元老院的议事厅里人声鼎沸,灯火通明,元老们正在因为不同的政见而激烈地争论着。突然,墙外传来一片混乱声,他们看到被近卫军簇拥的"傻子"克劳狄。听到士兵们不断高呼"克劳狄",元老们不禁面面相觑,好长时间才弄明白状况。近卫军和士兵们拥有强大的武装,元老们无法违抗他们的意志,尽管内心有一万个不愿意,元老们还是把元首应有的一切权力和头衔都授予了克劳狄。于是,罗马历史上第一个由近卫军拥立的,也是唯一一个以"糊涂"著称的皇帝克劳狄,就这样在垂暮之年传奇般地登上了罗马权力的最高峰。

更叫人百思不得其解的是，当时的罗马帝国经过长期的对外扩张，早已成为一个以地中海为内海、横跨亚非欧三大洲的大帝国，而"糊涂皇帝"竟统治这个庞大的帝国长达13年之久。人们不禁要问，他究竟是貌似痴呆、大智若愚呢，还是真的受人操纵、被人愚弄呢？

"糊涂皇帝"克劳狄登基后，在政治上取得了很大的成功。他以合作、宽容的态度同元老院搞好关系，和他们一起同心协力治理国家。他取消被控叛逆罪的人的审讯，允许一些被放逐的元老回国。他消除了君主同元老院之间的敌意和隔阂，逐渐形成了开明、宽松的政治氛围。在政治上，他完善了罗马帝国初期的御前会议、元首办公厅、最高法院、元首财政部门等政治机构，使其运作日益制度化，奠定了罗马帝国官僚机构的基础。

克劳狄一世在位期间大力推行扩张政策，多次发动对外战争，占领不列颠等国，建立了新的行省。他还给这些行省居民以罗马公民权，提高其政治地位，以稳固罗马的统治基础。他还在元老院中吸收了高卢行省的一些上层贵族。在基础工程建设上，他亲自主持一些造福当代并泽及后世的大型工程建设，如疏浚港口、兴修水道、排水治沼、铺设公路等。在克劳狄一世统治时期，罗马人真正享受到了安定和繁荣。

如果克劳狄一世真的有智力障碍，他不可能将这个国家治理得如此井井有条。所以人们认为，先天有疾的克劳狄只是留下了一些后遗症，并不是完全呆头呆脑。在大多数情况下，他只是装腔作势、装疯卖傻。

克劳狄一世死于54年，死因不明，据说是被他的妻子用毒蘑菇害死的。他在经历了12个小时的痛苦后一句话没说就死去了，他死后被元老院奉为神明。克劳狄一世从生到死，为我们留下了一个个难解之谜。

20世纪上半叶，西方历史学界掀起了评价克劳狄一世个性特征、功过是非的研究热潮，但结果同以前大致相同，学者们依旧各执己见。看来，要想彻底揭开克劳狄一世的神秘面纱，还原历史的本来面目，只能期待更多的考古资料问世了。

君士坦丁大帝皈依基督教之谜

或许一个平凡人的信仰微不足道，但一个帝王的信仰足以影响一个宗教的发展。帝王的信仰可以改变人们的观念，自然也会招来人们的种种猜测。

君士坦丁大帝是罗马第一位信仰基督教的皇帝。他信仰基督教并制订出鼓励该教发展的许多政策，将基督教从一个受迫害的宗教转变为在欧洲占统治地位的宗教。但他为什么要皈依基督教？这一直以来都是困扰人们的一个谜。

据说，在穆尔维大桥战役前夕，君士坦丁大帝正向罗马行军，时近正午，天色转暗，他和士兵们忽然看见一个发光的十字架高悬天空，位于太阳之上，上面刻有"以此征服"的字样。人们普遍认为，正是这个异象促成了君士坦丁大帝的皈依，他此后总是非常热衷于基督教的发展。

他早期的行动之一是颁布《米兰敕令》，根据这部敕令，基督教成为合法的、可被自由信仰的宗教。敕令还要求归还先前迫害时期没收基督教教会的财产，规定星期天为礼拜日。

君士坦丁大帝对基督教派内部事物的发展也起到了重大的作用。为了解决阿里乌和亚他那修的信徒之间的一场论战，君士坦丁大帝于325年召开了尼西亚公会议——基督教第一次大公会议。会议通过了《尼西亚信经》，并将《尼西亚信经》定为正统的基督教学说，会议结束了信徒之间的论战。

不管人们对君士坦丁大帝皈依基督教有何疑问，他作为第一个基督教皇帝的地位已不可动摇。君士坦丁大帝成了中世纪君主的楷模，他所打造的基督教帝国也成了世上天国。

伊丽莎白女王为何终身不嫁

> 伊丽莎白是一位杰出的女王，她的一生中有无数追求者，然而她却选择了单身，将自己嫁给了冰冷的政治。

女王伊丽莎白一世是英国历史上公认的最杰出的帝王。在她当政的45年里，她带领大英帝国进入"黄金时期"，成为当时欧洲最富强的国家，英国在军事上也一跃成为世界上首屈一指的海军强国。可以说，伊丽莎白女王为英国的强盛做出了不可磨灭的贡献。

但她终身未嫁，这引起了人们对她的种种猜测。难道守身如玉67年，号称"嫁给了英格兰"的女王伊丽莎白一世从未动过感情，从未有过惊心动魄的爱情经历吗？

据记载，伊丽莎白在少女时代曾与英国贵族托马斯·西摩关系密切，他们之间的关系也一度成为宫廷绯闻。但西摩追求伊丽莎白主要是想利用她争夺王位，后来阴谋败露，西摩被杀，他们之间的恋情也随之告终。1558年，伊丽莎白在英格兰新兴资产阶级和新教徒的拥戴下继承王位，成为伊丽莎白一世。

1568年，西班牙国王费利佩二世（1556—1598年在位）向伊丽莎白求婚，但遭到拒绝。费利佩二世是伊丽莎白的姐夫，也是她同父异母姐姐玛丽一世的丈夫。玛丽一世与费利佩二世的结合给英国带来了危害，伊丽莎白认为，腓力向她求婚是为了吞并英国。于是，她以双方的宗教信仰不同为由，委婉地拒绝了腓力的求婚。

1578年，伊丽莎白女王45岁，法兰西国王亨利二世的四弟——年仅20岁的安茹公爵向她求婚。据说伊丽莎白女王当时答应了求婚，但在婚礼的前几天，她突然取消了婚约。伊丽莎白是这样解释的："我无须再选择佳婿结婚。因为在我举行加冕典礼时，已将结婚戒指戴与我国臣民的手上，我将与全体臣民为伴，将我的生命与贞洁献给英国。"

这次拒婚险些使伊丽莎白一世丧命。因为伊丽莎白是新教徒，在罗马天主教皇的眼里，她继承王位是不合法的，合法继承人应是伊丽莎白的表侄女，英格兰女王玛丽·斯图亚特。而安茹公爵是玛丽·斯图亚特的母亲玛丽·吉斯的外甥。伊丽莎白的悔婚使玛丽·吉斯极其恼怒。她发誓要给伊丽莎白点颜色看看，于是寄来一袭来自法国的丝裙，这条丝裙杀死了伊丽莎白的女官。惊魂未定的伊丽莎白决定反击，她派亲信前往苏格兰引诱玛丽·吉斯，然后在床上杀了她。

此后，伊丽莎白陆续拒绝了许多王公贵族的求婚，如瑞典王埃力克十四世等。一直有传言称，伊丽莎白一世虽然终身未曾婚嫁，但她一直都有个情人。这个神秘的情人就是当时大英帝国的莱斯特伯爵——罗伯特·达德利。伊丽莎白与达德利是青梅竹马的玩伴，二人之所以没能缔结良缘，是因为达德利早已结婚。据说，伊丽莎白女王与达德利长年保持通信关系，女王喜欢在信中称呼他为"甜蜜的罗宾"，并给他取了个昵称——"我的眼睛"。美国的福尔杰莎士比亚图书馆曾公开展览过一封达德利写给伊丽莎白一世的情书。这封情书是达德利在海上指挥英国舰队与西班牙舰队交战的间隙写给女王的。在这封情书中，达德利称伊丽莎白为"最最甜蜜的女王陛下"和"我最最亲爱的女王"，并感谢"甜蜜的女王"给予他的"最伟大的安慰"，落款是"R. 莱斯特"。这也是他给其他人写信时从未用过的落款。

不幸的是，达德利后来在一次战役中英勇牺牲。他的死讯令伊丽莎白几乎崩溃。女王把自己锁在卧室里,几天不眠不食。最后,英国财政大臣和其他内阁大臣不得不破门而入,将女王抬出卧室。

美貌多情的女王伊丽莎白为何终身未婚,人们对此有着种种猜测:女王的父亲亨利八世三次杀妻、六娶皇后,给伊丽莎白幼小的心灵蒙上了一层阴影,她不相信男人和家庭,患上了"婚姻恐惧症";女王的政敌则宣称她根本没有正常的生理功能;而另一些持相反意见的人则说女王有过私生子。

当然,也有人认为女王并非没有感情,只是王室婚姻包含了太多的阴谋诡计和利益取舍。翻开欧洲的历史,从古至今,各国王室的婚姻都与国家的政治、经济、国际关系、对外战略密切相连,很难由当事人自己做主。伊丽莎白并非是因为生理残疾,也并非是因为她太挑剔,而是因为她早已看透了王室婚姻的真相。所以,聪明的女王宁愿选择独善其身也不愿终生活在龌龊的交易中,她一生都致力于实现英国的强大、昌盛。

总之,在女王从政的45年来,人们为了解开她的不嫁之谜可谓绞尽脑汁。随着女王的逝世,要解开这个谜团恐怕更加困难了。

伊凡大帝的"书库"在哪里

一位博览群书的大帝,死后他的书库竟悄然失踪,这是怎么回事?

伊凡大帝,即伊凡四世·瓦西里耶维奇,是16世纪最具禀赋的俄罗斯大公。他3岁即位,17岁时正式被加冕为俄国第一位皇帝。他对俄罗斯的影响深远,关于他的传说数百年来不胜枚举,历史上对于他的评价也褒贬不一。大多数人认为伊凡大帝是一位暴君,生性冷酷无情,残忍多疑,视人命如草芥。尤其是晚年,他对周围的大臣百般猜忌并大肆杀戮。但同时也有大量的历史资料证明,伊凡大帝当时是俄国出色的政治家和学者,他博览群书,重视教育,推行了大量意义深远的改革措施,为俄国的发展奠定了基础。在这些争论中,最让人感兴趣的是伊凡大帝的"书库"。

据16世纪编撰的《里波利亚年代记》记载:"德国神父魏迈曾见过伊凡大帝的藏书,它们占据了克里姆林宫地下室的两个房间……"魏迈即马克西姆·克里克修士,他是这些书籍的书目编纂者,也是少数有机会一览这些珍贵书籍的学者之一。传说伊凡大帝收藏了大量书籍,其中很多是非常宝贵的古代抄本,其数量之多,足以撑起一个大型图书馆。那么,这样一个书库是否真的存在?这么多珍贵的书籍从何而来?它们有什么用?

伊凡大帝的祖父是莫斯科大公伊凡三世·瓦西里耶维奇,祖母索菲娅·帕列奥罗格是东罗马帝国末代皇帝君士坦丁十一世·帕里奥洛格斯的侄女。据说,索菲娅从小酷爱读书,收藏了很多珍贵的书籍,她嫁到莫斯科时又从东罗马帝国的皇家图书馆里带走了很多稀世珍本。伊凡四世即位后,理所当然地继承了祖母的这笔遗产。

为了更好地收藏这笔财富,伊凡大帝找到了弗恩修道院的修道士,请他为这些书籍编目。这位修道士曾在巴黎、罗马的教堂学习,对编制书目的事情非常感兴趣。在编制书目的过程中,他将许多图书的斯拉夫教会译本同希腊原著进行对照,发现了许多误译之处,并逐一进行了订正。

1584年3月18日,伊凡大帝暴毙。随着他的去世,这个价值连城的书库也下落不明。

1724年,彼得大帝迁都彼得堡,莫斯科成为陪都。同年12月,一位教会人员来到彼得堡向有关部门报告称,在克里姆林宫的地下发现了两个秘密房间,里面好像放着很多大箱子,房间的铁门上了封条,还加了大锁。如果书库的传说确有其事的话,那么这两个秘密房间里放着的应该是伊凡大帝的藏书。经过一番研究,有关部门立即着手对克里姆林宫的地下室进行调查。但不久,彼得堡传来指令,要求停止调查,至于为什么要停止调查,至今无人知晓。

从此以后,人们似乎已经遗忘了书库的事。19世纪,两个德国人对伊凡大帝的书库产生了浓厚的兴趣。他们查阅了与书库有关的一切资料,对克里姆林宫的地形进行了深入的研究与勘探,但最终还是没能确定书库的位置。尽管如此,他们离开莫斯科的时候依然表示:"我们坚信,伊凡四世的书库沉睡在一个不为人知的地方。如果能解开这个谜,那么书库中的书籍无疑能对世界文化的发展起到非常重要的推动作用。"

不少专家认为,虽然对书库的探寻始终没有结果,但并不能由此断言伊凡大帝的书库不存在。大多数人深信,书库之谜总有一天会被揭开。

英国希思首相为何选择独身

"我从未遗憾自己独身,相反,许多政治家都对结婚悔恨万分。"2005年7月17日,英国前首相爱德华·希思在家中去世,终年89岁。他被誉为"将英国带进欧洲"的首相,然而他终身未婚,这是为什么呢?

爱德华·希思,1970年至1974年任英国首相,他是英国保守党中第一位平民首相。他经历了保守党内的重要转变,是前首相麦美伦和撒切尔夫人之间的过渡人物。他任期内的最大贡献是成功推动英国加入欧洲共同体,因此被誉为"将英国带进欧洲"的首相。

希思于1974年卸任首相后首次访问中国,曾与毛泽东、邓小平等领导人会面。他在27年内访问中国达25次之多。在希思的支持下,英国与中国在1972年成功建交,大大促进了中国与西方的交往。他酷爱音乐,曾任欧洲交响乐队指挥,并应邀指挥上海乐团和北京交响乐团的演出。他还是个赛艇能手,曾于1969年获国际赛艇冠军。

希思于1916年7月9日生于肯特郡的布罗德斯泰斯,父亲是著名的建筑家,母亲则是一位女佣。与希思终身不娶相反,他的父亲一生娶过3位妻子,最后一位妻子甚至比希思还小5岁。希思遗传了父亲的才智,却没有遗传父亲的多情。

凭借自身的努力,希思于1935年考入牛津大学贝利奥尔学院攻读哲学、政治学和经济学,其间加入保守党,曾任牛津大学保守党协会主席和牛津大学学生俱乐部主席。第二次世界大战期间在皇家炮兵部队服役,升至中校。希思于1950年当选为下院议员,1957年任保守党督导长,随后任内阁大臣。1965年至1970年期间,希思执掌保守党,是英国19世纪以来最年轻的保守党领袖。

虽然希思的一生充满了辉煌的成就,在政治上也达到了人生的顶点,可这样一位政坛巨人却极其排斥女性,着实令人不解。据了解,希思自小就性格孤僻,喜欢独处,对女性更是抱有成见,他甚至反对男女同校。他担任牛津大学贝利奥尔学院乐团秘书时,不许女生参加音乐会,这种轻视女性的做法一直被他带入政坛生涯。希思对女性的偏见根深蒂固,即使在竞选首相的紧要关头,他仍然置女性选票于不顾，大肆贬低女性的社会作用。1975年，担任4年首相的希思被撒切尔夫人击败，他无法忍受自己被一个女性击败，觉得自己受到了莫大的羞辱。盛怒之下，他宣布退出竞选，并扬言自己不会在玛格丽特·撒切尔夫人的内阁中担任任何职务，他对撒切尔的不满亦演变成为"现代政治史上最长的闷气"。身处女性与政坛结合的时代，希思选择了归隐。

由于希思对女性抱有偏见，因此在与女性的接触中，他常常表现出一种轻慢无礼的态度，甚至经常做出一些恶作剧行为，导致认识他的女性都对他极为反感。尽管如此，希思还是有过一段长达15年之久的恋情。这是希思女性交往史上的一个例外，着实令人吃惊。外界公认他们俩结婚是迟早的事情，女方本人也多次流露出与希思结婚之意，但希思始终没有求婚，甚至没有直接表露过爱意。对方终于心灰意冷，另嫁他人。得知这一消息后，希思虽然表面上十分平静，可内心却十分沮丧，这毕竟是他一生中交往最久的一位异性朋友，唯一的机会就这样溜走了。

二人的关系破裂引起了人们的争论。多数人认为，希思是因为看到了周围的婚姻悲剧，担心自己也被套上婚姻的枷锁，才选择与女友保持若即若离的关系。

希思终生未婚，在政治生涯走向低谷后，他非常反感别人说他生活孤独、情感空虚。他在1989年接受采访时说："我从未遗憾自己独身，相反，许多政治家都对结婚悔恨万分。"对于这样一位位高权重的人来说，一生未婚确实是一件奇怪的事情。希思究竟为何对女性如此排斥？为什么面对婚姻却选择放弃？也许连他自己都不知道问题的答案。

2005年7月17日，希思在位于索尔兹伯里的家中去世，享年89岁。希思去世后，英国政界对他给予了高度评价。英国首相托尼·布莱尔说："他为人诚实正直，对自己坚守的信念从不动摇。作为一位声名显赫的政治领导人，他的名字将永远被人们铭记。"

庇隆遗体双手被盗之谜

阿根廷前总统庇隆的一生充满传奇色彩，他曾冒天下之大不韪收留纳粹战犯，在他死后，他遗体的双手竟被人盗走，是谁这么憎恨他？

1974年7月1日，曾三度当选阿根廷总统的胡安·庇隆病故，在阿根廷的风雨中沉浮多年后,他传奇的一生终于落下了帷幕。

庇隆1943年参军,是庇隆主义运动的创始人和领导者。他后来发动政变,推翻文官政府,任劳动与社会福利部部长。1945年任副总统兼国防部长。1945年10月,庇隆在一次政变中被捕,后来在支持者的营救下获释出狱。1946年2月他当选总统,1951年蝉联总统。1955年9月,国内通货膨胀,他因贪污、蛊惑宣传和专制暴政引起不满,被赶下台,流亡国外,定居马德里。在1973年3月的选举中,庇隆主义党候选人当选总统并取得议会大多数议席,不久庇隆回国,在9月的特别选举中再次当选为总统,10月宣誓就职。

庇隆的一生是充满传奇色彩的,也是史无前例的。

1974年庇隆去世,他的遗体经防腐处理后,被安置在恰卡利达墓地的一座两层的拱顶地下墓穴中。由于庇隆的反对者较多,所以他的墓室采取了严格的管理措施,以防有人盗墓破坏。

也许庇隆本人也想不到他死后仍然不得安宁,虽然防护严密,但在1987年,他死后第13年,还是发生了一起令人震惊的盗墓事件。盗墓者直入墓室后,取下了重达170千克的加锁棺木防护罩,在棺盖上开了一个洞,用工具割断了庇隆遗体的双手,连同随葬的一把军刀和一顶军帽一起窃走了。从此,庇隆的遗体失去了双手。

案发后,阿根廷全国为之轰动。庇隆创建的正义党成员更是群情激愤,他们强烈要求政府尽快破案,严惩罪犯。

不少人认为,庇隆墓被盗不是一起政治案件,而很可能是一起刑事案件,盗墓者大概是为了寻找一枚镶有玛瑙的戒指。这枚戒指对庇隆来说有着特殊的含义,无论宦海沉浮,他总会带着这枚戒指。庇隆逝世后,这枚戒指被当作随葬品带进了棺材。据说这枚戒指里藏有能开启庇隆在瑞士银行存款箱的钥匙。也许盗墓者正是因为听信了这个传言才割下了庇隆的双手。后来,盗墓者发现庇隆的戒指里并没有瑞士银行保险箱的钥匙,于是给正义党领导机关写信,让他们赎回庇隆的双手和其他物品,起初开价1000万美元,后来降到800万美元,但政府没有回应他们,此事也就不了了之了。

若传说是假的,那又是谁盗走了已故总统的双手呢?盗墓事件发生后,政府就此展开了调查。

1987年7月,法庭开始审理庇隆墓被盗一案,就在这时,此案的两名重要人物突然离奇死亡,案子无法审理下去。案子的关键人物之一是案发当晚正在值班的守墓人,他死于1988年,死亡证明上称"因严重的肺水肿去世"。负责此案的法官认为守墓人的突然死亡很值得怀疑，决定对他的尸体进行解剖。经检验发现，致死原因是"连续踢打以及用粗大木棒猛击造成的严重内伤"。后来，法官本人也没能逃脱厄运，于1990年底死于一场交通事故。根据官方的说法，法官的死是由于他的汽车突然撞到了布兰卡港附近3号公路边的一根木桩上。就在出事前不久，法官曾公开宣称，他已掌握了这起案件的全部材料和具体线索，可以确定盗墓作案人。然而由于某些因素的干扰，法官遇难的交通事故也未能查清。

劳尔·阿方辛总统曾保证侦破此案，但数月后他又称，盗墓者"是一个外国秘密组织的成员"，此案难破。这究竟是为什么呢？为什么一个已故总统的盗墓案件就这样不了了之了呢？

到底是谁盗走了庇隆的双手？被盗走的双手如今在哪里，是否还保存完好？相信这起案件的背后一定隐藏着一个天大的秘密。

拉登财富之谜

> 世界上最可怕的恐怖组织头目本·拉登，他究竟从哪里聚敛了如此之多的财富来从事恐怖活动？

许多人都认为，曾是沙特富翁的拉登是利用自己的巨额资产来发动恐怖袭击的。然而随着9·11事件独立调查委员会等机构对"基地"组织的深入调查，人们发现拉登的总资产高达3亿美元。但他不曾动用私人财产或1991年至1996年间在苏丹积累的财富来资助恐怖活动。研究恐怖组织的美国国会调查机构专家肯尼思·卡茨曼说："新的观念认为，本·拉登并没有把财富投入'基地'组织，或者说'基地'组织的资金并非来自本·拉登。"那么本·拉登"基地"组织的大量财富是从哪里来的呢？

本·拉登1957年出生在沙特的一个豪门之家，他的家庭一直保持着经商的传统。本·拉登凭自身的财富在伊斯坦布尔的郊区设立了"基地"组织的总部。他在这里收容、组织志愿者，承诺把他们送到阿富汗。在土耳其这段时间，本·拉登聚集了大量财富。

他经营的分公司遍及伊朗、巴基斯坦等海湾国家，在日内瓦、苏黎世、法兰克福、伦敦等金融市场都有账户。他通过一个错综复杂的银行网络在瑞典、法国和德国购买先进的电子设备和武器弹药。同时，拉登拥有先进的网络信息系统，办公效率极高。

本·拉登把数以亿计的资金存入可以进行电子转账且对资金来源审查不严的国家，以商业活动的方式将其隐藏起来。后来美国追查本·拉登的行踪时发现，本·拉登创建的金融帝国覆盖了欧洲、非洲和亚洲。一位美国调查人员承认："每天我们都能得到关于本·拉登的帝国和他极其复杂的金融网的最新消息。他的实力比黑手党还强大。"

水溶性阿拉伯胶是一种防止微粒沉淀的物质，可用于可乐型饮料乳化稳定，包括可口可乐和百事可乐在内的大部分不含酒精的饮品中都含有这种物质。而它们大部分都是由苏丹的阿拉伯树胶公司制造的。本·拉登是这家公司最大的股东，他像领导一家跨国公司一样培育自己手下的恐怖组织。《华盛顿邮报》称，世界上每售出一罐软饮料，本·拉登的财富都可能有所增加。随着这笔财富的增加，他向西方宣战的恐怖势力也随之增强。

有人说："虽然不清楚本·拉登在水溶性阿拉伯胶生意上的参与程度，但可以肯定的是，他已在软饮料行业中赚取了数千万美元。"

而这只是本·拉登大规模聚敛财富的一种手段而已，他们贩毒、抢劫银行、绑架人质勒索赎金，还利用经济全球化带来的机遇，垄断毒品、阿拉伯胶等商品的市场，他们甚至在北美和欧洲的证券交易市场上通过做空来获得资本。

即使是联邦调查局也无法确定，他们的死对头到底有多少钱。保守估计，本·拉登个人约有3亿美元的财富。然而，他实际上拥有多少财富，还无人知晓。

第十章 文化名人逸事寻迹

阿基米德镜子破敌之谜

"给我一个支点,我就能撬起整个地球",这是阿基米德最广为人知的一句名言。鲜为人知的是,阿基米德曾用镜子打败了罗马军队。然而,有人对此提出了质疑。

阿基米德是古希腊著名的数学家、物理学家,他还是静力学和流体静力学的奠基人,是一位极具传奇色彩的人物。

公元前287年,阿基米德出生于西西里岛。他出身于贵族家庭,与叙拉古的赫农王有血缘关系,家族十分富有。阿基米德的父亲是一位天文学家,他学识渊博、为人谦逊。借助王室的关系,阿基米德11岁就被送到古希腊的文化中心——亚历山大里亚城,跟随欧几里得的学生埃拉托塞和卡农学习知识。他的贡献主要体现在物理学方面,被后人誉为"力学之父"。另外,他在工程技术方面也颇有建树,是一个理论与实践相结合的天才科学家。阿基米德回到叙拉古后当了国王的顾问,帮助国王解决生产、军事和日常生活中的各种科学技术问题。

据说,公元前213年,罗马执政官率军攻打叙拉古城。阿基米德在保卫叙拉古的战役中充分发挥了他的聪明才智,他利用杠杆原理制造了一批可以在城墙上使用的投石器。当罗马人入侵时,许多又大又重的石块被快速投向城墙下的敌人,罗马人被打得东躲西藏,争相逃命。

最令人称奇的是,当罗马人的战船退到机械手够不着的地方时,阿基米德率领叙拉古人民手持镜子,将阳光聚焦在罗马军队的木制战舰上,那些战舰顿时燃烧起来。罗马的许多船只都被烧毁,但他们找不到失火的原因,罗马军队防不胜防,被阿基米德的发明弄得焦头烂额。

罗马人对叙拉古城久攻不下,于是离开了叙拉古附近的海面,据守在城外,采取围而不攻的办法,切断了叙拉古城和外界的联系。后来,叙拉古城防备稍有松懈,罗马人便一举攻入城市。罗马执政官十分敬佩使他屡次败北的阿基米德,进城后的第一件事就是派人去找他。此时阿基米德还不知道城门已被攻破,正在沙滩上全神贯注地研究几何图形。来找他的罗马士兵不小心踩坏了他画的图形,阿基米德愤怒地与之争论,残暴无知的士兵举刀一挥,一位璀璨的科学巨星就这样陨落了。

罗马执政官对阿基米德的死十分痛心，他严惩了那个士兵，并为阿基米德修建了陵墓。因阿基米德发现了球的体积和表面积，都是外切圆柱体体积及表面积的三分之二，且他生前流露过要将这个几何图形刻在墓上的愿望，因此人们在他的墓碑上刻了球内切于圆柱的图形，以此纪念他对几何学做出的突出贡献。也许这位伟大的科学家仍在另一个世界继续着他的研究。

几个世纪以来，阿基米德利用太阳光摧毁罗马舰队的传说一直饱受争议。不少学者怀疑这一传说的可靠性，他们认为当时的人不可能如此熟练地掌握光学知识。

值得一提的是，英格兰的两位教授对这个传说进行了仔细研究，最后否定了这个传说的可靠性。根据光学原理，太阳光在空中约有一个0.5度的旋角，因此它的射线不是绝对平行的，而是会发散的，阿基米德不可能用一个平面镜有效地集中太阳射线。教授们经过计算后还提出一个推论，如果上千人每人握住一个面积为一平方米的磨光镜，同时聚光到一点，只能点燃一块50米外的面积为0.5平方米的木头。

两位教授认为，用平面镜反射太阳光的效果是非常有限的，而且在当时生产力落后的条件下，镜子表面不可能达到完全的光滑，因此这个战术的杀伤力十分微弱。所以他们认为，关于阿基米德的大多数传说都可能是虚构的，是后人出于对这位先知的崇敬编造出来的。当然也有一些学者认为，古代某些文明已经到了相当发达的程度，不能排除这种可能性的存在。

阿基米德的手稿大都在城门被破后遗失了，因此人们无法了解有关他的科学研究的真实情况。他用镜子退敌这件事的真假也成了一个千古之谜。

塞万提斯葬于何处

塞万提斯最著名的作品是《堂吉诃德》，我们都知道幻想骑士堂吉诃德的结局，可他的创造者——塞万提斯死后又葬在何处呢？

塞万提斯是西班牙伟大的小说家、剧作家和诗人，也是西班牙作家中国际声望最高、影响力最大的人物。《堂吉诃德》是西方文学史上第一部现代小说，也是世界文学的瑰宝。

《堂吉诃德》一直是世界各国评论家分析、研究的对象，其作者塞万提斯自然也成为人们十分关注的世界级文化伟人。

因此，人们对塞万提斯充满好奇。

但令人遗憾的是，塞万提斯留下的传记材料极少，人们对这位伟大作家的生平并不是十分了解。19世纪，学者们查阅了许多国家档案，到塞万提斯工作过的机关去寻找他当征粮人和收税员时的收支账目，甚至找到了他当俘虏时的记载和史料，这才搜集到了一些关于塞万提斯生平的资料。

据了解，塞万提斯出身贫困，从小就随父亲东奔西跑，直到1566年才定居马德里。

23岁时他到了意大利，当了红衣主教胡利奥·阿克夸维瓦的家臣。不肯安于现状的性格使他一年后加入了西班牙驻意大利的军队，参加了著名的勒班陀战役。在这次战斗中，带病坚守岗位的塞万提斯在激烈的战斗中负伤，被截去了左手，因此他也有"勒班陀的独手人"之称。

后来，塞万提斯当上了税吏，1597年因寄存税款的银行倒闭而被捕入狱。塞万提斯在《堂吉诃德》的序言中写道，他正是在狱中孕育了这部作品。

1605年，《堂吉诃德》第一部出版。该书一经出版就风靡全国，一年之内竟重印了6次。《堂吉诃德》使塞万提斯获得了巨大的成功，为他赢得了不朽的荣誉。但这部小说未能使塞万提斯摆脱贫困，狱内生活更是令塞万提斯的身体受到了极大摧残。1616年4月23日，塞万提斯因水肿病在马德里的寓所中逝世，享年69岁。塞万提斯死后葬于何处，至今仍是个谜。

有人说，这位大作家病逝的第二天就被人埋葬在一个教堂的墓园里。

也有人说，塞万提斯死后被草草安葬，教会对他恨之入骨，不许人们为他竖立墓碑，因此我们至今也找不到他的墓冢。为了纪念这位伟大的作家，1835年，西班牙人民在马德里为塞万提斯立了一块纪念碑。

还有人说，塞万提斯一直生活在贫困中，逝世前不久才得到其保护人托雷多大主教赠送的一笔款项。他死后被葬在一个修道院的墓地里，除了他妻子外没有别人参加他的葬礼，墓地里更是连一块碑石都没有。1635年，修道院搬迁，墓地里的尸骨都被掘出火葬，所有的骨灰都被埋在了一起，至于掩埋在何处则不得而知。

牛顿晚年为何精神失常

世界著名的物理学奠基人、英国科学家牛顿在50岁左右时，曾一度精神失常，两年后才逐渐康复。为什么牛顿会突然患上精神疾病呢？发病的原因是什么？

艾萨克·牛顿是英国近代著名的物理学家、数学家、天文学家。爱因斯坦说："在人类的历史上，能够将物理实验、数学理论、机械发明相结合的，只有牛顿一人。"牛顿的杰出成就为他赢得了"历史上最杰出的科学家之一""近代物理学之父"等尊称。

牛顿的一生是充满智慧和创造的一生，但1692年前后，50岁的牛顿似乎患上了严重的心理疾病，一度精神失常。他感到非常抑郁，还经常出现被迫害的妄想。他那时的信件明显表现出精神错乱的状态。这种状态持续一段时间后才逐渐恢复正常。为什么牛顿会突患精神疾病？发病的原因是什么？这些问题引起了人们的关注，这些年来，人们一直试图找出合理的解释。

有人猜测牛顿的精神失常是劳累和打击导致的。1692年前发生了一些事，这些事给牛顿带来了沉重的打击。1689年，牛顿的母亲去世了。处理完丧事后，他带着悲伤的心情回到剑桥，并在此后相当长一段时期内精神不振。祸不单行，就在牛顿回到剑桥大学不久后的一个清晨，他不小心烧毁了自己重要的文稿。牛顿对此懊悔不已，连续一个月寝食难安。

此外，当时的宗教团体和科学家们纷纷攻击他"有一流的神学，却有三流的科学"；政治团体则攻击他的科学、神学、人际关系都属于三流；有人看他孝顺母亲又终身未婚，就中伤他心理不健全；有人看他对学生好，就说他是同性恋。种种无情的攻击使牛顿几乎发疯。

有人认为牛顿的精神失常是由劳累、用脑过度引起的。牛顿是一个勤奋的人，他努力到了废寝忘食的程度。他45岁的时候就发表了《自然哲学的数学原理》，这是他一生中最为重要的著作，该书以牛顿三大运动定律和万有引力为基础，建立了完美的力学理论体系。为做好这项工作，牛顿夜以继日地泡在实验室里搞研究。他很少在三点前睡觉，有时甚至工作到凌晨五六点。《自然哲学的数学原理》问世后，他又开始对光学进行研究。连续不断的紧张工作使他用脑过度，未老先衰，不到30岁，他的眉毛和头发就全白了。因此有些学者推测，长期的用脑过度和极端紧张的工作，导致牛顿植物性神经功能紊乱，最终使他精神失常。

两位专门研究牛顿生平的学者，用现代中子活化、中子衍射等先进手段对牛顿遗留下来的四绺头发进行了综合分析，发现牛顿头发所含的有毒微量元素是正常人的好几倍，尤其是汞的含量更是高得可怕。学者由此断定：牛顿长期进行物理、化学实验，经常暴露在一些有毒的蒸汽中，很有可能因长期接触汞而导致汞中毒。但这种说法也遭到了质疑：牛顿只在50岁到51岁期间精神失常，其他时间都处于正常状态，且无法断定这四绺头发来自他患病期间。另外，人体头发的微量元素受外界影响很大，这四绺头发已经被保存了250多年，很难保证它们没有受到过外界因素的干扰。而且，牛顿不曾出现过手指颤抖、牙齿脱落、四肢无力等汞中毒的症状，因此汞中毒的说法很难令人信服。

那么，牛顿究竟为什么精神失常？这仍然是一个有待后人探寻的谜题。

莫扎特与黑衣人之谜

谁能想到，一代音乐家莫扎特的死亡竟与一个神秘的黑衣人有关。也许他是受了黑衣人的惊吓才病重身亡的，这其中的缘由又有谁能说清呢？

奥地利作曲家沃尔夫冈·莫扎特不仅是古典主义音乐的杰出大师，更是人类历史上极为罕见的音乐天才，他有着"音乐神童"的美誉。莫扎特短暂的一生为世人留下了极其宝贵和丰富的音乐遗产。

1756年1月27日，莫扎特出生于奥地利萨尔茨堡的一个宫廷乐师之家。他的父亲李奥波尔德·莫扎特是颇受人们尊敬的小提琴家、作曲家，小莫扎特非凡的音乐天赋很早就引起了父亲的关注，并使他感到欣喜。在父亲的教导下，莫扎特的音乐才华得以施展。1762年，6岁的莫扎特在父亲的带领下到慕尼黑、维也纳等地进行试验性巡回演出，大获成功。

1773年，莫扎特结束了长达10年之久的漫游生活，回到自己的家乡萨尔茨堡，在大主教的宫廷乐队里担任首席乐师。

后来，莫扎特不满自身的工作环境，于1777年再次外出旅行演出，希望能找到一个落脚之处并永远离开萨尔茨堡。

1781年6月，莫扎特在音乐之都维也纳定居，开始了一个自由艺术家的生涯。当时他只有25岁，却离生命的终点只剩10年了。

后来，莫扎特的生活每况愈下，身体状况也越来越糟，不得不向朋友们寻求帮助。1791年9月30日，他的最后一部歌剧《魔笛》首场公演时，他已痼疾缠身。

一天，一位神情冰冷的黑衣人前来拜访，请大师为他写一首《安魂曲》。陌生人走后，身心交瘁的莫扎特含着眼泪对妻子说，这部作品他将为自己而写。"他开始带着一种狂热谱写最后一部作品——《安魂曲》……莫扎特始终处于过度劳累的状态，他认为这首'死亡的弥撒曲'是为自己而作的，他摆脱不了这种念头，认为自己无法活着完成它。他逼迫自己去写这部充满死亡景象的杰作，开始与时间进行悲剧性竞赛。"遗憾的是，这场竞赛的胜利者是死神。《安魂曲》刚写到一半，莫扎特就再也握不住手中的笔……

这个黑衣人到底是谁，人们对此争议不断。有人说他是共济会派去的黑衣使者，因为莫扎特曾是这一组织的成员。莫扎特在其歌剧《魔笛》中泄露了该组织的某些秘密，惹恼了这个秘密组织的领导者，于是他们就用这个办法加害莫扎特。有人认为黑衣人与名门贵族和大型组织无关，只是一位平庸的作曲家。他对莫扎特的身体情况十分熟悉，想在莫扎特濒临死亡时，以重金购买其作品并据为己有。

据史学家研究，当时一位自诩为作曲家的维也纳贵族老爷常常在家里举办音乐会。他想让莫扎特为自己的亡妻写一首追悼的安魂曲，并署上自己的名字。这位惯以重金收买作曲家作品，并将其据为己有的老爷名叫斯图尔巴赫伯爵，黑衣使者可能是他派去的。匿名的订单和黑衣使者令莫扎特不寒而栗、惊恐不安，也为这位音乐奇才的头上笼上了一层神秘的阴影。其实，由于虚弱的身体和拮据的生活，莫扎特早在死前一年就预感到自己将不久于人世。就在这一年里，他写了1首安魂曲和5首弥撒曲，这些都是他有某种预感的证据。

"歌曲之王"舒伯特为何终生未婚

弗朗兹·舒伯特是19世纪著名的作曲家中唯一一位地道的维也纳人，他创作了无数名曲却终身未婚。

弗朗兹·舒伯特是奥地利作曲家，他是早期浪漫主义音乐的代表人物，被认为是古典主义音乐的最后一位巨匠。舒伯特在短短31年的生命中创作了近600首歌曲，18部歌剧，10部交响曲，19首弦乐四重奏，22首钢琴奏鸣曲，4首小提琴奏鸣曲，被称为"歌曲之王"。

1797年，舒伯特生于维也纳近郊，他是19世纪著名的作曲家中唯一一位地道的维也纳人。舒伯特有十几个兄弟姐妹，他是幸存的五人之一。由于音乐天赋极高，4岁时他就跟父亲和哥哥学习小提琴、钢琴，水平很快超过了他们。7岁时他师从霍尔泽教堂乐队长迈克·霍尔泽学习音乐，可霍尔泽根本教不了他，要教的内容他早就学会了。这位羞怯而又富于幻想的男孩，他的音乐天赋令人惊叹，有人说他似乎是"直接从上帝那里学习的"。他在31年内创作了约1500首作品，几乎涉及所有音乐题材和形式，其艺术价值令后人望尘莫及。

1816年，舒伯特辞去教师的职务，专心从事作曲。由于没有固定收入，生活比较贫困。尽管这样，他还是满怀热情地创作了大量歌颂民族解放斗争的优秀作品。长期的贫困生活使舒伯特的身心受到了极大的摧残。1828年11月19日，年仅31岁的舒伯特在维也纳溘然长逝，他被安葬在生前一直相当崇拜却只见过几次面的贝多芬的墓旁。舒伯特的一生都献给了音乐，他匆匆走完了31个春秋却始终未婚。这究竟是为什么呢？

很多人认为，舒伯特富于诗人的气质，他的作品充满了浪漫主义的气息，这样的人本应对爱情极其敏感。然而在他短暂的一生中，只有一次燃起了爱情的火焰。他曾把《少年时期的梦》献给泰蕾莎·格罗普，可泰蕾莎为了确保她的生活质量，最后却嫁给了一位面包师。还有一位歌手也与舒伯特有交往，但最终嫁给了一个位高权重的官员。

有人把舒伯特的终身未婚归因于相貌。他个子矮小、肚子大、皮肤黝黑、嘴唇厚实、脑门很大，被维也纳人称为"蘑菇"。这样的长相，加上他羞怯内向的性格，自然不受女性欢迎。

有人认为舒伯特不恋爱、不结婚的原因是他的经济状况太差。他一生穷困潦倒，没过上几天富裕日子，甚至比莫扎特还悲惨得多。在他生活的那个时代，专门作曲的人很难糊口。他不是一位演奏家，无法获得正式、长期的工作，只能靠朋友们接济度日，这种朝不保夕的生活一直维持到他去世。或许他明白自己的生存状态，所以从未认真考虑过结婚。

此外，舒伯特的单身可能是受到了贝多芬的影响。贝多芬在他心中是神一样的存在,且始终带有一丝神秘的色彩。他第一次小心翼翼地求见贝多芬就未能成功,直到贝多芬死前的一个星期,两人才见上了一面。他死后唯一的要求就是与贝多芬葬在一起,这个愿望最终在1888年得以实现。

舒伯特在25岁时染上了性病,他预感自己的生命即将衰竭。也许他的心里只有自己的偶像,因此不愿结婚。毕竟,在他短暂的一生中,贝多芬确实对他产生了很大的影响。

贝多芬耳聋和死亡之谜

"我要扼住命运的咽喉",贝多芬的这句名言不知激励了多少在逆境中挣扎的人。即使是这么坚强的人,最后也没能战胜耳聋和疾病,他的英年早逝着实令人惋惜。

路德维希·贝多芬是德国伟大的作曲家、维也纳古典乐派代表人之一,他极大地促进了世界音乐的发展,被世人尊为"乐圣"。

相比在音乐上取得的巨大成就,贝多芬的生活道路非常坎坷,他一生都与病痛为伴。

1796年,年仅26岁的贝多芬感到自己的听觉日渐衰弱;1801年,他确信自己的耳疾无法医治,并将这件事告诉了自己的朋友。

贝多芬32岁时耳疾加剧,常常什么都听不到。这对正步入创作成熟期的他来说是个致命的打击。他的性格开始变得更加暴躁、孤僻,因绝望而企图自杀。那么,贝多芬为什么会耳聋呢?

1797年夏天,贝多芬患了严重的下痢,时好时坏,前后拖了六年之久。现在推测,贝多芬可能是得了肠伤寒。伤寒是热病的一种,严重时可能导致听力困难。许多贝多芬的传记中都记载,他的脸上有许多凹凸不平的小疤痕。或许他在孩童时代得过天花,这也可能造成耳聋。

为求得病理学上的印证,人们于1863年和1888年两度开棺检验贝多芬的颅骨,共获得九块头骨,却偏偏找不到他的颞骨。残缺的头骨令科学家很难得出结论,贝多芬的颞骨去了哪里?这又是一个未解之谜。

医生在认真研究贝多芬的私人信件、尸体解剖报告后认为,贝多芬胸腔感染，患有胃病和严重的背痛、关节痛，这些都可能导致他耳聋。而最有可能导致他耳聋的是他患有严重的肺结核。有人认为，这些折磨了贝多芬20多年的疾病都是由一种罕见的风湿病引起的，这种风湿病慢慢侵袭身体，逐渐使身体的各个器官发炎、病变。

有的专家试图通过研究贝多芬的家庭关系来揭开他的死亡之谜。他们认为贝多芬过早地离开人世，在很大程度上是因为他那个忘恩负义的侄子。侄子长期给他带来困扰，大大地损害了他的健康，给他的精神带来了莫大的痛苦。他的侄子卡尔对他的态度非常恶劣，只要贝多芬对他严加管教、言语过重，他就会用自杀来威胁。尽管如此，贝多芬对他的爱依旧如慈父般有增无减，并一再迁就他。1826年12月1日，卡尔不听贝多芬的劝告，硬要去军队服役，贝多芬只好陪他上路。那天贝多芬衣着单薄，在旅途中得了严重的风寒，从此一病不起。1827年3月23日，贝多芬立下了仅有一句话的遗嘱："无条件地将我的一切都留给我的侄子。"三天后他就去世了。

当然，对喜爱贝多芬的人来说，探究他耳聋和死亡的原因只是为了更全面地了解这位音乐巨匠。他令人敬佩的地方在于，在饱受病痛折磨且与外界声音隔绝的状态下仍能创作出一首首世界名曲。

有人指出，贝多芬在听力衰退的22年里，曾使用各种工具来帮助自己获得听力。他会使用一支木质鼓槌，一端咬在上、下牙缝之间，另一端放在钢琴上，这样声音的振动就可以沿着鼓槌到牙齿再经头骨传入耳内。贝多芬凭借坚强的意志克服了重重困难，创作了举世闻名的《英雄交响曲》。

1827年3月26日下午5时30分，一代音乐大师贝多芬被病魔掳去，在维也纳去世。人类有史以来最伟大的音乐家就这样离我们远去了，他那饱受折磨的一生就此画上了休止符。

安徒生身世之谜

安徒生的童话伴随着一代又一代的孩子度过了美好的童年，可是这位伟大作家的身世至今还是个谜，据说他是国王的私生子，这是真的吗？

安徒生是一位风格独特的童话作家，提起《小锡兵》《冰雪女王》《拇指姑娘》《卖火柴的小女孩》《丑小鸭》和《红鞋》，想必我们都不陌生。安徒生曾获皇室荣誉，被称为"为整个欧洲的孩子带来了欢乐"的童话作家。他的童话故事伴随着一代又一代的孩子度过了美丽、快乐的童年。

人们普遍认为，安徒生是一个贫穷的鞋匠与洗衣女工的儿子，通过自己的不懈努力，从一个来自贫民窟的野孩子成长为一位伟大的文学家。

据说，1805年4月2日，安徒生出生在丹麦富恩岛欧登塞城一间低矮破旧的平房里。他的父亲是一个迫于生计而整日忙碌的鞋匠，母亲则是一个迷信的洗衣妇。安徒生的童年生活非常贫穷，他梦想成为一位歌剧演唱家，后因嗓子出现问题而不得不放弃。献身表演艺术的愿望受挫后，安徒生开始向文学高峰跋涉，他写过戏剧、小说、诗歌、游记和自传。1835年，他出版了第一本童话集，在为穷苦孩子们创造的美好的童话世界中找到了归宿。之后每年圣诞节他都会出版一本童话书，作为送给孩子们的礼物。他写了近40年，共发表过160多篇作品。安徒生成了丹麦人心目中永远的骄傲。

但是，很多人认为，安徒生是伯爵夫人爱丽丝·劳尔维格和克里斯蒂安·弗雷德里克王储的私生子，这位王储后来成为丹麦国王。

1990年，数百位丹麦人在欧登塞大学举行听证会，探讨这位童话大师的身世。一位名叫延斯·约根森的历史学家写了《安徒生——一个真正的童话》一书，声称安徒生出身王族，是丹麦国王克里斯蒂安八世和劳尔维格伯爵夫人的私生子，刚出生就被王室藏在一个鞋匠——安徒生父亲的家中。约根森之所以这样推测，是因为安徒生虽出身低微，却成功打入了王族的圈子。他经常出入于皇家剧院，还在皇家宫殿阿马林堡宫里住过一段时间。约根森认为，一个鞋匠的儿子竟然没有进贫民院，这在当时是难以想象的，唯一的解释就是他受到了王室的秘密资助。丹麦作家皮特·赫固也支持约根森的观点，他还提出了另一个证据：一位海军上将的女儿曾于1848年给安徒生写信，信中提到安徒生曾发现自己是一位"王子"。

然而，令人不解的是，为什么安徒生在自传《我一生的童话》中对这一切只字未提，也没有丝毫暗示呢？有的学者找到了100多年前教堂户口登记册的复印件，登记册上记录1805年4月2日凌晨1时，鞋匠汉斯·安徒生与其妻子安娜喜得贵子，安徒生于4月16日受洗。丹麦著名历史学家塔格·卡尔斯泰德为了解开安徒生的出生之谜，翻阅了大量有关国王克里斯蒂安八世的资料，包括他的日记和信件。

卡尔斯泰德称，这些资料表明国王、贵族与平民妇女偷情的可能性是存在的，而且很有可能生下孩子。国王处理这种情况的方法就是给那个妇女写信，并寄去一笔钱用来抚养孩子。但在这些信件中，既没有找到与安徒生有关的资料，也没有找到与安徒生母亲有关的资料。

安徒生是否是落难的王子？现在已经无从得知了。也许对读者来说，这个问题的答案并不重要，重要的是他创作的童话给全世界的孩子们都带来了美好的回忆。

托尔斯泰晚年为何弃家出走

> 像托尔斯泰这样的文豪，竟在83岁的耄耋之年弃家出走，实在让人百思不得其解。

列夫·托尔斯泰是俄国著名的大文豪，其一生创作颇丰。他的作品对欧洲文学影响极深，在世界文学史上也占有一席之地。然而这位享有世界声誉的作家却在晚年做了一件惊世骇俗之事——离家出走。

1910年11月7日（公历11月20日），列夫·托尔斯泰在离家出走的途中逝于阿斯塔波沃火车站。整个俄罗斯乃至全世界都为失去这样一位伟大的文学巨匠而感到悲伤。悲痛过后，人们不禁要问：他为什么要在83岁的耄耋之年弃家出走呢？

家庭因素是托尔斯泰出走的主要原因。托尔斯泰于1862年结婚，夫妇感情一直很好。托尔斯泰晚年开始信奉宗教，其世界观、价值观都发生了很大的变化。随着托尔斯泰各种观念的急剧转变，夫妻二人间的距离越来越远，本来融洽的感情逐渐破裂。73岁这年，托尔斯泰回到了故乡亚斯纳亚·波利亚纳，开始关注在他的农田上辛苦劳作的农民们。这些贫苦、可怜的农民让托尔斯泰感到不安与自责。为了减轻自己的愧疚感，托尔斯泰开始改变自己的生活方式，甚至开始自我折磨：他厌恶人情世故和亲友间的应酬，拒绝出席贵族的宴会；他经常戴着草帽，穿上旧衣服，脚踏树皮鞋，在农田里干活；同时他打算把全部著作的版权无偿地献给社会。

托尔斯泰在1885年和1897年就计划出走，虽然始终没有付诸行动，可是夫妻之间的裂痕也一直未能弥补。1909年，托尔斯泰不顾妻子的反对，公开发表声明：自己于1881年以后出版的作品，任何人都可以免费出版。

面对妻子的愤怒与谴责，托尔斯泰采取了宽容谅解的态度。他晚年一直奉行

"不抵抗主义"，也就是把错误都归结到自己身上，尽量原谅别人。托尔斯泰逝世前的生活并不美好，他的周围充满了责难。于是他打算离家出走以躲避这些纷争。1910年10月28日凌晨5点左右，托尔斯泰带着私人医生离开了亚斯纳亚·波利亚纳。在火车上，托尔斯泰病倒了。寒冷的天气使他不停地咳嗽，并开始发高烧。他们在阿斯塔波沃车站下了车，7天后，托尔斯泰在这个荒凉的小站去世了。

在深入研究道德哲学和宗教伦理的基础上，托尔斯泰于19世纪80年代初形成了以"不以暴力抗恶""道德上自我完善""放弃私有财产"为核心的托尔斯泰主义。托尔斯泰的理论吸引了一批崇拜者和追随者，这些追随者不仅坚定了托尔斯泰放弃地主生活的信念，而且导致了托尔斯泰与家庭的决裂，其中对托尔斯泰影响最大的是切尔特科夫。

切尔特科夫是上层贵族出身的优秀军官，但他抛弃军职，舍弃锦绣前程，回到了自己的庄园和农民们生活在一起，并把自己的部分财产分给他们。这与托尔斯泰的理想非常相似，于是二人结下了深厚的友谊，这种友谊从1883年开始一直延续到托尔斯泰逝世。切尔特科夫不仅是托尔斯泰的好朋友，而且经常介入、干预托尔斯泰的私人生活，并直接参与了文学遗产继承权之争。1910年7月22日，切尔特科夫草拟了一份关于文学遗产继承权的遗嘱，让托尔斯泰签了字。遗嘱的主要内容是：托尔斯泰的文章、手稿、日记、信件全由小女儿萨莎继承，并移交切尔特科夫出版。托尔斯泰的妻子索妮娅得知这件事后非常生气，二人之间的矛盾激化，托尔斯泰"感觉到自己被撕成了两半"。他左右为难，进退维谷，下决心到乡村的茅舍里度过余生。

但是，像托尔斯泰这样一位道德高尚、意志坚定的老人，不太可能任由他人摆布。托尔斯泰早在19世纪80年代就产生了离家出走的念头，若非如此，遗产之争的后果不一定会变成这样。他的崇高理想和严酷现实间的尖锐对立是他长期以来精神痛苦的根源，离家出走、客死他乡只不过给这种痛苦平添了几分悲剧色彩罢了。

托尔斯泰离家出走的背后或许有许多方面的原因，但又有谁清楚他当时的心理状态呢？可以肯定的是，他的选择不会影响这位文学巨匠在人们心中的地位。

两大物理学家为何双双拒领诺贝尔奖

为什么爱迪生和特斯拉都对无数人梦寐以求的诺贝尔奖不屑一顾？

自诺贝尔奖成立以来，无数专家学者都渴望获得这个代表至高荣誉的奖项。然而，也有许多获奖者由于种种原因拒绝领奖，这其中就包括大名鼎鼎的发明家爱迪生。1912年爱迪生和特斯拉一同被评为诺贝尔物理学奖得主，然而两个人是死对头，最终他们谁都没有去领奖。

1884年，特斯拉经查尔斯·巴切罗的介绍加入了爱迪生的研究所。但他们之间存在着严重的分歧。爱迪生注重实践，喜欢凭经验摸索；特斯拉注重理论，他觉得爱迪生的做法十分愚蠢，认为实验必须要有理论依据做基础，而不是像爱迪生那样，仅一根灯丝就做了一千多种尝试。

有一次，特斯拉同爱迪生谈论起发电机潜在的改革可能，爱迪生轻蔑地说："如果你能做成，我就付给你5万美元。"特斯拉花了几个月的时间进行试验，对发电机进行改革，他成功地把改革后的附件装入了发电机。当他向爱迪生索取5万美元时，爱迪生却回答说："特斯拉，你不知道我们美国人爱开玩笑吗？"特斯拉的科学理念屡次遭到爱迪生的嘲笑，他最终愤然离开了爱迪生的研究所。

众所周知，爱迪生发明了电灯，在那之后爱迪生投入了大量的精力去改良自己发明的电灯，努力提高其使用寿命。由于当时没有高效的交流电动机，爱迪生在送变电方面使用的是110伏的直流电。而此时，特斯拉发明了适合交流送电的电动机，西屋公司负责人乔治·威斯汀豪斯随即买下了这项发明的专利，在大城市中建立了交流电网，交流送电被迅速普及。

特斯拉曾在爱迪生的研究所就职，可以说他在物理学电流方面的成就离不开当初爱迪生对他的培养。可如今，爱迪生的部下发明的电动机却给爱迪生的商业发展带来了威胁。出于愤怒，爱迪生开始反击，他积极展开宣传攻势，声称交流送电的方式十分危险。由于每年都有几十人在高压电线旁触电而死，因此这种说法引起了极大的恐慌，许多人开始拒绝使用交流电动机送电，这给西屋公司带来了不小的影响。

恰好当时纽约州正在寻找能够替代绞刑的、更为人道的执行死刑的方法，为了宣传交流电的危险性，爱迪生诱导西屋公司制造执行死刑的机器。但这项实验反而促进了交流电的成功推广，因为使用交流电的电椅根本无法使死刑犯人立即丧命。

面对爱迪生的种种攻击，特斯拉怒不可遏，商业利益的碰撞更导致二人关系迅速恶化，自此成为死对头。当特斯拉听说自己和爱迪生共同被选为诺贝尔物理学奖的获得者时，立即公开表示拒绝领奖。最终，1912年的诺贝尔物理学奖颁发给了荷兰发明家达伦。

后来的实验证明，交流电引发心脏停搏的概率是直流电的3倍，这证明爱迪生关于"交流电比直流电更加危险"的言论是正确的。但这个结论来得太晚，已不能弥补爱迪生和特拉斯拒领诺贝尔奖的遗憾。

第十一章 政治名人离奇死亡之谜

英格兰威廉二世死因之谜

英格兰国王威廉二世最让人记忆深刻的不是他的历史功绩，而是他在新林打猎时被一箭穿心，意外死亡。

威廉二世又名"胡佛"（约1056—1100），自1087年起任英格兰国王，其统治势力覆盖诺曼底地区，在苏格兰也有一定的影响力。然而，这样一位伟大的君主竟在打猎时意外死亡。

在1100年8月的一天，英王威廉二世正在皇家猎场骑马狩猎，与他一起同行的还有亨利（威廉的弟弟）和一些随从。一行人分为几个狩猎小组，国王和沃尔特·泰尔一起猎鹿，国王看见一只赤鹿跑过，立刻朝着赤鹿奔跑的方向射了一箭。赤鹿虽然中箭受伤，但并没有死。之后，国王用手挡着夕阳的斜照光线，想在马上努力看清楚已经受伤的赤鹿的行走路线。

就在此时，沃尔特·泰尔射了一箭，他没有射中赤鹿，却射中了国王。就这样，国王在他前面倒了下去，很快就没了气息。沃尔特·泰尔吓得急忙跳上一匹马，跑出猎场，向法国逃去。

国王死后，亨利和其他人策马飞奔，赶到收藏皇室财宝的曼彻斯特，在这里抢夺了财政。亨利在抢到财宝并确定已经掌控局势后，便又立马赶回伦敦，在吉尔伯特·德克莱尔的支持下宣布自己为国王，并在三天后被伦敦主教莫里斯加冕，登基成为亨利一世。

此时，威廉二世的尸体被贵族们遗弃在他倒下的地方，暴尸荒野。

相传，在众人离开后的第二天，有人发现了威廉二世的尸体，一位叫普吉斯的烧炭工人用自己的大车将尸体拉到了温彻斯特大教堂。

几个世纪以来，关于威廉二世被谋杀的传言屡禁不止，历史学家认为，像泰尔那样的神箭手，不可能出现这样的纰漏。而自古宫廷多纷争。在权势和财富的驱使之下，手足相残、杀母弑父的事情比比皆是，威廉二世的弟弟亨利曾经参与了狩猎活动，并在威廉二世死后不久成了新的国王。亨利是威廉之死的直接受益人，嫌疑可谓是最大的。

可是，仅凭亨利一人能否组织这样一个谋朝篡位的大阴谋呢？泰尔跟主谋勾结杀掉威廉二世,又能得到什么好处呢?事实上,自惨祸发生到泰尔去世,他都不承认自己有弑君行为。

俄国彼得三世死亡之谜

可怜的彼得三世被他的王后发动政变后废黜,就在王后成功登基后不久,彼得三世突然暴毙,这场政治斗争的真相究竟是怎样的?

1725年,雄才大略的彼得大帝驾崩后,俄国进入了长期动荡时期。在短短37年间更换了三个皇帝、三个女皇。1762年6月24日,俄皇彼得三世的王后叶卡捷琳娜发动宫廷政变,推翻了彼得三世的统治。7月18日,被囚禁的彼得三世突然暴毙。彼得三世到底因何而死?他的死是否与叶卡捷琳娜有关?

1741年,彼得一世的女儿伊丽莎白登基后,将姐姐安娜的儿子彼得·费奥多罗维奇定为皇位继承人。1742年,伊丽莎白在加冕仪式上正式宣布彼得为皇储,彼得从小生活在德国,不会说俄语,对周围事物也很冷淡,甚至认为俄国是个令他厌烦的国家。但他非常崇拜普鲁士军事制度与德国文化,整天以观看军队列阵度日。

1745年8月,彼得迎娶了德国女子索菲娅·奥古斯为妻,索菲娅后将名字改为叶卡捷琳娜·阿列克谢耶芙娜。这个女人不同于彼得的懦弱无能和狂妄自大,她很会察言观色,极讨人喜欢。在进入俄国皇室生活之后,她勤奋学习俄语,还跟随彼得皈依了东正教。

婚后,叶卡捷琳娜才发现彼得是个好色之徒,他甚至把情妇领到家中,因此两人的关系十分冷淡。同时,女皇伊丽莎白也对叶卡捷琳娜这个异国女子有所怀疑,并派人监视她。年轻的叶卡捷琳娜虽未有过多的反抗,却暗地记着这些仇恨。她一方面刻苦读书学习如何治国,一方面在政界和军队扶植拉拢亲信,并将亲信安排到重要部门,为她夺权做准备。

1761年,伊丽莎白女皇去世,彼得继位,即为彼得三世。由于国内政局长期动荡,人们都希望彼得三世可以整顿一下政务。然而,刚刚上台的彼得三世经常按照自己的喜好对俄国的现行制度和法令乱加改动,他推行的一些政策损害了教会与贵族的利益,尤其是在对外政策上,他的所作所为让政界和军界非常反感。

彼得三世的粗暴行为受到了众人的非议和鄙视,而叶卡捷琳娜巧言令色的表演则赢得了众人的爱戴。与此同时，以叶卡捷琳娜的情夫、禁卫军军官奥尔洛夫兄弟为首的密谋集团正在策划推翻彼得三世的行动。

1762年6月28日，按照日程安排，彼得三世要去奥拉宁堡出席一个庆祝活动，而叶卡捷琳娜应该在那里等着他，但彼得三世到来的时候，叶卡捷琳娜却并不在那里。

原来，叶卡捷琳娜返回了圣彼得堡，提前发动政变，控制了首都局势，成为女皇。在得知发生宫廷政变的消息后，彼得三世惊慌失措，要求与叶卡捷琳娜平分政权，但遭到拒绝。后来，彼得三世迫不得已退回奥拉宁堡，按照叶卡捷琳娜的意思宣布退位，但彼得三世向叶卡捷琳娜提出了条件，要求归还他的情人、小提琴以及一只猴子，以便他能度过后半生。

7月18日，叶卡捷琳娜在枢密院正式宣布登基，史称叶卡捷琳娜二世。就在叶卡捷琳娜宣布登基的同一天，突然传出被囚禁的彼得三世暴毙的消息，叶卡捷琳娜对外宣称彼得三世因消化不良而死。

在俄国古老的封建宫廷中，始终充满权力的倾轧和斗争、欺诈与不择手段的阴谋，宫廷政变同专制独裁是一对孪生兄弟，彼得三世正是其中的牺牲品。彼得三世的死因究竟为何，当时社会上流传着许多说法：第一种是彼得三世是被人毒死的，据当时法国外交部档案记载，一些人按照俄国风俗亲吻彼得三世的遗体以示告别，后来这些人的嘴唇却奇怪地肿了起来；第二种是彼得三世是在酒后与人打骂，被人失手打死的；第三种则是女皇为永除后患，让心腹勒死了彼得三世。

尽管彼得三世的死因扑朔迷离、众说纷纭，但有两点是可以肯定的：彼得三世死于谋杀；叶卡捷琳娜与彼得三世之死有着直接或间接的关系。

拿破仑死于谋杀

　　叱咤风云的拿破仑在战败后被流放到孤岛上，但他仍然是敌人的心腹大患。得知他的死讯后，这些人终于松了一口气。

曾经不可一世的法国皇帝拿破仑·波拿巴在他亲手建立的法兰西第一帝国垮台后，被英国人囚禁在南大西洋的孤岛——圣赫勒拿岛上，度过了生命中最后的六年。1821年5月5日17时49分，这位曾叱咤欧洲大陆的风云人物与世长辞。

当时的尸检死因是胃癌，大部分人是相信这个结果的，没有产生过多怀疑，因为拿破仑家族有癌症史，且在被解剖时他的胃已经溃烂。

1982年，一个瑞典牙医宣布拿破仑是被慢性砒霜毒死的，这一消息几乎震惊了整个世界。这位瑞典牙医是拿破仑的崇拜者，他进行了20多年的研究，翻阅了大量关于拿破仑的论文和医疗记载，最终得出这样的结论。马尔尚是曾随拿破仑一起流放圣赫勒拿岛的仆人，他在日记中写道："拿破仑去世前经常失眠，腿部肿胀无力，掉头发，总是觉得口渴，偶尔还会抽搐。"他发现拿破仑患病期间的身体反应完全符合慢性砷中毒的症状，而且他还找到了拿破仑生前赠送友人的几缕头发，头发里的砷含量也远远高于正常人。这更加证实了他的猜测。

如果拿破仑真的是因砷中毒而死，那么幕后的黑手是谁呢？有人怀疑是英国政府，但对英国政府来说，当时的拿破仑已经没有威胁性了。那他对谁最具有威慑力呢？有人认为是当时的法国皇帝——他的侄子，路易·波拿巴。但这也仅仅是一个猜测，至于到底是谁，没有人能够确定。

很明显，那个谋杀犯应该在拿破仑被流放期间一直待在圣赫勒拿岛。在那里，从头到尾陪伴在拿破仑身边的只有两个人——蒙托隆伯爵和仆人马尔尚。人们从蒙托隆第五代子女家中发现了蒙托隆下毒的"确凿证据"，这些证据在蒙托隆写给妻子阿尔比娜的信件、私人日记、回忆文章和许多草稿中都可以找到。

蒙托隆出身贵族，是个将军。当时，蒙托隆欠下一大笔债务，他很可能为了得到救济资金而觊觎拿破仑的钱财，希望凭借自己的一片赤诚和殷勤伺候，能得到拿破仑的一部分遗产。事实上，拿破仑在遗嘱中已经答应赠予他200万法郎金币。但蒙托隆的胃口比这要大得多，他因此对拿破仑产生了不满。并且，就当时的情况看来，蒙托隆伯爵是唯一有机会下毒的人。如果是通过饭菜下毒，那么岛上的其他人也不能幸免，只能通过酒下毒。岛上有一个拿破仑专有的地下酒窖，只有蒙托隆伯爵才能进入。

也有一些历史学家认为，蒙托隆与波旁王朝皇帝路易十八的弟弟，也就是后来的法国皇帝查理十世关系密切，是法国保皇党和英国的"走狗"，而这两派力量都希望"尽早除掉拿破仑"，以防他再次回到法国"闹革命"。有人声称，在法国国王路易十八的兄弟阿图瓦公爵的指使下，蒙托隆多次谋害拿破仑。这位公爵作为王室继承人，担心拿破仑复出推翻君主政体，因此非常热衷于组织和资助暗杀拿破仑的行动。

一部分人相信拿破仑是被人下毒害死的，但也有一些人坚定地认为拿破仑是因胃癌而死。于是，有专家指出，弄清拿破仑死因的最好方法是"开棺验尸"，并对其遗体进行DNA检测，但这个方法对法国人来说很难接受。一些拿破仑亲属则认为："拿破仑的死因并不重要，还有许多关于他的更重要的问题值得研究。"

拿破仑死后的第19年，也就是1840年，在当时跟随他一起流亡的几个随从的监督下，拿破仑的坟墓被重新挖开，他的尸体最终被安置在巴黎的荣军院。现在，这里已经成为军事博物馆，他的墓碑前每天都围满了参观者。虽然人们对拿破仑的死因仍争论不休，但法国人提起这位曾经叱咤风云的皇帝，仍感到十分自豪。

斯大林之子死亡之谜

1941年7月16日，斯大林的长子雅科夫在苏德战争中被俘，之后被关押在萨克森豪森集中营。1943年4月15日，雅科夫死在集中营内。雅科夫到底是怎么死的呢？

斯大林的长子叫雅科夫·约瑟福维奇·朱加什维利，1907年3月18日生于莫斯科库兹基庄园。1937年大学毕业后，雅科夫考入炮兵学院指挥系。苏联卫国战争爆发后，雅科夫积极报名参军，并上了前线，不久成为苏联第十六集团军第十四坦克师三团二营中尉军官。

1941年6月22日，苏德战争爆发，在几乎没有准备的情况下，苏联全线溃败，主要的工业、农业区相继被德军占领。7月16日，更富戏剧性的事发生了，在斯摩棱斯克大卢基镇战斗中，苏联第十四坦克师被击溃，斯大林之子中尉军官雅科夫成了德军的俘虏，他先是被送到德国吕贝克的奥弗拉格克斯集中营，后来又被转到萨克森豪森集中营进行关押。

随着德国多线作战，苏联逐步掌握了战争的主动权，在斯大林格勒战役中德军将领保卢斯失利，被迫向苏军投降。希特勒传信给斯大林，希望苏方释放保卢斯将军，作为交换条件，德国方面愿意释放已关押了半年多的雅科夫·朱加什维利。但斯大林并没有因此动摇，他让中立国的红十字会转告希特勒："我不喜欢用一名将军交换一名士兵。"苏联人民因此更加敬佩斯大林，为他大公无私的精神深深折服。但这对于雅科夫来说无疑是当头一棒，他的结局似乎也因此注定。

雅科夫被俘后情绪极度低落，回想起斯大林曾说的"没有战俘只有叛徒"这句话，他为未能完成父亲誓死保卫斯摩棱斯克城的嘱托，未能率领部队为祖国流尽最后一滴血而深深自责。当听说斯大林不愿"用一名将军交换一名士兵"的消息后，雅科夫在精神上遭受重创。但雅科夫不知道，斯大林一直在为营救他而努力，他策划过两次营救行动，却都以失败告终。

1943年4月15日晚上11时，雅科夫死在萨克森集中营。雅科夫的死对德国人来说是件很麻烦的事。德国人担心苏联人知道雅科夫在集中营死去，会对苏联境内关押的德国战俘进行报复，所以德国政府下令对雅科夫死亡的消息严格保密。

雅科夫的死亡原因一直是个谜，长久以来人们不断讨论，众说纷纭。

有人认为雅科夫是在集中营内自杀的，自杀的原因是雅科夫深感绝望和悲伤。斯大林所讲的"在战场上没有战俘，只有叛徒"这句话对雅科夫打击很大。

许多人传言，雅科夫是在越狱逃跑时被德国士兵开枪打死的。当斯大林不愿意用德国战俘保卢斯将军交换儿子时，雅科夫非常失望，加上集中营的环境恶劣，使雅科夫难以忍受。晚上11时，集中营"放风"集合时，雅科夫突然逃跑，飞身冲过集中营的铁丝网，德国士兵发现后，向雅科夫开了20枪，打中11枪，雅科夫当场死亡。接着，德国军队哨兵从铁丝网外边，把雅科夫的尸体拉回来，用毯子裹着，10个小时后，雅科夫的尸体在集中营的焚尸炉里被火化。

也有人认为雅科夫是在集中营内被德国党卫队特工谋杀的。1942年12月，苏德战场形势发生了重大转折，德国第六集团军夺取斯大林格勒的企图被挫败。1943年初，进攻斯大林格勒的第四集团军在司令保卢特·拉都勒的率领下向苏联红军投降。纳粹德国在党卫队头子戈培尔·拉加利的指示下，准备利用雅科夫搞反动宣传，雅科夫顶住了诱惑和压力，没有被纳粹德军党卫队利用。4月15日晚上11时，纳粹德军党卫军上校中队长卢德维拉·艾特加指使纳粹特工格哈特·多马克中尉和巴巴罗萨·荣特金上士将雅科夫秘密枪杀，然后将雅科夫的尸体扔到集中营的铁丝网外，伪造现场，对战俘们说雅科夫因逃跑而被枪杀。

由于雅科夫死前没有留下什么遗言，他是自杀还是他杀可能将永远成为一个谜。

希特勒死亡之谜

许多人都认为希特勒是自杀身亡的，但事实上这一案件存在许多疑点，希特勒死亡之谜至今尚未被解开。

面对苏联红军对柏林的疯狂轰炸，希特勒宣布自己要与第三帝国共存亡。他先与情妇爱娃·布劳恩一起服下氰化钾毒药，之后又朝自己头部开了一枪。根据希特勒生前的命令，他和爱娃的尸体被毯子裹着搬到总理府地堡外花园内，浇上汽油焚烧，两人的尸骸被合葬于附近的弹坑中。

1945年4月，攻入德国首都柏林的苏联红军在总理府地堡附近挖出一具焦尸，当时苏联的法医认为尸体可能是希特勒。这具尸体的头骨有缺失，疑似是开枪自杀所致，但其下颌与牙齿的情形与希特勒牙医供述的完全不吻合。一年之后，那块缺失的头盖骨碎片终于在地堡外被找到。这块头骨碎片与早先发现的希特勒下颌骨以及他自杀时所坐的、血迹斑斑的沙发残骸一起被封存于苏联情报机构内。

这块头盖骨碎片一直被认为是希特勒死亡的"铁证"，而美国科学家经过DNA检测发现，这块头盖骨来自一名女性。这个头盖骨碎片应该也不是当时33岁的爱娃，虽然年龄和性别都符合，但文献中没有任何关于她开枪自杀或被枪杀的记载，她应该是中毒而死。这一调查结果更给希特勒的死亡增添了一丝神秘。

莫斯科犯罪学实验室对沙发上留下的血迹进行鉴定，结果表明，这不是血，而是与血液色泽相像的液体。焦尸上的血型同希特勒的血型也不符，大脑内也未发现弹痕和服毒痕迹。

据此，有人认为，当初在帝国总理府花园内发现的尸首并非希特勒。但是现在已无法重新鉴别了，因为苏联克格勃主席——安德罗波夫曾于1970年下令挖出被埋葬在东德马格德堡苏军兵营里的希特勒和约瑟夫·戈培尔全家的尸骨，将其火化后把骨灰抛入河中。有关焚毁过程的记录保存至今。

如果希特勒没死，那么他会去哪里呢？有的人说他去了意大利隐居；有的人说他去瑞士做了修道士；还有人说他在英国做了渔夫；20世纪80年代末还有人声称见过他。当然，这只是传闻，不足为信。

巴顿将军死亡之谜

他是第二次世界大战中最受争议的美国将军，他也是极少在闪电战中能与德军抗衡的统帅之一。他死于一场车祸，那么，这场车祸究竟是一场意外，还是精密策划的谋杀？

第十一章 政治名人离奇死亡之谜

乔治·巴顿无疑是第二次世界大战时期叱咤风云的国际人物,他身经百战,立下了赫赫战功。然而作为一个军人,他没有马革裹尸,却在战后遭遇一场离奇的车祸,死在医院,不禁让人感叹造化弄人,而他的死也给后人留下一个谜团。

1945年12月9日,巴顿将军和盖伊少将去养雉场打猎,霍雷斯·伍德送他们前去。不幸的是,上午11点45分左右,他们在38号公路上发生了车祸。

据说这场事故很严重。事发5分钟后,军警赶到现场并迅速叫来一辆救护车。12点15分,巴顿将军被送至海德堡医院。医生立即开始对巴顿将军进行救治:将头皮慢慢缝合,并把鼻骨接好,给他输血以防止中风和破伤风,输入青霉素以防止感染。但医生对巴顿将军受损的椎骨却束手无策,只能在他的头骨中插入牵引器械,以固定巴顿将军的头和脖颈的位置,他的四肢不能动,脖子以下完全没有知觉,伤势很严重。

非常幸运的是,经过医生的精心救治,巴顿将军的伤情在一周后得到好转,他的一条胳膊渐渐有了力量,一只脚也有了轻微的知觉。医生认为他已度过危险期,既已保住了性命,那么后续可以慢慢恢复。

不料,12月20日下午,巴顿将军的病情突然恶化,他在没有任何征兆的情况下突发血栓,医生们也束手无策。12月21日18点左右,巴顿将军因肺水肿和充血性心力衰竭在睡梦中去世,享年60岁。

巴顿将军死后的几小时坊间就有传言,说他死于谋杀。他的部下、亲属听到这个噩耗的第一个反应就是:"他被人杀害了!"

对于这场车祸,存在很多疑点。据悉,车祸发生的时候,车里共有3人,其他两人毫发无损,为何偏偏只有巴顿将军受伤呢?而且,肇事司机在出事后竟然逃走了,没有人知道他究竟去了哪里,实在让人感到不可思议。

此外,美国政府对这次车祸的调查也显得十分草率,没有留下任何现场勘察的官方材料,只有一份司机的证词,但证词明显有被改动的痕迹,就连宪兵队队长巴巴拉思中尉写下的事故调查报告也不翼而飞了。几乎在同一时间,美国国家档案馆中关于巴顿车祸和去世的记录也都离奇地消失了。车祸后,本已转危为安的巴顿将军却又猝然而亡。种种现象让他的死变得迷雾重重……

据此,有人认为巴顿将军的死亡可能带有一定的政治原因,或许跟他与艾森豪威尔的矛盾有关。第二次世界大战后,巴顿将军成为"亲德派",他曾经公开指责盟军的"非纳粹化政策",并把纳粹分子和非纳粹分子的斗争比喻为美国共和党与民主党两党之争。他甚至还考虑过扶植德国9个未受损失的党卫军部队。他的这种亲德行为使艾森豪威尔非常不满。此外,艾森豪威尔的支持者也希望除掉巴顿将军,正是出于某些政治目的,他们才精心谋划了这一切,杀死了巴顿将军。

另外,还有人将巴顿将军之死与"奥吉的黄金"谜案联系起来。"奥吉的黄金"是纳粹在第二次世界大战中埋藏的一批黄金,后来,黄金被美军的某些将领发现并窃为己有。第二次世界大战后,巴顿将军奉命调查此案件,就在快要真相大白之际,巴顿将军却遭遇车祸。于是,有人猜测是某些嫌疑人担心劣迹败露,而设计谋害了巴顿将军。

那么,作为曾经的风云人物,巴顿将军到底是因何而死的呢？他是死于意外还是死于谋杀？他的死是否与艾森豪威尔有关？时至今日,这些问题依然是不解之谜。

戈林自杀之谜

> 戈林,纳粹的"二号人物",他在第二次世界大战期间大肆屠杀犹太人,犯下了滔天罪行。战争结束后,他受到应有的审判,可就在执行死刑的当天,他服毒自杀了。那么,究竟是谁给了他致命的毒药呢？

赫尔曼·威廉·戈林是德国纳粹党"响当当"的人物,他长期追随希特勒,为希特勒的崛起立下了汗马功劳。他深受希特勒的信任和赏识,在纳粹党中的地位仅次于希特勒。1939年,希特勒指定戈林作为自己的接班人。1940年,希特勒授予戈林德国最高军衔——帝国元帅。这使得戈林的地位在德国超出所有军种元帅,可谓是权倾一时。

第二次世界大战爆发后,戈林不仅亲自指挥空军作战,还制定了对犹太人的种族迫害政策,其犯下的滔天罪行可谓罄竹难书。随着战争的深入,戈林暴露出军事能力不足的问题,再加上平时对戈林不满的将军元帅在希特勒面前搬弄是非,因此戈林失宠了。1945年,德国纳粹已经走向末路,戈林却仍以接班人自居,希特勒听说后大为震怒,并将其以"叛国罪"的名义逮捕,送进了监狱。

由于德国在第二次世界大战中战败,盟军占领德国后,戈林又落入美军手中。戈林被俘后,由于他特殊的身份,监狱采取了严密的看守措施。5月21日,戈林被押送到卢森堡孟多罗夫公园饭店的一个房间,房间里除了卫生用品和必需的衣物，其余几乎一切东西都被没收了，而且房子的每个角落都有士兵把守，连窗户也用铁丝网围着。后来，他又被押到纽伦堡监狱。在这里，美国对他的管制就更加严格了，室内整夜亮着灯，看守透过门上的监视镜来观察他的一举一动。每次战犯出庭时，监狱管理人员都会对囚室仔细地检查，防止囚犯私藏物品以畏罪自杀。

在纽伦堡审判中，戈林竭力为自己辩护并坚决否认自己的罪行。最后，在人证物证面前，法庭认定他罪大恶极。1946年9月30日，法官劳伦斯勋爵代表国际军事法庭宣读了对戈林的判决，确认戈林犯有"策划战争罪""破坏和平罪""战争罪和违反人道罪"等多项罪行，判处其绞刑。

尽管看管措施非常严密，然而意外还是发生了。1946年10月15日，在即将执行纽伦堡国际军事法庭死刑判决——执行绞刑的两小时前，戈林突然服毒自杀。消息传开后引起了极大的轰动。这位大名鼎鼎的纳粹战犯显然不愿意在众目睽睽之下被送上绞架，罪有应得的，他没有得到应该属于他的死亡方式。

经过法医鉴定，戈林是服下剧毒化学物氰化钾自杀的。谁能想到，戈林居然能在连一只苍蝇都无法自由进出的情况下从容地服毒自杀，以此来逃避全世界人民对他的审判。

据说，所有的纳粹高层在战争快结束的时候都拿到了一瓶毒药——氰化钾，但戈林的毒药在他刚到蒙道尔夫时就被发现了。那么，他自杀用的氰化钾又是从哪儿来的呢？

为了弄清楚这个问题，调查人员检查了戈林在囚室中的所有私人物品。最后，调查人员在他的奶油罐中发现了毒药。这个发现令人不可思议。这意味着戈林在整个关押期间一直藏有毒药，可是这个奶油罐早已被没收，放在监狱的储藏室中，根本没有在戈林身边。那么，戈林又是如何在如此严密的监视下把毒药顺利地取出来的呢？

有人说戈林把毒药藏在了烟斗里，在即将被处决的那天，戈林将烟斗剖开，服毒自尽；也有人说他将毒药藏在肚脐里；还有人说戈林吞服了某种能缓慢释放毒素的毒药……总之关于毒药来源的猜测众说纷纭，但这些猜测始终没有得到证实。直到2005年2月7日，当时担任监狱看守的年仅19岁的美国陆军第一师士兵——赫伯特·李·史蒂福斯供认不讳，称是自己将毒药带进了监狱。

戈林自杀后，他的尸体与其他被执行绞刑的纳粹战犯尸体放在一起火化，美军把火化后的骨灰倒进一条小溪，这个战犯从此灰飞烟灭。

肯尼迪遇刺悬案

"不要问你们的国家能为你们做些什么,而要问你们能为自己的国家做些什么。"约翰·肯尼迪的这句名言让这位美国最年轻的总统深得人民的拥护与爱戴。然而,他还未完成对美国民众的承诺就不幸遇刺身亡了。

1963年11月22日12点30分,美国第35任总统约翰·菲茨杰拉德·肯尼迪在夫人杰奎琳·肯尼迪和得克萨斯州州长约翰·康纳利的陪同下,乘坐敞篷轿车驶过得克萨斯州达拉斯的迪利广场时,一名提前埋伏好的枪手朝他开枪射击,子弹命中头部,杰奎琳惊慌地抱住他,试图用手阻止鲜血流出,但毫无作用。肯尼迪被送往医院后很快不治而亡。数小时后,一个名叫李·哈维·奥斯瓦尔德的人被警方抓获,他被初步认定为刺杀总统的犯罪嫌疑人。约翰·肯尼迪是美国历史上第4位遇刺身亡的总统,也是第八位在任期内去世的总统。

由于事情发生得太突然,国会决定由副总统林登·约翰逊继任总统。约翰逊上任后,立即成立了一个七人调查委员会,由最高法院大法官华伦领导。经过多方取证和仔细调查,该调查委员会于1965年9月发布了该案件的调查报告。报告指出,刺杀行动是奥斯瓦尔德一人所为,且奥斯瓦尔德是一名精神病患者。这一结论让人难以信服。一时间,社会舆论哗然,案情进展显得迷雾重重。

在肯尼迪总统遇刺后的20年内,涉及该案的重要证人都接二连三不明原因地死亡,死亡人数将近200人,但该案的真相始终未浮出水面。其实,很多人都注意到这样一件事实,得克萨斯州法律规定:在当地死亡的人,必须在当地解剖尸体。但是肯尼迪总统的尸体被直接送到位于贝塞斯达的美国海军医疗中心,并且是在其家属毫不知情的情况下秘密解剖的。于是,有人断言,当时被运到贝塞斯达的青铜棺内并没有尸体,这一切只是为了掩人耳目。那么,刺杀肯尼迪总统的凶手究竟是谁?

有人认为是古巴人刺杀了肯尼迪总统,理由是"猪湾事件"和"导弹危机"发生后,肯尼迪总统成了卡斯特罗的死对头;也有人认为是中央情报局的变节行为,因为在猪湾惨败后,肯尼迪总统于1961年免去了中央情报局局长艾伦·杜勒斯的职务,并削弱了中央情报局的职能,此举导致其内部"鹰派"头目和一些将军的怨恨；也有人认为此事件最关键的是以胡佛为首的联邦调查局。胡佛历经几代总统，位高权重，手中掌握很多政客的把柄，他在美国政界几乎可以一手遮天，但是肯尼迪总统不肯向他妥协，还极力限制胡佛的权力，两人水火不容。据说在肯尼迪总统遇刺之前撤换胡佛一事已提上工作日程，此举严重得罪了胡佛。

此外，人们还把怀疑的眼光投到美国第36任总统林登·约翰逊身上，因为他曾在1960年的民主党总统候选人提名大会上败给肯尼迪总统。因此，他就与早对总统抱怨不满的得州石油商、联邦调查局和中央情报局联手设计了这次暗杀行动，并销毁了所有证据，目的是中止肯尼迪总统的内政和外交政策，并嫁祸于苏联和古巴等共产主义国家。

政治斗争总是夹杂了各种利益冲突，也许肯尼迪遇刺事件并不是简单的枪手刺杀总统事件。总之，整个事件充满了神秘气息，就连后来肯尼迪总统的弟弟罗伯特·肯尼迪在参加总统竞选时也遭人枪杀。于是，人们猜测：若是罗伯特·肯尼迪成功竞选总统，进入白宫，他肯定会下令彻查其哥哥被害事件的整个内幕，那么当案子的真相水落石出时很可能会引起美国政坛的震动。

值得注意的是，当年临危受命的约翰逊总统在委托特别委员会调查此事后，又宣布将调查结果封存起来，并且对外宣称要在2038年才公布事情的调查结果，也就是在与此事有关的人员全部辞世之后。这是为了保护一些人还是在遮掩内幕，人们不得而知。也许真要等到2038年，所有的谜团才能揭开。善良的人们宁愿相信这只是一起刺杀事件，而不是谋划已久的暗杀，可是谁又能确定呢？

马丁·路德·金遇害之谜

以《我有一个梦想》的演讲闻名全世界的马丁·路德·金也许不知道，他真正的"梦想"应该是让人们查出他被刺杀的真相。

马丁·路德·金于1929年1月29日出生于佐治亚州亚特兰大的一个牧师家庭。1955年，他获得波士顿大学的神学博士学位。1955年12月5日发生的一件事，是其人生的转折点。当天，在美国蒙哥马利市的一辆公交车上，一个叫罗莎·帕克斯的黑人裁缝因拒绝为白人让座而被逮捕，马丁·路德·金随即号召黑人掀起罢乘运动，从此成为黑人民权运动的领袖。

1963年8月28日，马丁·路德·金在华盛顿广场的林肯纪念馆前领导了声势浩大的游行集会，在集会上他发表了著名的演讲——《我有一个梦想》。他为黑人谋求平等，发动了美国的民权运动，功绩卓著，闻名于世。

1968年4月4日，马丁·路德·金前往孟菲斯市领导工人罢工，下榻在洛林汽车旅馆。傍晚，他站在二楼房间的阳台上，与人交谈。在毫无防备的情况下，从旅馆街对面的一幢公寓里发射出一颗子弹，子弹穿过他的脖子，马丁·路德·金随即倒地。当晚，马丁·路德·金便溘然长辞，终年39岁。

马丁·路德·金遇刺后的1个小时，全国甚至全世界都通过电视屏幕知道了这个消息，人们还看到了警方和联邦调查局特工积极地展开相关调查工作。1968年6月8日，杀害马丁·路德·金的凶手在伦敦被美国安全部门的人员逮捕。4天之后，凶手被引渡回美国。

暗杀马丁·路德·金的人不是黑人，而是白人，名叫詹姆斯·厄尔·雷。他曾在密苏里州监狱服刑，1967年4月，也就是孟菲斯凶杀案发生的前一年，他越狱逃跑了。詹姆斯·厄尔·雷在向马丁·路德·金开枪后惊恐万分，害怕事情败露，于是化名为伊利克·加尔特，先逃往美国的马里兰，而后逃往英国。美国联邦调查局为了追捕他，先后派遣3014名特工人员，累计行程80万千米，花费了140万美元巨资，这次追捕行动堪称美国历史上规模最大的追捕行动。1969年3月10日，詹姆斯·厄尔·雷作为自供杀人犯，被判监禁99年。而他在判决生效后的第三天便翻供，称自己是清白的，他是被中央情报局的一名叫劳尔的人给陷害了，但法院对他的翻供不予理会。

虽然联邦调查局肯定詹姆斯·厄尔·雷就是真凶，但是人们仍觉得事有蹊跷：这个不值一提的窃贼是如何在1967年成功越狱，随后还过上富有而体面的生活，甚至四处旅游，挥金如土的呢？这应该不是他一己之力所能做到的，在他背后应该有力量支持。而这种力量究竟来自哪里？没有人知道。

此外，也有人怀疑是联邦调查局参与了这起谋杀案。联邦调查局局长埃德加·胡佛曾经在公开场合大骂马丁·路德·金是个大骗子。1967年6月，当马丁·路德·金与其他美国黑人民权运动领导人在纽约州开会并宣布实施民权运动计划时，埃德加·胡佛就不断地吹毛求疵，指责他企图"公开邀请"人们参加即将在某些城市兴起的暴力事件。马丁·路德·金荣获诺贝尔和平奖之后，胡佛还派人给他送过恐吓信。胡佛对他不满是众所周知的事情，有可能詹姆斯·厄尔·雷只是被利用，做了无辜的替罪羊而已。

后来，迫于舆论压力，在马丁·路德·金被害10年后，美国国会不得不对暗杀马丁·路德·金一案重新进行专门调查。调查于1978年结束，收集材料达数十万页，总结报告达800页。最终，他们做出了马丁·路德·金死于密谋的新结论，但却没有查明密谋的具体参与者。

詹姆斯·厄尔·雷是独立行动还是他人或机构与其共同谋划的，关于这一点我们无从得知，而刺客詹姆斯·厄尔·雷也一直未供认他的杀人动机，这依旧是个悬案。

1986年1月，罗纳德·威尔逊·里根总统签署法令，规定每年一月份的第三个星期一为马丁·路德·金全国纪念日，并且定为法定假日。伟人已逝，但他永远活在美国人的心中。

拉宾遇刺之谜

1995年11月，以色列总理拉宾在参加一场集会时被一个犹太激进分子刺杀。凶手被当场抓获并对自己的罪行供认不讳。然而，事实真的如此吗？恐怕案情没有那么简单……

以色列前总理伊扎克·拉宾曾经参加过抗击法西斯的斗争，他是以色列的一代英雄。他分别于1974年和1992年两次出任工党领袖和内阁总理。1994年，为表彰拉宾在推动中东和平进程中所做的努力，诺贝尔奖委员会授予他诺贝尔和平奖。然而，就是这样一个崇尚和平的人却因和平而被刺身亡，成为历史的遗憾。

1995年11月4日是犹太教的安息日，也是以色列的法定假日。但对拉宾来说，这一天却是一个灾难日。当天，拉宾参加了在特拉维夫举行的由十万人参加的和平集会。晚上7时50分，拉宾演讲完毕，在众人的簇拥下健步走下主席台，准备乘车离开广场。当他走近轿车正要抬腿迈入车内时，人群中突然窜出一个犹太青年，他迅速地掏出手枪，朝拉宾连开数枪，拉宾随即扑倒在地。

在医院抢救室里，医生们想尽一切办法挽救拉宾的生命，但其终因伤势过重，抢救无效而身亡。拉宾成为以色列建国后第一位被国内反对势力暗杀的总理。

刺杀拉宾的凶手伊加尔·阿米尔被当场抓获，并对自己的罪行供认不讳。许多人都以为，本案到此可以"盖棺定论"了。然而，有人却怀疑拉宾的遇刺事件并没有那么简单，没有经过调查就结案，难免有些草率，因为招供的事实本身并不完全等于罪证。

而事后的调查结果也证明了这不是一起简单的刺杀案件。拉宾的尸检报告显示：致命伤是子弹从胸口进入，穿透心脏，又经过背部，从第五根和第六根肋骨之间射出。意即，这致命的一枪是有人用枪口直抵拉宾的胸口开枪射击的。以色列警方在提交给法庭的报告中也说："死者体内留有大量火药粉，上衣有很长的缺口。由此可以断定，杀手是用枪口直抵拉宾的胸口开枪的。"

然而，当时在场的人都看见阿米尔是从背后开枪射杀拉宾的，并且还有一个叫凯普勒尔的业余摄影爱好者用摄像机记录了案发现场，阿米尔的确是从拉宾的背后对拉宾连开三枪，他根本没有在拉宾的面前开枪。况且，当时广场人山人海，阿米尔根本不可能有机会接近拉宾，再者他也没有必要这样做。那么，接近拉宾射击的人究竟是谁呢？

据拉宾的保镖讲述，当时他听到枪声后立马把总理压在身下，遇刺现场并没有任何血迹。事实也的确如此，这不免让人心生疑惑。更令人不可思议的是，凶案发生的时候，凶手一边开枪，还一边喊着："没事，这不是真子弹。"即使阿米尔开枪打中拉宾，拉宾的伤势也不会太重。因此，杀死拉宾的行为肯定是另有他人。

拉宾死后，有报纸报道说，早在当年7月就有人向政府举报过阿米尔有刺杀总理的企图，但是不知为何却没有引起当局的重视。这是故意放纵还是无意忽视呢？经调查还发现，阿米尔曾先后五次企图刺杀拉宾，但其刺杀计划皆以失败告终。

更奇怪的是，拉宾的司机当天表现也十分反常。这位赛车手出身的职业保镖，居然用了20分钟时间才把总理送到医院，实际上那段路开车5分钟就能到达。他声称是因迷路耽误了时间。而在汽车到达医院后，连一个及时迎诊的医生都没有。于是，有人怀疑拉宾是在送往医院的路上被第二次暗杀，他们认为阿米尔确实参与了暗杀拉宾的行为，但他没有杀死拉宾，真正的凶手躲在拉宾车子的后座。阿米尔的枪响后，保镖把拉宾推进车子，此时这个不知名的凶手开枪打死了拉宾。

这一系列反常的事情，不禁让人们怀疑拉宾遇刺案的真相到底是什么？这位受人尊敬与爱戴的人已经去世多年了，可谋杀他的真凶何时才能缉拿归案呢？

第十二章 文化名人离奇死亡之谜

莫里哀死于何因

> 一代喜剧大师的死亡却是个悲剧。在演出结束后,莫里哀咯血倒下,当掌声尚未平息时他的生命已结束在舞台上……

莫里哀是法国17世纪古典主义文学代表作家之一,他创造了古典主义喜剧,在欧洲戏剧史上占据十分重要的地位。

1659年,莫里哀创作的《可笑的女才子》辛辣地讽刺了资产者的附庸风雅,抨击了贵族社会"典雅生活"的腐朽和无聊,因而触怒了贵族势力,遭到禁演。但莫里哀并未屈服于权贵,连续编演了《丈夫学堂》和《太太学堂》,而《太太学堂》也因"宣扬新思想,要求冲破封建思想牢笼"被指责为"淫秽""诋毁宗教",再次遭到禁演。莫里哀决定奋起反击,写了《〈太太学堂〉的批评》和《凡尔赛宫即兴》两出论战性短剧。1664年,莫里哀写成杰作《伪君子》。1668年,他又创作了另一部力作——《吝啬鬼》。

莫里哀从20岁开始涉足戏剧领域,直到51岁去世。他一直都勤奋刻苦、不懈努力,使自己的艺术水平达到炉火纯青的地步。但是,他这几十年的生活并不平坦,各种斗争和磨难锻炼了他的意志,也影响了他的身体健康。

为了维持剧团的开支,他不得不带病参加演出。1673年2月17日晚上,在法国巴黎剧院一部喜剧正在上演,这部喜剧名为《无病呻吟》,主角正是莫里哀。演出开始前,莫里哀的妻子劝他不要登台,然而,他却以惊人的毅力,忍着身体的疼痛登台并坚持到演出结束。他精湛的演技和完美的剧本赢得一阵阵热烈的掌声和欢呼声。事实上,莫里哀一边在台上表演,一边忍不住咳嗽,难受得直皱眉头。当时观众还以为这是他对"心病者"的绝妙表演,对此报以热烈的掌声。由于剧烈咳嗽破坏了喉管,当谢幕的掌声还未平息时他的生命已结束在舞台上,终年51岁。

莫里哀逝世后,由于当时教会的阻挠,他的葬礼办得冷冷清清,只有两个教士参加,没有任何观众为他送行,而且葬礼是在日落黄昏之后悄悄进行的。

莫里哀的去世是法国文学界的重大损失,也是世界文学界的重大损失。莫里哀死后,有很多人对他的死因进行了探讨。

在很多人看来,莫里哀是因剧烈咳嗽不止而死,因此,有人认为莫里哀得了一种不知名的病。

还有人认为，莫里哀是因为长期带病演出，加之晚年遭受的种种不幸，使他积劳成疾而染上了肺病。1671年冬天，莫里哀曾因病情严重而卧床了好几个月。1672年2月，就在他的健康状况稍微好转之际又遇上了巨大的打击——他在戏剧事业上长期合作的老朋友马德琳·贝雅尔去世了。噩耗传来，莫里哀悲痛不已，这又加重了他的病情。然而，即便是在这种情况下，莫里哀仍坚持写戏，坚持演出，最后终因肺病而死。

还有人综合了莫里哀的各种情况，认为他的死因是多方面的，绝非仅肺病一种。长期的创作、紧张的排练和疲劳的巡回演出严重损害了他的健康，艰辛的生活、痛苦的流浪、晚年丧友丧子折磨了他的身心。同时，莫里哀还身处错综复杂的政治环境，特别是1672年冬天他与老朋友、音乐家吕利发生争执，被国王路易十四免去了文艺总管的职务，国王对他不再如从前那般信任。这一切不幸更是雪上加霜，大大加重了他的病情。

关于莫里哀的死因还有待研究。从另一个方面说，莫里哀也是死而无憾了，因为他倒在了自己热爱的舞台上，倒在了喜爱他的观众面前，他将永远被人们铭记。

普希金决斗的背后

很多人认为普希金是为爱所困，最终死于一场决斗，遗憾地结束了自己的生命。然而许多人认为，他是死于一场政治阴谋。

1799年，亚历山大·谢尔盖耶维奇·普希金出生在莫斯科一个贵族地主家庭。他一生致力于革命，与黑暗专制进行顽强的斗争；他的思想与诗篇引起俄国统治者的不满和仇恨；他曾两度被流放，但他都没有放弃希望。1837年2月，普希金为了捍卫妻子的荣誉和自己的尊严而选择了与人决斗，为此牺牲了年轻的生命，年仅38岁。

1828年12月，普希金在莫斯科参加了一个舞蹈教师举办的家庭舞会，并在舞会上结识了"莫斯科第一美人"——娜塔莉娅·尼古拉耶夫娜·冈察洛娃。两人一见钟情，不久便正式结为夫妻。当时，普希金正在俄国政府外交部任职，他的夫人经常出入上流社会。他们婚后的生活幸福、美满，共育有四个活泼可爱的儿女。

1835年6月17日,普希金夫妇偶然遇到乔治·查理·丹特斯。这个男人个子高挑,相貌英俊,谈吐幽默,为人机智,但是个好色之徒。随后,在沙皇的支持下,丹特斯开始疯狂地追求娜塔丽娅,很快,关于娜塔丽娅与丹特斯的流言在当时俄国的上层社会流传开来。娜塔丽娅百口莫辩,烦恼不已,而普希金更是愤恨难忍,烦闷、忧愁。然而,更可怕的事情还在后面呢!

1836年11月的一个上午,普希金收到一个纸袋,他打开一看,是"绿帽子协会"寄给他的证书——"绿帽子最高勋章获得者、骑士团长及骑士们会聚勋章局,在尊敬的纳雷什金主席主持下,大家一致同意任命为普希金为协会副主席和功勋史学家。"这简直就是赤裸裸的羞辱,这是难以忍受的痛苦,普希金怒火中烧。

就在同一天上午,普希金的很多朋友也收到同样的匿名信。大诗人被戴上"绿帽子"的消息被传得沸沸扬扬,成了上流社会的笑柄。更可恶的是,有个居心不良的年轻人还在普希金的脑后竖起了两根手指,作羊角状,以示"戴绿帽子"。

士可杀不可辱。为了妻子的清白,为了自己的名誉,普希金最终选择了以决斗的方式来了结与丹特斯之间的恩怨。

听说丈夫要去决斗,娜塔丽娅惊恐万状,她跪在丈夫面前苦苦哀求,但普希金万分痛苦,咬牙说道:"我去决斗不是因为你!"普希金的朋友们也劝他不要去送死,无奈普希金心意已决。普希金认为:名誉重于生命,名誉重于一切。诗人往往是固执的。

1837年2月8日,普希金在一家甜食店里喝了一杯咖啡,然后在朋友丹扎斯的陪同下,乘坐雪橇来到小黑河畔。这一天,阴霾密布,在凛冽的寒风中,在荷兰公使的公证下,普希金与丹特斯两人在广场上各自举起了手枪,丹特斯先向普希金开了一枪,曾经胜过一次决斗的普希金这次却倒下了,他腹部中弹,但他用尽全力向丹特斯开了一枪,丹特斯只是受了点轻伤,而普希金却身受重伤,洁白的雪地上满是诗人的鲜血。

普希金受了致命的枪伤,被人抬回家,娜塔丽娅吓得脸色苍白,呆若木鸡。普希金在伤痛中还不忘安慰自己的妻子,他不愿意让心爱的女人看着自己受伤痛折磨的样子。两天后,普希金离开了这个世界。

普希金死后,几乎所有人都认定丹特斯是凶手,人们在怀念普希金的《诗人之死》中写道:"一个法国纨绔子弟,用罪恶的手扼杀了美、自由和诗。整个俄国在哭泣,全体俄国人愤怒了:交出丹特斯!还我普希金!"

但是,谋杀普希金的凶手仅仅是丹特斯一个人吗?有关专家通过对大量史料的详尽探究，提出了不同的见解。

　　苏联历史学家捷尔斯基·费科克斯·埃德蒙多维奇花了整整二十年时间，查阅了罗曼诺夫王朝尼古拉一世时期留下的大量秘密档案，最终他认定是尼古拉一世策划了普希金与丹特斯的决斗。因为普希金写了大量的诗歌和小说，其中有一部分揭露了尼古拉一世的专制统治，鼓励人们追求自由、民主和光明，这让尼古拉一世非常不满。1827年1月27日，普希金受到莫斯科警察总监波里斯·安得罗·戈拉维夫的审讯和指控，将他流放到西伯利亚弗兰格尔岛。后来，丹特斯想方设法接触普希金的妻子，希望得到她的芳心，其实这些都是尼古拉一世策划的，最后，他们使用卑劣手段激怒普希金与丹特斯决斗，进而杀害普希金。

　　也有人说，尼古拉一世也为普希金夫人的美丽所倾倒，为了让娜塔丽娅经常参加宫廷晚会，他特意任命普希金为"宫廷近侍"，常伴左右。普希金表面上不敢违抗指令，但心中却愤懑不平。尼古拉一世也对普希金越来越不满，专门委派心腹暗中监视他的一举一动。后来，法国逃亡者丹特斯之所以在各种社交场合公开追求普希金的妻子，就是受到尼古拉一世的暗中支持与纵容。

　　为了谋害普希金，尼古拉一世利用丹特斯这件事在彼得堡上流社会大肆造谣，并且授意布置了丹特斯与普希金之间的血腥决斗。然而当普希金在决斗中不幸离世后，悼念追忆诗人成就的各种文章在报刊上陆续发表，成为声讨尼古拉一世黑暗暴政的战斗檄文。面对群众的抗议浪潮，尼古拉一世做贼心虚，担心普希金的葬礼会引起更大的事端，便连夜派人把普希金的灵柩从准备举行葬礼的教堂中秘密运走，在一座偏僻的圣山修道院里草草埋葬了。

　　虽然事实的真相还有待进一步研究，但几乎所有人都认定尼古拉一世对普希金之死有不可推卸的责任，普希金英年早逝是尼古拉一世阴谋诡计的牺牲品。参与杀害普希金的直接凶手和幕后谋划者将永远被人们所唾弃。

屠格涅夫死亡之谜

　　屠格涅夫的去世无疑是世界文坛的巨大损失，他给我们留下了许多宝贵的作品。那么，他究竟是怎么死的呢？是患病而死，还是另有其因呢？

伊凡·谢尔盖耶维奇·屠格涅夫是俄国伟大的作家，他创作了《罗亭》《父与子》等著名小说，被誉为俄国文坛"三巨头"之一。

屠格涅夫出身于贵族家庭，从彼得堡大学毕业后，他便到德国留学，研究黑格尔哲学，早年醉心于浪漫主义诗歌。随着俄国农奴制危机的加深，他在别林斯基的思想影响下，创作并发表了反农奴制的《猎人笔记》，走上了批判现实主义的创作道路。他曾担任《现代人》的撰稿人，但始终是一个温和的贵族自由主义者，拥护俄国政府的农奴制改革。

19世纪50年代，他和车尔尼雪夫斯基等人发生了分歧，离开俄国前往西欧。从60年代起，屠格涅夫的大部分时间都在西欧度过，在那里他结交了许多著名作家、艺术家，如左拉、莫泊桑、都德等。自19世纪70年代起屠格涅夫就定居巴黎，和流寓西欧的民粹主义者往来，并时常资助他们，把他们看作一种能迫使政府实现渐进性政治改革的力量。

1883年8月22日，屠格涅夫在法国巴黎逝世。在离开人世之前他没能回到俄国，但他的遗体运回了彼得堡，葬在沃尔科夫墓地别林斯基的墓旁。自此，屠格涅夫终于结束了长期漂流海外的生涯。

举行葬礼那天，成千上万的人护送他的灵柩去墓地；俄国所有监狱里的政治犯每人敬献了一个花圈，安放在灵柩上；生前对他有敌意的人在他逝世后终于向他的遗体表示了无限的敬意。这一切行为，都是人们对他文学成就的褒奖。

屠格涅夫的去世无疑是文坛的巨大损失，从此俄罗斯文学和欧洲文学也少了一座沟通的桥梁。那么，他是患病而死还是另有其因？长期以来，人们对此争论不休。

有学者认为，屠格涅夫的死和他不同寻常的爱情生活有关。人们一直不明白，相貌出众的美男子屠格涅夫为何会对奇丑无比的法国著名歌唱家波琳·维亚尔多夫人一往情深。在别人看来，维亚尔多夫人长得相当难看：双眼鼓起，面部线条粗犷，驼背。但这种丑陋似乎又带着极大的吸引力。一位比利时画家曾说："她奇丑无比，但要是我再见到她的话，我会爱上她的。"1843年11月，维亚尔多夫人随意大利歌剧团到彼得堡演出，和屠格涅夫有一面之缘，后来两人成为密友。屠格涅夫多次出国和侨居国外都与维亚尔多夫人有关，她对他的创作产生了深刻的影响。

虽然屠格涅夫深爱着维亚尔多夫人，但他并没有明确地对她表达爱意，而是一路追随着她，无论她到哪里演出，屠格涅夫都会尽可能地跟去。1871年普法战争结束后，屠格涅夫同维亚尔多一家迁居巴黎，直到逝世。他人生的最后十年就是在杜埃街48号维亚尔多夫妇的楼上度过的。然而，屠格涅夫却终日为"在另一个男人的安乐窝边"而痛苦。尽管有好几次两人可以结婚的机会，但他都放弃了。屠格涅夫一生都陷在这种欲罢不能、欲行又止的境地中，这种似爱非爱的特殊关系长期折磨着他。屠格涅夫曾想摆脱维亚尔多夫人对自己的影响，但每次都以失败告终。心灵的苦痛和无情的病魔折磨着他，随着病情的加重，他最后抑郁而终。

也有人认为屠格涅夫患的是心绞痛，因病情加重而死。从1882年起，屠格涅夫就抱病在身，第二年，医生给他做了切除囊肿的手术。当时法国的著名医生夏尔科曾为他看病数年，给他用了敷剂、氯醛和氯仿，但他还是剧痛难忍，无法入眠，经年累月，不治而亡。

一些研究屠格涅夫生平和创作生涯的学者、专家认为，屠格涅夫实际上是患脊椎癌致死的。苏联学者鲍戈斯洛夫斯基在《屠格涅夫》一书中明确指出："伊凡·谢尔盖耶维奇·屠格涅夫死于脊椎癌。"屠格涅夫生前曾感到背部剧烈地疼痛，在他去世后，法医做了详尽的尸体解剖，发现他有三节椎骨受损。

也许屠格涅夫真的死于脊椎癌，也许是幻想的爱情加重了病情，无论怎样，屠格涅夫给我们留下的作品是宝贵的，他让一代又一代人记住了他的名字、爱上了他的作品。

柴可夫斯基死亡之谜

一次音乐会后，柴可夫斯基在一家餐厅喝了一杯水，几天后便突然暴亡。难道柴可夫斯基所喝的水里真的有问题？

1893年10月28日，在圣彼得堡的爱乐厅，《b小调第6号交响曲》由俄国大音乐家彼得·伊里奇·柴可夫斯基亲自指挥首演，并取得巨大的成功。然而，11月6日凌晨，这位俄国音乐大师却突然死亡。

在柴可夫斯基死后的第12天，他创作的《b小调第6号交响曲》进行第二次公演，乐曲自始至终悲剧性的气氛给人们留下了深刻的印象。也正是由于作品流露出的这种悲哀、痛苦的情绪，使得人们更加关注柴可夫斯基的死因，好像悲怆的《b小调第6号交响曲》成了柴可夫斯基死亡的"预言"。

柴可夫斯基死后，官方宣布了他的死因：第一次公演结束后，柴可夫斯基在家人的陪同下走进涅瓦大街一家名为莱涅拉的餐厅吃饭。当时柴可夫斯基有点口干，于是向服务员要了一杯水，第二天他便患上疾病。医生认为柴可夫斯基喝的水里带有霍乱病菌，使柴可夫斯基染上了霍乱。几天后（1893年11月6日），柴可夫斯基便与世长辞。

但是，100多年来，喝水感染霍乱的说法却始终无法令人信服。柴可夫斯基多年来深受肠胃病之苦，严格遵守饮食规定，尤其重视食物的卫生。因此，一杯生水就能传染的故事看起来实在有点不合情理。

后来，有人发现了一份所谓柴可夫斯基写的草稿，上面写着：这部交响乐的最终本质是生活。第一部分是冲动的热情、信心和渴望活动，必须短（终曲：死亡——崩溃的结果）；第二部分是爱；第三部分是失望；第四部分以死亡为终结（也要短）。

于是，人们以此为据，推测柴可夫斯基是自杀的。然而，《b小调第6号交响曲》却绝不是作者为自己自杀所写的"挽歌"。因为，1893年是他获得极高荣誉的一年。此时他的声望在俄国如日中天，并获得世界各国音乐界的肯定，还受到俄国亚历山大三世的大力庇护，获得终身养老金，他自己还制订了长远的生活计划，可谓前景一片光明。况且在柴可夫斯基的书信和日记中，并没有表现出沉重危机和极度忧伤的情感，人们怎么也找不出他自杀的理由。

在真相没有水落石出之前，围绕柴可夫斯基死因的争论还有很多。无论他因何而死，他在音乐史上的地位和在音乐爱好者心中的价值永远是崇高和珍贵的。他的音乐美化人类的感情、点缀凡俗的生活，留给世间心灵以火花和美丽的宴飨。

凡·高自杀之谜

凡·高的一生饱受坎坷和孤独之苦，他生前只卖出过一幅作品。在他死后，他的画作却成了珍品，被世人知晓。因此，他为何自杀也引起人们的广泛关注。

文森特·威廉·凡·高是荷兰伟大的后印象派画家，也是一位富有传奇色彩的艺术家。这位欧洲最杰出的艺术家一生坎坷，穷困潦倒，饱尝寂寞和孤独，他在生前其才华也未得到认可。凡·高生前卖出的作品只有《红色葡萄园》一幅，而且价格非常低廉，仅400法郎。100年以后，他的画成了举世珍宝。

1890年7月27日,凡·高以打鸟为由借到一支左轮手枪,然后走向奥维尔小镇外的一片麦田。面对灿烂的阳光,他用那只拿惯了画笔的手对自己扣动了扳机。子弹击中了他的一根肋骨,穿过了他的胸膛,但没对其他器官造成伤害。中枪后,他仍可以行动,并走回拉乌客栈。

凡·高痛楚难忍之时不断地吸烟,和弟弟特奥谈论着艺术。他对特奥说的最后一句话是:"苦难永不会终结。"1890年7月29日凡·高去世,时年37岁。这位为艺术奋斗一生的杰出画家,在他的作品即将得到公认时悲惨地离开了人世。而他自杀的这一声枪响更是响彻天际,余音飘荡了整整一个多世纪,直到今天,还在震撼着人类的心灵。

值得注意的是,在生命垂危的时刻,凡·高不经意间看见店老板13岁的女儿阿德琳娜·雷沃克斯站在阳台上,样子楚楚动人。他便忍着剧痛,为她画了一幅肖像。2000年,这幅绝笔画在纽约克里斯蒂拍卖行以1375万美元的高价成交。

近年来,理解和欣赏以凡·高为代表的后印象派绘画艺术的人越来越多,他的生平也越来越被关注。凡·高为什么用这种方式结束自己的生命呢?这成了讨论的焦点。

有一点很明显,他的精神出了问题,他的行为是一种失常情况下的非理智行为。据了解,凡·高生前患有精神病,曾在精神病院里住了一段时间。1890年5月16日,他告别圣雷米的精神病院,途经巴黎去看望弟弟特奥。据特奥的妻子回忆:"我原以为会看到一位病人,但站在我面前的却是健康的脸上浮现着微笑的神态坚定、体格强壮、肩膀宽阔的男子……他已经完全好了。"然而,就是这位"已经完全好了"的凡·高,却在两个多月后开枪自杀了。

也许是那一声枪响让人们开始关注凡·高并开始认同他的画作,可是他再也不能为人们画画了。

杰克·伦敦为什么要自杀

无比热爱生命的著名作家杰克·伦敦在创作高峰时期却选择了自杀,消息一出,举世震惊。直至今日,人们也无从得知这位伟大作家临死前的心路历程,他的自杀成了一个难以解开的谜。

杰克·伦敦原名约翰·格利菲斯·伦敦，是20世纪初美国著名的现实主义作家。1876年，他出生于旧金山。他来自当时"占全国人口十分之一的贫困不堪的底层阶级"，在一个既无固定职业又居无定所的家庭中长大。也许，正是他艰苦的童年生活奠定了他现实主义的写作风格。

杰克·伦敦从24岁开始写作，去世时年仅40岁。在这16年的创作生涯里他共写成长篇小说19部，短篇小说150多篇，还写了3个剧本以及相当多的随笔和论文。其中《野性的呼唤》《铁蹄》和《马丁·伊登》等长篇小说还被译成中文，受到广大读者的喜爱。

杰克·伦敦的作品向读者展示了一个既陌生又异常广阔的世界：荒凉、空旷又蕴藏宝藏的阿拉斯加；波涛汹涌、岛屿星罗棋布的太平洋；横贯美洲大陆的铁路线；形形色色的鲜活人物；人与自然的严酷；人与人之间错综复杂的社会关系……

杰克·伦敦的创作，语言质朴，笔力刚劲，情节富于戏剧性。他常常将人物置于极端严酷、生死攸关的环境之下，以此展露人性中最深刻、最真实的品格。杰克·伦敦赞美勇敢、坚毅和爱这些人类的高贵品质，他笔下那"严酷的真实"常常给读者以强烈的心灵震撼。就连伟大的革命导师列宁也对杰克·伦敦的短篇小说《热爱生命》给予很高的评价，甚至列宁在卧病在床的时候，还特意请人为他朗读《热爱生命》。鉴于杰克·伦敦在美国文学史上的重要地位，美国传记小说家欧文·斯通在其作品《马背上的水手》里称杰克·伦敦为"美国无产阶级文学之父"。

然而，这位"美国无产阶级文学之父"却在自己创作高峰时选择以自杀的方式结束了年仅40岁的生命。他的自杀震惊了整个文学界。他为什么自杀？多年来，美国和其他国家的历史学家和文学家对这个问题进行了长期的研究，并提出一些重要的见解，但似乎依然没有解开这个谜团。

第一种见解：身体状况恶化。

以美国文学家艾尔·雷勒为代表的一些人认为，是健康问题导致杰克·伦敦丧失了生活的勇气。杰克·伦敦在1914年患了严重的肾炎。在此后的两年，尽管他在公众面前竭力维持精力充沛的形象，但尿毒症的迹象已逐渐明显。他又拒绝听从医生的劝告，从不严格注意饮食和充分休息。从1915年到1916年，他先后在夏威夷住了几个月，希望在温和的气候条件下恢复病体，但他的身体状况却继续恶化。

第二种见解：唯物主义向唯心主义的思想转变。

1916年春天，杰克·伦敦在夏威夷偶然发现了瑞士心理学家卡尔·古斯塔夫·荣格翻译的科学著作，并立即对荣格说："我告诉你，我正站在如此之新、如此之可怕和如此之奇妙的新世界的边缘上，以致我害怕瞥它一眼。"荣格的书促使杰克·伦敦将多年对波利尼西亚人的研究作为创作的源泉之一，并接连创作了一系列短篇小说。从此，荣格的译著不仅促进了他的创作，而且还拓宽了20世纪文学的领域，而杰克·伦敦本人也成为利用荣格的理论进行文学创作的第一个美国短篇小说家。

众所周知，杰克·伦敦自认为是个唯物主义者，但在其自杀前的几个月里，他的思想似乎产生了变化，他开始怀疑唯物主义，并否认其早年坚持的朴素的唯物主义观点。正是在这种唯物主义和唯心主义的心理斗争中，杰克·伦敦的思想最终崩溃，于是他选择在1916年11月结束自己的生命。

美国著名记者查尔米亚在其报道中称，杰克·伦敦在《圣经》的一段文字的下面划线："你不应当从世俗或艺术角度进行思考，而应当从象征角度、从精神方面，进行思索。"查尔米亚显然是想告诉人们，晚年的杰克·伦敦已不是唯物主义者，而是唯心主义者了。

美国著名文学评论家富兰克林·沃克虽然也持有类似的观点，但其分析得更为详细，也更合情合理。他在对杰克·伦敦的代表作《马丁·伊登》的评论中深入地阐述了杰克·伦敦的思想发展趋势。他认为，杰克·伦敦之所以自杀，很可能与他的社会理想破灭有关。《马丁·伊登》的创作过程在某种程度上反映了杰克·伦敦思想曲折发展的过程。杰克·伦敦在这部小说即将完成之时，还没有决定如何结尾，可是后来他的小说却有一个出其不意的结局：主人公马丁·伊登自杀了。富兰克林认为，杰克·伦敦一再坚持让其书中的主人公马丁·伊登自杀，是作者思想发展的必然结局。而作者之所以这样做，或许有其本身的苦衷。

毕加索是纵欲而亡吗

在人类美术史上，毕加索的艺术成就可谓无与伦比。他和凡·高等艺术家生前潦倒、死后辉煌不同，他是有史以来第一个活着看到自己的作品被收藏进卢浮宫的画家。人们不仅盛赞其卓越的艺术贡献，对其死因也充满了好奇。

1881年10月25日，巴勃罗·毕加索出生于西班牙南部的马拉加，长大后成为举世闻名的画家。他的作品既继承了传统艺术，又具有独创性，是世界性的艺术瑰宝。这位具有无穷创造力的画家有着鲜明的个性，他的作品中表现出生命的活力和探索精神，具有世界性的意义。

1973年4月8日，毕加索安静地离开了，走完了92年的漫长人生。4月10日，他被葬于佛文纳菊别墅花园里。关于毕加索的死因，多年来都是无数专家、学者想要解开的谜团，但至今无果。

大多数人认为，毕加索生前有太多的风流韵事，他极有可能因纵欲而丧生。

1988年6月，希腊女记者雅瑞安娜·哈芬顿历经5年的认真研究，在美国出版了一部毕加索的新传《毕加索：创造者与毁灭者》，书中披露了这位艺术大师一些鲜为人知的轶事。在她的笔下，毕加索是一个自私自利、粗暴专横、不负责任、幸灾乐祸且诡计多端的人。雅瑞安娜写道："毕加索在巴黎大街上与一名17岁的少女玛丽·德蕾莎·华特相遇，并对她说：'我是毕加索，你和我在一起会成为名人的。'"他与妻子欧嘉·科克洛瓦一起度假时，把玛丽也安排到其居住地附近。白天，他让玛丽当模特儿；晚上，他就找借口溜出去与玛丽幽会。自此以后，毕加索就开始纵欲成性，成了一个可怕的男人。后来，毕加索又抛弃了玛丽。据雅瑞安娜透露，该书中的许多素材都是由毕加索的前情人弗朗索瓦·吉洛提供的，因为她是毕加索1943年至1953年的生活伴侣，对毕加索的生活比别人了解得更多。因此，很多人认为，长期纵欲是导致毕加索死亡的重要原因。

在《住宅与庭院》杂志上，艺术史学家和传记作家约翰·查理森也曾披露：1915年到1916年，毕加索曾与一位名叫加布里埃尔·德佩尔·莱斯皮纳斯的巴黎妇女有过一段罗曼史。查理森说，最令人吃惊的是，毕加索曾在一张纸上写道："我已请求善良的上帝允许我向你——莱斯皮纳斯求婚。"在这之前毕加索从未表现出对结婚的兴趣，尽管他后来有过两个妻子和许多情妇。此事为纵欲一说提供了有力的证据。

毕加索的创作热情和创作灵感是在他与最后一位妻子杰奎琳结婚后才重新被激发出来的，这位西班牙女子为晚年的毕加索营造了一个温馨、宁静的世界。如果没有杰奎琳的存在，没有从她那里得到灵感，毕加索的最后10年不会过得那样充实。在毕加索最后10年的作品中，可以看出结婚带来的安谧生活与迫近的死神之影在相互交错。

但也有人认为，毕加索是抑郁而死。根据一些学者、专家的考证，在毕加索生命的最后一年，他钟爱的杰奎琳神经出现了问题，安眠药吃多了就像半个病人，这使毕加索感到非常痛心，直接影响到生活和创作热情。另外，晚年的毕加索处于创作力衰退的时期,毕加索最后几年的实际创作也证实了这一点。这两个原因对毕加索的打击是很大的,可能他就是在这种氛围下抑郁而死的。

由于毕加索个性古怪,行为举止神秘莫测,对许多事避而不谈,人们无法知道他的生活真相。毕加索死后,又缺少详细的死亡报告,这就难免会引起后人的猜测和争议。

保罗·伯恩究竟是自杀还是他杀

美国著名的米高梅影片公司知名制片人保罗·伯恩仅因为"性无能"就自杀辞世吗?人们不接受这一可笑的自杀理由,人们更愿意相信他是为情所杀或者因情被谋杀,但真相一直未被揭示。

1932年,美国著名的米高梅影片公司宣布了一个爆炸性新闻并立即引起轰动:该公司最有影响力的制片人保罗·伯恩与公司最性感的超级影星珍·哈露结为伉俪。婚后,两人情深意浓,心心相印。然而,他们幸福的婚姻并没有维持多久,保罗·伯恩被人发现死在家中,惊恐万分的管家立即把这个消息告诉了伯恩的妻子——此时正住在娘家的珍·哈露。随即,米高梅公司宣布:保罗·伯恩是自杀身亡,原因是"性无能"!这又给好莱坞投下一枚新闻炸弹。

人们无法理解保罗·伯恩是自杀身亡的,要知道当时的保罗·伯恩正处于一生中的鼎盛时期:事业上飞黄腾达,与同事关系十分融洽,生活也十分幸福、美满。这样一个蒸蒸日上的人怎么会突然自杀呢?人们不禁感慨:命运真爱捉弄人,它把人一下子推上巅峰,又一下子摔进无底深渊。

1960年10月,也就是在保罗·伯恩死后的第28年,好莱坞又出现一条关于他的爆炸性新闻。著名小说家和戏剧电影作家本·赫奇对伯恩"自杀"一案从新的角度重新做了研究,并且得出下述结论:"保罗·伯恩是被人杀死的!""他是被一名妇女杀害的!虽然我还不能说出这个人的名字。"

本·赫奇提出的新见解立刻引起了人们的关注,就像在一池平静的水面投了一块石头,激起层层涟漪,使伯恩之死的真相变得扑朔迷离,令人难以捉摸,昔日的旧案被笼上一层迷雾。这时,人们再度将怀疑的目光投向伯恩的妻子——珍·哈露。洛杉矶地区的律师立即决定重新调查此案。

随着对这件案件的重新调查，另一位女性萝西·米莱特也进入了人们的视野。1922年，伯恩在纽约戏剧学校学习，对一同学习表演的萝西·米莱特一见倾心，两人很快坠入爱河，不久便搬到旅馆同居了。因各自忙着自己的事务，两人无暇顾及办理结婚手续并举行结婚仪式。他们以夫妻名义同居了3年，已成为符合习惯法的"事实婚姻"。然而好景不长，忽然有一天，米莱特患了神经麻痹症，昔日聪慧、娇柔的爱妻一夜之间竟成了一具活尸。当时的医学界视此症为不治之症。保罗·伯恩只好将她送到一所疗养院，由他承担全部费用，然后毅然独自前往好莱坞去发展事业、实现理想。

后来，他认识了珍·哈露，并喜结良缘。这时，昏睡了10年的米莱特突然醒了过来。伯恩得知米莱特醒过来的消息，感到万分吃惊：一边是新婚燕尔、情意绵绵的哈露；一边是感情深厚、旧情难忘的米莱特。然而，两个女人对此却一无所知。面对米莱特急切的见面要求，保罗·伯恩却陷入尴尬的境地。保罗·伯恩一筹莫展、无所适从，在困境中越陷越深，似乎只能一死了之。

案发后，有人说前一天有一辆私人高级轿车载着一位陌生的妇人来到伯恩的寓所，直到黄昏才离去；又有人说曾看见伯恩随身带着一支左轮手枪，但周围邻居并未听到枪声。另一部分人认为，可能是由于"性无能"，缺乏性交的能力，伯恩感到无比耻辱和负疚而开枪自杀。米高梅公司宣传部主任霍华德·斯特拉金似乎对"性无能"的解释颇感满意，以为这种解释可以保全哈露和公司的荣誉。

自从伯恩死后，再没有人看到另一关键人物——米莱特。据说她获知伯恩的死讯后，登上了一艘来往于旧金山和萨克拉门托的小客轮，在夜幕降临时投河自尽。据说，她是满怀哀怨匆匆离去，未对任何人谈及她和伯恩的关系。

综合种种线索，似乎保罗·伯恩有自杀的动机，当然他也有被谋杀的动机，而凶手可能就是保罗·伯恩的妻子珍·哈露或米莱特，但人们并未找到支持这两种观点的有力证据。

马雅可夫斯基为什么会开枪自杀

在个人创作灵感高峰时期，苏联著名诗人马雅可夫斯基以一声枪响结束了宝贵的生命。对于诗人的自杀原因，人们有着各自不同的猜测。

> 妈妈、两位姐姐、同志们，请原谅我——这不是个好办法（我不建议别人这么做），但我没有别的出路……
>
> ——马雅可夫斯基《致大家》

1930年4月14日10时15分，苏联著名诗人、剧作家弗拉基米尔·弗拉基米罗维奇·马雅可夫斯基在一声枪响中结束了自己的生命，留给人们无尽的悲痛和遗憾。

那天，当坐落在莫斯科市中心的卢比扬卡大楼内的人们正各自为工作忙碌时，突然听到一声枪响。最终，人们在房间里发现了倒在血泊中的诗人马雅可夫斯基，在他身旁有一支手枪，子弹穿透了心脏，一切抢救均宣告无效，这位才华横溢的诗人早已停止了呼吸。经多方检查分析，得出的结论是：诗人是自杀的。

一直以来都在为生活热情歌唱，被斯大林赞许为"过去是，现在仍然是我们苏维埃时代最有才华、最优秀的诗人"的马雅可夫斯基自杀了，这一悲剧震动了苏联文坛和社会各界，也震动了国际社会。人们在震惊之余，感到纳闷的是：像马雅可夫斯基那样平生追求进步，经受过革命考验，并且在诗歌创作上取得卓越成就的革命诗人，怎么会选择自杀的绝路呢？为什么这颗"当代诗歌的太阳"在正午时分却突然陨落了呢？

多年以来，无数中外学者、文学家都在致力于研究、分析马雅可夫斯基自杀的原因和动机，并从各自的渠道、从不同的角度谈了自己的观点和看法。

第一种：为爱而死。

许多学者认为，马雅可夫斯基自杀是因为他波折的爱情。他在遗书中曾提到"爱情之舟"，还多次提到莉丽亚、波隆斯卡娅。

莉丽亚是勃里克之妻，而勃里克同马雅可夫斯基的关系十分密切，莉丽亚同马雅可夫斯基的关系更是非同寻常。她在其死后曾公布过他从1917年9月到1930年3月给她的125封信和电报以及一些生活照片。她说："我和马雅可夫斯基生活了15年，从1915年到他逝世。勃里克是我的第一个丈夫，我们是1912年结婚的。当我告诉他说，马雅可夫斯基和我相爱时，勃里克并没有生气。就这样，我们三个走到了一起。"

"爱情之舟"指的是雅可芙列娃。1928年马雅可夫斯基在巴黎和她结识并相恋。他想和雅可芙列娃回苏联结婚，但遭到了拒绝。他回莫斯科后，仍不断给她写信。据公布的材料统计，从1928年12月27日至1929年10月5日之间，马雅可夫斯基一共给雅可芙列娃写了7封信，拍了25封电报，可都未收到回信。1929年，马雅可夫斯基决心再去巴黎向姑娘求婚，可是他却受到勃里克和保安部门的阻挠，未能到达。最终，雅可芙列娃嫁给了一个法国人，这对马雅可夫斯基是个很沉重的打击。

这时，马雅可夫斯基又认识了莫斯科艺术剧院的年轻演员——娜拉·波隆斯卡娅，两人很快就相爱了。面对马雅可夫斯基的求婚，波隆斯卡娅拒绝了，因为她不愿离开丈夫，也不愿因爱情毁掉自己的事业。在这一刻，马雅可夫斯基对爱情的理想完全破灭，于是他选择了在枪声中结束自己的生命。

第二种：死于口号之争。

人们在清理诗人的遗物时发现了其留下的一份遗书，日期是1930年4月12日，是他自杀前两天写的。这份遗书成了探索马雅可夫斯基自杀原因的珍贵资料。在遗书的最后一段，他写道："请你们告诉叶尔米洛夫，把那口号去掉了——实在遗憾，本来应该是对骂到底的。"这表明，对这件事马雅可夫斯基到死仍觉得"遗憾"。

关于"口号"的争论，是由马雅可夫斯基为演出其讽刺诗剧《澡堂》而写的一组口号引起的。口号是这样写的："一下子无法把所有的官僚主义者都洗清。因为澡堂和肥皂都不够用。另外，还有叶尔米洛夫这类批评家的笔给官僚主义者们出主意。"这条他自己觉得很满意的口号，后来被一些领导删掉了。为表示抗议，马雅可夫斯基便自杀而死。

第三种：死于文坛争斗。

不少苏联和中国学者、专家认为：马雅可夫斯基之死，主要与20世纪20年代苏联文坛的争斗相关。马雅可夫斯基是位革命诗人，列宁对他十分器重；可是，在当时复杂的苏联文坛上，他却时常遭到诽谤和攻讦。托派反对他，唯美派反对他，官僚主义者不喜欢他。对他攻击得最凶，对他的心灵创伤最重的是"拉普"（俄罗斯无产阶级作家协会）中的宗派集团、托派分子。最终，在政治打压下，马雅可夫斯基的精神崩溃了，于是选择了自杀。

总之，促成马雅可夫斯基自杀的原因是多方面的，有爱情因素，也有政治因素。然而，更多的人认为，马雅可夫斯基的悲剧在于他在一个非抒情时代写抒情诗。

著名诗人叶赛宁是死于"殉情"吗

仅仅是因为爱情坎坷，俄罗斯著名诗人叶赛宁就抛下自己洋溢着创作激情的生命，毅然投向死神的怀抱吗？对于叶赛宁的死众说纷纭，有人说是自杀，有人说是谋杀。

> 再见吧，我的朋友，
> 　再见，亲爱的，
> 你永远铭记我心间。
> 　命中注定的分离，
> 预示着来世的重逢。
> 再见吧，我的朋友，
> 不必话别无须握手，
> 　别难过，莫悲戚——
> 这世间，死去并不新鲜，
> 活下去，当然更不稀罕。
>
> ——叶赛宁《生存不比死亡新鲜》

这首《生存不比死亡新鲜》是谢尔盖·亚历山德罗维奇·叶赛宁的临终遗言。1925年12月28日凌晨，叶赛宁被发现自缢在列宁格勒的安格列捷尔旅馆，死时年仅30岁。这位被誉为"天才的农民诗人""俄罗斯的天才""大自然的歌手"的伟大诗人就这样离开了热爱他的人们。高尔基称他的死是"最令人难过的悲剧之一"。

令人不解的是，谢尔盖·叶赛宁为什么要自杀呢？一般人自杀的原因，不外乎环境的困顿和心灵敏感脆弱两种，但作家、诗人的自杀原因是很复杂的。有的因病魔缠身，有的苦于感情问题，也有出于一时艺术上的冲动等，动机各异。而叶赛宁自杀时正处于创作巅峰状态，并没有面临事业危机的压力。

于是，人们将目光投向叶赛宁的爱情世界，许多人都认为：叶赛宁的爱情悲剧是导致他自杀的根本原因。

1921年11月7日，叶赛宁和美国著名舞蹈家伊莎多拉·邓肯一见倾心，两人迅速坠入爱河，不久便正式同居。1922年5月2日，两人在办理完结婚登记后，便踏上了蜜月旅途。但是，国外的旅行生活中显示出来的各方面的严重差异，使他们的爱情和婚姻面临危机。尽管他们之间有共同的艺术语言，可在出身、教育、年龄、性格等方面都相距甚远，加上他们之间存在严重的语言障碍，感情问题得不到及时而充分的交流，分手是不可避免的。1923年秋，两人返回莫斯科后，就友好地分手了。

不久,这位多情的诗人又陷入另一个爱情旋涡,使他在自己的悲剧中又向前走了一步。1925年3月,叶赛宁和世界文豪列夫·托尔斯泰的孙女——托尔斯塔娅相识,并对其一见倾心,他那颗本来就易于冲动且常常表现出对爱情狂热的心灵再次失去了平衡。同年9月,两人正式结婚,叶赛宁搬进豪华而又古香古色的宽大住宅。然而,令他大失所望的是,婚后生活并不像原来设想的那样美满。托尔斯塔娅虽然出身名门,天资出众,但她既没有同叶赛宁相匹配的艺术才识和见解,也没有之前那些伴侣的温情。在万般痛苦的情况下,敏感的诗人终于走上了绝路。

但是,也有一些学者认为,叶赛宁实际上是患精神抑郁症而自杀的。俄罗斯的官方讣告说:"叶赛宁是由于精神忧郁、心理失调,于绝望中自缢而死的。"苏联著名的科学家若列斯·亚·麦德维杰夫在《谁是疯子》一书中,明确指出:"谢尔盖·叶赛宁、欧内斯特·海明威、亚历山德罗维奇·法捷耶夫、杰克·伦敦、格里戈利·奥尔忠尼启则及其他不少受到尊敬的优秀人物,都是在抑郁状态期间用自杀的方式结束生命的。"而且,据当时的史料记载:由于心境失调,叶赛宁的性格愈来愈暴躁,经常莫名其妙地发火,整个人变得喜怒无常。经医院检查,医生认为他已患有严重的精神抑郁症。

从叶赛宁的诗歌创作实践来看,尤其是到了后期,他已陷入色情颓废诗歌的泥坑,这些诗集中反映了他精神上的极度颓唐和创作上的严重危机。其中有不少诗歌表现了主人公孤独而忧伤的情绪,叶赛宁成为以情绪颓废、玩世不恭、放荡不羁为标志的"叶赛宁性格"的开创人物。所以,有人认为正是叶赛宁强烈而固执的小农意识和田园牧歌式的忧伤,导致了他厌世自杀的悲剧。

还有人认为,叶赛宁并不是自杀,而是被人谋杀的。

叶甫盖尼·切尔诺斯维托夫是苏联著名的法医、精神病专家、苏联哲学学会的学术秘书,曾长期从事叶赛宁死因的研究。经过多方面的调查验证,他认为,叶赛宁是个精神状况良好、神经非常健康的人,不可能因为心理抑郁而自杀。而且人们从新闻报纸所刊登的诗人死亡照片上明显可以看出:死者的额头和鼻梁上有一块很大的凹痕,这显然是被硬物猛击所致;此外,死者脸颊还有一条横向抓痕,按常理来说,纵向的痕迹才与自缢的情况相符。这说明,叶赛宁实际上是被来自身后的绳索勒死的。

究竟是什么原因导致谢尔盖·叶赛宁走上自杀的道路,结束自己年仅30岁、正值辉煌的人生的?这一问题还有待人们继续思考和研究。

第十二章 文化名人离奇死亡之谜

"硬汉"海明威自杀之谜

> 海明威一生奉行的至理名言就是：人可以被毁灭，但绝不能被打败。也许是他担心自己被打败，从而选择自杀，毁灭了自己。但猜测永远是猜测，至今无人揭开海明威自杀的谜底。

欧内斯特·米勒尔·海明威是美国著名小说家，他一生写了许多经典的作品，如《永别了，武器》《太阳照常升起》《丧钟为谁而鸣》以及《老人与海》等，他因对世界文学做出的巨大贡献而获得诺贝尔文学奖。

有人认为，海明威比一般人想象得更加勇敢。他的一生多彩多姿，就好像他笔下的醉汉、猎人、职业拳击手、勇敢的士兵、斗牛士等，谁也不会想到，这位闻名世界的大文豪竟然在1961年7月2日用猎枪结束了自己的生命。海明威为什么要自杀呢？这引起世人的极大关注。

有一种观点认为，海明威之所以自杀是"精神抑郁症"造成的。海明威长期忽视甚至糟蹋自己的身体，致使他在肉体上和精神上都受到严重的损伤。他无法忍受病痛使他"丧失尊严"，他要以自杀的方式来与疾病做最后的搏斗，并以此来维护自己那种"可以被消灭但不能被击败"的所谓的男子汉的"尊严"。

另一种观点认为，海明威是因为才思枯竭、创作面临瓶颈，感到绝望而自杀。海明威因《老人与海》得到殊荣以后，精神上的压力越来越大。他怀念在非洲的那段充满无限乐趣的狩猎生活，他本想再次前往那里，结果两次遭遇坠机事件，虽然大难不死，但身体和精神上的创伤却更深了。由于频繁的电疗，海明威的记忆逐渐衰弱，这导致他的自传性作品《流动的盛宴》的创作也陷入困境，因此他最终选择了自杀。

海明威赞同尼采的观点："英雄不但要知道适时而生，更应知道适时而死。"在海明威辞世前长达14年的时间里，美国作家哈奇诺一直是他的密友，对他的冒险、言谈、梦想以及梦想的幻灭都有较多的了解。虽然哈奇诺没有直截了当地说明海明威为什么自杀，但从海明威的生活经历，尤其是晚年的生活中人们仍然可以洞察一些消极的迹象。他一生奉行的至理名言是：人可以被毁灭，但绝不能被打败。也许是他担心自己被打败，才选择以自杀的方式毁灭了自己。

然而，海明威自杀的动机始终没有定论，他在自己的遗嘱中是这样说的："我所有的希望都已破灭，那意味着一切的天赋如今都已抛弃我，我辉煌的历程已尽，为维护完美的自我，我必然消灭自己。"但是，人们并不完全相信他的这番解释。

2000年7月，人们从一本新出版的海明威传记中窥见了这个谜团的冰山一角。该书的作者是肯尼思·林，他在书中明确指出：海明威在成名后的很长时间里，被我们今天所说的勃起功能障碍（ED）困扰着。这种疾病严重地影响了他与几任妻子的关系，海明威对自己的ED症感到非常绝望，他固执地认为只有将自己的肉体消灭，才能维护自己的尊严。因此，他断定这与海明威的自杀之举存在着一定的内在必然性。

纵观海明威的一生，人们发现，在相当长的时间里，他的生活和创作一直都与ED有密切的关系：ED首先将他的人格扭曲了，继而这种人格的扭曲又被带入其行为和创作中，最终彻底毁灭了他。如果肯尼思·林的论述能够成立，或者说海明威的确是一个ED患者，那么海明威在各种作品中刻意为自己塑造的"硬汉"形象或许只是作为一个掩盖自己疾病的幌子。

难道这就是海明威自杀的原因吗？海明威的自杀似乎并不这么简单，在这背后可能还隐藏着许多未知的东西。

日本作家川端康成为什么自杀

川端康成是第一个获得诺贝尔文学奖的日本作家，其作品在日本有着广泛的影响。就是这样一位日本文学界的"泰斗"却选择了自杀，人们在震惊之余纷纷猜测：到底是什么原因让川端康成丧失生存的勇气呢？

川端康成是日本文学界"泰斗级"人物，1899年6月14日出生于大阪，代表作有《雪国》《千只鹤》《伊豆的舞女》等。1968年川端康成获诺贝尔文学奖，他是亚洲第三位获诺贝尔文学奖的人。1972年4月16日，川端康成在日本古都镰仓含煤气管自杀，未留下只言片语。他早在1962年就说过："自杀而无遗书，是最好不过的了。无言的死，就是无限的活。"

由于川端康成是日本第一位获诺贝尔奖的作家，其作品在日本有着广泛的影响。因此，他的自杀引起了巨大的震动。人们纷纷猜测：川端康成到底出于什么动机才会自杀呢？

川端康成自杀的第二天，日本《朝日新闻》刊登了一篇报道说："他死后已经过去一夜，但他的亲朋好友似乎仍然满腹狐疑，认为原因在于病魔缠身的人常常猜想自己或许是得了癌症。"川端康成在自杀前不久的3月7日到15日，患盲肠炎在镰仓市佐助一丁目的道体外科医院住院动手术，当时医院规定一律禁止探望。因此，有人认为川端康成怀疑自己得了癌症，于是便以自杀的方式进行摆脱。但为其做手术的医生透露，川端康成除了胆石症以外并无其他大病，因此他的死应该与疾病无关。

川端康成的理发师提供了川端康成死前一周的一个细节：那天他去为川端康成先生理发，当时他躺在床上，不断地挪动身体，拂掉头发，显得焦躁不安，并且说自己已经四天没睡觉了。这样一来，安眠药的问题就不能不引起人们的注意。川端康成在第一高等学校学习的时候就开始服用安眠药，他年轻时就睡眠浅，神经敏感，只有靠服用安眠药才能入睡。后来，这个习惯也没有改变。据他的夫人秀子透露，川端康成曾经多次因过量服用安眠药而出现中毒症状。

根据这些情况，日本一些学者和研究人员推测，川端康成打开煤气栓时，极有可能处于上述神志不清的状态。4月16日，川端康成到了工作室后，也许马上就服用了安眠药，而且在半睡半醒之间无意识地打开了煤气栓。

也有人认为川端康成因为创作力衰退，思想负担过重而自杀。川端康成获得诺贝尔文学奖后，举国上下欣喜若狂，不仅媒体大肆报道了这件事，而且昭和天皇通过宫廷的一位高级官员和佐藤首相，亲自打电话向他表示祝贺，川端康成的声誉盛极一时。但从此以后，他未能再写出像之前作品那样的传世之作。于是有人推测，作为社会名人的川端康成，因为思想负担过重，只能以自杀了事。

日本有的学者和文学家在推测川端的自杀动机时，认为三岛由纪夫的自杀最终导致川端康成走上了绝路。1946年，三岛由纪夫由川端康成推荐，发表了短篇小说《烟草》，从此正式进入文坛。其作品前期唯美主义色彩较浓，大多描写病态心理和色情故事，反映了战后初期颓废腐朽的社会风气；后期则主要有意识地利用小说为复活军国主义服务。这些都和川端康成的主张极为相近。因此，当1970年11月三岛由纪夫用切腹自杀来煽动军队搞政变失败身亡后，川端康成亲自主持"葬礼"。三岛由纪夫的死使川端康成很受刺激，他曾对学生表示："被砍下脑袋的应该是我。"于是三岛由纪夫自杀17个月后，川端康成也选择了自杀。

此外，还有不少日本学者认为川端康成死于支持秦野竞选失败。川端康成曾公开支持警察头子秦野竞选东京都知事，他原以为以自己的地位和名望肯定能帮秦野竞选成功，岂料秦野却以失败告终，川端康成受不了这个打击，只能用自杀的方式寻求解脱。

由于川端康成的政治主张和创作活动较为复杂，在死前又没留下任何可供分析研究的只言片语，因此人们无法确切地知道他自杀的原因，只能根据他生前的一些情况做出猜测。

玛丽莲·梦露为何香消玉殒

> 玛丽莲·梦露的经典形象历来被人们津津乐道，她与肯尼迪总统的绯闻也被传得沸沸扬扬，那么，她的死真的与肯尼迪总统有关吗？

玛丽莲·梦露是美国20世纪著名的电影演员之一，她的表演风格生动感人，然而，她却在风华正茂时陨落。她是影迷心中永远的性感女神、性感符号和流行文化的代表性人物。

1962年8月5日凌晨，玛丽莲·梦露被发现死在家里，洛杉矶警察局接到报案后立即赶往梦露的寓所。当时，梦露赤裸地平躺在床上，脸部被枕头盖着，手里还握着电话筒，两条腿直伸着，床边散放着一些装有安眠药的瓶子。药瓶的出现仿佛暗示着这是一场典型的自杀事件。经过仔细检查，梦露的内科医师海曼·恩格尔博格正式确认了她的死亡时间大约在晚上8点30分至10点30分之间。

梦露当时正处于生命中最辉煌的时代，不仅在演艺事业上如日中天，而且她的努力得到越来越多的人的肯定，从一个美艳的"花瓶"进步为演技派明星。她还被评为20世纪60年代最受欢迎的十大名人之首，在风头正劲的时候，她为什么要选择自杀呢？

有人认为，虽然梦露表面上风光无限，是所有男人心目中的完美情人，可是，梦露的演艺事业并不是一帆风顺的。虽然后来经过努力，很多人承认了她的演技，但是好莱坞从未给她任何奖项的提名，这对她是一个沉重的打击。同时，她的婚姻生活也不如意，三次离婚以及与各种领域人士的绯闻都成为媒体争相报道的新闻。在1961年，她曾两次吞服了大量安眠药，还被送进过精神病院。许多人认为，演艺道路的不顺以及对家庭生活的失望,使梦露的性格敏感而脆弱,于是她在万念俱灰之下选择了自杀。

但是,许多人对梦露自杀事件纷纷提出各种质疑。首先有人研究了梦露的验尸报告,发现其中漏洞百出:报告提到梦露一次吞服了47颗安眠药,可同时又说她的胃几乎是空的,没有任何安眠药残留物,只有20毫升褐色的液体。更诡异的是,据说梦露的尸检报告最初长达723页,后来,却不知为何减少到54页。因而人们渐渐相信了这样一种说法:梦露不是自杀,而是他杀。

另外,梦露的一本红色日记本也不翼而飞,据说在日记本中记载着梦露与肯尼迪兄弟的一些交往情况。这些缺失的内容使得整件事越来越不像自杀事件,而更像是一起严密策划的谋杀案。

梦露的房间里不仅丢失了日记本,她死前三小时的通话记录和部分电话簿也不翼而飞。梦露死时手里握着电话,那么她生前到底在和谁通电话?一位记者曾向电话公司索要梦露的通话记录,却被电话公司告知:这一资料已被联邦调查局扣押。这就更令人怀疑,政府为什么会插手一个女明星的自杀事件?难道这一切真的与梦露的情人——肯尼迪兄弟有关?

据说,梦露生前与总统约翰·肯尼迪及其弟弟罗伯特·肯尼迪的关系非同一般。1961年,梦露结识了肯尼迪兄弟,此后便交往甚密。梦露经常戴着假发和墨镜,手里拿着一本速记本,扮作秘书模样与肯尼迪总统约会。在肯尼迪总统45岁的生日庆祝会上,梦露特意为他演唱了《谢谢你记住我》和《祝你生日快乐》两首歌。但不久以后,总统的弟弟罗伯特和联邦调查局局长胡佛警告他,他与梦露的暧昧关系已经被黑手党掌握。于是,肯尼迪总统不得不与梦露断绝关系,但梦露仍然不断地给他打电话、写信,甚至威胁他要向媒体披露二人的关系。这让肯尼迪总统非常恼火。

后来,为了摆脱梦露,肯尼迪总统派他的弟弟罗伯特去当说客。令人意想不到的是,奉命前去的罗伯特竟然对梦露一见钟情。不久,梦露就对外公开宣称她爱上了罗伯特,罗伯特也答应会和她结婚,但很快两人的关系出现裂痕。心有不甘的梦露扬言要召开记者招待会,把她与肯尼迪兄弟的事公布于众,就在她扬言后不久就被发现死于家中。所以,越来越多的人开始认为梦露的神秘死亡与肯尼迪家族有关。

知情人士透漏,梦露在死亡前两周,曾在洛杉矶偷偷地做了堕胎手术,据说这个孩子的父亲是罗伯特·肯尼迪。引人注目的是,有人声称看到了一个像罗伯特的人与另外两人潜入梦露的住所，其中一人的手里提着黑色医药箱。后经史学家查证，那个人很可能就是罗伯特本人。另据知情人士透露，梦露的管家在她死后的数小时内做了一次大清扫，清洗了梦露所有的衣物，并丢弃了大量的垃圾。更奇怪的是，梦露的一个用人竟在她死后不久三次赴欧洲旅游，其背后显然有人给予经济支持或者可以说得到过某种回报。

梦露到底是自杀还是他杀，到现在也没有一个确定的结论，或许当她陷入政治的浑水中，就注定了她不寻常的死亡。

加加林坠机之谜

苏联宇航员加加林是第一个进入太空的地球人。他曾经成功地驾驶飞船翱翔太空，被苏联人民称为"英雄"。可就是这位太空英雄，却因一次飞机失事而遇难，这让世人惊讶不已。

1961年4月12日，莫斯科时间上午9时7分，加加林乘坐"东方1号"宇宙飞船从拜科努尔发射场起航，在最大高度为301千米的轨道上绕地球一周，历时1小时48分钟，于上午10时55分安全返回，降落在萨拉托夫州斯梅洛夫卡村地区。"东方1号"完成了世界上首次载人宇宙飞行，实现了人类进入太空的愿望。在这次历史性的飞行之后，加加林荣获列宁勋章，并被授予"苏联英雄"和"苏联宇航员"称号。

成为英雄的加加林只有27岁。这位集体农庄工人的儿子爱家、幽默，有着明星般的外表，立刻就赢得俄罗斯人的仰慕。正当加加林对未来充满信心的时候，灾难发生了。1968年3月27日，他和飞行教练员谢廖金在一次例行训练飞行中，因一架双座喷气式飞机坠毁而罹难。

这起事故究竟是如何引起的？最让人疑惑的是，为什么这两位技艺高超、经验丰富的飞行员在事故发生时没能从飞机上弹射出来？

事故发生后，苏联政府成立了事故调查委员会，大约有200名专家参与其中。经过认真分析研究后专家们认为：1968年3月27日的飞机飞行准备工作完全是按照现有技术操作规程的要求进行的。调查委员会查明了飞机与地面相撞时的状态。当时，飞机在两层云带空域里飞行，看不见地平线。返航时，飞机飞出低云层轨迹倾斜角达到70度到90度，几乎是垂直俯冲下来，加加林和谢廖金想尽最大的努力使飞机调整俯冲状态，但当时飞行高度只有250米到300米，时间也只剩两秒钟了，飞机就这样坠毁了。

由于调查人员确认，飞机在与地面碰撞前所有系统都工作正常，一时间，人们针对飞机坠毁的原因出现了多种猜测：有人怀疑是机舱密封出了问题；有人认为可能是异物进入发动机；有人认为加加林和谢廖金是酒后驾机；有人怀疑飞机是与飞行区域内的气象气球碰撞后失事的；还有一些人则怀疑加加林是被他人设计害死的；甚至还有加加林遭到外星人绑架的说法；还有的说加加林在坠机后幸存下来，并于1990年死于一家精神病院。因为他们不愿意相信，一个能把宇宙飞船都玩转的人，竟会死在一架飞机上。

飞机坠毁后不久，苏联领导人勃列日涅夫禁止公布调查结果，并下令将长达30卷的调查报告束之高阁。政府规定，调查人员不得发表总结性结论，理由是它危及国家安全。随着苏联坦克开进捷克斯洛伐克，"布拉格之春"让整个事件渐渐被遗忘。

迄今为止，就连加加林的直系亲属也未被告知其真正的死因。加加林的母亲安娜不得不怀疑：儿子是不是被勃列日涅夫政权谋杀的。

曾在1968年参与过苏联政府对加加林坠机死因调查的已退役的飞机工程师伊戈尔·库兹涅佐夫2005年利用最新的计算机程序，解出了坠毁飞机最后时刻的飞行轨迹和精确飞行路线，最终完成了加加林坠机事件的模拟。他相信自己找到了导致灾难的真正原因。

库兹涅佐夫称：加加林飞机座舱的通风阀门并没有关好，导致机舱漏气。当加加林和谢廖金在高空发现这一故障后，立即采取紧急措施，开始快速下降。

他们当时以每秒145米的速度高速下降，苏联航空专家那时认为这一速度是安全的，然而后来的研究证明，这一速度非常危险，会导致加加林和谢廖金昏厥，他们甚至没能通过紧急弹射座椅逃生，"无人驾驶"的飞机最后冲向了地面。

作为第一个登上太空的人，加加林已经永远离开了我们。也许关于他坠机的原因还将继续讨论下去，但人类进军太空的脚步不会停止，因为加加林已经走出了最重要的一步。

歌星列侬被刺身亡之谜

"甲壳虫"乐队在全世界拥有无数粉丝,然而正是无数粉丝中的一个人枪杀了歌坛巨星列侬。那么,此人为什么要枪杀列侬呢?

列侬是闻名于世的"甲壳虫"乐队的创始人,"甲壳虫"乐队成立于20世纪50年代末期的英国,60年代主宰了摇滚乐,引领了六七十年代世界各国的流行文化方向,成为时尚的风向标。他们在摇滚音乐方面的创新、标志性的发型、随性的服饰,都成为青少年狂热追捧的对象。1965年,英国政府特意为乐队颁发了不列颠帝国勋章。乐队在发展顶峰时,又向好莱坞影坛进军。在短短几年中,他们拍摄了《"披头士"来表演》《啊!啊!啊!》等数部音乐片。而列侬更是乐队的核心成员,他不但演唱出色,还创作了不少迷人动听的歌曲,许多代表作品被灌制成唱片,在国内外发行,这使列侬声名鹊起,拥有了越来越多的歌迷和崇拜者,许多人以能得到列侬的签名为荣。

1980年12月8日的深夜,列侬被人用枪射倒在达科塔大厦门前。12月14日下午2点,全世界的列侬乐迷集体为他致哀10分钟。列侬死后,全世界都为之震惊,成千上万的人在哀悼他,人们悲痛、惊叹、沮丧、愤怒,因为列侬是一代人的象征。

事后查明,谋杀列侬的是一个在佐治亚州出生、住在夏威夷的名叫马克·查普曼的25岁青年。他于谋害列侬前两天赶到纽约,住在离列侬家有9个街区的基督教男青年会里,和许多崇拜者一起等在列侬的住所门前。星期六晚上,查普曼叫了一辆出租车,叫司机把车开到洛林威治村。星期一下午,查普曼找机会见到列侬,请他签名。列侬把名字草草签上,随后钻进一辆等着的汽车去录音室录音。

12月8日夜晚,查普曼在列侬的公寓门口等到了列侬,并喊了声"列侬先生。"列侬刚要转过身去,只见穿着黑雨衣的查普曼突然从阴影里冲了出来,举枪朝他射击。前两发子弹射进列侬的背部,待其转身,查普曼接着又朝列侬开了三枪。查普曼被捕后被判处终身监禁,并且在2000年以前不得假释。但法律的公正却无法弥补失去列侬的损失,这是全世界的巨大损失,列侬无与伦比的、优美动人的歌声永远地消失了。

由于刺杀事发突然,人们对事件的发生充满疑惑:凶手为什么要杀死列侬?

这是不是一次蓄意谋杀？

　　有人认为列侬是在拒绝为凶手签名时遭到枪杀的。但警察抓住查普曼的时候，发现他的衣袋里还带着列侬签过名的纪念册。有人推测查普曼可能是个偏执狂或是精神分裂症一类的患者。查普曼在接受法院假释委员会的讯问时首次透露他杀害列侬的动机是：想制造轰动的事件来使自己出名。而假释委员会认为查普曼为获得公众的注意而杀死列侬，"尽管符合事实，但此理论不通且道德败坏"，而且查尔曼向列侬开了好几枪，足见他当时"怀着极大的恶意"。

　　有的艺术界人士认为列侬被枪杀的主要原因在于他的艺术实践和艺术主张。列侬和其合作者所创作的欢乐、奔放的歌曲曾经受到很多人的抵制，尤其是那些艺术主张与"甲壳虫"乐队相左的人。另外，列侬和"甲壳虫"乐队其他成员相比，更加倾向政治，其中后期的作品含有对社会的评论。列侬还是一个和平运动的积极分子，从来不为传统所束缚。所有这些使列侬时常处于易受攻击的位置，甚至有被杀的可能。

　　事实上，不管是在录音室里，还是在音乐会上，列侬都曾多次遭到攻击，生命也受过多次威胁。早在1964年，在法国，"甲壳虫"举行第一次音乐会时，列侬在后台收到一张纸条："我要在今天晚上9点钟把你打死。"据此，不少人推断查普曼很可能是一个言行和列侬迥然不同的人，故而枪杀了列侬，或者他也可能是受雇于人的凶手。

　　在列侬死后的数年内，他的影响力和声誉仍然与日俱增。直到20世纪80年代中期，列侬生前没有发行的一些曲目陆续面市，他在1972年参加的一次慈善演出的录像也被很多乐迷收藏起来。另外，为了纪念列侬，披头士乐队的几位创始成员还于1995年重新录制了乐队在20世纪70年代流行的几首老歌，这些歌曲后来都作为新歌登上了1996年的排行榜。

第十三章 被历史误读的名人们

米开朗琪罗的怪癖

> 米开朗琪罗的性格十分独特，人们称他为"怪人"。这位伟大艺术家的创作与他的性格有关吗？是这种性格造就了他伟大的艺术成就吗？

意大利文艺复兴时期出现过一位多才多艺的巨人，他不仅是伟大的雕刻家、画家，而且是一位杰出的诗人和建筑家，这个人就是米开朗琪罗。他是文艺复兴雕塑艺术巅峰时期的代表，与拉斐尔和达·芬奇并称为"文艺复兴后三杰"。

1475年3月6日，米开朗琪罗生于佛罗伦萨附近的卡普莱斯，他的父亲担任卡普莱斯和丘西两个地区的最高行政长官，母亲在米开朗琪罗6岁时就去世了。13岁那年，他进入佛罗伦萨画家吉兰达伊奥的工作室，之后又跟随多纳泰罗的学生贝尔托尔多·迪·乔万尼学习了一年雕塑。米开朗琪罗最初并不想做一位画家，他的志向是成为一位雕刻家，并且只在意"雕"而不在意"塑"。他创作的人物雕像气魄宏大，雄伟健壮，蕴含无穷的力量，显示了其在写实基础上非同寻常的理想加工，是当时整个时代典型的象征。

米开朗琪罗虽然在艺术上取得了巨大的成就，但是生活中的米开朗琪罗却给人留下"怪人"的印象。年轻时代的米开朗琪罗因酷爱学习而陷入了孤独，在别人眼里他是一个性格乖僻、孤芳自赏、疯疯癫癫的人。米开朗琪罗总是表现得举止粗俗，与社会格格不入，他不喜欢社交，只和几位严肃的人士来往，没有其他朋友。并且米开朗琪罗终身未娶，他很少跟女人接触，甚至无法在有女人的屋里多停留片刻。虽然他的雕塑内容也有女性，却从未涉足娇媚的少女题材，他绘制的都是丰腴、成熟的女性形象，呈现出接近男性的力度，据说米开朗琪罗即便在绘画女体时，用的也是男性模特，不少人据此推断他喜欢男人。

也有人认为他之所以终生未婚，是因为其貌不扬，导致他有很强烈的自卑感。米开朗琪罗生平只爱过著名的佩斯卡拉侯爵夫人维多利亚·科隆娜，但这是一场柏拉图式的恋爱。那时的米开朗琪罗已经67岁，科隆娜50岁，而且科隆娜认为自己仍然属于已经死去的丈夫，这些注定了他们之间的交往只是一种精神上的友谊。

米开朗琪罗在创作时也有一个怪异之处——绝对的孤独，只要有一个人在场，他的情绪就会完全被扰乱。他必须与世隔绝，方能得心应手地工作，生活中的、身边的琐事对他来说简直就是折磨。

米开朗琪罗的记性非常好,在他塑造的成千上万的人物形象之中,每一个他都记得,他的笔下从来没有重复的作品。在艺术上,他追求完美的程度让人觉得不可思议,就连雕塑用的雕刀、锯子等也要亲手制作,他不相信任何人。此外,米开朗琪罗还是个十足的完美主义者,一旦他发现雕像中有瑕疵,就会将整个作品放弃,重新再来。这种追求完美的态度使他亲手毁掉了不少成型的作品,甚至在他创作才华的巅峰期,他所留下的雕像也不多。

然而,正是这个近乎与世隔绝的雕刻家,创作了一件又一件深刻反映现实社会的伟大作品,对后世产生了深远的影响。

这位伟大的艺术家的性格真的与他的创作有关吗?

哥伦布究竟是哪国人

哥伦布开辟了新航路,为世界的广泛交流做出了巨大的贡献。然而,一直以来,关于他的国籍却争议不断。那么,他到底是哪国人呢?

在西班牙著名城市巴塞罗那的海滨港口的广场上,有一座高达61米的圆柱形纪念碑。在该碑底座四周雕有8只神态各异的狮子,环绕柱体中部雕有5个凌空飞舞的女神,碑顶端是一尊巨大的人物雕像。这位巨人正在眺望远方,手指向大西洋彼岸。他就是世界上最伟大的航海家——哥伦布。

1492年8月3日,哥伦布在西班牙国王支持下,乘坐"圣·玛丽娅"号帆船,从巴罗斯港出发,历经70个昼夜的辛苦航行,到达巴哈马群岛,并将其取名为"圣萨尔瓦多",进而发现了美洲,哥伦布也因此成为名垂青史的航海家。

哥伦布的成就是有目共睹的,可是,这位划时代的航海家到底是哪国人呢?意大利人和西班牙人争论不休。

大多数人认为,哥伦布是意大利热那亚人,出生于1451年。他的父亲多米尼克·哥伦布,是一个中产阶级羊毛纺织工;母亲是苏珊娜·方塔纳罗萨。人们对于哥伦布的家庭和他早期的生活了解得很少,只知道他曾在拉丁文学校学习,并且很早就出海航行了,还当过海盗。

1476年,哥伦布移居葡萄牙,参加了葡萄牙对抗热那亚的一场海战,后来他向葡萄牙国王建议他们可以探索一条直通东方的新航线，但未被采纳。1485年，哥伦布移居西班牙，在西班牙王室的资助下，哥伦布前往东方寻找黄金，最后却发现了美洲大陆。意大利为了纪念这位伟大的航海家，把哥伦布曾在热那亚住过的房屋列为文化遗产并加以保护，现在还不时地有人前往那里去参观。

而有人却认为这些事实不能说明哥伦布是意大利人，因为哥伦布本人从未明确宣布自己是热那亚人。他没有用意大利文写过任何信件或签名，他给弟弟和他人的信及日记都是用西班牙文写的，他喜欢用西班牙语来拼写自己的名字，也希望别人这样做。这些似乎证明哥伦布是一个曾经居住在热那亚的西班牙犹太人。

一位研究哥伦布的权威学者阿尔夫索·恩塞纳特教授花了十年的时间广泛、细致地收集各种资料，最终他认为哥伦布不是出生在1451年以前，而是1446年。虽然出生地是意大利的热那亚，但他在年幼时全家就搬到西班牙的伊比利亚岛，他实际上是西班牙人。他讲西班牙语和葡萄牙语，但是不懂意大利语，也从未回过意大利。

还有一位挪威的海运史作家的看法是，哥伦布可能是挪威人，出生于一个贵族家庭。他一提出这种说法就在挪威引起不小的轰动。还有个别美国人认为，哥伦布是印第安人，只是因为"被风吹过去了"，这种说法带有浓厚的神话色彩，当然是不可信的。

总之，目前为止关于哥伦布的一切都"众说纷纭"，人们越是想"拨云见日"，越是感到迷雾重重。

"莎士比亚"的真面目到底如何

有人说莎士比亚的真实身份是一位女性；有人说他是英国伊丽莎白一世的笔名；有人说他是培根的替身；有人认为莎士比亚就是一位普通的戏剧天才。那么，莎士比亚到底是何种身份呢？

威廉·莎士比亚是英国文学史上最伟大的剧作家、诗人，欧洲文艺复兴时期人文主义文学的集大成者，也是闻名世界的大文学家。威廉·莎士比亚的一系列文学作品深刻而生动地反映了16世纪到17世纪英国的现实社会，代表了整个欧洲文艺复兴时期的文学成就。举世闻名的《哈姆雷特》《李尔王》《奥赛罗》和《麦克白》更是奠定了莎士比亚在世界文学史上的"巨人"地位。

莎士比亚流传下来的作品大约有39部戏剧、154首十四行诗和两首长诗，以及其他诗作。除了两首长诗是他生前发表的以外，其余的作品都是他死后由别人搜集整理后才陆续问世的。最令人产生疑问的是，莎士比亚作为欧洲文艺复兴时期最伟大的戏剧家，他的身世却有许多不为世人所知的地方，他本人也从未留下只字片语，有关莎士比亚生平事迹的材料也无处可查。莎士比亚的去世竟没有引起人们的关注，没有人为他写一首哀诗。人们不禁疑惑：真的有莎士比亚这个人吗？

几百年来，不断有人对莎士比亚的作品提出质疑，有人认为莎士比亚出生于平民阶层，不可能对宫廷和上流社会乃至其他国家的风土人情有如此全面的了解。另外，如果莎士比亚在世时已经名声远扬，为什么去世时却极少有人关注？以莎士比亚为名发表的那些惊世之作，究竟是他本人写的，还是别人创作后用笔名发表的？因此，不断有人被提名为"真正的莎士比亚"，其中包括剧作家弗朗西斯·培根和诗人克里斯托弗·马洛。"莎士比亚"真伪之谜已争论了几个世纪。

在文化史界，有人认为莎剧的真正作者是英国女王伊丽莎白一世，"莎士比亚"只是伊丽莎白女王假借的名字。莎士比亚戏剧中的许多主角所处的环境与女王的生活都十分相似。女王知识广博，语词丰富多样，说话机智善辩，而莎剧作品中的单词数量达21000多个，一般人很难做到这一点。并且伊丽莎白女王于1603年去世之后，以"莎士比亚"为名发表的作品数量明显下降，在质量上也比之前逊色不少，人们猜想这些极有可能是女王早期的不成熟之作，而在她死后由别人收集、整理后出版。凑巧的是，莎士比亚第一本戏剧集的出版者潘勃鲁克伯爵夫人，恰恰又是伊丽莎白女王的挚友亲信和遗嘱执行者。这难道只是巧合吗？

一些专家认为，通观莎士比亚作品的精彩语言与丰富剧情内容，只有伊丽莎白女王才具有作者所特有的广博的学识、凝练的语言和对于人们感情意志的高度洞察力。

而另一些学者则认为，莎剧的真正作者应当是英国著名哲学家弗朗西斯·培根。这些学者将培根的笔记内容和莎士比亚出版作品比较分析，发现两者高度相似。莎剧上至天文地理、外及异邦他国、内涉皇朝宫闱，通达古今、精深博大，出身于平民阶层并且从未踏进大学的普通人是不可能完成的。

莎士比亚所处时代正是英国政治、宗教的动荡时期，上流社会和达官显贵们都认为编剧演戏有伤风化，但是，在剑桥大学和牛津大学仍有一些学者暗地里写戏演戏。或许是迫于社会压力和公众的舆论指责，剧本的撰稿者就虚构了一个"莎士比亚"的笔名。当时，弗朗西斯·培根文才出众、善于思考、阅历丰富、勤奋攻读，理所当然是这些作品的执笔人。况且这些剧本情节生动感人，全景式描绘了当时英国封建制度解体和资本主义兴起时期各种社会力量的冲突，提倡个性解放，反对封建制度的束缚和神权主义的桎梏，人物栩栩如生，久演不衰。这种传世之作应当出于造诣精深的哲人培根之手，如此才更合乎情理。

莎士比亚究竟是谁？是伊丽莎白女王，还是哲学家培根，或是其他人？或者，这些作品本来就是莎士比亚自己写的，这些疑点只是后人的猜测。不管怎么样，莎士比亚作品的精彩是有目共睹的。

莫里哀的妻子是自己的女儿吗

有谁能够想到，曾经在戏剧舞台上驰骋一生，创作出众多喜剧角色，并以精湛的技艺赢得观众掌声的喜剧大师莫里哀死后，人们对于他的讨论不仅仅是他精彩的戏剧，还有许多对他妻子身世的猜测，这是怎么回事呢？

1640年，阿尔曼德·贝亚尔出生于巴黎的一个表演世家——贝亚尔家族。她的母亲是法国17世纪最著名的舞台剧演员之一——玛德兰娜·贝亚尔。玛德兰娜是莫里哀的合伙人，他们共同创建了"光耀剧团"。

据史料记载，1662年，莫里哀娶了年轻的阿尔曼德·贝亚尔为妻，当时莫里哀约40岁，妻子仅17岁。婚后妻子为莫里哀生了三个孩子，家庭美满、幸福。

当时在法国上流社会，人们纷纷传言说莫里哀年轻时与阿尔曼德的妈妈玛德兰娜相爱，并生下了一个女儿，可是由于种种原因，莫里哀和玛德兰娜并没有结成夫妻，这让莫里哀深感遗憾，并在内心深处产生了一种特殊的情结，娶了自己的亲生女儿。但这一说法很难让人信服。还有人声称，莫里哀并不知道阿尔曼德是自己的亲生女儿，当这个十几岁的女孩在"光耀剧团"逐渐走红后，莫里哀仿佛在她身上看到了玛德兰娜的影子，对她产生了深深的爱慕之情。在莫里哀强烈的追求之下，1662年，阿尔曼德与莫里哀结婚。

有人认为莫里哀的妻子阿尔曼德的确是玛德兰娜的女儿，但不是莫里哀的亲生女儿。传言，阿尔曼德是玛德兰娜年轻时与一个伯爵所生的私生女，但伯爵并没有迎娶玛德兰娜，因为他不愿把贵族的姓氏让给一个女戏子。愤懑的玛德兰娜带着女儿来到巴黎，加入"光耀剧团"，而玛德兰娜也与莫里哀日久生情，并确立了恋爱关系。面对阿尔曼德，莫里哀像一个和蔼的叔叔一般看着她长大，并亲自指导她的教育和学习。到了阿尔曼德17岁，莫里哀被她年轻美丽的外貌所吸引并很快坠入情网，他从未考虑年龄的差距和性格的差异，更没有顾忌玛德兰娜长久以来对他的情谊，却准备娶她的女儿为妻，虽然阿尔曼德比莫里哀小20多岁，但她打算牺牲自身以换取更多的利益。但是，也有人对这种观点产生怀疑，因为在莫里哀的剧团里，像阿尔曼德这样才貌出众的年轻女演员有很多，莫里哀为何偏偏娶了曾经与他有过亲密关系的玛德兰娜的女儿，难道这仅仅是种巧合？其中是不是隐藏着一些秘密呢？

也许连莫里哀本人也没有想到，在他死后，有关他妻子的身世仍然被人争论不休，成了文化史上的一个难解之谜。人们希望能早日找到有价值的史料，解开这个谜题。

牛顿黑匣子里的秘密

牛顿一直是科学的代名词，然而令人大跌眼镜的是，他曾经疯狂地研究过长生不老药和废金属向黄金转化的方法。他还是令我们引以为豪的那个牛顿吗？

艾萨克·牛顿是英国伟大的数学家、物理学家、天文学家和自然哲学家，同时他也是一个神学爱好者，晚年曾大力研究神学。1727年3月31日，伟大的艾萨克·牛顿逝世。同很多杰出的英国人一样，他被葬在威斯敏斯特教堂，他的墓碑上镌刻着"人们为此欣喜，人类历史上曾出现如此辉煌的荣耀"。从18世纪起，牛顿就被认为是现代科学家中最伟大的科学家，而牛顿的名字也一直是科学的代名词。

但是，牛顿的真实面貌其实并不完全像我们所想象的那样。一切都源于一个神秘的箱子——牛顿的"黑匣子"。据说，在这个匣子里保存着许多证据，这些证据能够告诉后人，曾经占据和完全吸引着牛顿热情和智慧的东西到底是什么？他没有在离开剑桥的时候将它们销毁，而是把它们保存在那个箱子里。这个黑匣子深深地吸引着18世纪、19世纪，甚至是现代人探索的目光，那里面保存着数以百万字的牛顿从未发表过的著作。这些是牛顿一生中都隐藏着的秘密。

在牛顿死后，有人试图了解这个尘封的秘密。毕肖普·霍斯利奉命检查过这个箱子,并希望能够出版箱子里浩如烟海的作品。可是当他看了箱子中的内容后,他惊慌失措地把箱子盖上了,并没有公布任何秘密。100年后,大卫·布鲁斯再次查看了那个箱子,但他只小心地摘录并通过几个严肃的小谎言便把"黑匣子"里的真相完全掩盖了,世人仍然不知道黑匣子里面到底装的是什么。

然而,世界上没有永远的秘密,"黑匣子"里的秘密最后还是被解开了。人们被"黑匣子"里的东西惊得目瞪口呆。那些证据表明,牛顿当时潜心研究的并不是人们一直猜测的科学思想,而是长生不老药的制作方法和废金属向黄金转化的方法。其中秘密著作的绝大部分是他推想和求索的宇宙的秘密真相——所罗门神殿的力量、丹尼尔之书、圣经启示录和关于教会历史的数百页论述。

原来,晚年的牛顿开始致力于对神学的研究,他否定哲学的指导作用,虔诚地相信上帝,埋头写作有关神学题材的著作。当他遇到难以解释的天体运动时,提出了"神的第一推动力"。他说"上帝统治万物,我们是他的仆人而敬畏他、崇拜他"。这时的牛顿,已经逐渐脱离理性科学的轨道,走向神学的领域。

文献还表明了牛顿对炼金术的痴迷。据《牛顿传:最后的炼金术士》可知牛顿总共留下了50多万字的炼金术手稿。

看过"黑匣子"中的证据后,所有人都会认为牛顿不是理性时代的第一人。牛顿研究者约翰·梅纳德·凯恩斯说:"从18世纪以来,牛顿一向被认为是第一个也是最伟大的近代科学家,他是一个理性主义者,他教导我们做出冷静的思考和无偏的推理。可是现在我要说,我不认为如此,我不认为任何人在看完那一箱文件后,还会把他看成那样一位道德高尚的伟人。"科学巨人同样可能走向歧途,他们的人格也会存在这样或那样的缺陷,但是他们对世界文明的贡献是第一位的,而这些有利于社会进步的探索永远不会被人类忘却。

诗人拜伦为何离开英国

拜伦长期漂泊在外。他内心深爱着自己的祖国——英国,但最后还是离开了英国,这是为什么呢?

乔治·戈登·拜伦是19世纪上半叶英国伟大的浪漫主义诗人。他的诗歌深刻地批判了资本主义社会的种种弊端,有力地支持了法国大革命后席卷全欧的民主革命运动，因而产生了巨大的影响。

1788年1月22日，拜伦出生于伦敦的一个没落贵族家庭，他10岁时继承了拜伦家族的世袭爵位及产业（纽斯泰德寺院是其府邸），成为拜伦第六世勋爵。拜伦相貌英俊，嗓音动听，却天生跛足，这一生理缺陷常常使他感到自卑和痛苦。拜伦不仅是一位伟大的诗人，还是一个为理想奋斗终生的勇士，他积极而勇敢地投身革命，参加了希腊民族解放运动并成为领导人之一。

然而，就是这样一位英勇的斗士，却在1816年选择永远离开自己的故土——英国，流浪异国他乡。"英国哟！我爱你，尽管你有那么多缺陷。"拜伦远走他乡后，曾在意大利威尼斯含泪写下这一感情真挚的诗句。从这句诗中可以看出拜伦深深地眷恋着自己的祖国，可是他又为何要在1816年远离故国家园，并从此一去不复返呢？

有人认为，是英国上流社会毁誉无常导致了拜伦的出走。1809年，拜伦首次出国漫游，先后到过葡萄牙、西班牙、马耳他岛、阿尔巴尼亚、希腊等地。这次旅行极大地开阔了拜伦的视野，在旅途中，他开始写《恰尔德·哈洛尔德游记》和其他诗篇，并在心中酝酿未来的东方故事诗。《恰尔德·哈洛尔德游记》的第一、二章在1812年2月问世。该书一问世便轰动了文坛，使拜伦一跃成为伦敦社交界的明星。可两年后，伦敦的贵族们却又对拜伦的言行颇有微词。

有人认为，拜伦是受到英国统治阶级的迫害而出走的。虽然《恰尔德·哈洛尔德游记》的问世使拜伦获得极大的声誉，然而这并没有使他向英国的贵族资产阶级妥协。他早就知道这个社会及其统治阶级的虚伪、顽固、邪恶及偏见，他的诗一直是对这一切的抗议，英国统治阶级以此对他进行最疯狂的报复，试图毁灭这个在政治上与他们为敌的诗人。但拜伦拒不退步，写出了《普罗米修斯》，向他的压迫者表示自己反抗到底的决心。最后，诗人忍受着内心的痛苦离开了祖国，想休养一阵后再给敌人一个更大的打击。

此外，家庭的变故也可能是拜伦出走的原因。从1811年到1816年，拜伦一直生活在感情的旋涡中。在他的社交生活中，逢场作戏的爱情俯拾即是，一个年轻的贵族诗人的风流韵事自然更为人津津乐道。为了寻求解脱，1815年1月，拜伦与密尔班克小姐结婚。然而，这却是拜伦一生中做的最错误的决定。拜伦夫人是一个见解狭隘又虚伪做作的女人，完全不能理解拜伦的事业和观点。婚后一年，她便带着刚出生一个多月的女儿回到自己家中，与拜伦分居，一夜之间拜伦身败名裂。这与《恰尔德·哈洛尔德游记》刚出版时的情形相比真是天壤之别。由于饱尝了世态的炎凉、人情的淡薄，拜伦决定离开祖国，到国外追求自由自在的生活。

1824年4月19日，拜伦在希腊病逝，他的死让希腊人民深感悲痛，希腊政府特别为拜伦举行了隆重的国葬仪式。后来，他的遗骸被运回英国安葬，算是叶落归根。

波德莱尔是颓废派诗人吗

> 恶，何以成花？羸弱、无效、过失、性冷、阳痿、不育幻化而成的诗句，何以得踞文学高贵堂皇的殿堂？法国19世纪最著名的现代派诗人、象征派诗歌先驱夏尔·皮埃尔·波德莱尔凭借自己的独特写作风格创作了世界诗歌史上的力作——《恶之花》，也由此引发了学界关于他是否是颓废派诗人的争论。

1821年4月9日，夏尔·皮埃尔·波德莱尔出生于法国巴黎，他幼年丧父，母亲改嫁。继父欧比克是个军人，他对波德莱尔实行典型的专制作风和高压手段，这些行径引发了波德莱尔的强烈不满和反抗。这段不愉快的成长经历不可避免地影响了波德莱尔的精神状态和创作情绪。于是，波德莱尔对资产阶级的传统观念和道德观价值观发起了挑战。他极力挣脱本阶级思想意识的枷锁，在抒情诗的梦幻世界中求得精神的平衡。在这个意义上，波德莱尔是资产阶级的浪子。

1848年，巴黎工人武装起义，反对复辟王朝，波德莱尔登上街垒，参加战斗。他试图以诗作来探测存在的本义与生命的真谛。波德莱尔的代表作《恶之花》和《巴黎的忧郁》充分展现了这样的魔力。在这两本诗集中，作者面对颓废时代交织着大伤痛、大欲望、大恐惧、大战栗的悲惨人生，描述了一个诗人深陷于孤独、忧郁、绝望、贫困、痛苦之中，却又渴望追求健康、光明、理想，但终究难以摆脱沉沦、颓废、失败的命运。波德莱尔说："在每一个人身上，时刻都存在着两种要求，一个向着上帝，一个向着撒旦。祈求上帝或精神是一种上升的意愿，祈求撒旦或兽性是一种堕落的快乐。"上升的意愿和堕落的快乐交织成一条贯穿于波德莱尔全部诗作的主线，循着这条主线，我们可以看到诗人那种"生活在邪恶中，而热爱着善良"的凛然不可侵犯的品格。

《恶之花》一经问世，波德莱尔标新立异的写作风格就引起世界文坛的巨大轰动。一方面，一些人认为波德莱尔标新立异的写作风格"有伤风化"；另一方面，以雨果为代表的著名作家却给予波德莱尔及其诗作以极高的评价。兰波、魏尔伦、马拉美等一代年轻的后来者则尊奉波德莱尔为先师。此外，法国政府对《恶之花》的发表极为惊恐，他们以海淫海盗和亵渎神灵的罪名，判处波德莱尔300法郎的罚金，并查封他的诗集。

自《恶之花》问世以来，关于波德莱尔是否为颓废派诗人的争论就没有停止过。俄国大文豪托尔斯泰极力贬斥波德莱尔，他认为："波德莱尔和魏尔伦创造了那样一种新的形式，使用了目前为止还没有被人用过的色情细节——而上层阶级的批评家和观众竟把他们吹捧为大作家。"但俄国另一位大文豪高尔基对波德莱尔却赞赏有加，他认为波德莱尔是"正直的""自己心中有着永恒的理想，不愿意在偶像面前低头""具有寻求真理和正义愿望的"的艺术家。

在中国，也同样存在波德莱尔是否是颓废派诗人的争论。1979年版的《辞海》条目中称波德莱尔是一个"充满悲观厌世情绪，反映资产阶级颓废生活所引起的精神危机"的诗人。而法国华裔作家程抱一却认为波德莱尔是一个"态度严肃、眼光深远的艺术家"。著名学者柳鸣九也评价说："波德莱尔是个悲观主义者，他的悲观总是产生于希望破灭之时，而他却从来没有放弃过希望。他对自己的社会和阶级充满了反感和憎恶，并试图进行某种反抗，但是他的反抗是孤独的、消极的、病态的，因此，其结果只能是失败。"

"神奇的卡拉扬"是纳粹战犯吗

卡拉扬的一生之所以传奇，一方面源于他在音乐指挥方面的过人天赋和杰出贡献，另一方面源于人们关于他是否是纳粹战犯的争论。

1989年7月16日，"20世纪最杰出的指挥家"卡拉扬病逝，终年81岁。卡拉扬逝世后，世界乐坛乃至整个文化领域都陷入无比的悲痛之中，人们为他举办了相当隆重的纪念活动。

卡拉扬的传奇不仅在于他神奇的指挥天赋，还在于他在第二次世界大战时的纳粹党员身份。许多人认为，正是因为卡拉扬有着超乎寻常的音乐贡献，才使得他最终逃脱了纳粹战犯的审判。

赫伯特·冯·卡拉扬1908年出生在奥地利的萨尔斯堡。童年时卡拉扬就表现出超乎常人的音乐天赋，8岁时他就公开演出，在当时被认为是最有前途的钢琴家。他的父亲是医生兼业余音乐家，如同莫扎特的父亲一样，他极力鼓励儿子从事音乐事业。然而，卡拉扬的音乐之路并非一帆风顺。

大学毕业时卡拉扬面临择业的问题，他感觉在人才济济的维也纳没有什么希望，便回到家乡萨尔斯堡。在这里，乌尔姆市歌剧院的院长发现了他的天分，聘请他担任常任指挥。但五年后，他却突然被解雇，一夜之间成了身无分文的流浪汉。

于是，卡拉扬去了柏林，但在当时的柏林，像他这样一个来自小歌剧院的无名年轻指挥几乎很难找到合适的工作。一个偶然的机会，卡拉扬认识了亚琛的剧院经理，被邀请担任亚琛歌剧院音乐指导的职务。后来，卡拉扬在亚琛迅速崛起，成为德国小有名气的年轻指挥家。

此时，纳粹党宣布："文化，是第三帝国的宣传工具。"于是，作为亚琛歌剧院音乐总监的卡拉扬成了纳粹的拉拢对象。尽管卡拉扬不谙政事，但他若是想继续在德国生活下去，就不得不做出妥协——加入纳粹党。

据卡拉扬讲，正是那时，他感受到参加纳粹党的压力。他说："我原来不是党员，在亚琛歌剧院当音乐指导时，我在政治上也不那么引人注目。可是到了签订就任音乐总监的合同时我的秘书告诉我，亚琛纳粹党部的头目说我的合同不能通过，因为被提名当音乐总监的人居然不是党员！"虽然当时德国在政治上采取极端压抑手段，第三帝国的文化生活却非常丰富，而具有"党员"身份的艺术家，其工作条件也十分优越。

也正因为卡拉扬这段纳粹党员的历史，第二次世界大战结束后，不少人要求将卡拉扬列入纳粹战犯的名单。在第二次世界大战结束后，著名的萨尔斯堡音乐节的组织官员们呼吁最伟大的指挥家之一——托斯卡尼尼参加这一重大节日，但托斯卡尼尼的回答是："我不去，我决不与为希特勒服务过的富尔特文格勒、卡拉扬混在一起！"可见，在当时把卡拉扬定为纳粹战犯的观点是很普遍的。卡拉扬也确实因为这个政治污点成了首批在占领区受审的犯人。

然而，也有许多人认为卡拉扬不是纳粹战犯，他只不过是政治牢笼中的一只囚鸟而已，他也并非出自个人意愿加入纳粹党。当时在纳粹强权及狂热的沙文主义气氛下，谁如果试图对抗这一强权都无异于以卵击石，即便他有为取得各种职位的私心和机会主义式的所作所为，在当时的特殊环境下也是可以理解的。

人们争执的重点在于卡拉扬加入纳粹党的日期，这决定了卡拉扬入党的主观倾向：到底他是自愿加入纳粹的，还是被迫加入纳粹的？卡拉扬自称他是1935年迫于纳粹压力才入党的,而根据战后纳粹留下的文件来看,卡拉扬申请入党的时间是1933年4月8日,是在希特勒上台仅仅两个月零八天之后。如果文件无误,那他的确是自愿加入纳粹党,并非迫于政治压迫。

最终,政府考虑到卡拉扬在音乐上的杰出贡献而对其纳粹历史不予追究。卡拉扬也得以在后来的人生中继续他辉煌的音乐指挥生涯。1988年4月5日,在他80岁生日时,他已被全世界舆论界赞誉为"艺术界的巨头""20世纪的奇迹"以及"指挥界的帝王"。

无论如何,卡拉扬都堪称是20世纪最杰出的指挥家之一。在第二次世界大战期间,至少人们能从卡拉扬的音乐中听到一丝精神安慰,音乐代表着他们唯一保留着的被撕成碎片的尊严。

第十四章 硝烟弥漫下的历史玄机

史前核战争之谜

> 史前也有核战争？这在现代人看来似乎是不可能的事情，可是考古学家确实发现了爆炸的现场，这又如何解释呢？

地球存在已经有几十亿年的时间了，在演化过程中，地球上的生物经历了五次大灭绝，世间万物生生死死，周而复始。因而有人推断，地球上曾出现过多次高级文明社会，但不幸的是这些文明都被毁灭了。亿万年的自然变迁几乎抹去了一切痕迹，只有少数证据得以保存。那么，这些文明的毁灭原因究竟是什么呢？

1972年，在非洲加蓬共和国发现了一个20亿年前的铀矿——奥克洛铀矿。考古学家在矿里还发现了一个不可思议的史前遗迹：一个古老的核反应堆。它是由6个区域、大约500吨的铀矿石组成，运转时间长达50万年之久。面对这个保存完好、结构合理的核反应堆，人们不禁要问：是谁留下了这个庞大的核反应堆？要知道，人类掌握核能技术，建立第一座核反应堆，是20世纪40年代的事情。可是非洲的发现证明，早在人类之前就有一种不知名的生物掌握了核技术。

1968年，在美国发现了两个完整的人类足迹化石，而且这个足迹踩着地球上最古老的一种生物——三叶虫（这种生物早在几亿年前就灭绝了）。值得一提的是，这个人类足迹的化石所处的时代在地质上属于寒武纪，距今已有5亿年的历史，那时怎么可能出现类似人类或人类的生物呢？后来，经过许多学者研究指出：史前文明毁于一场规模浩大的核战争。

著名的古印度史诗《摩诃婆罗多》写成于公元前1500年。这部史诗以印度列国纷争时代为背景，描写婆罗多族的两支后裔为争夺王位继承权而展开种种斗争，最终导致大战爆发的故事。

书中是这样描述战争的："英勇的阿特瓦坦，稳坐在维马纳（类似飞机的飞行器）内降落在水中，发射了'阿格尼亚'（类似火箭武器），它喷着火，但没有烟，威力无穷。刹那间，潘达瓦人的上空黑了下来，紧接着便狂风大作，乌云滚滚，向上翻腾，飞沙走石不断地从空中打来。太阳似乎在空中摇曳，这种武器发出可怕的灼热，地动山摇，在很大的区域内，动物倒毙，河水沸腾，鱼虾等水生物全部被烫死。火箭爆发时声如雷鸣，敌兵烧得如焚焦的树干。"

还有一些战争场景的描写更令人毛骨悚然、胆战心惊："古尔卡乘着快速的维马纳，向敌方三个城市发射了一枚火箭。此火箭似有整个宇宙力，其亮度犹如万个太阳，巨大的烟火柱滚升入天空，壮观无比。尸体被烧得无可辨认，毛发和指甲脱落了，陶瓷器碎裂，盘旋的鸟在天空中被灼死。"

看到书中描写的种种惨状，人们会立刻联想到原子弹爆炸后产生的威力。因而，不少学者正在探索一个谜团，那就是在人类早期历史上是否爆发过核大战。后来，考古学家在发生上述战争的恒河上游发现了众多已成焦土的废墟。这些废墟中的岩石被黏合在一起，表面看上去凸凹不平。要知道，能使岩石熔化，至少要达到1800度，而森林、大火或火山爆发出来的热量还远远达不到这个水平，能达到这个温度的，只有核爆炸所释放的热量。

后来，人们还发现了更多的焦化废墟。废墟城墙被晶化，光滑如同现代的玻璃，不仅建筑物表面晶化，连建筑物内的石制家具表层也被玻璃化了。

古印度人在时间上使用两种奇怪的概念——"卡尔帕"和"卡希达"。"卡尔帕"相当于42亿3200万年，"卡希达"相当于一亿分之三秒。在自然界，要用亿年或百万之几秒的时间来量度的，只有放射性同位素的分解率。例如铀238的一半寿命为45亿1000万年，而K介子的半寿命只有百万分之一秒，这与"卡尔帕""卡希达"的概念极为相近。那么，我们是不是可以从古印度人使用的时间概念上来推测，古印度人已经拥有了量度核物质和次核物质的技术呢？他们是否已经掌握制造核武器的技术，生产出了原子弹？

饶有趣味的是，类似核战争的废墟，不仅在印度被发现，人们在巴比伦、撒哈拉沙漠和蒙古的戈壁滩上都发现了有史前核战的废墟，并且废墟中的"玻璃石"与今天核试验场合中的"玻璃石"十分相像。

史前究竟是否爆发过核大战？尽管已有不少学者从文献记载或考古发掘上做了许多推测，但这个问题至今仍然是个未解之谜。

汉尼拔为何没能征服罗马

> 战争初期，汉尼拔节节胜利，眼看即将攻占罗马，可就在此时，罗马人奇迹般地扭转了战局，汉尼拔就此跌入人生的低谷。

汉尼拔·巴卡生于公元前247年，是迦太基著名的军事统帅，古代杰出的军事家。他少年时随父亲哈米尔卡·巴卡进军西班牙，并在父亲面前立下誓言，这一生都要与罗马为敌。公元前221年汉尼拔任西班牙的迦太基统帅后，开始进行征服罗马的战争准备。

公元前218年，第二次布匿战争爆发，汉尼拔率领迦太基军队开始对意大利进行军事远征。当汉尼拔越过巍峨、险峻的阿尔卑斯山，突然出现在北意大利时，犹如神兵从天而降，让整个罗马陷入一片惶恐之中。

之后，汉尼拔率军直捣意大利中南部，在特拉西梅诺湖、坎尼等会战中巧妙地运用计谋，多次打败罗马军队。尤其是坎尼战役后，罗马可谓已陷入绝境，汉尼拔很快就要实现其征服罗马的梦想了。

然而好景不长，罗马为了避免亡国危机，改变了战争策略，逐渐夺回意大利南部的要塞。公元前204年，罗马人在大西庇阿的率领下入侵迦太基本土，迫使汉尼拔不得不退回到非洲。公元前202年，大西庇阿于扎马战役击败汉尼拔，汉尼拔最终未能完成其征服罗马的夙愿。

公元前195年，在罗马人的不断施压下，汉尼拔出走东方，后来流亡到塞琉古帝国，被塞琉古帝国安条克三世奉为上宾。直到公元前190年，罗马打败安条克三世，并要求引渡汉尼拔，汉尼拔又逃到小亚细亚北部的比提尼亚王国。即使如此，罗马人仍然对汉尼拔紧追不舍地追杀，一直争取把他引渡到罗马处死，最后在万般无奈之下，汉尼拔只能服毒自尽。

有人认为，汉尼拔之所以未能征服罗马，是因为共和制罗马当时正处于蓬勃发展时期。尽管罗马是一个贵族共和国，作为统治阶级的贵族和平民之间存在着矛盾，但是经过两个多世纪的斗争，平民在获得一定的政治权力之后，阶级矛盾开始缓和，国家暂时比较安定，这些为罗马战胜汉尼拔的进攻提供了重要的政治和社会前提。

同时，在与迦太基作战的问题上，罗马奴隶主统治阶级内部是比较一致的。罗马进行战争的主要工具是组织严密的军团，这些军团由罗马公民组成。特别值得一提的是，农民是罗马军团的主要力量，由于他们希望从战争中获得一份土地，因此作战特别尽力。虽然罗马在布匿战争中屡次遭到失败，但在每次失败之后又可以迅速得到人力、物力的补充，直到最后取得胜利。

相比之下，迦太基在许多方面远不如罗马。迦太基在征服北非土地之后统治阶级内部就分为两派：一派代表大土地所有者的利益，另一派为商业集团。两派之间一直进行着尖锐的斗争，派别间的斗争无疑会影响迦太基的对外政策。汉尼拔代表的主要是商业集团的利益，主要活动基地和据点是西班牙的新迦太基城，正因如此，汉尼拔转战意大利期间一直没有得到过迦太基政府的支援。汉尼拔本人虽然具有杰出的军事才能，但他领导的是一支孤立无援、与本国几乎断绝关系、主要由雇佣军组成的军队，而且是在他国领土上作战，处境十分困难。而且，汉尼拔为把一切反罗马力量团结起来的伟大计划又因东方各国君主间的矛盾和相互猜忌而失败。

也有人认为，汉尼拔之所以在罗马战败，其致命错误就是在战略上没有及时将打击重点放在攻占罗马城上。当汉尼拔取得一系列胜利后，罗马军的主力已不复存在，整个半岛的大部地区已摆脱了罗马的控制，罗马城几乎成了孤城。如果汉尼拔能抓住有利时机给予罗马城致命一击，攻占罗马城的可能性就极大了。然而他错过了这个机会，给了罗马人喘息的机会。显然，汉尼拔在战略上犯的这一错误是无法弥补的，因为坎尼战役以后就再也没有出现过那种良机。此外，汉尼拔的极端复仇思想与盲目的自信禁锢了迦太基军的行动，最终导致了自己的失败。

斯巴达克斯放弃北上计划之谜

在斯巴达克斯打赢罗马的两个执政官后，为什么没有立即跨越阿尔卑斯山而是率领大军又杀回罗马？是什么原因让他放弃回到故乡色雷斯而选择继续和罗马作战呢？是什么原因导致他做出了失败的决策？

斯巴达克斯为色雷斯人，他是古罗马奴隶起义的领袖。在反抗罗马征服的战争中因身负重伤被俘，沦为卡普亚角斗士训练学校的角斗士奴隶，角斗士们手握利剑、匕首，或相互拼杀或与猛兽对垒，从事残忍血腥的角斗表演。在充斥危险且毫无尊严的生活中，斯巴达克斯选择了由自己掌握命运。

公元前73年初夏，斯巴达克斯为争取自由，率70名奴隶起义，占领附近的维苏威火山，他的行动得到各地逃亡奴隶和破产农民的响应，不久队伍便扩至数千人。他所率领的义师得到奴隶和贫民的广泛拥护，队伍仍在不断地扩大。这就是世界古代史上最为壮阔的奴隶大起义——斯巴达克斯起义。

公元前72年，斯巴达克斯军队的规模已增至6万人。他将部队带到阿普利亚和路卡尼亚，在那里人数达到12万（据有些史料记载为9万到10万）。被起义军的巨大规模震惊的罗马元老院，于公元前72年派遣以执政官楞图鲁斯和盖里乌斯为首的两支军队讨伐斯巴达克斯。这时，起义军内部产生了严重的分歧。大部分奴隶，其中包括斯巴达克斯认为在意大利本土建立政权比较困难，主张离开意大利，要么冲过阿尔卑斯山，进入罗马势力尚未到达的高卢地区，摆脱罗马统治，获得自由；要么返回家乡。而参加奴隶起义运动的当地牧人和贫农则不愿离开意大利，他们希望继续与罗马军作战，以夺取失去的土地。由于意见分歧，有3万人脱离了主力部队。

公元前72年，斯巴达克斯的军队沿亚得利亚海岸穿过整个意大利。在齐扎尔平斯高卢省（北意大利）的摩提那会战中，斯巴达克斯的军队击溃了卡西乌斯总督的军队，此后起义军士气高涨。战后，斯巴达克斯曾经拟订了一个北上计划："全军向阿尔卑斯山前进，越过高山，北上出境，返回故土。一些人回色雷斯，一些人回高卢。"历经20多天的激战，起义军终于抵达阿尔卑斯山脚下的穆提那城，打开了波河通向阿尔卑斯山的道路。北上出境的计划此时只要一声令下就可施行。但就在这个时候，斯巴达克斯却突然放弃了计划，下令全军调头南下，返回意大利，绕过罗马，向南方进军。

罗马元老院竭力想尽快地将起义镇压下去，分别从西班牙和色雷斯将庞培的大军和卢库卢斯的部队调来极力增援克拉苏。为了不让罗马军队会合，斯巴达克斯决定对克拉苏的军队发起总决战，他用急行军快速将部队调向北方，迎击克拉苏。在阿普里亚省南部的激战中，斯巴达克斯军队虽在数量上比罗马军队少得多，但他们仍然英勇战斗。然而，在罗马军队的疯狂围攻下，6万名起义军英勇战死，斯巴达克斯也壮烈牺牲。后来，约5000名起义军逃往北意大利，却不幸在那里被庞培消灭，6000名俘虏被罗马军钉在从罗马城到加普亚一路的十字架上，起义宣告失败。

斯巴达克斯失败了。但究其失败原因，在众多脉络之中，有一个疑问始终困扰研究者，即为什么斯巴达克斯突然放弃了北上出境计划？斯巴达克斯是色雷斯人，他的部下许多也跟他一样，曾经是罗马境外的自由人，因种种原因不幸沦为角斗士。返回故土、重获自由，这对他们来讲是多么大的诱惑！

有的学者认为，起义军内部分裂是一个原因，由于起义军中不少人源于地缘亲情，这些人不想离开本土而前往斯巴达克斯的家乡色雷斯，几方面争执不下的结果使起义军不断分兵，最终被罗马军队各个击破。而这种不断被内部人强调的本土意识，不得不让本已制订明确北上计划的斯巴达克斯产生了犹豫心理。

还有的研究者认为，斯巴达克斯计划的改变缘于客观形势的变化。起义之初，敌强我弱，斯巴达克斯感到很难对付罗马，不宜久留罗马，所以他拟订北上计划,打算先在敌人力量比较薄弱的北部地区发展自己,争取早日翻越阿尔卑斯山返回故土。但北上途中的节节胜利,尤其是起义军将罗马执政官克劳狄乌斯、名将楞图鲁斯和盖利乌斯的围剿接连突破之后声势大振,敌我力量对比出现了一点变化。起义军因此变得盲目自信起来,他们觉得可以留在罗马"与敌人决一死战并胜之"。

也有人认为是阿尔卑斯山的恶劣条件改变了起义军北上翻越山岭的计划。他们提出,阿尔卑斯山是欧洲最高的山峰,平均海拔3000米左右,许多山峰终年积雪,山上气候千变万化。12万起义将士到达阿尔卑斯山脚下时,身上的单衣无法御寒,再加上起义军给养不足,只好取消了北上计划。还有人认为,因为缺乏意大利北部农民的支持,才迫使斯巴达克斯的军队最终选择了一条不归路。

斯巴达克斯放弃北上出境计划,想必是经过一番考虑的,至于究竟是出于什么原因,这个谜题的最后解释还有待于人们对史料的进一步发掘。

拿破仑为何兵败滑铁卢

> 法国人历来忌讳"滑铁卢",把它视为法兰西民族的耻辱。直到今天,法国人仍把"滑铁卢"当作失败的代名词。

1815年3月,拿破仑·波拿巴从流放地厄尔巴岛逃回法国,此后东山再起,很快重新控制了整个法国政权。在法国人民的支持下,拿破仑又奇迹般地重登皇位。欧洲各国的封建君主和英国统治阶级得到这一消息后,犹如晴天霹雳,立即组织了第七次反法同盟,向拿破仑宣战,希望在最短的时间内将他绞杀。

面对迫在眉睫的战争,拿破仑决定要在俄奥大军到达之前结束战斗,试图以迅雷不及掩耳之势先将英普联军各个歼灭,这样就有瓦解反法联盟的可能,从而巩固其地位。因此,拿破仑决定争取主动权。6月15日,拿破仑率领12万大军进入比利时。6月16日,拿破仑指挥法军,在林尼战役中打败布吕歇尔率领的普鲁士军队。随后,拿破仑命令骑兵将领格鲁希追击普军。6月17日,拿破仑让军队休整一天,并决定于18日同英军元帅威灵顿指挥的英荷联军在滑铁卢展开大决战。而由惠灵顿指挥的英军早已做好了准备,等待拿破仑的到来。

18日清晨,大雨滂沱,战场泥泞,炮兵和骑兵无法展开战斗,一直拖到中午才打响举世闻名的滑铁卢大战。战斗一开始,双方用大炮互相轰击,骑兵、步兵利刃相向,战斗场面异常激烈。法军一再猛攻,多次突破英军防线,但因兵力不足,未能扩大战果。正当英军难以支持之时,布留赫尔率领3万普军前来支援,顿时战局急转直下。迫不得已,拿破仑把最后的预备队近卫军也投入到这场战斗,仍无法扭转战局。最后在英荷和普军的总攻下,法军全线崩溃。拿破仑仅带1万余名残兵败将逃回巴黎。22日,在强大的联盟武装干涉下,拿破仑被迫第二次退位,结果被流放到大西洋中的圣赫勒拿岛,最后被囚死在那里。

滑铁卢大战是世界战争史上令人瞩目的一次战役,也是拿破仑戎马生涯中的最后一战。然而,这一战却以拿破仑的失败而告终。拿破仑在滑铁卢战役中的失败引起史学家和军事评论家的极大兴趣。

有人认为,是格鲁希元帅的迟迟不到毁灭了整个法国军队,因为当时战斗双方势均力敌,谁的援军先到,谁就会占据绝对优势。天气原因也是这场战争中很重要的因素,它也可能导致了拿破仑的失败。此外,如果一开始就按拿破仑最初的正确战略部署进行,或许早就可以结束战斗了,滑铁卢的决战也不会发生。

也有很多人认为拿破仑用兵失误是导致他溃败的重要原因,虽然拿破仑的军事谋略举世无双,但他身边缺少能攻善战、配合默契的将领。他培养的一批将才在关键时刻却无法扭转局势,这无疑是一场悲剧。后来,拿破仑在流放地圣赫勒拿岛总结滑铁卢战役的失败原因时,先是一味地责怪天气和其他将领,然后又说:"这是命中注定的,就算有这一切原因,那场仗本来也是该我赢的。"

也许,拿破仑的失败是许多因素综合在一起共同作用的结果,以致战无不胜的拿破仑无奈地接受了失败的命运,这也是他人生的最后一次失败。

"缅因"号战舰为何突然爆炸

为了运送侨民,美国将"缅因"号军舰停泊在古巴港口,然而它却"意外"地被炸沉,那么,究竟是谁导演了这场事故呢?

1898年,一艘美国巡洋舰停泊在古巴首府哈瓦那港。这艘名为"缅因"号的军舰是美国政府借口保护其在古巴的利益和侨民的安全才驶抵这个备受西班牙殖民主义者奴役的国度。

当时，古巴是西班牙的殖民地。为了争取民族独立，古巴人民掀起了反对西班牙殖民者的起义，全国陷入一片混乱中。古巴的混乱局势给美国提供了可乘之机，美国多次企图收买或用武力夺取古巴，想据为己有却因西班牙殖民者不愿放弃自己的利益而未能得逞。

1895年，古巴独立战争爆发，美国采取隔岸观火的态度，并未直接援助古巴。到了1898年初，形势突然发生变化，就在古巴人民解放战争即将取得决定性胜利的时刻，美国却以"帮助古巴革命"和保护本国侨民为由，派"缅因"号军舰抵达哈瓦那港，向西班牙施加压力。

1898年2月15日晚，哈瓦那港口一片宁静。在静静的港湾里，美国的"缅因"号巡洋舰停泊在海面上，甲板上的美国海军士兵正在悠闲地娱乐，丝毫没有感觉到危险的来临。突然，"轰"一声巨响，"缅因"号剧烈地震颤一下，顿时浓烟滚滚、火光冲天，整个军舰瞬间变成一个火球。"缅因"号爆炸了，很多士兵还不知道怎么回事，就丧命了。

"缅因"号爆炸事件很快轰动了整个美国，各大报纸的头条都被这一事件占据。美国的街头巷尾都在谈论此事，但人们议论最多的是"缅因"号事情背后的始作俑者。

"缅因"号在爆炸前没有一点预兆，真令人奇怪。不久，美国有关方面公布了调查结果，干脆将责任归在西班牙政府头上，并利用"缅因"号事件大做文章，在全国上下制造反西班牙的气氛。

西班牙政府随即也公布了自己的调查结果，声称这次爆炸来自军舰内部，与他们无关。1898年4月25日，美国正式向西班牙宣战，美西战争就这样爆发了。"缅因"号事件最终成为美西战争的导火线。

美西战争早已成为一个历史事件，而"缅因"号战舰突然爆炸沉没的真相至今仍是个谜。当时美国和西班牙都展开了调查，但双方调查的结论显然不同。

美国是在拒绝西班牙联合调查的建议后单方面进行调查的，调查报告断定："附在舰身上的一枚水雷引起舰前部弹药库爆炸，但不知道水雷是何人所放。"1911年，"缅因"号战舰的残骸被打捞上来后，人们发现舰身的整个前半部被炸毁，甲板和舷侧都被炸没了，这正是船上弹药库和锅炉所在的部位。在船的这一部分，大约有二分之一的船底还处于原来的位置，主要在右舷一边。这不正是对美方调查报告的否定吗？

许多人认为这次爆炸很可能就是美国自己制造的。为了占领古巴，美国故意制造美西冲突，煽动国内舆论反对西班牙而自行炸毁了"缅因"号，以此作为出兵的借口。当然，这都是根据美国当时的战争狂热行为进行推理后得出的，或许这一推测有些道理，但也难以解除疑问。

英国童子军参战之谜

为了抵抗德国法西斯的侵略，英国付出了巨大的代价，可是在这场战争中，英国军方竟然招募"童子军"，许多少年因此夭折在残酷的战场上。

在第一次世界大战爆发90周年的时候，英国隆重推出了一部名为《英国童子军》的纪录片，向世人爆出了一个令人惊叹的事实：第一次世界大战期间，英国军方招募了25万名不到参军年龄的童子军，其中近一半人伤亡在战场上。多年来，英国政府一直刻意隐瞒这个丑闻，很少有人知道真相。

英国历史学家理查德·凡·埃姆登对这部纪录片进行了大量的研究，提供了详尽的历史资料。据他透露，参加第一次世界大战后，不到两个月时间，英国军方就在民间招募到75万名志愿参战的士兵，赶赴血雨腥风的欧洲战场。

这些"男孩士兵"的年龄全都低于法定的服役年龄——18岁，甚至有的孩子只有14岁！他们青春年少，怀着满腔热忱，希望参加战斗保卫祖国。尽管当时的英国首相阿斯奎斯和他的内阁明知道许多征召入伍的男孩都未达到法定服役年龄，但为了招募到足够多的兵力，他们全都睁一只眼闭一只眼。在战场上，几乎一半左右的"男孩士兵"阵亡或负伤。

据当年参战的一名幸存者威瑟斯透露，当时他只有17岁，在政府的鼓动下他一心想参战，于是他没有告诉父母，自己独自在征兵处虚报了姓名、年龄以及家庭住址，负责招募的人没有多问，也没有核实，就让他加入军队。威瑟斯说："当时很多只有15岁左右的男孩都谎称自己19岁或者20岁。"

据悉，第一次世界大战期间，几乎每天都有数百名甚至数千名英国士兵阵亡。面对异常残忍的战争，很多英国士兵心生胆怯，所以经常有士兵临阵脱逃或抗拒上战场的情况发生。为稳定军心，迫使军队死守战壕，与德国兵血战到底，英国军队最高统帅部强化了行刑队的执法，凡被军事法院判处死刑的抗拒上战场的士兵,一律由行刑队快速处决。即使是童子军,如果在战场上出现当逃兵的行为,同样要被行刑队处死,东伦敦男孩亚伯拉罕·贝维斯泰因就是其中不幸的一个。1914年9月,他应征入伍时只有16岁,1915年2月,贝维斯泰因在一场战役中后背中弹受伤,被送往一家医院接受治疗。在治疗结束即将返回前线时,一枚手榴弹在他身边不远处爆炸,饱受惊吓的贝维斯泰因不愿再回到战场去。后来他又拒绝服从长官的命令,于1916年3月20日遭到了处决。当时,他的死亡记录显示他时年21岁,事实上,他只有17岁。

据悉,当时有一名自由党议员亚瑟·马克汉姆对这些年轻孩子的生命安全感到忧虑,他曾经愤怒地指责英国政府采用欺骗手段骗这些孩子入伍。为了让军方下令撤回这些只有十几岁的童子军,他一直以各种方式奔走、呼吁、请愿,试图说服英国战争办公室负责人、陆军大臣基奇纳,希望他能将童子军从欧洲战场上平安撤回。然而,英国政府对马克汉姆的呼吁置若罔闻,在当时复杂政局的情况下,他的声音也显得微不足道。

1916年8月,50岁的马克汉姆死于心脏病突发,直到临终前他也没能看到英国军方在招募士兵时加强对入伍青年年龄的管制,从此再没有人为"童子军"参战一事向英国政府表达抗议了。

谁击落了里希特霍芬的飞机

> 曼弗雷德·冯·里希特霍芬在第一次世界大战中共击落80架飞机,战绩位居德国飞行员之首。他也是第一次世界大战中的"世界王牌",然而他最终命丧谁手却一直是一个谜。

1918年4月22日,协约国与同盟国激战正酣,一架英国飞机飞到德国防线上空,向德国境内投下一个铁筒。筒里装的是一张照片和一封信。照片拍的是一个摆满鲜花的坟墓。信上写道:"致德国飞行团:贵军上尉冯·里希特霍芬男爵在空战中阵亡,已按军礼安葬。"署名为英国皇家空军。

这一消息很快传遍德国,举国震惊。这个可怕的消息在德国军队中流传,致使士气迅速低沉,因为里希特霍芬是第一次世界大战中最著名的空军飞行员。他曾在空战中击落了80架敌机,击毙了87名飞行员,是拥有这次大战中击落敌机数量最多的飞行员。

1917年1月，在里希特霍芬击落第16架敌机后，成了名噪一时的王牌飞行员，还被德皇威廉二世授予当时代表德国最高荣誉的"蓝马克斯"勋章。之后，他又升任德国第11狩猎中队队长。此后，里希特霍芬把自己的飞机涂成血红色，以表示对枪骑兵团的纪念，他也因此被称为"红男爵"。

1918年4月21日，作为曾击落协约国80架飞机的王牌飞行员，他的纪录终止了。然而关于他的死却存在争议，英国皇家空军和澳大利亚军队都认为是自己击落了里希特霍芬的飞机。

按照英国方面的说法，这一天，在皇家空军服役的加拿大人罗伊·布朗上尉率领第209飞行队驾驶一队骆驼飞机飞往前线。途中，他们遭遇了里希特霍芬率领的9架福克飞机，空战不可避免地展开。战争后期，协约国的飞机性能和飞行员素质都有了较大的提高，德军飞机被一架一架击落，杀红了眼的里希特霍芬紧紧咬住一架敌机不放，布朗察觉有危险，立即赶来对准这架红色三翼战斗机的尾部进行了干扰性攻击，激动的里希特霍芬转过头来就撞向布朗，布朗急忙向右避开。两人旗鼓相当，不一会儿双方的飞机都负了伤，但未丧失战斗力。聪明的布朗且战且退，将空战引入己方上空，可是里希特霍芬仍旧紧追不舍，在100米的高度上，协约国地面士兵用步枪和机枪对他猛烈射击，这突如其来的攻击命中了里希特霍芬，他头部中弹，飞机坠毁在战壕里。

而澳大利亚方面却对此种说法持有异议，认为飞机是被布置在协约国防线的澳大利亚炮兵击落的。当时正巧里希特霍芬的飞机飞到澳大利亚第24机枪连的阵地上空。里希特霍芬的飞机被布朗击中后只是受了点轻伤，他驾机下滑返航。澳大利亚炮兵的猛烈炮火击中里希特霍芬飞机的前部。飞机摇摇欲坠，旋转而下，重重地摔在炮兵阵地附近，起落架受到了严重的损坏。澳大利亚炮兵连忙爬上飞机，发现里希特霍芬已经断气。澳大利亚方面坚持认为，这架飞机是被地面炮火击落的，是被炮手波普金击落的。

然而，人们根据最新的研究推测，击中里希特霍芬飞机驾驶舱的并非波普金，极有可能是另一名距离在800码以内的澳洲步兵。

空中之鹰折翼了，蓝天之上再无"红男爵"。逝去的里希特霍芬不但给后人留下了空战中的传奇，还留下了一个死亡之谜。

斯大林为何对德军突袭不设防

> 第二次世界大战发生后，人们认为苏德战争的爆发是迟早的事，并且苏联也已获得了德国可能发动袭击的情报，可是斯大林为何不事先预防德军的突袭呢？

1940年，法国投降后，希特勒称霸西欧大陆，威逼英国，简直不可一世。他认为蓄谋已久的计划即将实现，在欧洲和全世界建立法西斯德国霸权的时机已经到来。此时，苏联是希特勒称霸欧洲和世界的主要障碍。因此，希特勒决定把战略重心由西方转向东方，把侵略矛头直接指向苏联。

1940年12月18日，希特勒正式下达了代号为"巴巴罗萨"的侵苏计划，该计划预期在一两个月内打垮苏联。面对德军咄咄逼人的气势，苏联并非毫无察觉，只是考虑到自身应变措施还不够充分，希望有更多的时间来准备战事，因此，苏联极力展现自己的和平诚意，继续遵守两国贸易协定。

1941年6月22日，德国突然不宣而战，190个师分为3个独立旅，共550多万人，47000门火炮、4500架飞机、4500辆坦克分北方、中央、南方3个集群在漫长的战线上对苏联发起突然袭击。德军就像在进行军事演习一样，十分顺利地实施着"巴巴罗萨计划"，而苏联方面对德国的不宣而战却毫无防备。战争初期，苏军损失惨重，经常是整个师都被德军消灭或俘虏。

据后来披露的内幕显示，其实早在苏德战争爆发前，苏联最高领导人斯大林曾从多个渠道得知德国将发动进攻的消息。其中一些情报准确地告知了德军的规模和战争开始的时间。据1973年的统计，斯大林至少获得过84份类似的报告，但它们都被红军情报总局归入"可疑情报来源"。斯大林为什么没有做出应有的防范呢？

斯大林一直固执地相信德国会遵守《苏德互不侵犯条约》，刚愎自用的个性使他拒绝接受下属的任何逆耳的建议。尽管斯大林和其幕僚也认识到攻击的可能性，但由于对红军实力的迷信，苏联决定避免挑衅希特勒。当德军的大规模闪电战开始后，斯大林仍没有及时下达反击的命令，结果令苏联红军在战争初期付出了极为惨重的代价。

许多人指责斯大林在如此众多的情报下，居然还会轻信希特勒。但也有人认为，斯大林并没有相信希特勒，也没有完全忽视情报的存在。对此最有说服力的事实是：在庞大的德国战争机器缓缓向东部移动的同时，苏联的军事机器也在发动之中。

苏联历史学家威克特·苏沃罗夫认为，苏联不是防卫准备不足，而是斯大林其实正准备主动进攻德国，只不过德国靠巴巴罗萨行动先发制人而已。他指出当时红军没有配备防守地区的地图，反而配备了德国占领地区的地图这一事实，认为这就是原因。

苏联在苏德战争初期遭受的巨大损失并不能说是斯大林一个人的责任，虽然斯大林的错误判断可能是导致德军在战场上得逞的重要原因，但此后斯大林领导的苏联红军为抵抗德国的侵略和取得反法西斯战争的胜利做出巨大的牺牲和贡献，他们的历史功绩应该得到人们的肯定和赞扬。

"巴巴罗萨"中空战德军战果如何

"巴巴罗萨"空袭对苏联空军几乎是毁灭性的打击，在苏军的各个机场，成千上万架还未起飞的飞机被炸成一堆废铁，那么苏联究竟损失了多少架飞机呢？

希特勒为"巴巴罗萨"行动设计的总体战略目标是：以快速战役击溃苏联，在一两个月的时间内将苏联从地图上抹掉。为此，希特勒下令出动了2.5万架飞机、1.8万辆坦克和190个步兵师。希特勒要求以绝对空中优势出其不意地袭击苏军机场，使苏联空军在战争一开始便陷于瘫痪状态。

1941年6月22日凌晨3点，德国空军的4个航空队紧急出航。1280架飞机从挪威的北角到东欧的黑海陆续冲向深沉的夜空，以临界高度在浩无人烟的沼泽和森林上空飞行，它们神不知鬼不觉地飞越苏联边境。3点15分，德军机群各自按照预定的军事目标袭击了苏联的66个空军机场。根据"巴巴罗萨"作战计划部署，德国空军以290架俯冲轰炸机、510架水平轰炸机携带"恶魔之卵"球形炸弹对机场实地轰炸，并且结合440架战斗机和40架驱逐机实施低空攻击。德国空军的偷袭取得了巨大的成功，在苏军的各个机场，成百上千架遭到袭击的飞机在燃烧、爆炸。

在此次空战中，苏联空军损失惨重。德军4个航空队向德国空军总司令戈林报告，德国空军轰炸机炸毁了来不及起飞的苏军飞机1489架，德军战斗机及高炮部队击落了升空的苏军飞机322架，共计1811架。

"巴巴罗萨"空战仅用24小时就取得了如此辉煌的成果，这令戈林感到十分振奋。但老谋深算的戈林深知德国军官好大喜功的本性，他怀疑这个报告的真实性，下令要求4个航空队重新核实。与此同时，戈林密令德国航空部的军官们分别到各个已被占领的苏军机场依据飞机残骸进行详细的统计调查。不久，一份秘密调查报告呈送至戈林面前："巴巴罗萨"空战的战果不是1811架，而是2000架以上。报告称，被摧毁的苏联战机的准确数字已难以统计，但肯定在2000架以上。

"巴巴罗萨"空战以后，苏联空军没有公布损失飞机的数字。战争结束以后，据苏联国防部一份文件披露，苏联空军在"巴巴罗萨"空战的第一天就损失飞机1200架，其中800架以上是在地面上被德军炸毁的。苏联公布的数字与德国公布的数字竟相差600到800，那么到底谁公布的数据是真实的呢？令人奇怪的是，苏、德双方对于升空后被击落400架飞机的统计结果是一样的，可是地面飞机的损失数量比空中击落飞机的数量更易于统计，为什么数据会相差如此之大呢？

战争总是充满了谜团，苏联在地面被炸毁的飞机是800架、1400架，还是1600架呢？人们会认为，偷袭成功的德军一定会夸大战果，而受到打击的苏军肯定要缩小损失，这样一来，希特勒发动的"巴巴罗萨"空战的战果就只能是个不解之谜了。

珍珠港事件背后的秘密

人们一直认为日军偷袭珍珠港完全出乎美国政府意料之外，然而一些证据似乎表明在日军发动偷袭前，罗斯福就收到了情报，难道他真的以珍珠港为代价来唤醒民众？

1941年12月7日，日本海军偷袭美国，轰炸了夏威夷珍珠港的战舰和军事目标。350余架日本飞机对珍珠港海军基地发动两次攻击，投下穿甲炸弹，并向美国的战列舰和巡洋舰发射鱼雷。然而，当时的美军毫无防备，他们在爆炸的巨响中醒来。彼时，日本炸沉了4艘战列舰和2艘驱逐舰，炸毁188架飞机，有2400名美国人丧生，1250人受伤。

珍珠港事件是第二次世界大战的重大转折之一，它宣告了太平洋战争的爆发，促使了美国正式参加二战。从珍珠港事件发生以来，全世界的大多数人相信它是日本人的一次偷袭。随着第二次世界大战史研究的不断深入，人们对于珍珠港事件的真相提出了不同的看法。

一般认为，日军偷袭珍珠港完全出乎罗斯福政府的意料。当时，美国政府虽然认识到其和日本在太平洋地区的冲突不可避免，但是，他们一方面想继续玩弄"远东慕尼黑"阴谋，另一方面认为日本必然首先进攻英国与荷兰的殖民地，不会首先进攻美国，也没有可能袭击离日本6000千米远的珍珠港。因此，从美国政府、美军参谋总部直到太平洋舰队司令部，对于日军的行动都是没有准备的。

1941年11月6日，日本东条内阁特派前驻德大使来栖三郎赴美，与驻美大使野村一起和美国谈判，并且递交了《和谈新建议》。美国国务卿赫尔于11月26日向日方代表递交了美国政府拒绝日本建议的照会。由于美国截获并破译了日本的密电，美国方面已经觉察到日本将有所行动，但并不清楚日本的具体进攻目标，对此，就连日本谈判代表野村和来栖也被蒙在鼓里。日本机动部队是在11月25日向珍珠港进发的，这是赫尔向日本递交备忘录的前一天，是东乡密电上指定的"绝对最后期限"的前4天。这就是说，日本根本不需要美国的答复，当所谓的一本正经的、无效的外交换文还在继续之际战争就已经发动了。战争结束后，包括美国、英国、法国、苏联等许多国家出版的第二次世界大战专著中，都将珍珠港事件说成是卑鄙的日本玩弄外交手腕、违反国际惯例的一次不宣而战的偷袭。

然而也有人认为珍珠港事件是美国人的阴谋，特别是一些日本人始终坚持认为珍珠港事件完全是美国制造的特大的阴谋，是美国故意让日本偷袭成功的。为什么有这种说法？因为日军的突袭看似非常成功，但由于一些巧合，日军的战略意图实际上并没有达到。

据说，在日本正计划偷袭珍珠港的时候，美国先进的无线电监听系统就已破译了日本的密码，知道了日本正在觊觎珍珠港。罗斯福对这件事是完全清楚的，但他故意使太平洋舰队处于无准备状态。因为当时美国国内孤立主义思想非常严重，很多援助英、中、苏等国的计划受到掣制，而作为极富远见的杰出政治家，罗斯福比任何人都清楚，如果不及时援助正在艰苦奋战的英、中、苏等反法西斯国家，等到轴心国真正控制了欧亚大陆后，美国将无力独自抵抗已经根基牢固的德、意、日轴心国，所以早参战比晚参战有利，但国内的孤立主义只图眼前利益，不愿参战。

因此罗斯福不惜以珍珠港为代价，借此唤醒民众，同仇敌忾，粉碎孤立主义思想。同时还必须让日本偷袭成功，才能激起参战的决心。

如今，珍珠港事件已过去半个多世纪了。但它的真相还需要更多材料的披露和进一步的研究。珍珠港事件是不是苦肉计，谁也不敢下定论，也许历史会告诉人们真相。

诺曼底登陆之谜

> 诺曼底登陆对盟军来说是一次军事冒险，但冒险成功了。诺曼底登陆是第二次世界大战的一个重要转折点，它顺利地开辟了欧洲第二战场，加速了德军失败的进程。

自1941年德国入侵苏联后（"巴巴罗萨行动"），苏联红军便一直在广大的欧洲大陆上与德军单打独斗，斯大林向丘吉尔提出在欧洲开辟第二战场，对纳粹德国实施战略夹击的要求。

1943年5月，英美华盛顿会议决定于1944年5月在欧洲大陆实施登陆，开辟第二战场。盟军立即开始制定登陆计划，首先确定登陆地点，根据历次登陆作战的经验教训，他们认为登陆地点要具备以下三个条件：一要在从英国机场起飞的战斗机半径内；二航渡距离要尽可能短；三附近要有大港口。几经权衡比较，盟军选择了诺曼底。

德国并不清楚盟军可能从什么地方登陆。英国成功地对德国实施了疑兵之计，他们集结了一支假的"舰队"，同时还发出大量电讯，造成盟军司令部在肯特的假象。

终于，德军西线司令部上了钩，德国最高统帅部判断，盟军最有可能选择狭窄的加莱海峡登陆，而诺曼底行动只是佯攻。这就导致了德军在西线的大部分兵力、兵器浪费在加莱地区，而在诺曼底则因兵力单薄无法抵御盟军的登陆。

1944年6月5日夜晚，盟军组成的强大舰队从英格兰南海岸起航出海了。6月6日，联军在诺曼底海岸登陆，这次登陆完全出乎德军的意料，彻底打乱了德军的指挥和行动计划。6月12日，诺曼底德军已无力夺回被占领的海滩阵地，于是准备全面转入防御态势，限制联军扩大登陆场，以等待预备队的反突击。

诺曼底登陆的胜利宣告了盟军在欧洲大陆第二战场的开辟，意味着纳粹德国陷入两面作战的境地，减轻了苏军的压力，加快了第二次世界大战的结束进程。

诺曼底以盟军的胜利告终，但那次战役中究竟牺牲了多少人仍然是一个谜。

根据官方给出的数据，盟军共伤亡12.2万人，德军伤亡7.3万人，被俘4.1万人，共损失11.4万人。历史学家表示，人们不可能得到最为权威的死亡人数统计，即使是现在，这一片曾经发生过激烈战斗的土地上，仍然时不时有战士的遗体被发现。

为了削弱德军的防卫，同时还有超过1.9万名的诺曼底平民在联军的大规模炮火中丧生。根据诺曼底历史博物馆的记载，为了给诺曼底行动铺平道路，苏军在1944年的4月和5月损失了大概1.2万人。对德国人伤亡的统计更加困难。诺曼底登陆历史博物馆表示，虽然不知道准确的数字，但是估计有4万到9万人。

诺曼底登陆的胜利是以巨大的牺牲为代价的，逝去的人已经永远逝去了，他们的贡献将永远被铭记。

第二次世界大战中德国为何没能造出原子弹

德国要人才有人才，要资源有资源，但为何没能造出原子弹？几乎所有关心第二次世界大战历史的人都问过这个问题。

在第二次世界大战中，纳粹德国曾企图研制和使用原子弹，此举引起英、美等盟国领导人和科学家们的极大惊恐。然而，值得庆幸的是，德国研制原子弹的企图最终未能实现，世界人民因此得以避免一场法西斯的原子弹浩劫。

第二次世界大战爆发之前，德国就拥有庞大的核物理研究机构和许多杰出的物理学家，世界上获得诺贝尔奖的学者数德国最多。在核裂变研究方面，德国物理学家更是远远超过其他国家。早在1938年3月，德国著名物理学家奥托·哈恩和弗里茨·斯特拉斯曼就在柏林威廉皇帝科学研究所成功地进行了用中子轰击铀原子核的实验，出现了物理学界期待已久的裂变效应。铀裂变的发现震惊了整个科学界。从原子核裂变中获得无比巨大能量的实验已突破，哪一个国家先把它转为实用，那么，这个国家就有可能利用核裂变制成威力无比的原子弹。

1939年4月，德国纳粹召集六位最出色的核物理学家，在柏林秘密讨论利用原子科学成果制造核武器的话题。同年夏季，德国政府未加任何解释，突然禁止铀矿从它占领下的捷克运出，并且下令封锁一切有关铀的新闻。同时，从苏黎世传出消息，德国正在进行一项秘密的"化学工程"，由德国铀学会的物理学家指导，直接对柏林陆军武器部负责。

种种迹象表明，希特勒德国正在着手研制原子弹。如果德国军队装备上核武器，希特勒就能统治世界或者毁灭世界。为了抢在希特勒的前面赶制出第一颗原子弹，1939年8月2日，爱因斯坦提醒美国当局注意正在日益逼近的来自法西斯德国的原子弹威胁。罗斯福总统采纳了爱因斯坦的建议，组织制订了著名的"曼哈顿计划"，命令美国科学家全力以赴研制原子弹。

1944年以前，同盟国的科学家普遍认为，德国在原子实验方面远远超越其他国家。匈牙利核物理学家爱德华·特勒在一篇文章中说，按照德国当时的科技发展水平，在1942年就应该能够造出原子弹。

很早就有人把制造原子弹的可能性告诉了希特勒，但直到1944年底，纳粹德国在原子弹方面的研制工作仍停留在实验室阶段，比美国的研究人员要落后两年。这些消息让美国领导人确信，来自德国的任何突然的核袭击几乎是没有可能的，这时美国人的忧虑才被彻底消除。

那么，究竟是什么原因使纳粹德国在核军备竞赛中，由先进变为落后，而始终未能造出原子弹呢？有人分析，由于法西斯当局推行种族歧视政策，残酷迫害有独立思考能力的人，尤其是犹太人，希特勒竟然把整个物理学讥讽为"犹太物理学"，任意下令逮捕持不同政见的科学家，一些杰出人才纷纷离开德国，逃亡国外。

在原子能研究方面，德国缺乏全面的指导和统一的目标，各单位之间缺少协作，教育部、陆军部、邮政部各执己见。希特勒对要花长时间研制的新武器不感兴趣。他把相当大的科技力量用来研制"V-2"型导弹，这在某种程度上也影响了原子弹的研制进程。同盟国加紧对德国进行空袭，实行闪电般的地毯式轰炸，迫使德国的研究小组不断地搬家，试验设备常常是装上又拆，拆了又装，很难找到一个绝对安全的角落。

另一方面，美国研制原子弹的计划是在严格保密的情况下进行的，甚至严格到当时的副总统杜鲁门和国务院的高级官员都毫不知情。新闻检查相当严格，禁止报纸和电台以任何方式泄漏有关原子能的消息。因此，希特勒完全被蒙在鼓里，完全不了解美国研制原子弹的情况。

正是由于种种原因，德国才未能成功研制原子弹。否则，欧洲的版图，甚至西半球的版图将会大不一样。

美军猪湾入侵为何失败

古巴一直是美国在美洲的头号敌人，为了颠覆古巴，美国扶植了许多反古巴势力，可是勇敢的古巴人经受住了考验，美国的猪湾入侵阴谋失败了。

1959年1月，卡斯特罗领导的古巴人民推翻了美国长期扶植的巴蒂斯塔政府，建立了新政府。从此，卡斯特罗就成为美国的头号敌人。美国政府担心距离美国海岸只有100多千米的古巴将成为苏联人威胁美国的滩头堡，一直想办法推翻卡斯特罗领导的古巴新政权。

从1960年起，美国中央情报局就开始在美国的佛罗里达州和多米尼加、危地马拉、洪都拉斯纠集古巴流亡分子，随时准备登陆古巴，推翻卡斯特罗的革命政权。

1961年4月17日，在美国的支持下，由1500名经美国中央情报局训练过的古巴流亡人员组成的"2506"突击旅在古巴猪湾登陆，占领了长滩和吉隆滩，并继续向北推进。古巴军队和民兵与入侵的美国雇佣军展开了殊死搏斗。三天后，"2506"旅被古巴政府军打败，共击毙约90人，其余1000多人被俘，猪湾入侵宣告失败。事后，肯尼迪总统不得不在公众面前公开承认猪湾事件是一个错误，声称对该事件负全责。这起事件让美国政府大为难堪，成为世界媒体嘲讽的对象。

这次行动的失败有两个原因：一是中央情报局使用的情报来自想要推翻古巴政府的反政府人士，他们夸大了古巴国内的反政府情绪，同时也夸大了埃斯坎布雷山中的武装力量的实力。中央情报局本身也试图夸张他们的报告，向当时刚刚上任的肯尼迪信誓旦旦地表示这个行动肯定会成功。也许当时中央情报局的计划署认为，即使行动失利，肯尼迪总统也会同意投入美国军队的。

二是入侵计划没有做好保密措施。当时许多参战的古巴流亡人员在迈阿密的酒店里吹牛，说他们将要参加入侵古巴的行动。入侵前的破坏活动和从美国起飞的轰炸机也为古巴提了醒。当地的居民一开始就反抗入侵者，他们为古巴正规军提供了组织反攻的宝贵时间。当时，古巴军队刚刚赢得3年游击战的胜利，正全情激奋士气高昂，而且很有作战经验。而肯尼迪减少了美国的空军支援，因此只有一半的古巴空军在地面上被消灭，其余的得以升空并击毁了美军五架飞机和两条弹药船。

　　以上的种种原因表明猪湾入侵的失败是在所难免的，但是关于这一事件的很多史实，美国和古巴政府都没有完全披露，这使猪湾事件更添了很多神秘色彩。

第十五章 谍海谜踪，无间风云

"双面娇娃"玛塔·哈丽

> 玛塔·哈丽曾是巴黎红得发紫的舞星,后来在德国军官的"赏识"下开始了间谍生涯,并最终成为双面间谍,被后人称作"谍海女王"。

1917年,第一次世界大战进入最后的阶段,德军疯狂进攻,法国军队节节败退。此时,一场秘密而特别的审讯正在法国的杜莱斯宫悄悄进行,审讯的被告是巴黎红极一时的舞星玛塔·哈丽。法国反间谍部门指控哈丽帮助德国窃取情报,并给法国带来巨大损失,造成5万名士兵死亡。1917年10月15日,玛塔·哈丽因叛国罪被执行枪决。从此以后,玛塔·哈丽这个名字也被写入世界超级间谍的史册,甚至被后人称作"谍海女王",跻身历史上"最著名的十大超级间谍"之列。

1876年8月7日,玛塔·哈丽出生在荷兰北部莱瓦顿市附近的一个小镇,她原名叫玛嘉蕾莎·吉尔特鲁伊达·泽利。1904年,泽利孤身一人来到巴黎,在一个马戏团做骑师,后来为了生计在一个巴黎剧院表演艳舞,并取了一个艺名——玛塔·哈丽,意为"马来人的太阳"。成了职业舞娘的哈丽越跳越红,是当时轰动整个巴黎的红得发紫的舞星。

第一次世界大战期间,荷兰一直为中立国,玛塔·哈丽作为荷兰国民,能够自由地来往各国之间。为了避免经过战区,她从法国到英国,又要经由西班牙中转,这也注定她会引起各国的注意。在此期间,她也是很多协约国高阶军官的情妇,玛塔·哈丽在后来回忆道,她在一个偶然的机会获得英国军情五处军官的接见,并答应成为法国军队的间谍。但法国军方从来没有正式确认此事,至今,人们尚不清楚,这是玛塔·哈丽故意使自己的身份更为神秘的谎言,还是法国军方确实利用了她却碍于国际形象而加以否认。这些都不得而知。

1917年1月,西班牙马德里的德国军队向柏林发送了一封电报,这封电报描述了一个代号H-21的德国间谍采集到的大量情报。法国情报人员截获了这份情报并破译了全部内容,很快判定出H-21就是玛塔·哈丽。值得注意的是,德国人在这封电报中采用了先前已经被法国破解的编码方式,这就给后来的史学家留下很大的疑问,很多人猜测德国是否是在故意地实行反间计,或许正如玛塔·哈丽所言,她是在以双重间谍的身份为法国效力,而德国人仅仅是借刀杀人?这些都不得而知。

1917年2月13日,玛塔·哈丽在巴黎的酒店寓所中被捕。此时,法国在第一次世界大战中正处于极度被动的地位,士气极为低落,几十万协约国的将士在战场上死亡,所以军政府也急切地需要寻找倒霉的替罪羊。也许玛塔·哈丽正是最合适的人选,她被指控为德国间谍,对数万士兵的死亡负有责任。尽管很多假定都仅仅来自人们的推测,并无确凿的证据,但她仍然被认定有罪,并最终在10月15日被执行枪决,终年41岁。

玛塔·哈丽被处死后,她的头颅一直被保存在巴黎阿纳托密博物馆,经过特殊的化学、医药技术处理后仍保持了生前的红唇秀发,像活着时一样。2000年,玛塔·哈丽的头颅不翼而飞,博物馆的人说,可能是被她的崇拜者盗走了。

在玛塔·哈丽死后的几十年中,她的生平被多次搬上银幕。特别是1931年12月31日,由著名影星、无声电影皇后葛丽泰·嘉宝主演的电影《玛塔·哈丽》,一经首映便轰动了整个欧洲。

然而,人们一直存在一个疑惑:玛塔·哈丽到底是叛国者还是爱国者?她到底是英雄还是叛徒?也许只有历史可以解答这个问题了。

哑谜机密码之谜

德国的哑谜机密码保密原理异常复杂,曾经是牢不可破的神话,可是在盟军解码专家的努力下,德军的"哑谜"变成了"明码"。

哑谜机又名恩尼格玛密码机,是一种用于加密与解密文件的密码机。它形如电动打字机,靠电池供电,携带非常方便。转子是其核心部分,有3个转子,每个转子旁边都刻有一套字母。机内有26个小灯泡,分别与不同的字母相对应,按一个字母键,就会亮起相应的灯泡,显示这个字母的代码。密电的收发双方,每次通信前都要先根据特定的方法,定出机器里的一种代码法。这样一来,任何一句话都能够编制出千百万种组合形式,纵有非凡的智力,也无法破译。这就是哑谜机的保密原理。

为了破解德国的密码,盟军集结了当时世界上一流的解码专家,包括当时最卓越的数学家图灵。图灵发明了一台机器,能够高速测试哑谜机所编制的密码字母组合,一次能细查17576种组合。而德国人经常在通信中使用某些词语,例如"奉元首之命""司令官"等,这在无形之中也帮了英国专家的忙。这类词一旦在一次密电中译出来,就能够为分析同类词语的其他密电提供重要线索。

哑谜机并不是完美的、密不可破的,它本身也有缺陷,最明显的缺陷就是一个字母不能用作本身的代码。英军便利用这一点来译解密码。他们经常派轰炸机去轰炸一些无关紧要的目标,暗中截取德国哑谜机发出的空袭报告,然后选出那些原来地名中未出现的字母加以测试,就不难找出那个地名的代码。弄懂了哑谜机发出的密电,布特奇利园就把德方的轰炸计划、潜艇位置、陆军兵力等一一转告战场指挥官,这样做的结果往往使德军损失惨重。

1941年,英军依靠破译的哑谜机密电,事先获悉隆美尔元帅的计划,派飞机轰炸了德国到北非的运兵船"俾斯麦号"。1944年,盟军又通过哑谜机的帮助,得悉德国误以为6月6日盟军大举反攻的主要登陆地点是法国的加莱而不是诺曼底,因而准确地预知到德国军队在诺曼底的防守兵力,轻而易举地攻占了诺曼底,为开辟第二战场,最终战胜德国法西斯立下了大功。

盟军对哑谜机的保密措施是极其严格的,即使高级将领也不知道那些准确情报是怎样得来的。而德军指挥部却以为问题出现在自身,有内奸通敌,把潜艇战失利的原因归于盟军侦察技术有了改进。德国人的这个错误一直延续到大战结束。破译哑谜机的内情,一直到1970年以后才为世人所知。直到现在,许多有关哑谜机的技术设备还未公开。哑谜机在第二次世界大战中的作用非同小可,盟军破译了德国的密码,使第二次世界大战的胜利提前了两年。

"007"的原型是谁

"007"的原型到底是谁呢?故事是虚构的,但现实中应该有原型。可惜"007"的作者伊恩·弗莱明从来没有明确表示过,这引起了人们的猜测。

无数人为电影中的"007"詹姆斯·邦德而折服,他敏捷的身手、反应迅速的头脑,以及他使用的那些稀奇的间谍武器,都是引人注目的焦点。而现实中的原型人物也一直是人们热议和讨论的话题。"007"系列小说的作者伊恩·弗莱明,对此却讳莫如深。由于弗莱明在第二次世界大战期间有从事情报工作的经历,许多人认为他就是邦德的原型。不过，弗莱明本人从来没有承认这一点，尽管他声称小说中90%的情节都是依据真实经历创作出来的。

后来，有人宣称詹姆斯·邦德是一位真实间谍的传奇版本，那个人就是威廉·史蒂芬森。第二次世界大战期间，这位绰号"无畏"的加拿大人是英国情报机构在整个西半球的最高代表。

1896年1月23日，威廉·史蒂芬森出生在加拿大的温尼伯湖地区。第一次世界大战期间，他志愿加入加拿大陆军，后来被调到英国皇家陆军航空队。由于他作战英勇，毫不畏惧，战友们送给他一个绰号——无畏。战争结束后史蒂芬森下海经商，由于业务关系，他在许多国家都结交了朋友，这些人脉成为他日后重要的情报来源。

第二次世界大战开战以后，史蒂芬森受命于英国政府，丘吉尔将其派往纽约秘密建立"英国安全协调局"。该机构实际就是英国情报机构在西半球的"总代理"。到第二次世界大战结束时，"英国安全协调局"已经成为负责整个南、北美以及加勒比海地区的间谍情报活动的总办事处。史蒂芬森作为英国情报机构在西半球的最高代表，得到首相丘吉尔的极大信任。

战争期间，史蒂芬森在加拿大成立了"X训练营"。凑巧的是，伊恩·弗莱明也在"X训练营"进修过。"007"系列小说《金手指》中有一个抢劫诺克斯堡金库的情节，据说它的灵感正是来自史蒂芬森一个大胆的计划：盟军派遣特工潜入法属殖民地马提尼克岛，盗取法国傀儡政府储藏在那里的巨额黄金储备。

由于在"007"系列影片中，詹姆斯·邦德都展示了高超的潜水本领，因此除了威廉·史蒂芬森外，很多人都认为英国皇家海军最著名的"蛙人"——王牌特工莱昂内尔·克莱伯就是"007"的原型之一。

莱昂内尔·克莱伯于1909年出生在伦敦，他家境贫寒，曾经四处打工为生。第二次世界大战爆发后，克莱伯加入英国陆军，1941年，他又加入英国皇家海军。事实的确也能够证明，他是个天生的潜水专家，很快他就被提升为皇家海军驻意大利北部的总潜水官，排除了利沃诺和威尼斯两个港口的大量水雷。由于身手出众，战友们送给他一个绰号——巴斯特，意思就是"破坏者"。战争期间，他还荣获过"乔治勋章"和"帝国勋章"等多项至高荣誉。1947年退役后，克莱伯继续在民间从事潜水活动。1956年苏联领导人赫鲁晓夫乘军舰访英期间，军情六处曾派克莱伯秘密潜近"敌舰"侦察。不料，他入水后便神秘失踪，从此再无踪迹，这也因此成为一桩悬案。

除了一身过硬的水下功夫，克莱伯的装束也与银幕上的"007"颇为神似。他总是光芒四射，十足的绅士派头，一身名牌西服、一副眼镜和一根手杖。因此很多人把他当作"007"的原型。

此外，达斯科·波波夫也被许多人认为是"007"的原型。达斯科·波波夫是纳粹德国最信任的间谍之一，是英国军情五局最成功的双重间谍，同时，他也是英国谍报史上被公认的最著名的"风流间谍"。许多专家认为，詹姆斯·邦德周围围绕着那么多漂亮的"邦女郎"以及他身上那种令女人无法抵挡的魅力，就取自波波夫这个原型。

1940年，达斯科·波波夫加入纳粹间谍机构。后来，他偷偷加入英国军情五局，为抵抗纳粹德国而战斗。在德国人那里他的代号是"伊万"，在军情五局他的代号是"侦察兵"。作为谍报人员波波夫无疑是非常成功的，凭借英国给他提供的一些交给德国人的情报，波波夫深得纳粹的信任，甚至被誉为"元首的最好特工"，纳粹头目希特勒对他笃信不疑。从1940年起到1944年间，波波夫为盟军提供了大量有价值的情报，也向德军方面提供了众多虚假的报告，导致德军日后在战略上的失误。波波夫为第二次世界大战的胜利做出了巨大的贡献，他也因此被授予大英帝国勋章。

那么，"007"的原型到底是谁呢？这个问题的答案只有伊恩·弗莱明知道了。可惜他从来没有明确表示过自己的态度，这引起了人们的猜测。也正因为如此，"007"的经典形象才长久不衰，成为许多人的最爱。

"福克斯谍案"之谜

> 苏联成功爆炸原子弹后，美国怀疑苏联窃取了他们原子弹的秘密，为此在核武器研究部门进行了一场反间谍行动，福克斯就是美国中央情报局抓获的一名"苏联间谍"。

古往今来，在复杂的政治斗争中，总是存在着各种各样的间谍，第二次世界大战结束以后，"福克斯"一直是国际核间谍的代名词，"福克斯谍案"还被无数报刊转载过，甚至以福克斯为原型的人物出现在许多影视片中。福克斯到底是什么人？为何如此出名呢？

第十五章 谍海谜踪，无间风云

1911年12月29日，克劳斯·福克斯出生于德意志帝国吕塞尔斯海姆。福克斯早在中学时代就在数学和物理学方面表现出极高的天赋。1930年至1932年间，福克斯在莱比锡大学学习。1932年福克斯加入德国共产党，成为其所在大学党支部的负责人。希特勒上台后，福克斯转入地下活动，后来移居巴黎，再从巴黎前往伦敦。

1940年年底，由于英国政府决定开始建设铀235生产工厂，克劳斯·福克斯经人推荐进入鲁道夫·派耶斯教授负责的试验室工作。在这里，克劳斯·福克斯解决了一些明确原子弹基本参数所必需的重要数学问题。不久，克劳斯·福克斯获得英国国籍，从而被准许接近秘密的"巨大"项目工作。同时，克劳斯·福克斯在原子能理论领域的巨大声望也使其被收入英国科学家小组，前往洛斯—阿拉莫斯参与"曼哈顿计划"（美国原子武器计划代号）。

1945年7月，美国成功地进行了原子弹试验，拥有了新的超级武器。仅仅4年后，即1949年8月29日，苏联就成功试验了他们的第一颗原子弹。这使美国大为震惊，于是怀疑有人向苏联泄露核机密，甚至疑心克格勃早已渗入研制核武器的关键部门，因而严令中央情报局调查在核岗位上工作的所有可疑分子。情报局大量精明强干的反谍专家经过无数个日日夜夜的苦思冥想，动用了许多最先进的侦破仪器，逐一跟踪、试探、排队分析，怀疑圈越缩越小，最后人们将目光集中在福克斯这名核心机构的科研人员身上。

1949年9月，美国国家安全局自称成功地破译了苏联驻纽约情报机构的一些电报，其中提到克劳斯·福克斯是苏联情报部门的间谍。美国特工部门将此情况通报了英国反间谍机构军情五处，后者收到消息后立即开始对克劳斯·福克斯进行审讯。

据当时记载，1950年2月3日，克劳斯·福克斯在坦白后被逮捕。英国当局指控他向苏联提供了关于"巨大"项目的情报。1950年3月1日，伦敦中央刑事法庭开始正式审理克劳斯·福克斯间谍案。克劳斯·福克斯认罪后被判处14年监禁。当地媒体称其为"最危险的世纪间谍"。服刑9年后，福克斯被释放，随后便加入德国国籍。在德国，他继续全身心投入科学研究，直到去世。

福克斯间谍案披露后，在世界上引起了轩然大波，福克斯一夜之间成了举世瞩目的热门人物，东西方"冷战"因此急剧升温。然而，令人惊讶的是，1990年1月15日，美国两家富有影响的新闻杂志《时代》和《新闻与世界报道》同时载文指出：据谍界权威人士透露，经核查，当年福克斯一案纯属错案，正如福克斯当时一再申辩的那样，他曾经提供给苏联人的是错假失效的"迷惑情报"。不少人还进一步指出，其实谍海中"福克斯现象"并不罕见，只是许多情报机构怕丢脸而严守秘密，将错就错，其原因也有很多，但其中更多的是出于政治上的需要。为福克斯"平反"的消息再一次轰动了美国与世界。许多人指责道：美国中央情报局何以会造成冤假错案？在公认的叛国巨谍中究竟还有多少人是冤枉的？那么，人们不禁要问，福克斯到底是不是苏联的间谍呢？

福克斯早年曾加入德国共产党，为共产党大国提供情报是极有可能的，而且福克斯在晚年时期又去了苏联，这一切的发生并不是偶然的。据有关人士透露，福克斯其实是著名的"原子间谍网"的成员，一直都在为约瑟夫·斯大林效命，他不断地向苏联提供有关原子弹研制进度的情报。从1943年开始，福克斯不断地把绝密的分子式、方程式和炸弹模型，秘密交给一位名叫哈里·戈德的苏联情报员，正是他把美国的原子机密毫无保留地透露给冷战对手。

然而，这毕竟是人们的推测和一些幕后消息，政治斗争总是与谜案联系在一起的，那么，事情的真相到底如何，恐怕只有当事人和美苏政府知道。

谁是英国内阁的真正间谍

在战争期间，间谍与反间谍之间的较量是永不停息的，在饱受德国空军摧残的英国，究竟是谁有如此大的神通隐藏在内阁中呢？

1939年9月1日，第二次世界大战爆发后，德国采用闪电战的战术，越战越勇节节胜利，战争爆发后的10个月内，希特勒已经完全统治了西欧。英国人知道，在希特勒占领欧洲之后，在英国爆发战争是迟早的事，所以，为了抵抗德国蓄谋已久的进攻，英国政府加紧了备战的步伐。

出人意料的是，希特勒并未发动跨海侵略战争。当他签署了第17号令后，便命令刚晋升的赫尔曼·戈林只用空中力量使英国屈服，结果英国遭到一次又一次的轰炸，许多人因此失去了生命。

1940年2月，德国对伦敦发动了大规模的空袭。为了保卫国土安全，许多飞行员献出了宝贵的生命，战火硝烟、刺耳的警报声环绕在英国全境和英吉利海峡上空长达一个月之久。借助先进的雷达技术和无线电控制系统，英国皇家空军司令赫兹·道林元帅能够提前获知德军的目标和战术，这使得英国皇家空军能够在合适的时间布置他们的中队，在适当的地点和高度集中力量进攻德军，从而避免了一味追击敌人的假目标或次要目标，避免对原本脆弱的皇家空军力量的无谓消耗。在这场被丘吉尔称为"不列颠之战"的战役中，英军截获的情报发挥了至关重要的作用。

但在第二次世界大战期间，间谍行为往往是双方同时进行的斗争。在道林元帅对戈林的总部进行监听时，德国人也有一条直接从英国战争内阁获得信息的渠道。尽管戈林和他的指挥官们并不知道英军的具体战术，也不知道道林截获了他们的情报，希特勒和德军高级军官却能在英国政府做出秘密决定之后数小时内即获知其内容，从而调整轰炸策略，加大对伦敦的打击力度。

1940年上半年，英国安全机构已经确定是有人偷偷把秘密情报泄露给德国，那么，谁是英国政府部门中的纳粹间谍呢？在1940年惨烈的不列颠之战中，在英德通信中断的情况下，这个人是如何把最关键而且内容冗长的战争内阁会议记录传到柏林的？这个人之所以这样做的动机是什么呢？难道这个人不仅要提供绝密情报给纳粹，而且还要颠覆英国政府吗？

很多人将怀疑的目光投向具有纳粹情结的美国人泰勒·肯特。肯特受过良好的教育，他勤奋好学，会说五种语言。但他坚信纳粹的宣传，认为是犹太人将世界推向了战争。尽管肯特的思想非常极端，他依然得到了约瑟夫·肯尼迪大使（美国总统约翰·肯尼迪的父亲）的充分信任。1938年10月，也就是第二次世界大战爆发后一个月，肯特来到伦敦的美国驻英国使馆工作，并被派到最机密的使馆密码室工作。在那里，肯特得以接触到肯尼迪大使和美国国务卿科德霍尔之间的来往函电和其他驻欧公使派来的使馆官员，他们用伦敦通信设施进行联络。更重要的是，肯特掌握了灰码——一种政府部门认为不会被破译的密码系统，罗斯福总统和丘吉尔首相就是通过该密码系统进行联络的。从各种情况分析，肯特是德国间谍的可能性很大，于是英国情报部门果断采取了行动。

1940年5月20日上午10点，肯特被侦探逮捕。侦探发现肯特有一把能够打开大使存放密件的保险柜的钥匙。尽管肯特否认自己是个间谍，但是侦探还是从肯特的寓所里搜出了1500份机密文件，美国政府部门得知这一消息后立即将肯特除名。由于他不再享有豁免权，英国法院对他进行了审判并定罪，将他在英国的监狱监禁了7年。

自从1940年5月20日肯特被捕以后，他不可能再将战争内阁的情报通报给柏林。此时距不列颠之战开始还有三个月，然而，在战争开始后，这条通往柏林的情报线并没有中断。人们不禁要问，难道肯特还有同伙？还是肯特根本就不是向德国提供情报的那个间谍，真正向希特勒提供英国战争内阁情报的间谍根本就没有查出来呢？这件事情的答案到现在也没有揭晓。

隐藏在美国国徽中的金唇

最危险的地方往往也是最安全的地方，最贵重的礼物往往暗藏着最玄妙的杀机。

1943年，德黑兰会议结束后，斯大林责令当时苏联克格勃领导人贝利亚不惜一切代价、不惜动用一切手段窃听美国大使阿维列拉·卡里曼的办公室。贝利亚与其高参开始绞尽脑汁，设计窃听使馆心脏部位的行动方案。

1943年12月17日，贝利亚向斯大林报告说，针对美国使馆专门设计的窃听设备已经顺利地通过检验，其性能"无与伦比"，功效"令人称奇"。

这种特制"窃听器"被命名为"金唇"，将其安放到美国大使办公室的行动被命名为"金唇行动"。

"金唇"窃听器在当时的确达到了世界顶级水平，它不需要电池，也不需要借助外来电流，当时的反窃听设备不可能捕捉到任何信号。"金唇"可以接收到300米以内大耗电量振荡器所发出的微波脉冲，其工作寿命可以无限延长。从外表看，这种窃听器就像一条蝌蚪般大小。

苏联特工机关将微波振荡器及蓄电池安装在美国使馆对面居民楼的顶层，并将那里的居民全部换成克格勃工作人员。家家户户的阳台上经常挂着"家庭主妇们"的劳动成果，每逢星期天，克格勃的"女中士们"都要在阳台上抖落和晾晒地毯及被褥，神不知鬼不觉地，灰尘一样的"蝌蚪"便被撒到美使馆大院内。

但是将"金唇"安放到大使办公室却并非易事。为此，克格勃特工人员费尽了心机。他们曾精心在美国使馆内策划了一起火灾，但是那些扮成消防队员的特工人员却始终没有机会进入卡里曼大使的办公室。几经周折后，克格勃的高官们最终想出一条妙计，即将窃听器放在礼品中送给美国大使。

1945年2月，斯大林、罗斯福和丘吉尔在雅尔塔会面，克格勃认为这是实施"金唇行动"的绝好时机。苏联特工制订出一整套周密的行动方案，2月9日，苏联宣布在黑海之滨举行"阿尔台克全苏少先队健身营"开营典礼，并以苏联少先队员的名义向罗斯福总统及丘吉尔首相发出邀请。少先队员们在请柬中用尽动听的词句，向两位政治家在战争期间对苏联人民提供的帮助表示诚挚的谢意。克格勃预想，宣扬"平等与博爱"的美国人绝对不会拒绝孩子们的邀请，但是百忙之中的美国总统和英国首相又不可能应邀而来，委派其他官员前来参加活动也不合适，最适合完成这一使命的非两国驻苏大使莫属。果然不出苏联特工所料，美国大使卡里曼与他的英国同行如期从莫斯科赶到黑海之滨出席开营典礼。

乐队奏响了音乐，苏联少先队员用英语合唱美国国歌，开营典礼进入高潮。卡里曼大使完全沉浸在孩子们纯真、稚嫩的歌声中，应有的戒备与警惕早已被欢歌笑语所掩盖，恰恰在这时，4名苏联少先队员抬着一枚精美绝伦的巨大木制美国国徽走到卡里曼大使面前。同时，斯大林私人翻译瓦列里·勃列日科夫马上向贵宾们翻译这枚国徽的做工及用料是如何讲究：这枚美国国徽是由名贵的紫檀木、红杉木、黄杨木、柔美棕、波斯帕罗梯木、红木及黑木拼装而成。苏联工匠高超精湛的制作工艺使这位美国外交官情不自禁地发出惊叹："天啊！我简直不敢相信自己的眼睛。我把它放哪儿最合适呢？"勃列日科夫不失时机地低声对卡里曼说："就把它挂在您的办公室，英国人看到后肯定会嫉妒得发疯。"

1945年2月，自从这枚内藏苏联克格勃"金唇"窃听器的美国国徽被悬挂在卡里曼办公室的那一刻起，克格勃窃听美国大使的代号为"自白"的行动便正式启动了。这一行动共持续了整整八年。八年间，"金唇"送走了四任美国大使。最令人惊奇的是，每一位新大使到任后，大使办公室里从墨水瓶到地板块都全部更换一新，就是从未动过这枚美国国徽。它无与伦比的艺术美感居然赢得四位美国大使的钟爱，甚至大使办公室的窗帘及家具色调也相应做了些改变，以便与这枚国徽相匹配。

美国中情局在发现"金唇"窃听器后，始终没有勇气公开他们的"耻辱"。直到1960年，苏联击落由巴乌埃尔森驾驶的美国U-2高空侦察机后，美国才公开"金唇"的秘密。虽然美国特工和英国特工曾多次试图制作同样的窃听器，但却都以失败而告终，"金唇"的秘密技术无法破译。如今，克格勃的"金唇"仍旧陈列在美国国家安全局旗下的博物馆内。

美军的"无敌密码"

土著语言的使用范围非常狭小，但这恰恰符合情报密码的条件，那么,究竟是谁发现了美国的土著语言,并将其演变成美军的"无敌密码"?

在战争中,为了使己方的情报能够传递无误且不被敌方破解,参战双方往往要在情报密码上下很大的功夫。毫不夸张地说,打赢了情报战,战争就胜利了一大半。

在第二次世界大战中,为了破译德国的哑谜机密码,英国可以说是倾尽了全力。在太平洋战场上,美军破解了日军密码,由此发动空袭,击毁日本大将山本五十六的座机,情报密码的重要性可想而知。

战争期间,为了编制一套安全的密码,美国费尽了心机,研究人员尝试了很多方案,但都不能尽善尽美。后来,一个叫菲利普·约翰逊的人给军方提供了一个绝妙的建议。

约翰逊的父亲是个传教士,曾到过纳瓦霍部落,能说一口流利的纳瓦霍语,而在当时,纳瓦霍语对部落外的人来说,无异于"鸟语"。极具军事头脑的约翰逊认为,如果用纳瓦霍语编制军事密码,将是一种非常可靠且无法破译的密码。因为这种语言口口相传,没有文字,其语法、声调、音节都非常复杂,没有经过长期专门的训练,根本弄不懂它的意思。另外,根据当时的资料记载,通晓这一语言的非纳瓦霍族人全球不过30人,而在这30人中没有一个人是日本人。根据约翰逊的实验,用纳瓦霍语编制的密码可以在20秒内将三行英文信息传递出去,而同样的信息用机器密码却需要30分钟。

1942年初,约翰逊向美国太平洋舰队上将克莱登·沃格尔提出这个建议并得到认可。1942年5月,第一批29名纳瓦霍人被征召入伍,并受命编制密码。他们根据纳瓦霍语创建了常用军事术语的词汇表。这些应召入伍的纳瓦霍人参加了美军在太平洋地区发动的每一场战役。他们用密码下达战斗命令,通报战情,紧急时还参加战斗。他们的英勇献身,为最终打败日本军国主义起到了至关重要的作用。

除了纳瓦霍语外,美军在第二次世界大战中还曾使用另一种印第安语——科曼切语作为密码。纳瓦霍语主要在太平洋战场使用,而科曼切语则在欧洲战场大显身手。

1944年美军登陆诺曼底成功后,时任话务员的查尔斯·希比蒂迅速通过无线电发报机用科曼切语发出了登陆成功的信息。这似乎只是历史上一个不值一提的瞬间,但美国陆军竟在近半个世纪的时间里一直拒绝公开承认这个事实。继在诺曼底滩头大显神通之后,希比蒂又被派往法国,目睹了盟军在巴黎的军事行动。

对于这种密码,纳粹德国的情报部门也绞尽了脑汁,甚至,他们在确认这是一种语言之后也始终未能找到破译密码的方法。迄今为止,希比蒂使用的这种密码仍是人类军事史上尚未被破译的通信密码之一。

1945年,德国投降后不久,希比蒂和其他科曼切人就光荣退伍了,但他们并没有因作战勇敢或为国服役而获得政府的表彰。恰恰相反,五角大楼命令他们死守秘密。当时的五角大楼出于冷战的考虑,认为这些密码员将来极有可能再派上其他重要用场,不宜暴露。几十年后,当曾经的密码员大都默默无闻地离开人世后,他们才获得了迟到的荣誉。

从空而降的"马丁少校"

> 假作真时真亦假,真真假假的情报让德军不知所措,频繁失手。

1943年,英国的"马丁少校"在从伦敦飞往北非执行任务时因为飞机失事,在西班牙韦尔港溺水身亡。英国领事馆为"马丁少校"举行了葬礼,他的未婚妻帕姆送来了花圈和哀悼卡片,驻西班牙的英国大使馆人员则在此前后分批前往哀悼。同时,在英国《泰晤士报》公布的由海军公证司伤亡处提供的阵亡将士名单上,"马丁少校"的名字赫然在列。这到底是怎么回事呢?"马丁少校"到底是谁?飞机又是因何而失事的?

在第二次世界大战中,西班牙虽然表面上是中立国,但与德国有着千丝万缕的联系,因此,他们将"马丁少校"的尸体连同其公文包一起交给了德国。英国驻西班牙大使塞缪尔·霍尔爵士立即与西班牙进行交涉,要求尽快归还尸体和公文包。很快德国人就把尸体和公文包还给了英国大使。

英国大使收到"马丁少校"的公文包后,立刻把它送往伦敦侦察处检查。检查结果很快就出来了,文件已经被人用专业技术拆开过了,也就是说,文件中的军事机密全部被德国知晓了。知道这一结果后,英方终于松了一口气。原来"马丁上校"是为了蒙蔽希特勒而精心设计的一个诱饵,盟国的目的就是让他带着假情报让德国错误地认为盟军在意大利登陆的地点。这就是"肉馅计划"。

在第二次世界大战中,当肃清了北非的轴心国后,盟军在地中海战区的下一个目标毫无疑问地指向西西里岛,正如英国首相丘吉尔所说:"傻瓜都知道下一步是西西里岛！"

希特勒当然不是蠢人，为了对付盟军，当时德国和意大利已经在西西里岛部署了约30万的兵力，这使盟军的登陆战役异常艰巨，他们将面临巨大的困难。如果不能让希特勒分散兵力，如果不能让希特勒放松对西西里岛的防御，那么登陆作战必将遭到失败，即使取得胜利，也必将付出惨重的代价。

所以，盟军的主要任务就是让德国最高统帅部相信，盟军将在其他地点进行登陆，这样，他们就有可能分散德军守卫部队，使攻打西西里的登陆部队少遇到些阻碍，以减少盟军的伤亡。

这个艰巨的任务就落在了谍报部门的肩上，而"马丁少校"则成了这次任务的主要执行者。这个计划是英国谍报人员乔治中尉精心构思的。当初，在讨论如何欺骗希特勒的过程时，一个又一个方案被否决，最后乔治中尉突发奇想，提出把一具尸体装扮成总参谋部的一名意外死亡的参谋人员，在其随身携带的公文包里装上一份明确表示打算进攻西西里以外的某一地点的级别较高的文件，将尸体抛入大海，利用潮汐的作用把他送到德国人手里，让德国人上当。

1943年4月17日，"马丁少校"的尸体被装入印有"光学仪器"标签的金属圆筒，在苏格兰格里诺克军港被运上英国海军"六翼天使"号潜艇。4月19日，担负着特殊使命的"六翼天使"号潜艇从苏格兰格里诺克军港起航。第二天凌晨，"六翼天使"号潜艇在西班牙韦尔瓦附近浮出水面，一名艇员给"马丁少校"的救生衣吹足了气，将公文包用铁链系在手腕上，然后放入海中。天亮后，"马丁少校"的尸体被潮汐推上了海滩，很快就被当地渔民发现并交给了德国。

一切似乎天衣无缝，但对于如此重要的情报，德国人怎么会轻易相信呢？虽然德国军事情报局鉴定"马丁少校"所携带的文件全部是真实的，希特勒还是下令必须对此进行彻底地调查。

5月中旬，德国的王牌间谍对出售"马丁"穿着内衣的商店、发出欠款信的银行以及女友的住所都进行了细致的调查，在英国间谍机构的精密安排下，一切都毫无破绽。这样，德国情报机关终于相信"马丁"是真的！

1943年5月14日，希特勒在会见墨索里尼时向他透露了"马丁"信件的内容，并且说："我想这的确是真的！在我们举棋不定时，这个情报太重要了。"但墨索里尼很快就提出了质疑："我总有一种预感，盟军还是要进攻西西里岛。"希特勒说："直觉并没有情报重要，我们得到了可靠的情报！情报！"

在第二天召开的最高统帅部作战会议上，希特勒命令："所有与地中海防御有关的德军指挥部迅速密切协同，务必集中全部兵力和火器，在6月30日前完成对撒丁岛和伯罗奔尼撒的集结和部署。"

奉希特勒的命令，当隆美尔元帅把他的大本营搬到希腊时，1943年7月9日夜盟军集中主力在西西里岛登陆了，以假乱真的"肉馅行动"帮助盟军成功地攻占了这个具有战略意义的岛屿。此战的结果是，德意军队伤亡及被俘22.7万余人，而英美军队仅伤亡2.1万余人。

月亮女神在行动

> 伸手不见五指的黑夜，月亮女神的行动又开始了，她这次行动的目标会是谁呢？

1942年6月，盟军顺利地占领了马达加斯加，接着顺利地在阿尔及利亚和摩洛哥登陆。1942年11月，英美联军不费一兵一卒就完成了在北非的登陆，成功地开辟了北非战场。关于盟军为何能够势如破竹地在北非展开攻势，美国战略情报局的海德·蒙高利将军给出这样一段解释："我们的辛西娅是个改变战争进程的最伟大的女间谍！她是个伟大的女英雄！正是她成功地盗取了维希政府驻华盛顿使馆的密码，才使战争进程变得如此顺利。"

辛西娅，间谍中的"月亮女神"，原名贝蒂·索普，出生于美国高级海军军官家庭，她的父亲是海军陆战队的少将。她19岁时结识并嫁给了比她大20多岁的英国大使馆二等秘书阿瑟·帕克。外交官夫人的身份、优雅的风度与超众的交际才能为她成为一名间谍提供了绝佳条件。西班牙内战前夕，辛西娅与一名西班牙高级军官的一段艳史，为英国获取了重要的军事情报。1937年，她随丈夫调往华沙。根据伦敦的命令，她顺利地从波兰外交部部长助理手中获取了大量的机密文件。辛西娅的谍报成果引起了上司的注意，英国谍报机关负责人威廉·斯蒂芬森说服她前往美国首都华盛顿，并给她起了一个化名——辛西娅。1942年，辛西娅接到一项更为艰巨的任务：窃取维希政府海军的密码。

这是一项危险而艰巨的任务，维希政府在驻美大使馆安插了眼线，一旦他们内部发现间谍便会格杀勿论，而美国联邦调查局和警察都不会保护辛西娅。

为了打入维希政府的使馆，辛西娅做了精心的准备。她决定躲开众目睽睽的华盛顿，动身去纽约寻找目标。在那里，她终于想办法获得了自己想要的信息——大使加斯顿·亨利同一个有夫之妇通奸。由于辛西娅是以记者身份出现的，所以她还打听到使馆中主管新闻事务的官员是查尔斯·布鲁斯，他原是法国空军的战斗机驾驶员，上尉军衔，英俊潇洒，风流倜傥，很喜欢英国。作为现役军官，他忠诚于维希政府，但对德国无好感。辛西娅意识到布鲁斯是一条大鱼，可以在他身上寻求突破。于是，她决定先去采访大使，这样就有机会结识主管新闻的布鲁斯了。

辛西娅本来就长得娇丽漂亮，而且体态丰盈、性感撩人，经过精心打扮后更显得风姿绰约。辛西娅的苦心没有白费，布鲁斯一见到她就被她的美貌深深吸引住了。经过一番努力，辛西娅成功地把他发展成英国间谍。

但当布鲁斯了解到辛西娅的任务是拿到维希政府海军的密码时，他勃然大怒，他认为这简直就是妄想，因为这种密码本是由好几个沉甸甸的本子组成的，而且这些密码本都藏在机要室的保险柜里，连他自己都不可能接近。面对这些困难，不达目的不罢休的辛西娅并没有放弃。她进一步了解到，大使馆内能接触密码本的只有大使和机要员，于是，她决定在机要科的科长身上下功夫。

科长是一个比较年轻的外交官，与妻子的关系不太融洽，于是辛西娅在他妻子不在家的一个下午拜访了他。这位机要员很快就进行了回访，他来到辛西娅的住处并成了她的床上客。但当他得知辛西娅的目的后，很坚决地拒绝了其偷盗密码的要求，并威胁说要告发辛西娅。看来，要顺利达到目的，就必须搬开机要员这只拦路虎，于是，布鲁斯向大使告发机要员，说他散布大使与别人通奸的艳闻，做贼心虚的大使一怒之下免去了机要员的一切职务。

除掉机要员这只拦路虎后，要获取藏在大使馆机要室中的维希政府海军密码还是困难重重。后来，英国情报机关决定，由辛西娅带一名撬锁专家冒险进入使馆，布鲁斯为内应，争取在3小时内取出密码并完成拍照的任务。

但怎样才能把撬锁专家带进使馆呢？使馆戒备森严，晚上的巡夜人个个都是荷枪实弹，高度警惕，还有凶猛的警犬协助巡逻。看样子只有从巡夜人身上打开缺口了。为了麻痹巡夜人，布鲁斯想出一个点子：布鲁斯告诉巡夜人，这几天晚上他都得在使馆工作到很晚，并希望他们不要声张出去，因为还有一个女朋友陪着他，他不能把她带到旅馆里去，因为他妻子已经有所怀疑了。巡夜人同意了，当然，巡夜人因此还得到一笔十分可观的小费。

虽然摆平了巡夜人，但盗窃密码的工作还是充满风险，一波三折。

第一次，布鲁斯在巡夜人喝的香槟酒里加了安眠药让巡夜人睡了5个小时。可就在他们刚把保险柜撬开并准备给密码本拍照时，巡夜人却醒了。第二次，辛西娅按照撬锁专家口述的方法亲自去操作，也没有成功，只好再请撬锁专家亲自出马。第三次，当辛西娅和布鲁斯带着撬锁专家刚入使馆时，正赶上巡夜人巡逻。辛西娅立即对布鲁斯说："快，快，把衣服脱了！"巡夜人转回来时，他的灯光正好照着赤身裸体紧紧搂在一起的两个人。见此情景，巡夜人满脸通红，连声道歉，转身回避，再也没来打扰他们。剩下的工作比较顺利，他们打开保险柜，取出密码本，交给隐藏在花园里的特工人员拍照。拍完后，密码本被放回原处，没有留下任何蛛丝马迹。

密码本的照片很快被送到英国总参谋部。这些密码为推动德国、意大利及维希政府的发展起到了巨大的作用，也为第二次世界大战的胜利铺平了道路。

"东方魔女"川岛芳子的死亡真相

> 在日本对华侵略史上，有一个最成功也是最臭名远扬的女间谍，她就是川岛芳子。她是日本侵略者的得力干将，也给世人留下了许多不解之谜。

川岛芳子以女扮男装、放荡不羁、美艳绝伦而闻名，在日本谍报史上，她取得了别的间谍从未有过的成绩，为日寇侵华立下了"汗马功劳"。不过，川岛芳子留给人们的谜团也实在太多、太多……

川岛芳子，生于1906年，原名爱新觉罗·显玗，汉名金碧辉，是肃亲王善耆的第14个女儿。她6岁时由策划满蒙独立的日本人川岛浪速收作养女，取名为东珍。第二年她就跟随养母来到日本，又称良子，因日语中"良"与"芳"同音，久而久之人们便称她为川岛芳子。日本侵华后，川岛芳子长期为日本做间谍，曾参与了"皇姑屯事件""九·一八事变""满洲独立"等重要的秘密军事和政治活动，并亲自导演了震惊中外的上海"一·二八事变"和"转移婉容"等事，川岛芳子还曾在热河组织定国军骑兵团，成为日本谍报机关的"一枝花"，特务头目田中隆吉、土肥原贤二等都对其大加赞赏。

随着第二次世界大战的结束，"东方魔女"川岛芳子的末日也临近了。在北京，重要战犯川岛芳子终于在抗日战争结束两个月后被投进牢房，并于1946年被起诉，在河北的法院接受法庭调查。作为第一号女汉奸，川岛芳子被捕后不久即被转到北平监狱。经过多次审讯，1947年10月22日，河北省高等法院以汉奸罪、间谍罪判处川岛芳子死刑。

1948年3月25日6点40分，川岛芳子在北平第一监狱西南角的场地上被秘密枪决。在行刑前她给养父和典狱长等人写了遗书，并曾要求穿黑上衣、白绸裤子，但未得到准许。行刑官仔细地核对了她的姓名，宣布她的上诉被驳回，并宣读了死刑执行书，令其跪下。第一次开枪，出乎意料的是，扳机居然没有扣响。当行刑官再次开枪时，子弹从川岛芳子两眉之间穿入。她左眼圆睁，右眼紧闭，满脸的血污已不能辨认。后来，她的尸体由住在北京东单观音寺胡同20号的日本济宗妙必寺古川大行长老善后，并联络班广赖和川岛芳子堂姐金幼贞领尸火化处理。

在川岛芳子行刑前，法院本来通知各报记者都可以到现场采访，但执行死刑时，只允许美籍美联社记者一人参观，就连中国新闻记者也都被拒之门外。事后人们看到在第一监狱后门的自强路边停放一女尸，头发散乱，满脸血污，面目无法辨认。由此人们对川岛芳子的枪决真相议论纷纷，这件事也闹得满城风雨。

许多人认为川岛芳子并没有死，被处死的只是她的一个替身。流传最广的是一位名叫刘凤玲的女犯做了川岛芳子死刑的替身，其代价是十根金条。据说当时囚犯刘凤玲在监狱里得了重病，医生诊断她已经没有治好的希望。监狱官员便找到刘凤玲的母亲，说要其女儿为某个身份很高的人做枪决的替身，如答应可换来十根金条，若不答应，母女二人都难保命。刘凤玲的母亲万般无奈之下只好答应了，但当时她只领了四根金条为定金，剩余六根待执行死刑后去取。当刘母按约定的日期去领金条时，却再也没有回来。刘凤玲的妹妹刘凤贞便向当局讨要母亲，并向报界公开揭露了此事的始末。事情的真假目前还无法判断，但是川岛芳子死刑现场却有许多可疑之处。为什么最关键的行刑场面搞得如此神秘，无视惯例，把新闻记者都赶出现场？为什么被处决者的脸部满是血污和泥土，以致难于辨认尸体本来面目？为什么单单选择看不清人面孔的时间行刑？

有人说川岛芳子早已潜返东瀛，还有人说川岛芳子去了美国，甚至有传闻说某国民党权贵因迷恋川岛芳子的绝代风华，不惜违犯国法，用偷龙换凤的手法，耗费重金买通狱吏将芳子救出……

不管真相到底如何，川岛芳子犯下的滔天罪行是无可置疑的，她的斑斑劣迹和犯下的累累罪行早已盖棺论定，无法更改。

"王牌蛙人"克莱伯失踪之谜

> 克莱伯曾是第二次世界大战时反意大利水雷战术的潜水英雄。复员后,他仍与英国情报组织联系密切,同时与苏联间谍也有交往。后来,他却神秘地失踪了。有人说他在侦察苏联巡洋舰时不幸落在苏联人手上,也有人说他被弃尸大海……

1956年4月,已从英国皇家海军退役的莱昂内尔·克莱伯被派遣执行一项秘密任务——侦察来访的苏联巡洋舰"奥尔忠尼启则"号。当时,苏联领导人赫鲁晓夫正率代表团乘3艘军舰访问英国,准备在朴次茅斯港与英国首相艾登举行会谈。克莱伯接受了这个艰巨的任务。4月19日凌晨,克莱伯穿着潜水服潜入停泊在朴次茅斯港的两艘苏联军舰之间,可是,令人没想到的是,他下水后就再也没有上来,从此便神秘失踪了。这件事轰动全世界。克莱伯究竟是受谁之命潜入苏联军舰附近的?他到底是死了,还是活着?这一系列问题都被罩上神秘的面纱。

克莱伯于1909年出生在伦敦,他家庭贫寒,靠给别人打零工糊口。第二次世界大战爆发后,他自愿加入英国陆军,1941年他进入英国皇家海军,后来被派往直布罗陀海峡排除意大利安放在盟军船底的水下炸弹。事实证明,克莱伯是个天生的潜水专家,由于天资聪颖,能力突出,他很快就被提升为皇家海军驻意大利北部的总潜水官,排除了利沃诺和威尼斯两个港口的大量水雷,被称为"巴斯特",意为"破坏者"。战争期间,他还荣获过"乔治勋章"和"帝国勋章"等多项至高荣誉。战后,他在海军部研究所当潜水员,从事一些临时性工作。1951年担任英国海军水下武器及其对策研究机关潜水队队长,1955年因超龄而被解职。

由于克莱伯执行的是绝密任务,在其失踪后,皇家海军一直不敢展开搜救行动,以免计划曝光。但十天后,英国报纸称"王牌蛙人在朴次茅斯港海底失踪",随后引起轩然大波。4月29日,英国海军部发表声明说:克莱伯是在试验水下仪器时失踪的,据说已经死亡。但人们根本不相信这一说辞,因为克莱伯在进行潜水作业时,既没有带英国海军特别的呼吸器,也没有带助手。苏联方面也声称,事发当天,"奥尔忠尼启则"号的水兵在军舰附近看到过一个蛙人,苏联政府就克莱伯为获取"奥尔忠尼启则"号秘密而从事间谍活动一事提出强烈抗议,并要求英国外交部务必予以澄清。

后来，英国首相艾登向苏联政府承认，苏方亲眼所见的大概正是在进行"潜水试验"的克莱伯，并对此事深表遗憾。不久，英国军情六处的处长辞职，媒体认为是军情六处派克莱伯侦察苏联军舰的，而按照英国法律，未经首相批准，军情六处不能在国内进行任何间谍活动。从首相的态度可以看出，首相事先肯定一无所知，事后才了解到"奥尔忠尼启则"号军舰下发生的秘密。

那么，克莱伯究竟是去"奥尔忠尼启则"号底下干什么的？据说是为了偷取苏联战舰的秘密。当年苏联非常重视发展潜水艇和"斯维尔德洛夫"号级轻型巡洋舰，据说该巡洋舰具有不同寻常的优良性能。1953年，为庆贺伊丽莎白女王加冕典礼，"斯维尔德洛夫"号曾访问英国，当时进入朴次茅斯港蜿蜒曲折、复杂的航道时，该舰在没有领航员导航的情况下，仍以相当高的速度行驶，并准确无误地在指定的停泊处抛锚了，这使在场的英国海军惊叹不已。1953年秋，"斯维尔德洛夫"号再次访英，仍然停靠在朴次茅斯港。英国的潜水员在水下偷偷地对该舰舰底装置拍了照，不料却走漏风声，弄巧成拙。"奥尔忠尼启则"号是"斯维尔德洛夫"号的姊妹舰，首次在英国亮相，英国人特别想了解它的船底又增加了什么新的装置，于是派克莱伯前去查看。但是，执行这项任务的克莱伯到底是受谁指使，他又是怎样离奇失踪的呢？

有些人说，克莱伯不是死于苏联人之手，就是被他们抓走了。但是有人指出，如果克莱伯真的已落入苏联人手中，不管是死是活，苏联都应对这一事件保持沉默。也有些人说，克莱伯在浮出水面时被苏联驱逐舰上的监视哨兵发现了，他立即潜水逃走，从此隐居起来。还有人猜测，是某个试图一鸣惊人的英国民间组织或某些低层次的官员用钱收买了克莱伯，让他去某地冒险。

总之，克莱伯终究是失踪了，没有人知道他去了哪里。随着时间的推移，这起离奇案件也变得越来越神秘。

谁是世界上身价最高的间谍

一名间谍价值5000名战俘，他是谁呢？竟有如此高的身价！

1968年，埃及与以色列之间的战争结束后，以色列开始同埃及就交换战俘的问题谈判。以色列情报机构长官梅厄·阿密特坚持要将一名身份特殊的间谍列入战俘交换之列，但是以色列政界却不愿意公开承认这名间谍。直到阿密特以辞职相威胁，以色列政府才表示，释放包括9名埃及将军在内的5000名埃及战俘换回这名间谍，他就是沃尔夫冈·洛茨。

沃尔夫冈·洛茨是继伊莱·科恩之后以色列情报机构（俗称摩萨德）又一位著名的间谍。他幼年生活在德国，后来移居巴勒斯坦，第二次世界大战爆发后曾加入德国军队，1962年被以色列军事情报局派往埃及执行任务。

沃尔夫冈·洛茨以一名德国游客的身份踏上了埃及的国土。他仅用了六个多月的时间便结识了当地社会的精英人士。他尤其注意与埃及军官建立友谊，和他们一起喝酒、打牌，正是在吃喝玩乐中他得到了不少有价值的情报。

在法国旅游期间，洛茨在火车上结识了一位德裔美国女子，两人一见钟情，很快便坠入情网，结为夫妻。

洛茨夫妇的朋友涉及的领域极其广泛，有骑士俱乐部的将军，有年轻的军官，还有军事后勤专家穆罕默德·阿卜杜勒·萨拉姆将军、军事反间谍局的将军和上校，以及埃及共和国的副总统侯赛因·埃尔·沙菲。他们都把洛茨视作值得信任的前纳粹军官，因此往往在不经意间说出许多宝贵的情报来。

就这样，沃尔夫冈·洛茨在推杯换盏谈笑娱乐之间就能轻而易举地搜集到一些重要情报，并将它们源源不断地发回情报局总部。

1965年春天，洛茨夫妇一家人在一次出游之后驱车返回开罗，刚到家门口，便被6名大汉用手铐铐走了。随后，埃及安全机关检察长亲自审问了洛茨。原来，沃尔夫冈·洛茨也是和在叙利亚的间谍伊莱·科恩一样，因发报位置暴露而被发现。埃及安全机关甚至录下了三年来洛茨收发的全部电信号。事已至此，洛茨只得承认了自己所做的一切，说自己是德国人，只是图谋金钱才替以色列官方搜集情报的。埃及人对此深信不疑，因为他们早已掌握了洛茨是前纳粹军官的铁证。此外，洛茨还咬定所有活动都是他一人进行的。

被捕12天后，埃及安全机关安排洛茨夫妇接受电视台的采访，洛茨想这正是一个告诉以色列情报机关这里到底发生了什么的好机会。在采访中，洛茨承认自己当了间谍，并承认自己是个视财如命的德国人。采访接近尾声时，记者问他是否想对德国的亲人说点什么时，他趁机说道："如果以色列今后还派间谍来的话，它应当去找自己的公民，而不要再收买德国人或者其他外国人了。"埃及当局显然并没有意识到，以色列军方已经明白了洛茨的意思：我的假德国人身份还没有暴露，请设法采取营救措施。1965年7月27日，埃及法庭对洛茨夫妇进行了公开审判，洛茨被判终身苦役。

　　1967年6月5日，第三次中东战争爆发。洛茨从监狱中可以听见以色列飞机在监狱附近投下炸弹的爆炸声，洛茨分析他们攻击的目标很可能是由自己提供情报的赫勒军工厂的位置，为此他心中暗暗高兴。1968年2月3日，洛茨被叫到副官办公室，监狱副官通知了释放洛茨的决定。当洛茨听到自己获释的消息时并没有人们想象得那么兴奋，反而异常平静。在开罗机场，洛茨等待回国的班机。突然，领事神秘地告诉洛茨，在他被释放的背后曾经有过一场特殊的较量。

第十六章　离奇的巧合在上演

同时逝世的两位总统

约翰·亚当斯和托马斯·杰弗逊曾经签署了《独立宣言》,也都曾担任过美国总统,然而,这两位功勋卓著的人物却在同一天死去,他们一生的缘分在天堂得以延续。

昆西是一座美丽的小城,它位于昆西海湾的南岸,因海湾而得名,距离波士顿只有11千米。这里诞生了许多美国历史上伟大的人物,除了亚当斯父子(约翰·亚当斯、约翰·昆西·亚当斯)外,在美国独立战争期间担任大陆会议主席而被称为"美国开国元老之一"的约翰·汉考克也诞生于此。因此,昆西也被人们称作"总统城"。

美国革命发起于北方的马萨诸塞,亚当斯是革命初期最主要的领导人。1775年6月,在举行第二届大陆议会期间,正是在约翰·亚当斯的提议和促成下,来自弗吉尼亚的乔治·华盛顿被任命为大陆军队总司令。一年以后,又在约翰·亚当斯的极力举荐下,来自弗吉尼亚的托马斯·杰斐逊得以参加以亚当斯为首的五人起草小组,并且执笔起草美国历史上第一个最重要的文献——《独立宣言》。

美国独立战争胜利后,1789年,乔治·华盛顿当选为美国第一任总统,约翰·亚当斯担任副总统。在只有四人组成的内阁里,托马斯·杰斐逊被任命为国务卿。然而建国以后,约翰·亚当斯和托马斯·杰斐逊在治国理念和方略上却经常出现分歧。

1796年,乔治·华盛顿发表告别演说,拒绝连任总统,他打算回归故里。1796年大选,亚当斯当选为总统,而与他政见不合的杰斐逊成了副总统。治国理念的不同引出方略的背离,尤其是政治活动中的个人作为损害了他们之间的友谊。1800年,因为反颠覆法侵犯民众新闻言论自由而引起民众的普遍不满,亚当斯在大选中败北,杰斐逊则获得胜利。1801年3月4日,杰斐逊宣誓就任总统。

在就职演说中,他或许是内心有所触动,向亚当斯发出和解的信息,他说:"我们都是联邦党人,我们也都是共和党人。"可是,亚当斯已经听不到杰斐逊的呼唤了。这个时候,亚当斯的马车正颠簸在返回北方昆西小镇的路上。他的心已经碎了。

当约翰·亚当斯回到昆西的时候,内心沮丧而愤懑。可是,俩人仍然怀着老友之间复杂的感情，私人关系并未真正的破裂。直到差不多四年以后，双方积压已久的矛盾爆发了，两个多年好友终于断绝来往。

1808年，杰斐逊卸任回归弗吉尼亚故里后仍然十分忙碌。与此同时，亚当斯的内心却痛苦不堪。在这些年里，除了家人，给予亚当斯最大安慰的是他的另一位老朋友，美国《独立宣言》的另一位签署者——本杰明·拉什。作为一个开国者，他自然是亚当斯和杰斐逊二人共同的朋友。在亚当斯最痛苦、最难熬的日子里，本杰明持续不断地和他通信。

1809年，拉什在给亚当斯的信中描绘了自己有生以来最奇妙的一个梦。他梦到亚当斯给杰斐逊写了一封短信，祝贺他终于能够从公职上退休。然后杰斐逊回了一封充满善意的信。他梦到在此后的在几年里，亚当斯和杰斐逊相互通信，对他们犯过的错误有所认识，他们分享美国革命的成果，并且弥合了众所周知的友谊。他甚至梦到他们的死亡场景：他们俩满载人们的赞誉，同时进入坟墓。

后来，亚当斯和杰斐逊逐渐消除了矛盾，恢复了昔日的友谊，俩人之间又开始不断通信。整整14个春秋，美国的第二任总统约翰·亚当斯和第三任总统托马斯·杰斐逊一直保持紧密的联系，不再像从前那样针锋相对。

在筹备国庆50周年活动之际，弗吉尼亚和马萨诸塞的人们分别向杰斐逊和亚当斯发出邀请，可是两位老人的健康已经不允许他们出席任何公众场合的活动了。1826年7月3日傍晚，托马斯·杰斐逊突然昏迷。7月4日下午，这位卸任总统永远地停止了呼吸。几乎就在杰斐逊死去的同时，远在北方的昆西小镇，约翰·亚当斯坐在椅子上突然中风发作，失去知觉。下午，约翰·亚当斯去世。50年前的这个时候，美利坚合众国正式诞生，50年后的今天，曾经在《独立宣言》上签字的两位美国总统几乎同时离世。

《独立宣言》的两位签署者，在《独立宣言》发表50周年之际同时离开这个世界，这难道不是一个天大的巧合吗？

林肯与肯尼迪的惊人巧合

> 林肯和肯尼迪这两位美国总统都是遇刺身亡的，然而，在这两起刺杀案件中，有许多无法解释的巧合，莫非冥冥之中真的有什么在支配着他们的命运？

亚伯拉罕·林肯是第16任美国总统，也是美国首位共和党籍总统。林肯在其总统任内，美国爆发内战，史称南北战争。林肯击败了南方分裂势力，废除了奴隶制度，维护了国家的统一。但就在内战结束后不久，1865年4月14日晚，林肯在华盛顿的福特剧院不幸遇刺身亡。他也因此成为美国有史以来第一位遭到刺杀的美国总统。

1960年，约翰·菲茨杰拉德·肯尼迪当选美国第35任总统，他是美国著名的肯尼迪家族成员，也是美国历史上最年轻的总统。1963年11月22日，肯尼迪在副总统林登·贝恩斯·约翰逊的陪同下到得克萨斯州的达拉斯市访问。当日中午，肯尼迪乘坐一辆敞篷汽车游街拜会市民，当行至一个拐弯处时，早就在此地埋伏的枪手向他开枪，子弹击中肯尼迪的头部，肯尼迪在被送往医院后很快不治而亡，成为美国历史上又一个遇刺身亡的总统。

亚伯拉罕·林肯和约翰·菲茨杰拉德·肯尼迪两位总统被刺的事件常被相提并论，因为这两起事件有一系列惊人的巧合之处。

1846年，亚伯拉罕·林肯首次当选为国会议员，100年后即1946年，约翰·肯尼迪参加了众议院选举并获成功，成为国会议员。

林肯于1860年11月6日战胜出生于1813年的史蒂芬·阿诺·道格拉斯而当选为美国第16任总统，肯尼迪于1960年1月8日战胜出生于1913年的理查德·米尔何塞·尼克松，当选为美国家35任总统，两人之间正好相差100年。

至于两位总统的死亡时间，林肯是在一个星期五，而肯尼迪遇刺的时间恰好是相隔了100年后的一个星期五，且时间均为12时30分，而且事发时两位总统夫人都在出事的现场。林肯是在福特大戏院遇刺的，肯尼迪则是在福特汽车上被刺的，商标是林肯牌。更令人惊奇的是，两位总统的继承人名字也完全相同，都叫约翰逊，两人都是南方人，都是民主党参议员。安特鲁·约翰逊生于1808年，而林肯·约翰逊生于1908年，每位约翰逊的名称都有6个字母，两人出生的时间还是相差100年。而且，两名凶手都在开庭审判前遭人杀害。

这些不可思议的巧合，将林肯和肯尼迪紧密地联系在一起。

肯尼迪家族为何悲剧不断

肯尼迪家族是美国政界的常青树，然而这个家族也充满悲剧色彩，其许多家族成员都莫名地遭遇灾难，这是为什么呢？

第十六章 离奇的巧合在上演

美国人极为推崇成功人物和政治人物，而在这些人物中，肯尼迪家族无疑是一个精英家族。因为其家庭成员都是杰出的政治人才，他们几乎影响了美国社会近半个世纪。约翰·菲茨杰拉德·肯尼迪当选美国第35任总统，罗伯特·弗朗西斯·肯尼迪当选纽约州国会参议员，爱德华·摩尔·肯尼迪当选马萨诸塞州参议员等，他们都积极投身于服务国家和人民，积极地为弱势群体争取权益，是忠诚、魅力、希望和理想的象征。

肯尼迪家族来自爱尔兰。在新大陆，他们家族的地位与王室家族旗鼓相当，但命运将肯尼迪家族的传奇变成了悲剧。许多肯尼迪家族成员因为各种各样的原因意外去世。

1963年11月22日，美国第35任总统约翰·菲茨杰拉德·肯尼迪在夫人杰奎琳·李·鲍维尔·肯尼迪和奥纳西斯的陪同下，乘坐敞篷轿车驶过得克萨斯州达拉斯的迪利广场时，埋伏好的枪手朝他开枪，肯尼迪随后不治身亡。约翰·肯尼迪是美国历史上第4位遇刺身亡的总统，也是第8位在任期内去世的总统。负责调查总统遇刺案的沃伦委员会在经过调查后，于1964年9月发表了一份官方报告。报告指出，刺杀肯尼迪的凶手是李·哈维·奥斯瓦尔德，就是他从得克萨斯学校图书储藏室6层的窗口向正从楼下经过的总统开枪的。

1944年，肯尼迪总统的哥哥，29岁的小约瑟夫·肯尼迪在第二次世界大战中以海军飞行员的身份参加空袭，他驾驶的飞机却发生了意外，在英国上空爆炸，他和副驾驶被炸得粉身碎骨，死后连尸首也没有找到。

两个星期后又传来噩耗，肯尼迪的妹妹阿格尼丝·卡文迪许·凯瑟琳新婚不久的丈夫、英国哈廷顿侯爵卡文迪许，在法国作战时遭到德国枪手狙击，不幸中弹身亡。1948年，凯瑟琳在一起飞机坠毁事件中结束了28年的短暂人生。

此外，她的姐姐罗斯玛丽·肯尼迪因精神外科手术失败而成为残疾人，1941年后被收容到公共服务机构。

1968年，罗伯特·弗朗西斯·肯尼迪在竞选总统期间不幸被刺身亡。

肯尼迪总统的九名兄妹中有两名被暗杀，两名因飞机失事而死，一名没能过上正常人的生活。

肯尼迪家族的悲剧也持续传给后代。

约翰·肯尼迪总统的儿子都死于非命。他的次子在父亲被暗杀的三个月前因早产出生，但三天后死去。

罗伯特·肯尼迪的儿子戴维·安东尼·肯尼迪于1984年在佛罗里达州疗养院

被家人赶出后，死在附近宾馆里，他被证明是因服药过多而死亡；1997年12月，他的另一个儿子在科罗拉多滑雪时受伤，第二天在医院不治身亡。

1999年7月，小约翰·弗兹杰拉德·肯尼迪驾驶飞机一头栽进海中，不幸身亡。人们不禁议论纷纷：这个著名家族为何如此多灾多难？

2009年8月25日晚，在被确诊得恶性脑瘤一年后，美国政治世家肯尼迪家族族长、马萨诸塞州联邦参议员爱德华·肯尼迪去世，享年77岁。他是肯尼迪四兄弟中唯一因自然原因死亡的人。

难以"分开"的隆美尔和蒙哥马利

隆美尔和蒙哥马利既是战场上的死对头，又是惺惺相惜的英雄。他们不仅在战场上互相拼杀，而且在硝烟的背后也发生过诸多巧合之事。

埃尔温·约翰尼斯·尤根·隆美尔是第二次世界大战期间纳粹德国的三大名将之一，深得希特勒的信赖和器重。在他的祖国，他的名声甚至盖过帝国元首阿道夫·希特勒。隆美尔被世人公认为天才少年，他出身于一个普通的中学校长之家，曾经参加过第一次世界大战。在第二次世界大战的北非战场中，他以卓越的能力指挥德国的非洲军团在兵力相差悬殊、战场环境恶劣的情况下屡次打败英军，因此他也获得"沙漠之狐"的称号，被提升为德国历史上最年轻的元帅。从军事角度来看，隆美尔确实有着过人的军事才华和出色的军事指挥技术。

伯纳德·劳·蒙哥马利是英国陆军元帅，其领军的最著名的经典战役就是击败隆美尔的战役。1942年7月，北非沙漠中的英国第八集团军被称为"沙漠之狐"的隆美尔的德国非洲军团击败，退守埃及境内的阿莱曼地区。在英军濒临崩溃之际，1942年8月蒙哥马利临危受命，正式接管英国第八集团军。同年10月至11月间，蒙哥马利组织发动了第二次阿拉曼战役，此次行动一举击溃德国非洲军团，扭转了北非战局。随后蒙哥马利又乘胜追击，率领第八集团军与盟军配合，于突尼斯全歼北非残敌。蒙哥马利由此名声大振，被人们称为捕捉"沙漠之狐"的猎手。1944年6月，蒙哥马利率领第二十一集团军开始了诺曼底登陆战役，并取得胜利。

隆美尔和蒙哥马利，一个被称为"沙漠之狐"，一个被称为"沙漠之狐的猎手"，虽然第二次世界大战的爆发使他们成为彼此最重要的对手，但是除去战争因素，蒙哥马利和隆美尔可能还会是好朋友。

他们二人都是天蝎座，除此之外，两人之间的故事还有很多：他们的性格都很孤僻，敌人多于朋友；他们都很专横、傲慢，是缺少文化教养的职业军人；当他们被上司指挥时，两人都像一匹难以驯服并经常违抗命令的烈马，然而当他们指挥下属时又都是最有独到见解、头脑清醒的指挥官，都能独当一面；两人都不抽烟，也从不喝烈性酒；他们都很喜爱运动，注重保持身体健康；两人都比较注意培养与军政要人的友谊；两人都乐于挑选智勇双全、出类拔萃、年轻英俊的军官组成自己的参谋班子。隆美尔一直戴着一顶帽子和有机玻璃风镜，以示其与众不同；蒙哥马利则是用带有团队徽章的怪异的澳大利亚丛林帽来显示自己的与众不同。于是，历史将他们二人的名字和命运紧紧地连在了一起。

1944年6月6日，盟军在诺曼底登陆，6周后即1944年7月，隆美尔在拜访党卫队第一装甲部队司令塞普·迪尔瑞奇将军的司令部后，登上汽车驶向位于巴黎北部塞纳河边的司令部。隆美尔的汽车在路上行驶的时候，被美国空军飞行员在空中用照相机拍到了。

下午4点钟，隆美尔的吉普车在接近利瓦诺特时，发现了8架盟军飞机。隆美尔命令司机丹尼尔把车子转进与公路平行、枝繁叶茂的小路，但行驶几千米后，那条小路又与大路汇合了。出了利瓦诺特，他们随即上了第179号公路。突然，有两架盟军飞机朝隆美尔乘坐的汽车飞了过来。就在汽车要冲进前面村庄的时候，盟军的"台风"式战斗机俯冲下来，飞机上的机枪对着汽车劈头盖脸就是一阵扫射，隆美尔的左颊和左太阳穴中弹，瞬间失去了知觉，司机丹尼尔当场中弹死亡，无人操控的吉普车失去控制，冲出马路，翻倒在路旁的一个水沟里。

当盟军飞机补充弹药准备再次射击的时候，赫姆特朗上尉和保镖胡克冲了过来，二人抱起不省人事的隆美尔躲到沟渠里。隆美尔当天便被送进离出事地点50多千米远的贝尔内空军医院实施紧急抢救。X光检查结果显示，他的头部有4块碎骨，然而经过救治，他奇迹般地活了下来，只是此后永远离开了战场。

然而在这起偶然事件中，隆美尔还是没有逃脱与蒙哥马利的恩怨纠葛的宿命，就在隆美尔受伤的地方有一块牌子，上面写着前面村庄的名字：蒙哥马利村。也许命运注定了他们要永远纠缠不清，从北非战场到诺曼底，他们二人始终对立，只是后来蒙哥马利赢了战争，成了举世瞩目的英雄，而隆美尔却惨遭希特勒毒害，成了战争的牺牲品。

巧合的两起空难事件

> 2004年俄罗斯坠机事件并不是一场普通的空难，它与此前的9·11事件有诸多相似之处，难道这也是恐怖袭击？是谁发动的呢？

2001年9月11日是一个灾难的日子，恐怖分子劫持了4架飞机，在美国制造了数起骇人听闻的恐怖事件，在当时震惊世界。3年后，俄罗斯也发生了一起类似的恐怖事件，令人奇怪的是，它与9·11恐怖事件有诸多相似之处。

2004年8月24日晚间，由莫斯科飞往俄罗斯南部的两架俄民航客机几乎同时从雷达上消失。后来经过调查证实，其中一架图-134客机于当晚11时左右在莫斯科以南的图拉坠毁，机上无人生还；大约9小时以后，救援人员在俄罗斯南部的罗斯托夫附近找到另一架失踪的图-154飞机的残骸。至此，两架飞机上至少有89名乘客和机组人员，无一生还。这明显是一起蓄谋已久的严重的恐怖袭击事件，恐怖分子的袭击行为造成大量无辜百姓的死亡。

事件发生后，尽管俄罗斯官方三缄其口，始终不透露事件的真实情况，但俄罗斯国内和国际社会很多人立即将此事件与9·11进行了对比。

首先，空难发生前官方都接到了警告。9·11事件发生时，美国联邦航空管理局也发出飞机可能遭劫持的警告，但各航班都不愿意相信这一事实。而此次俄罗斯的航空监管部门也曾向西伯利亚航空公司发出警告，声称已接到劫机信号，要求各家航空公司提高警惕，但最终悲剧还是发生了。

其次，俄罗斯的两起空难事件都是同时、同地发生的，在同一个国家、同一天夜晚、同时发生两次空难——这样的巧合在历史上很少发生。这与2001年9月11日发生在美国的恐怖袭击事件十分相似。当时，被恐怖分子劫持的两架客机在短短几分钟的时间内冲向世贸大厦，还有一架撞向五角大楼，第四架则坠毁在空地上。这次，在两架客机坠毁之前，莫斯科也发生了一起爆炸事件。

再次，两次恐怖事件的策划精细度如出一辙。据美国分析，9·11恐怖袭击事件是阿富汗境内的恐怖头目本·拉登策划的，美国还因这一事件发动了阿富汗战争。事实上，知情人士表示，俄罗斯境内的恐怖组织与拉登领导的"基地"组织有着千丝万缕的联系：俄罗斯车臣地区是"基地"组织的训练场，不少"基地"骨干都在车臣获得了实战经验,而车臣的恐怖组织又多半从"基地"组织那里获得物力和人力的支持。因此,当"基地"组织策划了9·11事件之后,车臣的恐怖势力自然就会仿效。车臣恐怖分子不久前就曾威胁说,要用"飞机"对俄罗斯进行袭击。据此推断,俄罗斯这次空难事件很有可能是车臣恐怖分子所为。

最后,两次事件注重的都是心理威慑。恐怖分子把劫持飞机当成袭击工具并非因为其杀伤力大,而是看重它所造成的心理震撼效果。9·11事件中恐怖分子用飞机撞击的目标是五角大楼和世贸大厦,这是美国政治、经济和权力的象征,一旦它遭到打击,该轰动事件所产生的心理震撼力不言而喻。在俄罗斯坠毁的两架客机中,其中一架就是飞往索契的,而时任俄罗斯总统的普京就在索契度假,这无疑是在向俄罗斯挑衅。

然而,俄罗斯官方并不认为这两起空难事件与恐怖分子有关。

国王与平民的不解之缘

> 意大利国王翁贝托一世与一个店主有很多类似的地方,然而第二天店主在枪击事件中意外中弹丧生,国王亦在同一天被刺客枪杀,世界上真有如此巧合的事情吗?

1900年7月28日,意大利国王翁贝托一世在副官的陪同下抵达米兰附近的蒙察。由于第二天这里将举办一次运动会,为了体现对臣民的体恤,国王特意来到这里,准备在次日给运动会中获奖的选手颁奖。国王受到了城市居民的热烈欢迎。

为了显示自己是一个平易近人的人,国王在到达蒙察的当晚,由副官陪同来到一家小饭馆用膳。在点菜的时候,国王发现在一旁候旨的店主无论在面貌或体格上都跟自己十分相像,要不是穿着悬殊,还真以为是双胞胎。国王感到十分亲切,便热情地招呼店主坐下来聊天。

在闲谈中国王发现他们有许多相同之处。两人于1884年3月14日生于同一个地方,名字都叫翁贝托;两人同在1868年4月22日结婚,他们的妻子都叫玛格丽塔,各有一个取名叫维托里奥的儿子。在翁贝托一世加冕称帝之日,另一个翁贝托的饭馆则恰好开张营业。

国王听完这些不可思议的巧合,眼睛都瞪圆了,仿佛面前的这个人是自己的化身。惊异之余，他向店主问道："既然我们有那么多的相同之处，为什么我们以前从未相遇呢？这不能不说是一个遗憾啊。"店主告诉国王："事实上，我们以前遇到过，只是您贵人多忘事罢了。我们曾经两次同时获得英雄勋章，第一次是在1866年，那时我是一名二等兵，而国王您则是一名上校。第二次是在1870年，那时我晋升为中士，您则高升为军长。"听完店主的话，国王努力地回忆了以前的事情，似乎有那么点儿印象，但由于年代久远，早已模糊不清了，不过他还是非常相信店主所说的话。

谈话完毕，国王高兴地对副官说："这个人跟我非常有缘，我想明天给他颁发意大利王室骑士奖章。你记住，明天一定要让他出席运动会，你专门负责此事。"接到国王的旨意，副官马上去安排相关事宜了。

第二天，运动会按照计划热烈地进行着，国王饶有兴致地看着比赛。在运动会进行的过程中，国王突然想到那个店主，就向副官问起来，准备给他颁发奖章。可是副官告诉他，昨天晚上国王离开后，店主在一次枪击事件中意外丧生，枪击的原因正在调查。国王听后大吃一惊，连忙吩咐副官："你去查清楚他的葬礼什么时候举行，我要亲自参加。怎么会这么巧呢？偏偏是这个时候，真是太遗憾了！"

就在国王为店主的死感到惋惜和疑惑的时候，突然，运动员中有个刺客向他连发三枪，第一枪未射中国王，其余两枪穿过了他的心脏，国王当场死亡。国王还没有参加店主的葬礼，却迎来了自己的葬礼。

专克法官的犯人

在英国，有一个号称专克法官的人，凡是审问过他的法官都会死去，无一例外。他也因此莫名其妙地成了"法官杀手"。

那个专"克"法官的人就是英国伊斯特本的劳工领袖布莱克曼。结婚多年后，因与妻子性格不合，他向法院请求判两人离婚。法院在审理此案的时候，要求布莱克曼付钱赡养妻子。但是，布莱克曼总是找这样那样的借口，一直不肯付赡养费。他觉得既然已经离婚了，妻子应该自己养活自己，怎么能再让他付钱赡养呢？这太不公平了！

由于工作不稳定，布莱克曼的前妻生活非常拮据，她以布莱克曼不付赡养费为由将其告上法院。离奇的是，那些判他付钱的法官，一个个都遭到了厄运，付出了惨痛的代价。

由于布莱克曼坚决拒付赡养费,所以在1922年4月首次遭到起诉,并被判入狱。审判他的一名地方法官名叫杜克,结案后不久就去世了。

尽管如此,布莱克曼出狱后仍拒绝付钱,因而再遭判刑。这次审讯后,审理法官莫林诺斯郎莫名其妙地得了重病,很快就离世了。很多人开始觉得奇怪了。

布莱克曼第三次为此事出庭受审时,在宣判后几分钟,审理法官法内尔突患脑出血,瞬间不省人事,不久便与世长辞。连"克"三名法官,布莱克曼已经小有"名气"了。

事情还没有完,布莱克曼仍坚持自己的观点是对的,就是不付赡养费,于是又于1923年10月在伊斯特本郡法院受到法官麦卡尼斯的审讯。他再次被关进监狱。可怕的是,这位法官同样死亡。布莱克曼出狱时,正赶上这位法官的葬礼。

1924年7月末,布莱克曼五度被判刑。布莱克曼让法院的人伤透了脑筋,没有法官敢审理他的案件了。后来,一位勇敢的法官赫尔比不信这个邪,主动要求担任该案件的法官。不幸的是,到9月时,赫尔比也没有任何征兆地死了,于是人们更加确信他的勇敢抵不过"诅咒"。

有记者因此采访布莱克曼,问他为什么会有如此奇怪的事发生,这些巧合是否与他有关。布莱克曼就五名法官的死亡事件说:"那可能只是个无意义的巧合,我对他们绝无半点恶意。这些事情跟我没有任何关系。"看来这些法官只能自认倒霉了。

神秘的北纬30度事件

北纬30度从古至今都是灾难深重的地带,地震、海难、火山和空难等屡屡发生。在这一纬度线上,奇观绝景比比皆是,各种奇怪的事情也频频发生。

1893年10月25日夜里,一个西班牙籍士兵在菲律宾总督府门前站岗时,突然神志不清,昏睡过去。第二天清晨,当他醒来时,发现自己在墨西哥的政府大厦前。由于他的举动非常反常,墨西哥人认为他精神失常,就将他交给教会处理。受冤枉的士兵没有办法,只好向墨西哥人打赌:昨天夜里,菲律宾总督被人用斧子暗杀了,这个消息总有一天会传到墨西哥。两个月后,消息传来了,士兵的话得到了证实。人们才不得不相信他的话，将他从教会里放了出来。那么，这到底是怎么回事？

1955年，一架飞机在飞越百慕大三角海区时失踪，然而不可思议的是，这架飞机于1990年完整无损地回到原定目的地机场，早被推断死亡的两名飞行员也安然返回。机场官员对此事感到异常吃惊，飞机上的飞行员也对被围观的情形大惑不解，他们还以为现在是1955年，因为他们刚穿越墨西哥湾，从诺福克来到墨西哥坦皮科。一名叫帕伯劳的飞行员的出生证表明他现在已有77岁，但他的脸看起来只有40岁出头。难道时空隧道真的存在吗？

1958年9月的一个晚上，阿根廷一名青年司机开着汽车来到布兰卡港的公路上时，突然被一道强光晃得睁不开眼睛，他赶紧将汽车停在路旁。突然感到有些困，就在车里睡着了。不一会儿当他从沉睡中惊醒时，却发现自己的汽车不见了。年轻的司机跟跟跄跄地走在公路上，截住了一辆汽车向司机求救。然而令他意想不到的是，汽车司机说这里是萨尔塔，也就是说这个青年人在半个小时里走了13000千米！司机认为他有些精神失常，就将他带到附近的警察局。在警局里，警察马上打电话给布兰卡警察局。得到的回复是，他们的确在一条公路旁的洼地里发现一辆汽车，它的型号同那个司机讲的一模一样。这是怎么回事呢？

1968年6月29日，吉拉尔德·波达携夫人搭乘DC-3客机飞往达拉斯。波达先生往飞机上的洗手间走去，却再也没有回来。乘务员找遍飞机上的所有地方，飞机的门窗一切正常，但是波达先生仍然毫无踪影。事后乘客们回忆道："那时飞机正飞过密苏里州罗拉的北部上空，波达向洗手间走去时，客机忽然晃动了一下，但很快就恢复了正常。"

1981年8月，一艘英国游船在百慕大三角海区离奇失踪，当时船上有6个人。然而，这艘名叫"海风"号的游船竟在1989年原失踪海域出现，而船上的6人都安然无恙。只是这些人早已失去了时间感，他们对流逝的近8年时光毫无察觉，以为只是一瞬间。当询问他们都有什么遭遇时，他们都无法回答，因为他们都认为"刚才"什么都没有发生。

1990年10月，有人在佐治亚州的高速公路旁发现了一位受伤的战士。然而奇怪的是，医生从他的腿上取出了美国北方军旧式步枪的子弹。他说他来自至少127年前的19世纪。精神病理学家认真检查了他的神智，最终确定他神志清醒而且讲的都是事实。这又是怎么一回事呢？

显然，这些事情，绝对不是仅仅用巧合就能解释清楚的，那么，到底是一种什么样的神秘力量在操纵这一切呢？

第十七章 古墓丽影,机关重重

吉萨高地的神秘古墓

> 吉萨高地许多古墓的形状与金字塔非常相似,而且它们的神秘程度丝毫不比金字塔逊色,其中到底蕴含怎样的秘密呢?

吉萨是埃及的一个省,位于尼罗河下游左岸,同开罗隔河相望。吉萨有很多举世闻名的古代建筑,如吉萨金字塔、孟菲斯遗迹等。其中,吉萨的三座金字塔是古代七大奇迹之一,它们耸立在尼罗河两岸的沙漠之上。金字塔如此高大,人们很容易相信它们是神或巨人建造的。然而,现在的人们却对金字塔周围的古墓更感兴趣。

从1991年开始,人们在吉萨高地先后发现了160多座古墓,许多古墓的形状与金字塔外形非常相似。虽然考古学家直到今天也无法完全解读这些墓壁上的象形文字,但它们显然跟金字塔有关。遗憾的是,这些古墓多半遭到盗墓贼的光顾,有价值的文物所剩无几。

后来,人们在吉萨发现了一座特殊的古墓。据专家推算,这座古墓有4600多年的历史,并且保存完好,没有任何遭盗、遭毁的迹象。据说,这座古墓是传说中埃及第四王朝三代国王大祭司们的下葬地。虽说人们还无法证实墓主的真实身份,但如果真是国王大祭司的墓葬,那么墓中一定藏有大量与第四王朝有关的历史资料,因为埃及古王朝的历史与文化当时只掌握在这些大祭司们的手中,使用象形文字和解释历史是他们特有的权力。

然而,吸引人的不是古墓的历史,而是古埃及的谚语和美国大预言家埃德加·凯西的预言。埃及古谚语说,每当世纪之交的时候,埃及的一些神秘古墓就会被人类发现,在人类打开古墓之时,也打开了一个新的世纪。

埃德加·凯西是20世纪的大预言家,他自称接到过有关大金字塔和狮身人面像来历的超自然信息,埃德加·凯西预言每当世纪之交的时候,有关金字塔或者其他古信息就会被发现,他所预言的"人类在19世纪末将发现胡夫金字塔入口"的消息后来被证实是正确的。1881年,胡夫金字塔的原始入口被英国探险家霍华德·维斯打开。于是,埃德加·凯西更大胆地预言:在狮身人面像的爪子底下或金字塔底下有一个规模浩大的地下"档案馆","档案馆"里收藏着有关人类起源和智慧发源的原始资料。这个地下的"档案馆"被发现的时间将是20世纪的90年代末。让人感到吃惊的是，美国和英国科学家通过地震勘测法探明：在狮身人面像的地底下，确实存在一个规模庞大的地下建筑群。

这次发掘的神秘古墓就位于被怀疑有地下"档案馆"的区域内，所以引起世人的关注。这座古墓共有三层，最神秘的第三层曾经被水淹过。墓穴里有四根巨大的神柱，包围着一个被水淹着的石棺。虽说这里没有看到预言家所说的关于人类的秘密，但如此宏大的地下建筑却让人叹为观止。而且，地下工程的挖掘工作还远远没有完成，也许那里才隐藏着真正的秘密。

不过，埃及政府和文物部门却严禁任何人接近这块"禁地"。埃及政府的做法让人们议论纷纷，都想知道其中到底隐藏了什么秘密。有人猜测，埃及政府一定在古墓里发现了什么，也许发现了一个惊天秘密，所以没有向公众展示。许多人甚至断言：人类有可能找回过去那段失落而又高度发达的文明。

神秘的马耳他地窖

> 马耳他地窖究竟是庙宇还是墓穴，在生产力极其落后的石器时代，马耳他的岛民为什么要耗费精力来建造这座庞大的地下建筑？

马耳他是一个小岛国，位于地中海中心，面积316平方千米，人口30多万，由几个小岛组成。1902年，马耳他岛上繁荣兴旺的佩奥拉镇发生了一件轰动世界的大事：一群建筑工人在施工的时候，发现了一座在坚硬岩洞里的人工开凿的地窖。随后，闻讯赶来的考古学家对洞穴进行了挖掘和清理，一个规模宏大、设计独特的史前建筑逐渐呈现在世人面前。更令人惊奇的是，里面竟然存有7000具骨骸！沉寂的马耳他岛由此名声大噪。

这座巨大的地窖共分3层，最深处距地面12米，构造错综复杂，仿佛一座地下迷宫。它由上下交错、多层重叠的多个房间组成，里面有一些进出洞口和奇妙的小房间，旁边还有一些大小不等的壁孔。中央大厅耸立着由巨大的石料凿成的大圆柱、小支柱，这些石柱支撑着半圆形的屋顶。整个建筑线条清晰、棱角分明，没有发现用石头镶嵌补漏的地方。地窖的石柱、屋顶风格与马耳他其他古墓、庙宇如出一辙，但不同的是，别的庙宇都建在地上，这座建筑却深藏于地下的石灰岩中。

这座地窖是"庙宇"还是"坟墓"？在生产力极其落后的石器时代，马耳他的岛民为何耗费如此巨大的精力来建造这座庞大的地下建筑？这个问题引起了人们极大的关注。

有人认为，它是一座地下庙宇。在这座地下建筑中，有一个奇妙的石室，人们称之为"神谕室"。由于设计独特，石室内能产生一种神奇的传声效果，因此石室又被称为"回声室"。石室内有一堵墙壁被削去一块，后面有一间状似壁龛、仅能容纳一个人的空间。一个人在里面讲话，声音可以传遍整个石室，而且声音一点儿也不会失真。石室靠近顶部的地方有一圈石壁，人的声音就顺着这条壁向四处传播，设计者显然知道这种设计能产生特殊的传声效果。

正因为有这个回声室的存在，考古学家便推测这座地窖是宗教用途的建筑，它可能是祭司的传谕所。当时的祭司一定是男性，但崇拜的对象大概是个女神，因为考古学家发现两尊女人卧像和几尊肥大的、可能是以孕妇为蓝本的女人侧卧像。所有的这些证据都表明，地窖可能是个祭祀地母的地方。

然而，事实并非如此简单。越往地下深层发掘，考古学家越觉得它不像是庙宇，根据与其风格相似的庙推测，这座地窖可能建成于4500年前。尤其是在一个宽度不足12米的小石室里竟然埋藏着7000具骸骨，当然，骸骨不是一具具完整的尸骨，因为那么狭小的地方根本容不下那么多尸体。室内骨骼散落，表明它们是从其他地方移葬过来的，这种埋葬方式，在原始部落中非常普遍。今天的人们恐怕不能仅仅用宗教用途来解释这一现象。

根据挖掘出来的牛角、鹿角、凿子、楔子、两把石槌以及做精工细活用的燧石和黑曜石判断，再根据其建筑风格推测，此地下建筑建于公元前2400年前后，当时岛上正处在石器时代。那么，这座地下庙宇到底是做什么用的？是供人祭祀之地，还是供死者安息之地呢？岛上居民是什么时候把尸骨堆放到这里的？没有人知道。也许，这是一座仿效地上建筑而建的地下庙宇，也许它就是死者的安息之地。这些问题均无从回答。随着时间的推移，一切都将尘封在历史的记忆中，神秘的马耳他地窖可能永远是一个谜。

被诅咒笼罩着的图坦卡蒙陵墓

由于侵犯了图坦卡蒙的陵墓，许多人莫名其妙地死去，据说他们都是死于法老的神秘诅咒，这是真的吗？

第十七章 古墓丽影，机关重重

在埃及尼罗河岸边沙漠中的帝王谷内，有一座属于法老图坦卡蒙的陵墓，在墓道的门上镌刻着这样一行铭文："谁打扰了法老的安宁，'死神之翼'将在他头上降临。"这就是著名的"法老咒语"，也是一些帝王在其死后惯用的手法，即试图通过诅咒来震慑扰乱自己陵寝的来者。那么，这位神秘的图坦卡蒙法老又是怎样的重量级人物呢？

公元前16世纪，古埃及出现了一个强大的第十八王朝。公元前1361年，第十八王朝倒数第三位、时年仅9岁的法老图坦卡蒙登基了。他自幼多病，死时只有19岁。由于在以前的记载中几乎没有关于图坦卡蒙的文字记载，甚至在第十八王朝法老世系表上也没有他的名字，因此后人对他的了解少之又少。只是在他的陵墓被发现以后，人们才知道这位小法老的存在。

图坦卡蒙的陵墓并未藏在高高的金字塔中，而是建在地下，所以在很长时间里都没有被人发现。直到1922年11月5日，英国考古学家霍华德·卡特发现了图坦卡蒙陵墓的入口。它竟然开凿于断崖之下，位于另一个著名法老拉美西斯六世的陵墓下面。在卡特的合作者卡那封伯爵（乔治·爱德华·斯坦霍普·莫利纽克斯·赫伯特）赶到后，他们一连打开两道门，无数的奇珍异宝几乎让所有在场的人窒息。

1923年，陵墓又有3道门被发现了。在这里，他们打开图坦卡蒙无比豪华的棺椁。同时，卡特还发现了一个用黏土做成的匾额。几天以后，匾额上的文字被翻译出来了："谁扰乱了这位法老的安宁，'死神之翼'将在他头上降临。"从此，图坦卡蒙的诅咒似乎从远古的阴影中扩散开来。数十年来，凡是胆敢进入法老墓穴的，几乎都应了咒语，这些人不是当场毙命，就是在不久后染上奇怪的病症而痛苦地死去。

第一个遭到法老咒语诅咒的人是卡那封。一次，当卡那封进入图坦卡蒙陵墓入口时，他的左侧面颊突然被什么东西蜇了一下，伤口顿时肿胀且疼痛难忍。几天后，卡那封住进开罗的一家医院，于1923年4月离世。

卡那封死后不久，曾给图坦卡蒙法老遗体做X光透视的放射科医生阿奇博尔德·道格拉斯·里德在拍了几张照片后，突然发起高烧，返回伦敦不久就一命呜呼了。此后，卡那封的助手以及参加过挖掘和调查的学者、专家也接连去世。

这个令人不寒而栗的咒语使法老墓蒙上了神秘、恐怖的黑面纱，人们对法老墓中的财宝既跃跃欲试又望而生畏。那么，这些考古学家是真的死于法老的咒语吗？

有人认为，埃及人很早就了解了铀的特性，为了处罚那些盗墓者，就在墓中放了铀等放射性物质，从而造成考古学家的离奇死亡。还有人认为陵墓的主人把一些有毒的东西涂在墙壁、陪葬品和木乃伊上，使那些在有毒环境中工作的人患上怪病死去。

开罗大学生物系教授曾为部分死去的考古学家和工作人员做过身体检查，他发现他们体内存有一种能引起呼吸道疾病和使人高烧的病毒。进入墓穴的人一旦感染了这种病毒，将导致呼吸道发炎，最终窒息而死。但墓穴中的这种病毒生命力为何如此顽强，竟能存活4000年之久，对于这一点科学家们就无法解释了。

1983年，一位法国女医生经过长期研究，得出接触者们对墓中真菌过敏的结论。古埃及法老死后，随葬品除了奇珍异宝外，还有各种水果、蔬菜等大量食物，它们经过千百年的腐烂产生了一种肉眼看不见的真菌。无论是谁，只要吸入这种真菌，就会引起肺部疾病，最终因呼吸困难而死。

对于考古学家的死亡原因，人们现在还在进行不懈的探索。

亚历山大大帝陵墓之谜

亚历山大大帝的陵墓自4世纪末以后就从历史上消失了，当远方来的旅行者向当地人打探这位征服者的陵墓时，居然没有人能回答这个问题。

公元前323年6月10日，亚历山大大帝（亚历山大三世）在巴比伦去世，这一消息引起了轰动，士兵无法相信这一事实，将领陷入震惊，大家都希望能目睹亚历山大大帝的遗体以确证国王是否确实过世了。

亚历山大大帝的尸体经过防腐处理后，一直放在巴比伦宫殿的地下室。一年之间，他的部下展开了激烈的皇位争夺战，致使他的尸体久久得不到安葬。一年之后，争夺战结束，亚历山大大帝国被三家瓜分。这时候人们才开始注意到尚未安葬的亚历山大大帝，于是新国王纷纷争夺遗体，以表明自己是亚历山大大帝名正言顺的继承人。

按照规矩，亚历山大大帝应被护送前往马其顿王陵谷，在佩拉举行葬礼并安葬。但是，托勒密一世派人劫持了灵车并秘密地转移了方向，亚历山大大帝的灵车从此便消失了。

然而，几个月之后，亚历山大大帝的陵墓奇迹般地出现在埃及亚历山大城，里面放着著名的亚历山大金棺。此后几个世纪，它吸引了无数名人、游客前去拜访，包括庞培、恺撒、奥古斯都等。传说，恺撒进入陵墓前，守陵人告诉他陵墓里漆黑幽深，只有在大晴天日光垂直照射时才能进去，而且只能维持两三个小时，一旦过时，就会迷路走不出来。恺撒不信，手持火把欲进入，但刚走到墓门口火把便自然熄灭，试了好几次都不行。恺撒便在心里乞求亚历山大容他一见，陵墓竟奇迹般地灯火通明，恺撒只身而入，在里面待了很久，陵墓依然灯火通明，直至恺撒出来。

在这之后几个世纪，亚历山大的陵墓一直是罗马皇帝的朝圣地。但在今天的埃及亚历山大城，人们没有发现任何可能是亚历山大大帝陵墓的遗迹。

有人认为，埃及亚历山大城所谓的陵墓根本不存在，它是历史学家的杜撰，以迎合罗马皇帝的欢心，说明他们是亚历山大大帝的事业继承者。真正的尸体在那次拦截案中被托勒密秘密地转移到了不为人知的地方。亚历山大大帝陵墓的秘密是托勒密一世一手策划的，那么他有没有留下有关陵墓的只言片语呢？遗憾的是，后来亚历山大城图书馆遭遇了一场大火，大火早已将这些机密文件烧成灰烬，没有给世人留下任何线索。人们推测，托勒密一世有可能根本没有为亚历山大造墓，而是把他的遗体放在毫不起眼的石棺里，并埋在不为人知的地方。

神牛墓之谜

> 孟菲斯的公牛塞拉皮斯是埃及最著名的神兽，古埃及人不但给公牛举行了隆重的葬礼，还为它们修筑了豪华的陵墓。

埃及是个信仰拜物教的国度，在埃及的历史上，神具备人形是后期的事了。古代的埃及神都以符号、植物或动物的形象出现，并且多数的神是以动物形象出现的。

动物神是埃及重要的信仰，除各种动物神外，只要具备一定条件的动物都会成为崇拜的对象。孟菲斯的公牛塞拉皮斯就是最著名的神兽，它受到的崇拜礼仪也最为隆重。公牛活着的时候，由牧师在庙里精心喂养，死后尸体用药剂进行保护，举行隆重的葬礼，然后被同样花色的公牛接替。这些神兽的墓地规模不亚于神祇和帝王的陵墓，孟菲斯的地下神牛墓就是一个典型的例证。

提到神牛庙就不能不提一个人——法国人马利埃特。马利埃特年轻时就研究埃及学，对埃及的历史很感兴趣，并在埃及对一些遗迹做了考察。1848年他来到埃及，偶然间发现一个非常奇怪的现象：无论是埃及官僚们豪华的私人花园里的雕塑，还是亚历山大、开罗或吉萨的一些较新的寺庙前的狮身人面像，雕刻的风格显然都是一样的。1857年，马利埃特在开罗附近的撒卡拉城里的古代遗迹间漫步时，偶然看到一座埋在沙里只露着头部的狮身人面像，他觉得这座狮身人面像和开罗以及亚历山大港的那些雕像十分相似。

世间事总是这么凑巧，在狮身人面像上，马利埃特看到一段有关孟菲斯的神牛塞拉皮斯的铭文，这使他想起古希腊历史学家、地理学家斯特拉波的一段话："在孟菲斯还有一座塞拉皮斯神庙。当地沙子极多，到处都是被风吹成的沙堆。沙里埋有各种斯芬克斯的雕像，有些露出一半，有些只露出头部。由此可以想象，在走向这座神庙的路上，如果刮起一阵风来是相当危险的。"

"斯特拉波这段话，不正是为了在他去世十几个世纪之后帮助我们发现塞拉皮斯神庙吗？眼前这座陷在沙里的斯芬克斯，再加上我在亚历山大城见过的另外15座雕像，显然就是一条指引我通向孟菲斯神牛墓的大道！"凭借丰富的经验，马利埃特断定有一排湮没了的狮身人面像，其尽头就是传说中的塞拉皮斯神庙。

经过艰辛的考察，直到1951年2月11日，马利埃特的发掘小组才找到孟菲斯神牛墓。

可惜神牛墓里的许多石棺盖早已被人掀去，所以马利埃特和以后的考古者一共只找到两只内部完整无损的石棺，其他的石棺都已遭受粗暴的劫掠。

"墓岛"之谜

在南太平洋波纳佩岛的东南侧，复活节岛的西侧，有一个名叫泰蒙的小海岛，人们也管它叫作"墓岛"，这是为什么呢？

南太平洋波纳佩岛的东南侧有一个名叫泰蒙的小岛，岛上有一处一直延伸进大海的珊瑚浅滩，浅滩上耸立着89座高大雄伟的建筑物。这些建筑物全都是用巨大的玄武岩石柱纵横交错搭起来的，约有4米高。远远望去怪石嶙峋，还以为是大自然鬼斧神工的杰作，近看又仿佛是一座座神庙，这就是南马特尔遗迹。传说，这

第十七章 古墓丽影，机关重重

是居住在波纳佩岛上历代酋长的坟墓，大大小小共有89座，散布在长达1100米、宽450米的太平洋海域上，它们之间环水相隔，形成一个个小岛。所以，人们也把泰蒙岛叫作"墓岛"。

泰蒙岛是一座非常小的海岛，岛上没有玄武岩石，人们建造那些建筑物用的玄武岩石都是从遥远的波纳佩岛运送过来的。当地人把这些建筑物叫作"南马特尔"，"南马特尔"在波纳佩语中有两个意思，一个意思是"集中着众多的家"，另一个意思是"环绕群岛的宇宙"。

泰蒙岛上的南马特尔遗迹有一半都是没在海水里的。所以，人们只能在海水涨潮的时候，划着小船进去。海水退潮的时候，这些建筑物的周围就会露出一大片特别泥泞的沼泽地，此时小船根本进不去，人走上去也特别危险。

与同在太平洋上的复活节岛上的石像遗迹相比，南马特尔遗迹鲜为人知，那些离奇的传说更给它蒙上了一层神秘的色彩。

南马特尔遗迹中的那些古代坟墓缺乏文字记载。据当地人说，关于那些古代坟墓的来历，都是靠当地酋长一代一代地口头传授下来的，只有酋长和酋长的继承人才知道，而且口授的内容从不向外人泄漏，就连自己的亲属都不可以知道，否则就会遭到诅咒，死神就会降临到他们头上。

南马特尔遗迹是神秘的，那些诅咒显得更加神秘！在1907年德国统治南洋群岛时，波纳佩岛第二任总督伯格对南马特尔遗迹产生了浓厚的兴趣，根据酋长的口授，总督对伊索克莱凯尔酋长的墓进行了发掘，可是下令还不到一天，就应验了不吉的预言，总督不明原因暴毙。19世纪，德国考古学家卡伯纳两次来波纳佩群岛发掘文物。第一次，当他将挖掘的大批珍贵文物装船运回德国时，船在航行途中被巨浪掀翻，人与文物全都掉进海中。幸运的是，卡伯纳逃过了这场劫难。第二次，他又来到波纳佩岛挖掘文物，但不久后他就得了精神病，不幸死于岛上。

第二次世界大战期间，日本人占领波纳佩岛。东京大学教授杉浦健一利用占领者的权势，强迫酋长说出古墓的秘密。几天之后，酋长遭雷击身亡。杉浦回日本后，正打算将古墓的秘密整理成书出版，可书未成他就不幸离世了。后来，杉浦家族委托一位对印加人有研究的泉靖一教授继续整理出版，奇怪的是，泉靖一教授不久也突然暴死。手稿笼罩着阴影，从此无人问津。

莫名其妙的暴死使南马特尔遗迹笼罩着一种神秘的色彩，但是它的神秘也吸引了不少学者前来调查。对于这些人来说，首先面临的问题就是：南马特尔遗迹究竟是怎么建造起来的。

一些学者陆续来到波纳佩岛，对泰蒙岛南马特尔遗迹进行考察。他们都认为，南马特尔遗迹大约用了100万根玄武岩石柱。这些石柱是从波纳佩岛北岸的采石场开凿下来的，然后经过加工再用木筏子运送到泰蒙岛上。专家估计，如果每天有1000名壮劳力从事开凿工作，那么光是采石就需要655年，加之还要用人力加工成五角形或六角形棱柱，最终完成这项建筑需要1550年的时间。然而，在遗迹建造时代，该岛人口不足2500人，何况人们还得从事农业劳动以确保生存，因此，人们认为这项工程很难凭借人力完成。

有的考古学者认为，玄武岩是岩浆冷却的火山岩，他们试图将建造遗迹用的五角形、六角形石柱解释为冷却凝固成型的，但从石柱实际的表面来看，这种解释并不合理。

专家还对遗迹的年代进行了碳14测定，结果表明，南马特尔遗迹是在1200年左右建造的。13世纪初是萨乌鲁鲁王朝统治时期，但是萨乌鲁鲁王朝在经历了200多年的繁荣时期后就灭亡了，在这么短的时间内能完成如此巨大的工程吗？专家对此纷纷提出质疑。

从南马特尔遗迹被发现的那一天，南马特尔建筑就成了一个未解之谜。直到今天，关于南马特尔遗迹还是众说纷纭，但很多说法往往自相矛盾，可信度不高。发掘者暴死的真正原因是什么？它是如何被建造的？南马特尔遗迹的神秘面纱，还有待人们去逐渐揭开。

自移位置的棺材

在巴巴多斯岛上的一个墓穴中，先后埋葬了6位蔡斯家族成员的棺木，但令人意想不到的是，在没有人进入的情况下，墓穴里的棺木居然前后自行移动了4次位置！这是怎么回事呢？

19世纪，在大西洋中部的西印度群岛，有一个名叫巴巴多斯的小岛，岛上教区有一个蔡斯家族的墓穴。墓穴用非常坚固的珊瑚石垒成，再用水泥加固，门口用大理石封住，平时都用一把大锁紧紧地锁住。按照巴巴多斯当时的风俗，富有的种植园主家族通常用厚厚的铅板包裹棺材，因而棺材十分沉重，至少需要十几个成年人才可以移动。可就在这样严密的保护下，墓穴里的棺材却不明原因的多次发生移

第十七章 古墓丽影，机关重重

动，而且墓穴入口在被打开前完好无损，丝毫没有被破坏的痕迹，这引起了人们的关注。

1807年7月30日，第一个棺柩葬入这座坟墓，死者是托马西娜·戈达德夫人。第二年2月，2岁的女孩玛丽·安娜·蔡斯也被安葬在这里。1812年，玛丽的姐姐多丽丝又随她而去，亲属们决定将她也葬入蔡斯家的坟墓。举行葬礼的这天，人们打开了沉重的大理石墓门，两个抬棺人刚要放下棺木，突然"啊"地惊叫起来，这时人们才发现，原来早先安葬在墓内的戈达德夫人和玛丽的棺木竟离开原先安放的位置，移到墓穴的墙边上了！

看到棺材被移动位置，墓穴主人的家族还以为是仇人的恶作剧。于是，他们将棺材全部放回原处，又在大理石门上加了锁和封条，并且加强了墓穴的守卫，期望不要再发生这种令人不安的事。

4年后，蔡斯家族中的托马斯·蔡斯死了。当人们拆去墓穴完好的封印，打开沉重的大理石墓门，准备把他的棺材葬入墓穴时不禁大吃一惊，前些年安葬的3个棺材全都已不在原来的位置，横七竖八地搁置在墓穴内。于是，他们将墓穴彻底搜查了一遍，所有的墙和地面都没有裂缝的迹象，更没有暗道。有人猜测，可能是地下水渗入，产生浮力，使棺木移动了位置，但墓穴中的每一处看起来都相当干燥。最后，沉重的墓门又被水泥封死，而且加盖了封印。

1820年4月18日，为解开棺木移动之谜，教区人员准备主动打开陵墓。人们首先检查了墓穴大门的封印，确定其没有被移动过。水泥封印被敲开后，不同以往的是，这次大理石墓门居然无法顺利地打开，原来，蔡斯铅封的沉重棺材以一个很陡的角度顶在了门上，而没用铅板的棺材却纹丝未动。墓穴里没有入侵者的脚印，也没有地下水的痕迹。墓室的每一个部分，都像刚建造时一样坚固，没有裂痕和石头的松动。

多少年来，人们为了解释巴巴多斯移棺之谜提出了许多理论。一些无神论者怀疑这是地方长官、蔡斯家族和当地一些人为了出名而共同策划的一起阴谋，巴巴多斯棺材根本没有移动过，又或者是人为摆好的。然而，这种猜测立刻遭到指责，因为很多目击者都出来作证，他们相信巴巴多斯人是诚实的。

棺木的移动不是由于人为的因素，那会不会是由地震或地下水等自然因素导致的呢？结论是，不可能是地震，因为周围其他墓穴都没有发生过类似的情况，而且地面上的人也没有任何地震的感觉。也不会是地下水，墓室里没有一点儿遭水的痕迹。

棺木被移动了四次，这让蔡斯家族成员个个骇然，于是他们移出墓穴内所有的棺材，使这里成了一座充满传奇的空墓。如今，这个空墓穴依然存在，成了巴巴多斯岛上一个有名的地点。

第十八章　沉睡在历史角落里的宝藏

北欧海盗的宝藏藏在哪里

> 经过多年的疯狂掠夺,北欧的海盗积累了大量的财富,可在他们被歼灭后,这些宝藏的下落也永远成了永久的秘密。

北欧海盗曾经长时间横行于北欧海域,令往来的船只闻风丧胆。其实,这些北欧海盗绝非平庸之辈,他们的祖先早在几百年前就在大不列颠岛和欧洲大陆之间扮演着极为重要的角色。早在公元前6000年,他们的祖先维京人就已经乘着简陋的小船,走遍斯堪的纳维亚半岛。8世纪末,维京人作为海盗开始崭露头角。他们很快变成征服者和殖民者,四处烧杀抢掠,其海盗船纵横北大西洋,几乎袭击了整个西方世界,令欧洲各国闻风丧胆。

到14世纪下半叶,虽然维京人的狂飙已经过去,北欧的海盗活动却有增无减。无数独立的海盗各行其是,他们几乎全部来自北欧的港口。在北欧水域,一群熟悉大海的野蛮海盗足以令所有在北海来往的船只望风而逃。这些海盗自称是"上帝的朋友和全世界的敌人",组成了"粮食兄弟"联盟。

克劳斯·施托尔特贝克尔就是属于"粮食兄弟"同盟的最大胆的海盗之一。他出生在德国的维斯马,常年指挥50艘船只在北海和波罗的海进行劫掠。对有些人来说,他是一只可怕的海狼,但在另一些人眼里他是"海上的罗宾汉"。这些海盗的势力逐渐强大,在海上肆虐的过程中,他们不但积聚了大量的珍贵物品,还攫取了许多金银财宝。为了把抢来的金银财宝尽可能多地运走,海盗们便掏空船桅,把一部分贵重的金属如黄金等熔铸成金锚链,藏匿在桅杆之中。

当"粮食兄弟"的海盗船在北海变得越来越肆无忌惮时,英格兰国王理查德二世和丹麦女王玛格丽特为了共同打击海盗而有意联合起来。

1401年夏天,经过一场激烈的海战,海盗们遭到惨败,包括克劳斯·施托尔特贝克尔在内的73名海盗被投进监狱,40名海盗被打死。随后,这位海盗船长被送回德国审判。1401年10月,被捕之后的克劳斯·施托尔特贝克尔和他的72名海盗兄弟一起被押往格拉斯布鲁克断头台。行刑之前,克劳斯·施托尔特贝克尔向汉堡的议员提出了条件:他许诺拿出数目可观的金币来赎买海盗们的自由,但是他的这个请求被断然拒绝。

施托尔特贝克尔死后，他的海盗船"红色魔鬼"号被一个普通的渔民买了下来。当渔民在锯断3根桅杆时，在里面发现了大量的金币和银币。原来这些都是"粮食兄弟"抢来的战利品。但这个渔民并没有留下宝藏，而是把装满财宝的桅杆埋到了一个秘密的地方。然而，这只是海盗财宝的一小部分，其余的财宝一直没有被找到。

有人根据海盗们的活动区域分析认为，施托尔特贝克尔那批巨大的宝藏可能隐藏在古老的哥特兰港口城市维斯拜，因为这里曾经是"粮食兄弟"一度攻占的目标。这座城市设防十分牢固，有许多堡垒、强大的保护墙和28座碉堡。

也有人认为，财宝隐藏在波罗的海的乌泽多姆。在那座小岛上有一条从沙滩通向腹地的"施托尔特贝克尔山谷"山峡。这条山路曾通往海盗的一处藏身地。另一个被人们认为最有可能埋藏宝藏的地点，是东佛里斯兰海岸雷伊布赫特东部的位于马林哈弗的那座古老的圣母教堂。教堂建有60多米高的钟楼。在14世纪，这里也是海盗们最喜欢的栖身之处。那时，大海从这里一直延伸到离陆地很远的地方。海盗们有可能把海盗船固定在坚固的石环上，然后再把抢来的东西放到高高的钟楼里。

进入20世纪以后，受到宝藏吸引的探险家和寻宝者们先后找到这几个地点，但都无功而返，并未发现这笔宝藏。海盗们究竟把珍宝埋藏在哪里了呢？也许是因为他们掩埋得太严密，而埋藏地点的可能性又很多，使人们暂时无法找到财宝。如果能把这些地方彻底找遍，也许有一天人们真的会找到海盗的宝藏。

日本赤诚山宝藏之谜

> 明治维新推翻了幕府的统治，然而赤城山的藏金的下落也就随着幕府的垮台而成为世纪之谜了。幕府的宝藏究竟埋藏在哪里呢？

在日本，赤城山不以高大或雄秀出名，而是以传说中天文数字般的藏金量出名。1866年，正值日本幕府统治覆灭之际。1月14日，赤城山附近突然出现30名武士，他们监督七八十个雇工运来22个沉重的油桶和20捆重物。这件秘密工作持续了将近一年，随后大部分人被灭口。据后人调查，他们藏匿的这批东西，就是德川幕府准备作为军费储备的黄金，负责该计划的是幕府最高执政官井伊直弼。

原来，由于当时日本黄金兑换率大大低于世界水平，黄金外流严重，为了阻止这种现象，也为了贮备财产以利于军备，日本当局高度秘密地制订了埋藏黄金计划。结果，赤城山被选为藏金之地，因为它是德川幕府为数不多的直辖领地之一，也是德川家族世代的聚居地，易于保守机密，而且地处利根川与片品川两河之间，有连绵起伏的高山作为屏障，是易守难攻的军事安全地带。然而计划尚未开始，井伊就于1860年被倒幕派刺杀身亡，此后计划由其属下小粟上野介等人负责。1868年7月，明治维新成功，天皇重掌大权，赤城山的藏金也就随着幕府的垮台而成为一个世纪之谜了。

那么，这批作为军费而被埋藏的黄金总数到底有多少呢？据知情者披露，当时从江户运出了360万两黄金；小粟上野介的仆人中岛藏人，在遗言中又说从甲府的御金藏中还运出几万两黄金，加之其他金制品，估计埋藏总数达400万两。

一个多世纪以来，有不少想一夜暴富的人纷纷来到赤城山探宝。有人曾经在此寻找到几个装有黄金的木樽，后来在修路过程中也曾有人寻到过日本古时椭圆形的金币57枚，但并没有出现大规模的宝藏。

对发掘赤城山藏金最热衷的人，莫过于水野一家祖宗三代了。第一代水野智义是中岛藏人的义子，中岛藏人临终前曾告诉他，赤城山藏有德川幕府的黄金，藏宝点与古水井有关。从此水野一家开始了几代人的寻宝之旅。1890年5月，水野智义从一口水井北面30米的地下挖出了德川家族的纯金像，推测金像是作为400万两黄金的守护神下葬的。不久，他们又在一座寺庙地基下挖出3枚铜板，水野智义认为这3枚铜板是埋宝地的指示图。后来，水野智义又发现一只巨型人造龟，他的儿子水野爱三郎在人造龟龟头下发现一空洞，洞内有五色岩层，不知是自然形成还是人为造成，但是他们开掘了近22千米的坑道，依然没有找到藏金点。

后来，又有人用最新金属探测机发现在水野家挖的坑道内有金属反应，经分析，此处地层内有天然金属，有可能是德川的藏金，但由于地质松软，想要挖掘需要有强力的支撑物，只能作罢。看来这一宝藏之谜短时间内还是不能揭开。

"黄金船队"海底沉宝之谜

"黄金船队"究竟装载了多少珠宝？谁也不知道。这些珠宝到底沉没到什么地方，更是一个未解之谜。也许它们神秘地隐藏在某个地方，正等待着某个幸运儿去发现。

自从15世纪末哥伦布发现美洲之后,西班牙、葡萄牙的冒险家便不停地穿梭在新旧大陆之间。欧洲人用先进的枪炮征服了古老的美洲大陆,屠杀当地人民,掠夺了大量沾满血腥的财宝。

18世纪初,由于西班牙财政状况日渐窘困,国王腓力五世命令在南美洲的西班牙殖民政府把上缴和进贡的金银财宝用船火速送往塞维利亚。但是当时,西班牙和英国正处于激烈交战之中,运宝船在穿越大西洋时要冒很大的风险,更何况这是一支运送价值几百亿法郎财宝的船队。

尽管如此,17艘大帆船还是在1702年6月12日离开哈瓦那,朝西班牙领海进发了。这就是西班牙历史上著名的"黄金船队"。

这支"黄金船队"在6月驶到亚速尔群岛海域,这里离西班牙领海已经不远了。突然,一支英、荷联合舰队拦住了他们的去路,这支由150艘战舰组成的舰队迫使"黄金船队"驶往维哥湾躲避。面对强敌的包围,最好的办法是从船上卸下财宝,从陆地运往西班牙首都马德里,可是在当时,偏偏当局有个奇怪的规定:凡从南美运来的东西必须首先到塞维利亚市验收。船员显然不能违令。侥幸的是,在皇后玛丽·德萨瓦的特别命令下,国王和皇后的金银珠宝被卸下,改从陆地运往马德里。

一个月后,英、荷联军约3万人在鲁克海军上将的指挥下对维哥湾发起了猛攻,在3115门重炮的轰击下,炮台和障碍栅被摧毁,西班牙守军全线崩溃,由于联军被眼前无数珍宝所激奋,战斗进展迅速,港湾很快沦陷。此时,"黄金船队"总司令贝拉斯科绝望了,他下令烧毁运载金银珠宝的船只,维哥湾瞬间被一片火海吞噬,除几艘帆船被英、荷联军及时俘获外,绝大多数船只在火海中慢慢消失,沉入深不可测的海水中。

这批财宝究竟有多少?据被俘的西班牙海军上将恰孔估计,约有4000辆到5000辆马车的黄金珠宝。尽管英国人冒险多次潜入海下,希望能打捞起这些财宝,但由于当时落后的潜水技术及打捞手段,他们仅能捞上极少的战利品。于是,这批宝藏强烈吸引着无数寻宝者。

近3个世纪以来,一批又一批的寻宝者都在搜索这笔丰厚的沉宝,黑暗的大西洋海底,冒险家们的身影接连不断。有的捞起已空空如也的沉船,空耗了力气一无所获;也有的极幸运地捞起许多珍贵的绿宝石、紫水晶等珠宝。然而,这些也都是一些零星的收获,绝大部分的宝藏依旧埋在深深的海底。随着岁月的推移,风浪海潮已使宝藏蒙上厚厚的泥沙,并且位置也有了很大的改变,使人难以确定。

尽管现代化的潜水打捞技术在不断提高,但这批宝藏依然仿如置身于一个迷局中，让人无从下手。变幻莫测的海底世界里，到底何处是这些财宝的藏身之地呢？也许它们正神秘地隐藏在某个地方，等着某个幸运儿的到来。

可可岛上的珍宝

神秘的宝藏诱惑着众多前往可可岛的人，他们试图找到深藏的宝藏。也许太神秘，也许太隐蔽，这些传说中的宝藏仍然不见天日，依旧令人着迷。

英国作家罗伯特·路易斯·史蒂文森的著名小说《金银岛》是以太平洋的可可岛为背景而写的，该岛位于距哥斯达黎加海岸480千米的海中，曾是17世纪海盗的休息站。海盗们将掠夺来的财宝埋藏在这里，为这个无名小岛平添了神秘的色彩。据说岛上至少埋有6处宝藏，其中，最吸引寻宝者的是秘鲁利马的宝藏。

自从1535年西班牙殖民头子弗朗西斯科·皮萨罗占领秘鲁，一直到1821年秘鲁独立，利马始终都是南美西班牙殖民地总督的驻地。当年，殖民军到处大肆杀害印第安人，并从他们那里搜刮金银饰物，聚敛到利马，然后定期装船运回西班牙。所以，利马号称富甲南美洲。

1820年，当被称为"解放者"的秘鲁民族英雄玻利瓦尔率领革命军进攻利马时，利马的西班牙总督仓皇出逃。他将多年搜刮的财宝，包括黄金烛台、金盘、真人般大小的圣母黄金铸像，都装在一艘"亲爱的玛丽"号的帆船上。

不料，到了海上，船长汤普逊见财起意，杀死了西班牙总督。为了安全起见，船长将财宝藏进可可岛上一个神秘的洞穴内。这主要是因为几个世纪以来，可可岛与世隔绝的地理位置有助于摆脱海上监控和追踪。

汤普逊将船上的主要财宝小心翼翼地埋藏在可可岛之后，毁掉了"亲爱的玛丽"号帆船，与船员们分乘小艇去了中美洲。他们谎称在海上遇到了狂风暴雨，船触礁沉没了。但是，汤普逊的海盗行为还是被识破了。他的同伙在酷刑下供出了实情，并受到了严酷的惩罚。而在以后的日子里，汤普逊一直没有找到适当的机会重返可可岛取走宝藏。

1844年，汤普逊病入膏肓，也许是为了摆脱良心上的谴责，临死前他向自己的好友基廷透露了可可岛上的藏宝秘密，并给了基廷一份平面图和有关藏宝位置的资料。基廷按照汤普逊所说的位置，先后3次登上可可岛，带回了价值5亿多法郎的财宝。但是"亲爱的玛丽"号上的主要财宝却始终没能找到。后来，基廷又将可可岛的秘密告诉好友尼科拉·菲茨杰拉德海军下士。由于菲茨杰拉德太穷，他一直没有雇船去可可岛寻宝。菲茨杰拉德临死前将藏宝情况告诉了柯曾·豪上尉。不过，柯曾·豪上尉也由于种种原因，没有去可可岛。

就这样，有关可可岛上宝藏的信息被年复一年地交换、出售，传递着。神秘的宝藏诱惑众多人前往可可岛，试图找到船长的藏宝。也许太神秘，也许太隐蔽，这些传说中的宝藏仍然不见天日，依旧令人着迷。

1927年法国的托尼·曼格尔船长得到了藏宝资料。他带着这些资料，曾于1927年和1929年两次去可可岛上寻找藏宝。托尼经过分析认为，汤普逊的那笔财宝就埋在希望海湾南边和石磨岛西北边的海下。他在那里还找到一个在落潮时可以进入的洞穴。而在那个地方，水流湍急，他在洞里寻宝的时候差点儿被淹死，拼命挣扎了半天才回到岸上。他认为"这是对藏宝寻找者的诅咒"，从此再也不敢去那里冒险了。

1931年，来自比利时的贝尔根据托尼·曼格尔的资料，在希望海湾找到一尊0.6米高的金圣母塑像。

随着时间的流逝，有关可可岛藏宝的资料越来越多，而且都自称是可靠材料。1978年，一件意料不到的事情使所有寻宝者目瞪口呆：哥斯达黎加政府以保护生态环境为由封闭了可可岛，严禁任何人挖掘。然而，这其中又隐藏了一个怎样的秘密呢？

当年利马城里的无价之宝究竟藏在哪里呢？它们会永远被埋葬吗？也许它们仍然沉睡在可可岛上某个神秘的角落里。

鲁滨孙岛的846箱黄金

鲁滨孙岛不仅有著名的《鲁滨孙漂流记》，而且几百年来埋藏在岛上的846箱黄金更吸引了无数人的目光，可是直到现在人们也没有找到它们。

鲁滨孙·克鲁索岛又叫鲁滨孙漂流岛，位于智利海港瓦尔帕莱索以西670千米的南太平洋上，是胡安·费尔南德斯群岛中的第一大岛。它原名马萨蒂埃拉岛，后来以英国作家丹尼尔·笛福的著名小说《鲁滨孙漂流记》中主人公鲁滨孙的名字重新命名。

1547年11月22日，西班牙船长胡安·费尔南德斯在途经太平洋时发现一个海上火山岛。他根据天主教历法把这个小岛命名为"圣·塞西莉亚"。1704年，一艘名为"五港"号的船到南太平洋进行私人考察，苏格兰水手亚历山大·塞尔柯克因与船长发生纠纷，被赶上该岛。他带着一支猎枪、一把匕首、一把斧头、一磅火药、一些烟草和一本《圣经》，凭借惊人的毅力和求生本能，孤身一人在岛上生活了四年零四个月。英国记者丹尼尔·笛福据此写成著名的《鲁滨孙漂流记》。塞尔柯克独居的小岛因此得名"鲁滨孙·克鲁索岛"。他居住的山洞后来被称作"鲁滨孙山洞"，这个深达9米的山洞至今犹存。

从1940年开始，鲁滨孙·克鲁索岛突然变得热闹起来。一批又一批的寻宝者带着大量的文献资料和现代化的开采工具来到这座小岛，开始在岛上各处日夜不停地挖掘。有人根据史料发现，200多年前英国海盗乔治·安逊曾在这个小岛上埋藏了846箱黄金和大量宝藏。然而，经过几年的折腾，最后这些人全都两手空空地离开了。

到了20世纪80年代，鲁滨孙·克鲁索岛上的一场瓢泼大雨再次燃起了寻宝者的热情。原来，大雨在岛上造成了泥石流。雨过天晴之后，有人在山谷中意外地发现很多裸露在外的银条和红宝石。于是，人们立刻联想到是大雨把安逊当年埋藏的宝藏从高处冲刷出来又散落在山谷里。这个消息就像长了翅膀，大批的寻宝者随即来到这座小岛，但是他们又一次失望而归。

20世纪90年代，一位荷兰裔的美国人对安逊当年埋藏的黄金产生了浓厚的兴趣。他从岛上的居民那里获得有关"安逊黄金"的信息，立即开始搜寻，并自称找到了那个当年藏宝洞的确切地点。

智利政府有关部门也很快得到这个消息并立即发表声明，称这个岛属于智利领土，没有智利政府批准任何人不得私自挖掘。随后，贝尔纳得·凯泽与智利政府达成协议：假如他找到那846箱黄金，必须把所得宝藏的75%交归智利政府及鲁滨孙·克鲁索岛上的居民，剩余的25%归他自己所有。然而，贝尔纳得·凯泽动用当时各种挖掘工具在岛上昼夜不停地挖掘，收获的除了石头还是石头，最后只好宣布放弃。智利政府等待的利润分成也泡了汤。

贝尔纳得·凯泽走了，并不等于别的寻宝者不来。可以确信，在以后的岁月中，只要传说中安逊的那846箱黄金不见天日，鲁滨孙·克鲁索岛就永远无法安静。

拿破仑珍宝之谜

> 拿破仑从莫斯科撤退时，辎重队里那25辆车到底装了什么？后来又被隐藏在何处呢？

1812年，拿破仑·波拿马远征俄国失败，他在从莫斯科撤退时，带走了从克里姆林宫掳取的战利品。因严冬来临，法军在撤退途中又不断地遭到俄军的袭击，饥寒交迫下，法军庞大的辎重队中有25辆装满了在莫斯科掠夺的战利品的马车突然失踪了。拿破仑得知这一消息后气急败坏，连忙命令手下火速赶到出事地点，但一切都晚了，士兵们此时想的只有逃命，哪里还顾得上什么"辎重"。

那25辆车里到底装了什么？后来又被隐藏在何处呢？曾任当时俄军统帅库图佐夫元帅副官的达尼列夫斯基说：这批战利品重10到15吨，包括大炮、餐具、毛皮、金银币以及伊凡大帝纪念塔上的大十字架。拿破仑深知在莫斯科所掠夺的珍贵物品已无法带走，但又不甘心让俄军夺去，所以就命人将这些东西藏在维亚兹马附近的一个小湖——斯托阿切湖的湖底。

拿破仑在败退时，曾和两名亲信乘着雪橇往西疾驰，其中一人叫阿伦·德·哥朗格尔。此人在他的回忆录中写道："11月1日，拿破仑从比亚吉玛退走。11月2日，我们来到萨姆廖玻。11月3日，到达斯拉普柯布。在这里，我们遇到大雪的侵袭……拿破仑命令把战利品沉入斯托阿切湖里。"

后来，有人查阅相关资料，那些材料也表明拿破仑于1812年11月2日把从莫斯科掠夺的战利品扔进湖中。

如果拿破仑真的把这25辆车的宝藏沉入湖中，那么，那些参与此事的法国士兵为什么后来不到此地寻找呢？还有，25辆车的宝藏绝不是一个小数目，这么大的事情，难道俄国人真的一点儿也不知道吗？也有人分析认为，将战利品沉入湖中的决定是在前无退路后有追兵的特殊情况下，拿破仑所做的无奈之举。或许对参与此事的法国士兵来说，他们再也不愿意去这个噩梦般的地方。

据斯托阿切湖所在地的地方政府内政管理局记录保存室提供的一份材料记载：1835年，根据斯摩棱斯克地区长官的命令，由夏瓦列巴奇中校率领工兵部队曾对这个湖进行勘查。他们先测量了湖水的深度,在离水面5米深的地方,有堆像岩石般的堆积物,铅锥碰上去,似乎听到类似金属的声音。地区长官向国务大臣报告,国务大臣又呈报给俄皇。随即,尼古拉一世拨款4000卢布,用来建立围堰,以便把水抽干。后来,围堰完成了,水也抽干了,但呈现在眼前的仅是一堆岩石。

20世纪60年代初,应苏联《共青团真理报》的倡议,一批专家前往斯托阿切湖边。在长约40米、宽5米的地带发现大量的金属矿藏,化学家化验出湖水中的银含量要比一般银矿中的含量高出百倍。探宝者随之而来,但他们下到湖中的深度从未超过6米,原因是湖里淤泥太多,结果什么珍宝也没找到。苏联解体后,一些俄罗斯专家决定再次开始寻找拿破仑的珍宝,但当地村庄的居民对此事却远没有这么大的热情,与挖宝相比,他们更担心湖会被挖空,使生态系统遭到破坏。

拿破仑被人们称为"骑在马背上的世界灵魂",他在欧洲可谓所向披靡、无往而不胜,可以说,他在更大的范围内重新组合了欧洲,并使整个欧洲臣服。谁能想到他在莫斯科大撤退之后又兵败滑铁卢,并被放逐到南大西洋中的圣赫勒拿岛。一位征服整个欧洲并企图征服世界的天才,经过5年的监禁之后,病逝于该岛。临终前,他感慨地说道:"除了我的名字,我什么也没有留下。"其实,从某种意义上说,一个半世纪以来,拿破仑隐藏的这批无价之宝就给后人留下一个似乎永远无法破解的谜。

圣殿骑士团宝藏之谜

当年威风凛凛的圣殿骑士团究竟把宝藏藏在哪儿了呢?他们那些刻在石头上的神秘符号到底意味着什么呢?

中世纪欧洲发动的十字军东侵对东、西方社会历史发展均产生了重大而深远的影响,其中圣殿骑士团的历史作用不可小视。然而,由于圣殿骑士团的官方档案已经随着圣地的丧失而丢失,人们只能通过罗马教廷档案的侧面记载以及一些零散的资料来了解它的历史。

1096年,圣城耶路撒冷被十字军攻占后,很多欧洲人前往耶路撒冷朝圣,而这时十字军的主力已经回欧洲去了,朝圣者在路上经常遭到强盗的突然袭击。1119年,当年参战的法国贵族雨果·德·帕英和其他8名骑士为了保护欧洲来的朝圣者，发起成立了一个宗教军事修会。由于该教会总部设在耶路撒冷犹太教圣殿，所以叫作"圣殿骑士团"。圣殿骑士团的成员大多是由基督教骑士组成，也包括少数军官、教士和神父。

圣殿骑士团的最初职能是保护朝圣者并保证朝圣道路的安全，不久后其职能就得以扩展，军事职能遂成为其基本职能。随着军事力量的不断增长，其政治作用也不断增强。它不仅在十字军国家的政治中具有举足轻重的地位，而且不同程度地影响了欧洲政治。

圣殿骑士团成立后，由于朝圣者大量无私的捐赠以及教皇给予的种种特权，积聚了相当可观的财富。由于骑士团成员生活奢侈，放荡不羁，贪得无厌，热衷秘术，又密谋参与政治活动，终于引起欧洲各国国王和其他修会的不满。1312年，罗马教皇克雷芒五世不得不正式宣布解散圣殿骑士团。

1307年10月5日，法国国王腓力四世下令逮捕所有在法国的圣殿骑士团成员，想通过没收圣殿骑士团的巨额财富来补充日趋窘困的财政开支。但是，圣殿骑士团却聪明地把大量财富隐藏起来。有人说，罗马教皇在法国国王采取行动的前几天，曾经悄悄地给圣殿骑士团通风报信。

据记载，当圣殿骑士团大祭司雅克·德·莫莱在狱中获悉法国国王要彻底摧毁该修会时，便让自己的侄子基谢·德·博热伯爵秘密继承了大祭司的职位，并让他发誓将来拯救圣殿骑士团，将一些财宝一直保存到"世界末日"。据说，在他墓穴里珍藏着圣殿骑士团的档案，人们通过这些档案可以找到许多圣物和珍宝，其中包括：耶路撒冷国王们的王冠、所罗门的7支烛台和4部有圣·塞皮尔克勒插图的福音书。同时，在大祭司墓穴入口处的祭坛边上有两根大柱子，柱子的顶端能自行转动，在柱身里藏着圣殿骑士团积蓄的巨额财宝。

1314年，雅克·德·莫莱大祭司被法国国王处死后，他的侄子成立了一个"纯建筑师"组织，并请求法国国王准许把莫莱的尸体埋葬到其他地方。国王同意了。于是，他乘机从圣殿骑士团教堂的大柱子里取走黄金、白银和宝石。他把这些财宝藏在棺材和箱子里，转移到安全的地方。由于圣殿骑士团长期热衷于秘术，有自己一套独特的神秘符号体系，传说他们就是用这种符号体系和秘密宗教仪式来隐藏和重新取出他们的珍宝的。正因为这样，对于圣殿骑士团巨额财宝的下落人们至今仍众说纷纭，这也成了一个难解的历史之谜。

有人根据当地的传说和发现的圣殿骑士团的神秘符号，认为藏进棺材和箱子里的财宝现仍在法国罗纳省博热伯爵封地附近的阿尔日尼城堡里。据称，那里除秘藏着圣殿骑士团的金银珠宝外，还有大量的圣物和极其罕见的档案。

1952年，对圣殿骑士团神秘符号体系颇有研究的考古学家和密码学家克拉齐阿夫人，在对阿尔日尼城堡进行实地考察后声称："我深信圣殿骑士团的财宝就在阿尔日尼。在那里我找到一个藏宝处的关键符号。这些符号从在进口大门的雕花板上开始出现，一直延续到阿尔锡米塔楼，那里有最后一些符号。我认出了一个埃及古文字符号，它表明这里除了宗教圣物外，还有一笔世俗财宝。"

巴黎人尚皮翁对圣殿骑士团的宝藏很感兴趣，曾经在秘术大师、占星家阿芒·巴波尔和对圣殿骑士团秘术颇有研究的作家稚克·布勒伊埃的指导下，对阿尔日尼城堡进行发掘。由于对刻在建筑物上的神秘符号的内涵始终束手无策，结果一无所得。

法国"寻宝俱乐部"根据资料认为，圣殿骑士团的财宝极有可能隐藏在法国夏朗德省巴伯齐埃尔城堡。城堡四周曾有三大块圣殿骑士团的封地，人们通过发掘墓穴发现了许多圣殿骑士团留下的令人晕头转向的神秘符号。还有人认为，圣殿骑士团的另外一些财宝可能隐藏在法国的巴扎斯、阿让以及安德尔—卢瓦尔的拉科尔小村庄附近。因为法国瓦尔市的瓦尔克奥兹城堡的墙上也刻着圣殿骑士团的神秘符号，也有关于圣殿骑士团把财宝隐藏在那里的传说。

那么，当年威风凛凛的圣殿骑士团到底竟把宝藏隐藏在哪儿了呢？他们那些刻在石头上的神秘符号到底意味着什么呢？谜底也许就像刻在石头上的神秘符号一样令人难以捉摸。

神秘的印加宝藏

在辽阔的南美大陆上，世界上流量最大、流域最广的河——亚马孙河以其河畔的莽莽林海、变幻莫测的风景、神秘诱人的传说，吸引了一批又一批来自各地的冒险家。其中最受关注的，莫过于亚马孙丛林中印加帝国的宝藏了。那么，印加帝国究竟留下了多少宝藏呢？

15世纪中叶，秘鲁利马附近的一个原著印第安人部落，通过不断兼并邻近部落，建立起一个奴隶制国家——印加帝国。它的首都建立在一个叫库斯科的地方。据说，印加人非常崇拜太阳神，他们看到黄金的光泽与太阳的光辉同样璀璨，因此特别钟爱黄金。印加国内有用黄金和宝石装饰成的宏伟的太阳神庙，有金碧辉煌的"黄金花园"……在印第安人的传说中，印加帝国便是一个充满金子的国度。

有关印加国黄金的传说，在当时引起一些殖民主义者的占有欲。为了追寻这神话般的国度，贪婪的西班牙冒险家一批又一批地涌入这里。1525年1月，西班牙殖民者弗朗西斯科·皮萨罗率领西班牙殖民军入侵印加帝国，一心想把印加帝国的巨量黄金掠为己有。1532年，皮萨罗率军攻占印加帝国的卡哈马卡城后，很快就俘虏了印加帝国的皇帝阿塔瓦尔帕，阿塔瓦尔帕用"黄金填满自己的房间，白银填满其他两间屋子"的条件来为自己赎身。可是，当阿塔瓦尔诺兑帕承现后，心狠手辣的皮萨罗却突然变卦，于是，由皮萨罗主导的一场虚假的审判就这样开始了，最终，他竟以谋反的罪名，在卡哈马卡城处决了阿塔瓦尔帕皇帝。

当运送赎金的臣民获悉皇帝已被处死的时候，就将黄金隐藏起来，而皮萨罗对此并不知情，他率兵一路烧杀抢掠进入印加帝国的首都库斯科，但是找来找去，就是没有找到传说中的那么多的黄金。这些双手沾满血腥和罪恶的强盗，最终都没有好下场。他们从印加人民那儿掠夺了大量金银，但因分赃不均而引起激烈的内讧，他们内部展开了激烈的野蛮冲突，持续了几年，最终几乎所有的首领都被杀死或囚禁。而那批数额惊人的印加财宝最终也不知下落。但可以肯定的是，侵略者最后带到欧洲的只有一小部分，大量黄金依然留在印加人的土地上，也就是广阔无垠的热带丛林里。

皮萨罗所勒索的这批巨额黄金至今下落不明，有人认为，当时皮萨罗并未拿走它。这些黄金随着阿塔瓦尔帕的尸体一起，被印加人夺回后藏了起来。藏宝的地点，据说就在今天厄瓜多尔的山中。传说中印加王国价值连城的财宝吸引着许多寻宝者冒着性命危险进入该地区探险，无数人因此失去了生命。

在亚马孙丛林中另一处令世人关心的印加宝藏，便是传说中的印加"黄金湖"。据传古时印加王的加冕仪式都在这湖畔举行。王位继承人首先须周身涂满金粉，耀眼夺目、金光闪闪的新国王，显示着太阳之子的光辉。然后，国王在湖中洗去金粉，臣民们纷纷把自己最珍贵的黄金、宝石献于国王的脚前。这位新国王把这所有的一切都投入湖中，祭献给至高无上的太阳神……如此世代积累的珍宝，在黄金湖中会有多少呢？

从16世纪西班牙征服印加帝国后，对黄金湖的寻找和打捞就一直未曾中断过。最后，人们确定今天哥伦比亚的瓜塔维塔湖便是传说中的黄金湖。

无论印加宝藏如何诱人，面对浩渺恐怖的亚马孙丛林，冒险家也只能摇头叹息。难道正如当地原住民所说，这些古老的珍宝上附着死去的印加王的灵魂，它们在这密林中牢牢看守着这些宝藏，不让世人发现吗？人们期待能早日解开这个谜团。

橡树岛上的宝藏是海盗基德留下来的吗

世界上大概没有任何一个地方能像橡树岛这样，仅仅几十平方米的面积，却在长达200多年的岁月中，吸引着一批又一批怀揣黄金梦的探索者，谁都想挖掘出那个传说中的藏宝洞……

橡树岛又名奥克岛，是位于加拿大东部的一座极小的岛屿，约1.2千米长，最宽的地方800米，约有一个中型体育场那么大。据说这个名字的来源是因岛上曾生长过一棵很大的橡树。虽然今天那里已经没有橡树了，但橡树岛这个名字却留了下来。假如从空中俯瞰小岛，这座小岛的形状像是一个问号。事实上，200多年来，这座小岛对寻宝者来说的确是世界上最大的问号。

据官方统计，从1795年至今，这些探宝队在岛上的藏宝洞中一共只挖掘出三条铜链、一小片羊皮纸、一块刻着奇怪符号的石头。其中，羊皮纸碎片的发现很快引起了轰动。据考古学家和有关专家鉴定，"它是用装着印度黑墨水的羽管写的"，尚可辨认的字符"看上去是ui、vi、wi，或是这些音节的一个部分"。于是有人断定，这些羊皮纸可能是17世纪常出没此地区的海盗船长威廉·基德在此埋下的一大笔宝藏的藏宝图。原来，在整个藏宝洞中布下迷魂阵的，竟然是英国历史上最引人关注的海盗船长——威廉·基德。

从18世纪这个藏宝洞被发现，探索橡树岛宝藏的历史已长达两个世纪。但基德的幽魂及他的藏宝洞却一直在和寻宝者们捉迷藏。200多年来，无数的寻宝者带着他们世代积累起来的钱财，像打水漂一样高兴而来，悻悻而归，许多鲜活的生命也永远留在藏宝洞前，但这并不妨碍一个又一个的寻宝队前来探宝。

也有人认为橡树岛上的这个宝藏洞，也许根本不是基德埋藏财宝的地方。因为，以当时的技术水平，不论基德的航海技能有多高超，他也没有能力来建造这么大的工程。他们认为，这项规模宏大的工程显然是由专家和正规的专业技术人员完成的。再说，从1795年发现的滑车和绳子的样式来看，藏宝洞建造时期不会早于1780年。

所以，又有一种观点认为，这个藏宝洞可能建造于美国独立战争期间。1778

年，英国在纽约的驻防军受到华盛顿麾下部队的威胁。当时，英国总督手中握有驻美洲全部英军的军饷，也许是他出于安全考虑，下令建造了一个秘密藏宝洞，而受命担任这项工程任务的可能是英国皇家工程队的某小分队。因为，在这个地区有能力秘密建造这种宏大工程的，只有英国皇家工程队。

但也有人反对说，截至目前，没有任何证据能证明英国陆军在1778年前后花费过一大笔金钱的记录。如果真有此事，必将受到英国军方的追究。

经过两个多世纪徒劳无功的挖掘，人们不禁要问：这座岛上是否真的埋藏着巨额的宝藏呢？也许，人们寻找的并非宝藏，而是一个永远无法挖掘的秘密。

"大德意志之宝"的纷扰

谁也无法知道，神秘的"大德意志之宝"最后究竟会落到何人之手。

纳粹德国崩溃前夕，希特勒为日后东山再起而计划隐藏起来的一大笔德国政府的财产，被称为"大德意志之宝"，这笔财产包括大量的钱币、金条、首饰、宝石、稀世艺术珍品，纳粹头子们的私人财产，教会财产，从意大利、南斯拉夫、希腊和捷克等国犹太人身上掠夺来的财产，等等，其总价值估计可达7000亿法郎。

这批财宝有一部分已经找到和收回，其中主要是1945年5月隐藏在上奥斯一座盐井底下的财宝，价值100亿法郎。随后人们又发现了秘密警察头子卡顿布伦纳隐藏在奥斯克里加别墅花园里价值10亿法郎的财产，以及1946年埋藏在萨尔茨堡的总主教府邸地窖里的赫尔穆特·冯·希梅尔子爵的财产。后来，在纽伦堡附近韦尔顿斯坦别墅的钢筋水泥地窖里还找到戈林元帅的部分私人财产：36只大金烛台、一个银浴缸、一批名画和极其罕见的白兰地酒等。

1946年的一天，据曾经参加隐藏财产行动的前中尉弗朗兹·戈德利奇透露，有一笔数目可观的财宝埋藏在奥地利伦德附近。他说："我知道此事，因为我参加了那次行动。有30只货物箱被俄国战俘埋藏起来。不过，当他们忙完这些，他们再也不会讲话了，因为他们已经命归黄泉！"

1960年，成了以色列人阶下囚的、被纽伦堡国际法庭判处死刑的埃兴曼，曾在布拉亚·阿尔默的高山牧场区埋藏了价值190亿法郎的财宝。人们在富斯施克城堡附近的一个谷仓里找到1945年纳粹党卫队头子萨瓦德埋藏的两只大箱子。在一个如今是屠宰场的混凝土地下室里，人们发现了一个藏有黄金、外币和珍宝的当年纳粹德国外交部部长的小藏物处。

也有人认为，"大德意志之宝"的主要财宝已经多次转移，其主要藏宝处分散在不同的山区，主要是在奥地利加施泰因、萨尔茨堡、萨尔茨卡梅尔克附近地区。这些藏宝受到非常严密的监控，不熟悉内情的人是不大可能找到它们的。有人认为，主要藏宝点是在奥斯小城周围。该城离萨尔斯堡的直线距离约60千米，处在两个长10千米的湖的西南尽头。奥斯在战争期间是纳粹德国最后顽抗的据点之一，是希特勒在1945年拟定的一个方案中的主要战略点。在纽伦堡审讯期间，人们估计有价值2亿多马克的财产被隐藏在奥斯地区。

1946年，两名寻宝者赫尔穆特·迈尔和路德维格·皮切尔带着精确的平面图走进奥地利山区。可是不久，他们的尸体就被人们发现了。在离两具尸体不远的地方，人们找到几处已经空空如也的埋藏财宝的秘密地点。这表明，财宝已经被谨慎地转移到其他地方了。1952年，一个叫约瑟夫·马泰的野营者在里弗莱科普山区神秘地失踪了，在一片空旷的山谷里只有他的野营帐篷。1953年5月，在里弗莱科普山区还发现过另一具尸体和8个已经空了的藏宝处。

所有这些稀奇古怪的暗杀和失踪事件明显表明，隐藏在奥地利阿尔卑斯山区的财宝在被一些秘密突击队严密控制和守卫着。这肯定是一笔数额巨大的财宝，因为，人们从一个当年被美国人逮住的德国人身上找到一份有纳粹德国党卫队将军弗罗利奇正式批示和签名的清单：66亿瑞士法郎、99亿美元、13.5吨金条、294颗钻石和数万件艺术品。

不过，谁也无法知道，最终谁会得到这批神秘的"大德意志之宝"。

第十九章　千年古尸"诉说"的秘密

死人心跳之谜

人被冰雪冻死并不稀奇，罕见的是人们发现了一具被埋在冰雪下70年而仍有心跳的僵尸。心脏跳动是人活着的标志，可是为什么僵尸还有心跳呢？

"心者，君主之官也，神明出焉。"人们通常认为只要心脏停止了跳动就是死亡。

但是，以心跳停止作为死亡的标准，在实践中常常出现矛盾的现象。非洲的古老民族希须曼人，在族人的心脏停止跳动后，会把他们先浅埋于墓穴里，因为希须曼人发现有些人还可能恢复心跳。在欧洲的阿尔卑斯山上就曾发生过一起死人仍有心跳的奇异事件。

冰雪覆盖的阿尔卑斯山，以其险峻的山峰称雄于欧洲，被人们称誉为"欧洲第一峰"，那里是登山家的乐园、冒险者的圣地，每年都吸引着上千名勇敢的攀登者从不同的起点向它发起挑战。

1968年7月，一支英国登山队在阿尔卑斯山脉进行登山探险活动。由于山上常年积雪，冰川很厚，很少有人独自到山上来。

一路上，队员们一边兴致勃勃地向上攀登，一边欣赏山上的雪景，很快就攀到了海拔5100米的高度。当他们来到一条雪崩形成的冰川下游时，有人突然发现远处的冰山下好像有一个人，躺着一动不动。队员们赶紧跑过去一看究竟。在冰川下面，队员们果然发现了一具男性尸体，他竟然穿着第一次世界大战时的法国军装，看来这应该是个参加战斗的法国士兵。从他身上携带的一本《士兵手册》可知，此人名叫福里斯，生于1890年，是法国步兵团的一名下士。那么这位下士的尸体是如何留在这冰山雪峰的峡谷之中的呢？队员们猜测也许是由于战败溃逃，士兵无路可走，就跑到阿尔卑斯山上躲了起来，谁知由于气候寒冷，被活活冻死了。

登山队员决定将这名法国士兵埋葬。可是队员们在翻动士兵尸体的时候，突然感觉到他的心脏竟然还在跳动。队员们觉得不可思议，立即叫来登山队的随行医生。医生对福里斯进行了详细的检查，发现他的心脏的确还在有规律地跳动。也就是说，从医学的角度讲，福里斯还活着！这可太奇异了，一个被冰雪覆盖了半个世纪的人竟然还活着！谁都认为这是不可能的事情，可是它真真切切地发生在眼前。医生马上把福里斯放在氧气罩中保护起来，以延续他的"生命"。

登山队返回基地后，立即请来几位专家对福里斯进行救治。专家们经过研究，没有办法让他复活，于是决定将这具"活着"的尸体交给世界著名医学专家哈克鲁斯博士抢救。然而，哈克鲁斯博士尝试了所有的方法，都无法令福里斯复活，最后只好宣布他已经死亡。可是他的心脏一直都在有规律地跳动……

福里斯的心脏为什么保持着如此强大的动力？他是否还能够恢复生前的活力？这些都是未解之谜。

木乃伊铅中毒之谜

装备精良的远征队失踪百年之后，3个冰冻的木乃伊让人们得知了发生在海上的一次悲惨事件的秘密，由此解开了历史上最大的航海之谜。

18世纪是英国自由贸易资本主义发展的鼎盛时期，经过工业革命的洗礼，英国的经济获得飞速的发展。这个时期，英国率先完成工业革命，成为"世界工厂"，其时正值维多利亚女王在位，有"维多利亚时代"之称。处于鼎盛时期的大英帝国为了进一步开拓市场，在1845年委任探险家约翰·富兰克林为队长，进行了一次远程探险，目标是找到穿越北极圈、通往东方的捷径。

在当时，这样的探险足以和现在人类登月的壮举相媲美。远征队由129个人组成，经过一番精心的准备，信心满满地出发了。英国远征队的装备非常先进，称得上是当时的高科技远征队。比如甲板下面有热水管道，可以保持船内的温度；带有充足的食品，足够129名船员吃上3年。

然而，令人意想不到的是，尽管他们出发前做了非常充分的准备，但行程时间远远超过了预计时间时，并未见一人回归。人们起了疑问：为什么这配备最好的船只、拥有最先进技术的远征队会一去不复返？政府猜测他们出了意外，便派人开始四处寻找他们。

在接下来的几年里，英国政府派遣多支营救小组寻找过这支远征队。

综合各方调查所得，富兰克林的探险在1845年还算进展顺利，但船只自1846年9月后便在威廉王岛西北的海域被冰所困，从此无法再离开。富兰克林在1847年6

月去世，幸存的队员在1848年4月弃船逃生，但所有人都在途中因饥寒交迫及旅程艰辛而死。此次探险以悲剧收场，但是，这个结果并不能让所有人信服。

据记载，当时装船的食品有：61987千克面粉，16749升饮料，909升治病用的酒，4287千克巧克力，1069千克茶叶，大约8000桶罐头，15100千克肉，11628升汤，546千克牛肉干和4037千克蔬菜。如此丰富的食品供应，怎么会导致整个探险队因饥饿而全军覆没呢？

20世纪80年代初，加拿大的比特博士把富兰克林的悲剧也看作是一场灾难。比特是位法医，专门从事法律人类学的研究，能够利用科学手段来确定各种事故所造成的死亡原因。他希望能搜集可能的遗物和骨骼进行研究，以便对他们的死亡原因做出判断和分析。

恰好，在远征队出发早期，有3名水手死在位于北极圈以北643千米的小岛上。由于冰雪的保护，细菌无法侵入他们的身体组织，岛上的尸体已经变成了木乃伊。于是有人认为也许他们的尸体能够为人们提供一些线索。1986年夏天，比特博士等人找到3名水手的尸体，这是解开富兰克林远征队之谜的最后一线希望。找到坟墓后，调查小组的科学家就开始挖掘尸体。

尸体被解冻后，仍然保存良好，科学家们拍了X光片，还采集了尸体的组织、骨头和头发的样本。验尸的时候，科学家们发现了一个疑点：有两名船员体内的铅含量是普通人的5倍。科学家分析那些遇难水手很可能是死于铅中毒，但问题是，这两人是怎样中毒的呢？

经过四处寻找，科学家们找到了远征队多年前堆放在坟墓附近的垃圾，经过化验垃圾中的东西，调查人员终于找到水手死亡的原因。原来，水手们携带的罐头是用铅焊接的，他们在远征过程中，总是吃这些罐头，导致体内因铅蓄积过量而中毒。更可怕的是，铅中毒损害了他们的心智，队长以及船员的判断能力都降低了，他们无法清晰地思考，所以当船员们试图走到安全的地方时，竟会在救生艇上装一些无用的东西。后来，因为疾病、心智丧失后的疯狂，再加上天气的严寒，这些可怜的队员一个个慢慢死去。一番哀悼之后，人们把这两具为富兰克林失踪之谜提供了侦破线索的水手木乃伊重新安葬。

由于冰雪的保护作用，科学家们才得以从木乃伊身上找到远征队失踪之谜，因此解开了英国航海史上的一个悬了很久的秘密。然而，人们仍有疑问：其他远征队员是否也因为铅中毒而死呢？他们的尸体在哪里呢？如果他们没有死亡，后来又去了哪里呢？

第十九章 千年古尸"诉说"的秘密

身披黄金的木乃伊

> 一只小毛驴偶然的失足，竟然会踩出埃及最神秘的"黄金木乃伊谷"，它足以成为最奇特的木乃伊发现者而被载入吉尼斯纪录了。

1996年，亚历山大大帝神庙的一位看守古物的卫兵正骑着驴穿越沙漠，突然驴跌倒了，就在驴跌倒的地方有一个洞。卫兵将驴子留在原地，然后去向相关人员报告此事。

巴哈利亚古文物调查委员会在得到这一惊人消息时，立即意识到事情的重要性，于是组织了一支考古队在毛驴踩出的洞周边地区进行仔细地勘测。然而3年时间过去了，考古学家们没有任何发现。正当以埃及考古学家扎希·哈瓦斯为首的这支考古队准备放弃的时候，挖掘行动却取得了进展。

1999年，哈瓦斯带着自己的队友对神秘洞口所在的方圆6千米的区域内进行搜索，终于发现了4个墓穴，共105具木乃伊，这些被发现的木乃伊保存得非常完好，几乎没有损坏。自此，日后名扬国际的"黄金木乃伊谷"拉开了探索的序幕。

按照哈瓦斯考古队的归纳，生活在"黄金木乃伊谷"中的木乃伊可以分为四类：第一类木乃伊是黄金木乃伊，也就是在身上镀了一层金；第二类木乃伊的脸上被涂画成众神的样子，其中有埃及神话中的司阴府之神、豹头人身神、司生育和繁殖的伊希斯女神以及太阳神的4个孩子，这些均是掌管人间的神；第三类木乃伊则躺在人形石棺中，这种木乃伊脸上的面具不是用黄金而是用陶瓷制作而成的；第四类是用亚麻布直接缠住的木乃伊，这种木乃伊应该属于平民阶层。

在发掘过程中，考古队员们还发现了很多远古的器物，诸如状若服丧的年轻妇女雕像，做工非常精细，就连女子的悲伤表情也被刻画得淋漓尽致。还有一些模仿众神制作而成的小雕像，最显眼的非喜神贝斯莫属。

除此之外，考古队员们还发现了一些珍贵的饰品，比如手镯、耳环以及一些古币。通过对古币的研究，哈瓦斯断定，这些木乃伊应该生活在希腊到古罗马时代。从这一系列的陪葬品来看，这4个墓穴的主人应该都是贵族。

在挖掘期间，细心的哈瓦斯注意到，在一个大的墓中只有两具木乃伊，从装饰可以猜测这两具木乃伊是一对夫妻，而且女木乃伊的脸朝向丈夫的脸。两具木乃伊都镀了一层厚厚的黄金,他们脸上的黄金面具非常精美。女木乃伊的头上戴着一个精美的花冠,但是因为时间的关系,花冠的大部分已经损毁。

2004年12月9日,考古学家们在埃及开罗西南290千米撒哈拉沙漠的一个绿洲边挖掘出一个墓穴,其中也有一具黄金木乃伊。据墓穴中的资料介绍,他是生活在公元前500年巴哈利亚地区的大祭司巴迪·赫卡赫伯。据考证,巴迪是巴哈利亚当地一个极其显赫的家族的成员,他很可能是巴哈利亚地方长官杰德·库胡苏的孙子。这一发现使考古学家们得到一个很好的机会,那就是研究曾经统治了巴哈利亚数年的当地名门望族。

从墓穴的整体构造以及巴迪·赫卡赫伯所居的石棺可以看出其家族的富有——整具石棺是用当地极其罕见的石灰石制成的,石棺的厚度足有好几米,净重达15吨。更主要的是,石棺的做工非常精细,从外观上肉眼根本就看不出任何的打磨痕迹。

然而,令人奇怪的是,后来经过查证,在巴迪·赫卡赫伯家族的族谱上根本就没有他这个人,这究竟是怎么一回事呢?或许这背后又隐藏着什么不为人知的秘密。

据专家透露,"黄金木乃伊谷"已经有234具镀金木乃伊,堪称"阵容庞大"。发现"黄金木乃伊谷"的专家哈瓦斯透露说,这一黄金谷至少有一千多具镀金木乃伊,人们现在发现的只是一小部分而已。不过令考古学家们感到痛心的是,因为曾经被洗劫过,大部分的木乃伊已经被毁坏,有的甚至已经残缺不全、面目全非。

"黄金木乃伊谷"是继图坦卡蒙法老坟墓发现以来埃及考古史上最大的惊喜!只不过,没有人知道2500年前的这个黄金木乃伊墓群到底是怎么形成的,也没有人知道这个"黄金木乃伊谷"里还埋藏着多少秘密。

印加木乃伊之谜

印加木乃伊多是一些沉睡的孩子,他们也许是部落送给山神的礼物,以祈求山神的保佑,让人奇怪的是,印加人为什么会如此热衷于制作木乃伊呢?

早在公元前4000年,安第斯地区就会将死人做成木乃伊,此风流传甚久。在印加帝国,人们非但没有把木乃伊当作死人看待,反而相信木乃伊仍会像活人一样思考,会继续发育,甚至还具有活人没有的本领——和神灵沟通。因此,印加的木乃伊又被称作"活死人"。对印加人而言,祖先的木乃伊不但不可怕,反而非常亲切,能赋予他们更多的信心和安全感。

从印加王到家族长老,所有伟大人物的木乃伊都被人们精心保存,穿上衣服,布置成双手在胸前交叉的坐姿。一些木乃伊会被保存在干燥的岩洞里,接受人们的定期探视和膜拜,而那些更重要的木乃伊则会被保存在自家房屋里。人们仍然视木乃伊为首长,请他们为自己解惑,甚至裁决彼此间的争议。负责保存木乃伊并能与木乃伊"对话"的尊长,也因此具有崇高的地位。

印加人为什么会如此热衷于制作木乃伊呢?他们的木乃伊又是用什么工艺制作的,竟然能保持几百年甚至上千年不腐烂呢?

有人推测,印加人制作木乃伊,也许只是在模仿自然,因为很多人住在海岸沙漠地带,干燥的气候和适宜的条件使尸体千百年不会腐烂。德国考古学家曾在秘鲁利马附近发现过一个木乃伊包裹,里面是一个小女孩,她死后被放在包着羊驼毛寿衣的篮子里,埋在干燥的土壤里,却未曾涂过任何香料,但500年来她几乎毫发无损。

1570年,西班牙籍的印加早期编年史家埃尔·印加·加西拉索·维嘉曾亲眼看见一组印加皇帝和皇后们的木乃伊。令他奇怪的是,这些尸体还覆满皮肉,并未见任何防腐处理的痕迹。他猜想这些尸体曾被在高山上放置过一段时间,在寒冷、稀薄的空气中变得干燥。当然,他的解释不过是一种有根据的猜测,因为印加人从未解释防腐的秘密。所能确定的只是发现的大多数木乃伊无论是属于印加时代之前还是印加统治期间,当时的气候是自然干燥的,只在少数几个文明地区使用了人工手段。有的氏族干脆取出尸体的内脏,有的还放入植物等东西,有的则利用树脂、油膏和香草等进行处理。

木乃伊包裹的埋葬风格体现了死者的地位。地方贵族的坟墓有几间墓室,埋在一起的还有他们的妻妾、仆人和奴隶。平民则一般埋葬在偏僻、简陋的坟墓里,他们的尸体被仔细地包好,旁边放几件他们在世时使用的贵重物品。

在秘鲁南海岸曾经出土过很多裹着4层棉布的木乃伊,这些木乃伊可以追溯到400年前。一位学者指出,可能每层寿衣都象征着一种截然不同的安葬仪式,反映了印加人认为死者通向天堂的路有4个阶段。

1976年,人们在秘鲁安孔城附近发现了一个女性木乃伊,这具木乃伊包裹极为细致、复杂,考古学家几乎花了整整两天时间才看到里层的骨骼。这个女人下葬时身穿无袖外衣,头枕着装有棉花的枕头,赤足盘腿,双手放在胸前,手上戴有3枚戒指——两枚金属的,一枚珠子的。齿间还夹着一枚银片。考古学家从包裹里的陶瓷小雕像断定这位女人葬于印加帝国时期（1476—1572年）。

奥兹冰人——冰山上的来客

> 奥兹冰人在冰山下封存了几千年，却仍然保存完好，然而他的死因尚未被揭开，一场恐怖的诅咒又来临了。

1991年，两名德国游客在意大利和奥地利边界的阿尔卑斯山脉的冰川上发现了一具男性尸体。经初步判断，他约为45岁。由于他看起来比较完整，被冻在冰层里，人们一开始以为他刚刚死去。

然而研究结果却令人震惊，奥兹冰人属于青铜时代（前3500—前1000）。他死时埃及的金字塔还未建好，当时的欧洲人正在尝试发明车轮。

奥兹冰人是目前保存最完好的史前人类遗体，他引起了人们的广泛关注。冰人被发现时，已被阿尔卑斯山上的冰雪制成了木乃伊。他身体上皮肤的毛孔仍清晰可见，甚至连眼球都保存完好。他身高165厘米，身旁还放置着一把铜制的斧头和一个装有14只箭的箭袋。

奥地利因斯布鲁克大学古人种学家奥格教授领导的研究小组证实，冰人患有关节炎，体内曾有鞭虫寄生。在遇难前的几个月，他还曾患过3次严重的疾病。由残留在他头发中高含量的铜和砷可以推断，他曾经做过冶炼铜的工作。

此外，人们还在冰人的身上发现多处文身，其背部和腿部的文身甚至接近于或者就在缓解背疼或腿疼的针灸位置。X射线分析表明，奥兹的骨关节炎曾对针灸有过反应，但是多数人认为，针灸起源于2000多年前的中国，冰人的发现说明针灸或类似针灸的疗法在5300年前就在远离中国的地方出现。

冰人死亡之谜尚未被完全解开，目前冰人被保存在意大利小城的木乃伊博物馆，科学家正通过各种研究方法弄清他的情况，希望有一天奥兹冰人的诸多秘密能够被解开。

然而，关于奥兹冰人的故事并未结束，自从冰人被偶然发现后，几名曾经接触过这具干尸的人相继死亡，于是关于"奥兹诅咒"的说法便开始在民间流传开来。传说，这些人之所以死亡是因为中了奥兹的咒语。此外，奥地利因斯布鲁克大学"冰人研究小组"负责人康拉德·斯宾德勒也不幸逝世。尽管教授生前并不相信传言，也不相信诅咒能令人死亡。但是，他确实去世了，虽然是因患多发性硬化症医治无效而死亡，但还是在当地引起了不小的恐慌。

据当地人说，奥兹具有无边的神力，自从十几年前他的沉睡梦被打破后，就开始一步一步地向那些打扰他的人采取报复行动，并以一些神秘的方式让他们离奇死亡。一具几千年前保存下来的干尸，真的会有如此神力？如果有，他的下一个目标会是谁？如果没有，"奥兹诅咒"又是如何产生的？制造"奥兹诅咒"的人动机何在？

印加冰冻少女之谜

> 印加少女静静地躺在包裹里，她尚未成年就被当作祭品献给了雪山，天神真的忍心让如此美丽的少女葬身冰天雪地之中吗？

安帕托火山位于秘鲁境内安第斯山区，是印加的神山。在古印加王朝时期，人们经常用活人作为祭品，祈求神山赐予生命之水，以给人间带来谷物丰收。1995年，人们在安帕托山发现了一具迄今为止保存最为完整的印加冰冻木乃伊，这也是第一个女性冰冻木乃伊。这具处于冰冻状态的木乃伊尸体可能是500多年前印加牧师向天神祭祀的礼物。她有乌黑、秀丽的长发，修长的脖颈，丰满的双臂；她身披绚丽的羊驼毛披肩，静静地躺在安帕托峰顶。

1995年9月8日，登山运动员和人类学家约翰·莱茵得与米盖尔·扎瑞特登上了安帕托山脊。一个布包裹吸引了他们的视线，当他们打开裹得紧紧的布包裹，出现在面前的是一张已经风干的印加女孩的脸，她身体的大部分还未解冻。

此前，考古学家在安第斯山区仅发现过几具冰冻木乃伊，但是没有一具是女性。这个女孩大约十几岁。这具木乃伊无疑是世界史上的重大发现，科学家给她起名为胡安妮塔。

据考证，在15世纪中叶，秘鲁利马附近的一个土著印第安人部落通过不断兼并邻近部落建立起一个奴隶制国家——印加帝国，首都为库斯科。据说，印加人非常崇拜太阳神，将太阳视为无上神明。印加民族于1450年来到这个地区，而西班牙在1532年征服了他们，因此可以推测，胡安妮塔大约死于500年前。

胡安妮塔的身体组织和器官都保存得极为完好，并且是自然风干，她冰冻的身体就像是一个古生物学资料仓库：通过她的DNA可分析出她来自何方，属于哪个部族；而她胃里的残存物，为科学家研究古印加的食物成分提供了信息。在胡安妮塔身边发现的羽毛编织袋里，科学家发现了500年前的供品——古柯叶，那时的古柯叶与现在的古柯植物并无区别，但利用先进的生物化学分析技术，科学家试图确定这些植物最初的发源地。

胡安妮塔的外衣引起了纺织考古专家的兴趣，每一件织物都饰有精美的图案、色彩极为绚丽，她亮丽的红白条纹披肩是世界上已发现的最精美的印加织物，衣服上面用细线吊着各种小木刻：盒子、酒器、类似狗和狐狸的动物。在科学家分离胡安妮塔身上织物的时候，发现女孩的辫子被一根黑色的细驼毛线系在腰带上，由此可以推断她死前或死后，有人为她精心装扮过。人们猜测她是印加人献给神山的珍贵礼物，是联系族人与山神的使者，因此人们对她充满敬重，为她穿上盛装。最令科学家震撼的是女孩的右手，她紧紧地攥住自己的衣角，这是紧张、痛苦，还是决心呢？胡安尼塔的命运也许并不是她自己所愿，更非自己所能掌握的。她当时的心情，我们不得而知。

对于胡安妮塔尸体的保存也成了一个大问题。保存冰冻木乃伊，并不是简单地将它放进冷藏室。冰冻木乃伊的保存并没有规范的先例标准。从理论上来说，冰冻木乃伊的身体和其外部的织物，应该贮藏在比较潮湿的环境中，而头部贮存湿度的要求相应较小。经过讨论、研究，来自几个国家的专家们达成一致：将冷藏温度保持在0~7摄氏度，湿度保持在80%左右。

在胡安妮塔身上还有许多未解之谜，还需要更多科学家参与进一步的研究，不仅是考古学家和人类学家，微生物学、病理学、陶瓷考古等诸多领域的专家都要投入进来，或许这样才有可能解开冰冻木乃伊胡安妮塔之谜。希望通过科学家的共同努力，这位冰冻印加少女身上的谜团能尽早解开，届时我们也能更进一步地了解神秘的古印加帝国。

棺材千里返乡之谜

一口棺材随波漂流，历经28年，行程3000千米，终于返回故乡，这是多么不可思议的事！如果不是亲眼看到，谁会相信这一事实呢？

第十九章 千年古尸"诉说"的秘密

人生在世,生老病死是不可避免的事情。人们通常希望死后能叶落归根,安葬在自己的故乡。在美国,一口棺材被海浪卷走后,飘荡了28年后才回到故乡,这不能不令人惊讶和感慨,这也许就是传说中灵魂的力量吧。

事情发生在1899年,当时美国著名演员查尔斯·阔夫兰不幸逝世,家人非常悲痛。一番哀悼后,由于路途遥远,无法将其安葬在其故乡爱德华王子岛,家人就将其安葬在他生活过的得克萨斯州的加尔维斯顿。

可是,一件意想不到的事情发生了。阔夫兰死后第二年的9月,一场罕见的风暴席卷加尔维斯顿并引起海啸,许多沿海地区因此受灾。剧烈的风暴掀起滚滚的巨浪,海水很快就漫上堤岸,冲毁海滨墓场,把阔夫兰的棺材从墓穴中冲了出来,卷入大海,只留下一片狼藉的墓地。

可怕的风暴过后,阔夫兰的女儿凯尔德尔德得知父亲的棺材被冲走后,非常伤心。她来到海滨墓场,看着被破坏殆尽的墓穴,想到父亲的棺材不知被冲到何处,不禁失声痛哭。凯尔德尔德是个孝顺的女儿,所以决定无论如何都要找到父亲的棺材。于是,她每天沿着海岸四处寻找,并且多次在报纸上刊登广告,表示只要有人帮她找回棺材,一定予以重谢。但是,她一直没有找到,也没有人提供有价值的消息。

年复一年,时间就这样过去了,凯尔德尔德仍没有找到父亲的棺材,可她始终没有放弃寻找父亲棺材的念头,一直在想方法。光阴荏苒,转眼20多年过去了,棺材还是没有任何线索,凯尔德尔德却为此花费了几百万美元,她的孝心感动了很多人,但是人们爱莫能助,只能祝她好运。

然而,奇迹发生了!就在阔夫兰逝世的第28个年头,1927年9月15日早上,凯尔德尔德打开报纸,突然,一条新闻跳入眼帘:"著名演员查尔斯·阔夫兰在28年前的1899年去世,葬于加尔维斯顿。第二年,该地遭到特大风暴,墓穴被海水冲开,棺材瞬间被卷入大海。死者家人长期四处寻找,一直未曾发现。可是,令人惊异的是,现已查明,这只棺材随着墨西哥湾的海流,绕过佛罗里达海岸,已抵达阔夫兰诞生的故乡爱德华王子岛。棺材竟安然无恙地在大海上漂流了3000千米!"

看到新闻,凯尔德尔德抑制不住自己激动的心情,但她又有点不太相信,于是将信将疑地给报社打了电话。报社的回答十分肯定:"是的,事实正是如此。我们已经证实过了这件事,绝对没错!"凯尔德尔德欣喜若狂,赶忙奔赴父亲的故乡爱德华王子岛。到了爱德华王子岛,她果然见到了阔别近30年的父亲的棺材。为了让父亲叶落归根,凯尔德尔德重新为父亲举行了隆重的葬礼,可是她心里的疑问一直没有消除。

  一只棺材随波漂流,在大海上"航行"了28个年头,行程3000千米,最后返回死者的故乡,这是多么不可思议的事啊!难道是死者叶落归根的念头在支配着棺材?或者仅仅是一种巧合?谁也说不清楚。也许阔夫兰在临死的时候就想回到故乡,但家人没有完成他的遗愿,而他的意念感动了上帝,上帝使他完成了心愿。当然这只是人们的猜测,因为人们实在无法解释这件事情。

第二十章　揭开神秘信仰的面纱

古代闪族"圣树"之谜

以树作为图饰是常见的现象,而古代闪族中的树木图案绝大部分都具有严肃的宗教象征意义,那么,这些"圣树"最初的含义是什么呢?是现代人所赋予的含义吗?

闪族,即闪米特人,是起源于阿拉伯半岛的游牧民族,相传他们的祖先是挪亚的儿子。生活在中东、北非的大部分居民,就是古代闪米特人的后裔。伊斯兰教的《古兰经》与基督教的旧约《圣经》都是以闪族语系的语言写成的。旧约中代表"神"的词语和伊斯兰语中的Allah("安拉",就是"神"的意思)都源自闪语。

在闪族文化中,树木是最常见的宗教图饰。古代闪族中的树木图案绝大部分都具有严肃的宗教意义,而不仅是作外观装饰之用。人们对不少树木都怀有敬畏之感,有些树木甚至成为崇拜的对象,如橄榄树、海枣树、石榴树等,这类树木都可以称之为"圣树"。

在亚述碑刻上往往可以看到面对圣树的有翼神祇,它一手持一锥形物,一手拿着一个篮子。这个锥形物便是美索不达米亚盛产的海枣。海枣与居民的生活关系密切,它们可用以制造面包、酒和蜜。希伯来人用海枣树象征正人君子,《旧约·诗篇》第92篇第12节说:"正人君子应像海枣树一样繁茂,像黎巴嫩雪松一样旺盛。它们植于上帝的殿堂,成长于神的院庭。即使到了暮年,也仍然生气勃勃,永绿常青。"

《旧约·列王纪上》第6章第29节提及,所罗门神庙内、外殿的墙上都装饰了海枣树。这些海枣树不仅是种装饰,更是对那些常做善事的正人君子的褒奖。当然,枣椰树还有其他象征意义。例如,《圣经》中以海枣树象征凯旋,阿拉伯诗歌中以海枣树象征妇女的爱情等。

橄榄树的原产地是小亚细亚,在新石器时代以后就种植于近东和地中海地区了,自公元前3000年起,橄榄树一直是克里特地区的主要农产品和商品。希腊神话中说,雅典城建成后尚未命名,波塞冬和雅典娜都想以自己的名字为它命名,两人争执不下。于是诸神做出决议:谁能给予人类最佳的礼物,便能获得命名的殊誉。波塞冬用三叉戟击毁海岸而使之生出战马;雅典娜则用长矛击地而长出橄榄树。诸神判雅典娜胜，因为作为和平标志的橄榄显然比象征战争的马更有利于人类，该城从此被命名为"雅典"。

在《圣经》中，橄榄也是安全旅行的标志：挪亚与各种禽兽在方舟上躲避洪水，9个月之后，洪水渐退，挪亚便放出一只鸽子去探询水情。鸽子返回时，嘴里衔着一根新摘下的橄榄枝，表明上帝的愤怒已缓解，洪水已退去，人民平安了。橄榄树对希伯来人来说，还是美丽和力量的象征。《旧约·杰里迈亚书》第11章第16节道："上帝称你为'绿橄榄树'，即华美，又结佳果。"《何西阿书》第14章第7节则道："他的枝条必延展，他的华美如橄榄树。"

据说，葡萄树是耶稣本人最早的象征符号之一。《新约·约翰福音》第15章第1节至5节耶稣对信徒们的话道："我是真正的葡萄树，天父则是栽培者。他剪去我不结果的枝，涤净结果的枝，使之结出更多的果……枝子若不长在葡萄树上，就不会自行结果；你们若不在我里边也不会得道。我是葡萄树，你们是枝子。"最初，在耶路撒冷神庙东墙上饰有一幅富丽堂皇的葡萄树雕画，其枝蔓以金子制成，果实则全部用宝石镶嵌。公元70年，罗马将军维斯帕西亚努斯（此后的罗马皇帝）在征服犹地阿，夺得耶路撒冷后，便劫走了这一独特的艺术品，并将其作为战利品在罗马向公众展出。

在基督教中，不忠实的以色列人被称为"野葡萄"。《旧约·杰里迈亚书》第2章第21节记载，先知以上帝的名义说："我栽你是上等的葡萄树，全然是真种子。你怎么向我变为外邦葡萄树的坏枝子呢？"

在闪族文献中，石榴树常常被用作许多古代仪式的宗教性符号。有人认为，希伯来语中"石榴"一词（rimmon）是神祇的名字。这进一步证明了人们赋予石榴树神圣的象征意义。由于每个石榴果实中含籽多达数百颗，所以古人将石榴视为丰产和生命的标志。

此外，雪松、栋树、无花果树等也都具有各种各样的象征意义。树或树枝作为艺术图饰，尤其是作为具有宗教含义的象征符号，几乎在世界上所有的民族之中都可见到。但是闪族中这些"圣树"最初的含义是什么呢？是现在人们所赋予的含义吗？恐怕随着时间的流逝已经发生了变化。

墨西哥土著宗教与基督教的神秘联系

> 地处美洲的墨西哥宗教何以与大西洋彼岸的基督教有诸多相似之处呢？它们是在两岸单独成长，还是有过接触或联系呢？

墨西哥是美洲大陆印第安人古老的文明中心之一，闻名于世的玛雅文化、托尔特克文化和阿兹特克文化均为墨西哥古印第安人创造。

当16世纪初西班牙殖民者侵入墨西哥的时候，他们惊讶地发现墨西哥的印第安宗教无论是基本教义观念还是宗教标志和礼拜仪式，都与基督教有惊人的相似之处。地处美洲的墨西哥产生的宗教何以与大西洋彼岸的基督教如此相像呢？它们是在两岸单独成长，还是有过接触或联系呢？

在征服墨西哥之初，西班牙人发现印第安宗教的某些标志与基督教的标志十字架很相似。据研究，印第安人认为十字架代表火神，所以也代表太阳神及其使者克扎尔科亚特尔，他们还使用带有十字架形钻孔的炉灶。与欧洲人接触初期，在没有天主教神父干预的情况下，查穆拉印第安人一直虔诚地膜拜从远古时代起就树立在圣胡安·查穆拉圣殿内院的三个巨大十字架。据说，西班牙人在尤卡坦和坎佩切等地玛雅圣殿内也发现许多十字架。

在科苏梅尔，有用石灰和石块制成的十字架，它是该地雨神的标志，也是玛雅人契兰·坎瓦尔偶像祭司的精神支柱。此外，人们在瓦图尔科发现的另一个十字架，是按照琼塔尔印第安人传统树立起来的，至今还保存在瓦哈卡大教堂内。

据西班牙人研究，印第安人的某些宗教思想与基督教的部分教义也很相似。基督教的基本教义之一是"三位一体"说，它宣称上帝是由圣父、圣子、圣灵组成的。上帝是圣父，是"天地的全能的创造者"；耶稣"是上帝的独生子"，也是上帝的"道"；道通过童贞女玛丽亚感受圣灵而受胎成为肉身，神幻化成人的形象，在人间传播福音，并通过自我牺牲的方式来拯救世人。而墨西哥宗教也有与此相似的"三位一体"说，在尤卡坦半岛和恰帕斯地区，土著人也崇拜其万能的创造之神伊科纳，他们还崇拜一个子神巴卡布，他是伊斯切尔神的童贞女奇里维里亚斯之子。巴卡布受到残酷的鞭打和被戴上刺冠之后，又被埃阿普科钉在一个木桩上，但是第三天他就复活升天，并与其父母团圆了。这个传说与基督教中耶稣的传说极其相似,难道两种宗教同属一门?

与此同时,印第安人也发现自己的祖传宗教和基督教信仰之间,特别是有关圣事仪式方面存在某些相似点。在印第安宗教中有像洗礼一样的仪式,按其教规,出生8天或10天的婴儿要接受某种沐浴,并由祭司给他们取名。此外,如果是男孩,祭司就给他一个圆盾或一支箭;如果是女孩,则给她一把小扫帚。基督教的洗礼与印第安人的宗教仪式如此接近,连传教士们对此都感到不可思议。

总之,从宗教的标志、观念和仪式来看,美洲原住民宗教与基督教有很多相似的成分,例如十字架、洗礼和圣水等。美洲土著宗教中还有与基督教相似的挪亚方舟与洪水、人类始祖(西瓦科亚特尔)等传说。

美洲印第安宗教与欧洲基督教远隔重洋,应该说是在完全不同的社会和自然环境中生成和发展的,但是它们却有如此众多的相似之处,这究竟是为什么呢?为何基督教与世界其他地区的土著宗教很少有这么多的相通点呢?会是古代或中世纪基督教传播的结果吗?但是目前为止,还没有可靠的史料证明基督教曾传播到美洲。

数字"3"的象征意义

在一般人看来,"3"只是个普通的数字,平淡得没有特别的含义,可是在宗教典籍中,"3"却被赋予严肃的意义。

《圣经》中有许多地方提及数字"3"。例如《列王纪上》第17章21节中,伊莱贾3次伏在孩子的身上,求告耶和华说:"我的神啊,求你使这孩子的灵魂进入他的身体。"《历代志上》第21章12节中,迦得向戴维转达耶和华的意见:"耶和华这样说道,你可以随意选择,或3年的饥荒;或败在你敌人面前,被敌人的刀追杀3个月;或使耶和华的刀攻击3天,在这3日内将发生瘟疫,耶和华的使者将在以色列的四境施行毁灭。"《但以理书》第6章10节:"但以理到自己家里(他楼上的窗户开向耶路撒冷),一日3次,双膝跪在他神面前,祷告和感谢,就像平常一样。"《创世纪》第40章10节至23节:"法老的酒政梦见了一棵长有3股树枝的葡萄树;约瑟便将3股树枝解释成法老将在3天内让酒政官复原职。"《出埃及记》第2章2节:"摩西的母亲生下他后,曾将他藏在家中3个月。"《出埃及记》第3章18节:"以色列人将要求埃及王允许他们往旷野作3天旅行,以祭奉耶和华。"《约拿书》第1章17节：耶和华安排一条大鱼吞了约拿，约拿在鱼腹中待了3日3夜。"

在古希腊的神话中，至高无上的威力始终与"3"联系在一起：宙斯、波塞冬和哈迪斯是克洛诺斯的3个儿子，他们统治着整个宇宙——宙斯主宰一切天象，支配天下众神和万民以及人间的善恶；波塞冬掌管海洋，为海神；哈迪斯则分治冥界，被认为是掌管地下财富，司理丰产，并从地下赐予人间收成的神祇。这个三足鼎立的分治宇宙在希腊的宗教神话和祭祀中发挥了重要的作用。

主宰人类一生的命运女神为3个，她们是处理人类生命之线的老妇人：克洛托纺生命之线；拉刻西斯使生命之线经受各种命运的波折；阿特罗波斯则剪断生命之线，使之终结。由众神任命的冥府判官也是3位：米诺斯、埃阿科斯与拉达曼迪斯，他们都是宙斯的儿子。海神波塞冬的标志是一把三叉戟，他经常用这把三叉戟来砸开岩礁，瞬间即能呼风唤雨。卧于冥王哈迪斯脚下的是一只叫刻耳柏洛斯的三头狗。这只猛犬守卫在冥国入口处，听凭鬼魂随意进入，却严禁再行返回。所以希腊人多在棺中置放一块蜜饼，以便死者此后贿赂三头猛犬。希腊最古老的神是位于拉里萨的三眼宙斯，他的3只眼睛意味着他对物质三大要素——土、水、空气拥有最高的控制权。

与诸重要神祇有关的如此众多的"3"难道仅仅是人类的随意想象吗？

不仅神话故事中的"3"包含着伟大的含意，古代的许多伟大学者都十分严肃地赋予"3"重要的意义。公元前6世纪的希腊数学家毕达哥拉斯及其学派认为，世界万物均由三位一体决定，三合组乃是宇宙中最完美的形式。他们相信3个世界的原则：劣等、优等和最优世界。公元前4世纪的亚里士多德认为数字"3"是因观察自然而得，所以用它祭神和斋戒是最适宜的。此外，古代哲学家苏格拉底和柏拉图也都承认事物的三本原——神、观念、物质。

对此，古巴比伦人也有类似的看法。他们把天地视为一个整体，而二者则各由三区域构成：天界由天上诸水、黄道带和北天组成；地界由地周诸水、大地和空气组成。人们还认为，任何疾病发展最关键的日子是在第3天。为了医治病人，其身边需持续3天放置一只火锅；或者在其脖子里套上3股绳子。诸如此类的说法甚多，似乎具有宗教象征意义的"3"都与人类对自然的观察有关。

此外，有人以为数字"3"的象征意义来自希伯来人的3个先祖——亚拉伯罕、艾萨克和雅各布；也有人认为"3"的象征意义在于它代表"许多"，因为在人类的最初阶段，凡属"2"以上的数目均被认为是数不清的多数。

那么，究竟"3"只是普通的数字，还是蕴含着特殊的含义呢？恐怕没有人能够给出确切的答案。

摩尔门教徒为何一直迁徙

摩尔门教是在美国非常兴旺的一个宗教，著名的城市盐湖城就是该教所建。可是，从宗教创立之后其教徒就开始不停地迁移，这是为什么呢？

美国的摩尔门教，也称"耶稣基督后期圣徒教会"，是英格兰人的后裔约瑟夫·史密斯在1830年创立的。该教最初并无正式的名称，所代表的是耶稣基督的使徒在1世纪时所建立的最原始的教会，1838年4月26日因受天启而正式更名为"耶稣基督后期圣徒教会"。

约瑟夫·史密斯生于美国。他是一个极富幻想的人，声言常见异象，后来竟宣称自己见到一位名叫摩龙尼的天使，天使告诉他，纽约州库摩拉山藏有金牌，是主在5世纪埋藏在那里的。史密斯自称掘得金牌，并称在乌陵土明协助之下将金牌上的埃及文翻译成书。在此基础上，便产生了《摩尔门经》。1830年，他在俄亥俄州的柯兰特创建了摩尔门教共同体，即摩尔门教。

摩尔门教建立后不久，其教徒就开始了不断地迁移。他们首先迁到密苏里州，然后又迁到伊利诺伊州，后来约瑟夫·史密斯被杀害，由布里格姆·扬带领教徒到美国中部犹他州大盐湖山谷，并于1847年在该处安顿下来。此后该地便发展起来，盐湖城也因此成为教会的总会所在地。从某种意义上说，盐湖城是此教会早期的教友凭借对神的信心拓荒所建成的一座城市，这在全世界的城市发展史上是极为罕见且非常特殊的。

关于摩尔门教徒不断迁移的原因，有的学者认为，与摩尔门教的特点有关。摩尔门教崇尚人类过集体生活，并实行一夫多妻制，因此被当时美国的主流宗教基督教歧视和忌恨。在这种情况下，摩尔门教徒为了寻找更为平静的安身之地，更好地得到上帝的"拯救"，不得不经常变换生活地点。

然而，更多的学者认为，摩尔门教徒之所以不断地迁移，主要是因为政府的歧视和迫害。1838年，摩尔门教徒迁移到伊利诺伊州后，在一个被史密斯称为瑙渥的地方定居下来。此地在摩尔门教徒的努力开发下发展很快，到1844年已经成为伊利诺伊州最大和最繁华的城市。但是不久，史密斯及其兄弟就被当局以破坏财产罪关进监狱并用私刑处死。1846年，摩尔门教徒被迫离开，开始了向美国西部的迁移。1847年7月，他们到达大盐湖盆地。根据布里根姆·扬的指示，他们在盐湖畔的一块地方定居下来，取名为"德塞列特"。

还有的学者认为，摩尔门教徒之所以能够百折不挠，是由这一宗教的本质所决定的。他们认为，这个教会是19世纪众多乌托邦宗教运动中受迫害最严酷、生命力最强，也最成功的一个运动。摩尔门教徒在犹他地区定居后，连续10年陷于贫困和饥饿的境地，但仍然顽强地生存下来。摩尔门教的多妻制和教阶统治制度，虽然不断遭到全国性政党和国会的攻击，但却一直存在着。1896年，在摩尔门教徒的努力争取下，"领地"终于以犹他州的地位纳入美利坚合众国。摩尔门教徒在克服困难的过程中，还在不断地壮大自己的力量。

虽然现在摩尔门教获得很大的发展，教徒的生活也非常稳定，但是摩尔门教的教义与美国的民主制度和自由主义生活方式是格格不入的。在以后的岁月里，摩尔门教会不会再次遭受逼迫而重新踏上迁移的道路呢？他们的教义会始终得到人们的容忍吗？美国摩尔门教的存在和发展仍然是一个值得探讨的问题。

摩西是犹太人还是埃及人

千百年来，摩西一直被犹太人当作本民族的解放者而备受尊崇，但是，有人认为摩西不是犹太人，而是埃及人。谁能给出一个确切的答案？

据《圣经》记载，当雅名（又名以色列）最初率领70人到达埃及后，他们以埃及的歌珊为基地，逐渐向埃及各地蔓延，人口越来越多，逐渐兴旺发达起来。但是随着时间的流逝，他们逐渐沦为埃及人的奴仆。大约在公元前14世纪，一个名叫摩西（Moses）的人降生。摩西在上帝耶和华的谕示下，带领在埃及过着奴隶生活的以色列人迁到神所预备的流着奶和蜜之地——迦南（今以色列—巴勒斯坦一带），神借摩西之手写下《十诫》并教导他的子民敬拜他。从此，犹太人结束了被奴役的历史。

千百年来，摩西一直被当作犹太人的解放者，给他们带来宗教和法律的伟人而备受尊崇。同时，他作为犹太民族的一分子，也成为以色列人的民族英雄。

但是，近年来有些学者通过对摩西传说的深入研究，提出摩西并不是犹太人，而是埃及人，而且他传给犹太人的宗教是从埃及带去的。

据这些专家说，摩西名字"Moses"词尾的s来自希腊文译本的《旧约》，从这个词来看，它来源于埃及语词汇。埃及语中"Moses"的意义是"孩子"，也是其他某些名字如"Amon-mose"（阿蒙摩西）、"ptahmose"（普塔摩西）的缩略形式，而且Moses这个名字在埃及的纪念碑上也并不罕见。他们认为摩西最初的名字之前可能是诸如阿蒙或普塔之类的埃及神祇的名字，但前置名字在后来长期的流传中失去了，于是这个孩子逐渐被人们称为"摩西"。

从犹太教教义看，犹太教与埃及宗教之间始终存在着尖锐的对立关系。犹太教是一个庞大而严格的一神教，而埃及宗教中，不同起源和地位的神多得数不清。虽然摩西给犹太人带去的宗教不是当时埃及奉行的主要宗教，却可能是他自己的宗教，即一种埃及宗教。在古埃及第十八王朝时期，法老阿蒙霍特普四世在全国实行宗教改革，强迫他的臣民接受阿顿（阿吞神）教。然而，他去世后不久，这种宗教就被废除了。人们发现，摩西带给犹太人宗教中的许多东西都与阿顿教类似，如获准入教前所做的信仰声明或誓言，在犹太人中实行的割礼等，这是否就意味着摩西是埃及人呢？

此外，还有许多迹象表明他极有可能是埃及人，诸如传说中摩西与他解救的臣民之间的言语交谈，需要兄长亚伦来协助等。

最初的耶路撒冷究竟在何处

耶路撒冷是三大宗教的圣地，然而自从三大宗教都把它定为圣地后，这座城市就再也没有得到安宁。人们想知道的是，这座圣城最初的地址在哪里，是今天它所在的位置吗？

耶路撒冷，现以色列和巴勒斯坦共同的首都，是一座拥有5000年辉煌历史的世界文化名城，它是犹太教、基督教、伊斯兰教三大宗教的圣地。在希伯来语中"耶路"意为城市，"撒冷"意为和平，"耶路撒冷"即和平之城的意思。

《旧约圣经》中，耶路撒冷被提到过700多次。以色列的男人必须每年来耶路撒冷3次，过宗教节日。犹太人无论流散到何处，礼拜时总是要面向耶路撒冷，建筑也尽可能地设计成朝向耶路撒冷，朝向至圣所所在的方向。

耶路撒冷成为基督教供奉的圣地，要比犹太教晚得多。公元335年，古罗马皇帝君士坦丁一世的母亲希拉娜太后巡游耶路撒冷时，下令在耶稣遇难的墓地上建造一座圣墓教堂，从此以后耶路撒冷便成了基督教徒信奉、朝拜的圣地。

耶路撒冷自7世纪后又成为仅次于麦加、麦地那的伊斯兰教第三圣地。相传伊斯兰教创始人穆罕默德在一个夜晚被天使从梦中唤醒，于是他骑上一匹银灰色人头牝马，追随天使从麦加来到耶路撒冷，脚登一块岩石，升上"七重天"。耶路撒冷最显著的建筑物就是圣殿山上的两座清真寺——圆顶清真寺和阿克萨清真寺。

自三大宗教都把耶路撒冷定为圣地后，这座城市就再也没有安宁过。据史料记载，从耶路撒冷诞生之日起至现在，已有18次被无情的战火夷为平地。但也因为耶路撒冷是世界公认的宗教圣地，所以即便它一次次被战争吞没，仍旧一次次奇迹般地复兴和重建起来，始终屹立不倒。

但是，对这座城市原来所处的地理位置，西方一些学者提出了质疑。有人认为耶路撒冷古时不在巴勒斯坦境内，而是在沙特阿拉伯境内。上帝赐给犹太人的"流奶滴蜜之地"，实际上在当今沙特阿拉伯境内从麦加到沙特——也门边界附近的红海之滨——一条长约300千米的狭长地带内。

还有学者认为耶路撒冷就是在《圣经》中说的地方，即内罗毕。

众多的历史文物和宗教遗址，经历代文人墨客的渲染，给耶路撒冷披上了色彩浓厚的宗教外衣，似乎这里的一石、一砖、一墙、一柱都在向过往的游人诉说着已逝去的、年代久远的故事。

耶路撒冷"哭墙"之谜

它被列入世界十大神秘事件之一，真相却出人意料；它见证了一个民族千年的悲欢离合，它抚慰着无数人的悲痛心灵。它就是"哭墙"！

耶路撒冷犹太教圣迹哭墙是耶路撒冷旧城第二圣殿护墙的一段，也是第二圣殿护墙的仅存遗址，它长约50米，高约18米，由大石块筑成。犹太教把该墙看作第一圣地，教徒至该墙须哀哭，以表示对古神庙的哀悼。千百年来，当流落在世界各地的犹太人回到圣城耶路撒冷时，都会来到这面石墙前低声祷告，哭诉流亡之苦，所以这面墙被称为"哭墙"。历经千年的风雨和朝圣者的抚触,哭墙石头也微微发光,如泣如诉般。

公元70年,罗马帝国代理大王希律王统治时期,极力镇压犹太教起义,数十万犹太人遭到残忍的杀戮,绝大部分犹太人被驱逐出巴勒斯坦地区,耶路撒冷和圣殿几乎被夷为平地。直至拜占庭帝国时期,犹太人才可以在每年安息日时获得一次重归故里的机会,无数犹太教信徒纷纷至此,面壁而泣。

第二次世界大战期间,惨遭德国法西斯杀害的犹太人达600万之多。这些惨痛的历史深深地印在犹太人的心中,哭墙更被犹太人视为信仰和团结的象征。直到如今,哭墙脚下仍有来自世界各地的犹太人,他们或围着一张张方桌做宗教仪式,或端坐在一条条长凳上念诵经文,或面壁肃立默默祈祷,或长跪在地悲戚啜泣。每逢宗教节日,祈祷者及游人更多。哭墙分为两部分,中间隔一栅栏,男女分开祈祷。想要进入男部,须带上用纸做的小帽,否则会被视为异教徒而不准入内。在做正式祈祷时,要准备好两个装着"圣书"语录的小羊皮袋子,一个戴在头上,另一个捆在手臂上,身上披一件特制的披肩。教徒们在祈祷时面对哭墙,口中念念有词,虔诚之态令人肃然起敬。

有一次,这面巨大石墙中间的一块巨石上出现了一道水渍,经过几天风吹日晒水渍依然如此,既不扩大,也不消失。这一现象令不少正统的犹太教徒激动不已,因为在犹太教传说中,哭墙流泪是犹太救世主弥赛亚降临的先兆。

哭墙一共流了三行"泪",一行"眼泪"位于哭墙中间靠左的位置,距离地面六七米。水渍为长方形,尽管湿漉漉的,却并没有水滴下来,水渍四周都是干的,未见一点水的痕迹。由于水渍正好位于一块巨石正面,所以从地面看起来似乎水是从石头内部渗出来的。另外两处水渍都位于石墙的缝隙处。水从缝隙里渗漏出来,润湿下面的石头,一些墙缝的颜料也被腐蚀掉了,看起来就像一双"流泪的眼睛"。

其实哭墙出现水渍是一种常见的自然现象,一种说法是哭墙另外一侧用于滴灌的水管发生渗漏引起的;另一种说法是由于一种长在石头中间的植物腐烂后引起的。

犹太民族为何具有强大的凝聚力

在历史上犹太教屡遭劫难,但令人不可思议的是,无论在哪里,犹太民族都具有强大的凝聚力,是什么让他们紧紧地团结在一起的呢?

犹太是一个历史悠久的民族，他们原来是居住在阿拉伯半岛的，最初被称为希伯来人，意思是"游牧的人"。根据记载他们历史的《旧约圣经》传说，他们的远祖亚伯拉罕原来居住在苏美尔人的乌尔帝国附近，后来因某种原因迁移到迦南。公元前11世纪，希伯来人从埃及来到巴勒斯坦，建立统一的以色列国家，定都耶路撒冷。

后来，以色列国家分裂为两部分，北方的以色列王国为亚述所灭，居民被放逐，不知所踪。公元前597年，南方的犹太王国被新巴比伦击败，导致4万多犹太人被掳，史称"巴比伦之囚"。波斯兼并巴比伦后，犹太人获准于公元前538年返回故土。

公元70年，也就是罗马帝国皇帝希律王统治时期，极力镇压犹太教起义，数十万犹太人惨遭杀戮，绝大部分犹太人被驱逐出巴勒斯坦地区，还有人被当作奴隶卖掉。公元135年，罗马军队再次踏平不肯屈服的耶路撒冷。此后的日子里，犹太人一直在世界各地漂泊。

失去祖国之后的犹太人所经历的苦难是我们难以想象的。特别是在基督教一统天下的欧洲，犹太人被当作异教徒和谋杀耶稣的凶手备受歧视与迫害，在那里经常发生屠杀犹太人的血腥事件。

欧洲对犹太人的迫害在第二次世界大战期间到达顶峰，约600万犹太人被残忍地屠杀，这几乎彻底摧毁了犹太人在欧洲2000年的文化历史。

流落世界各地的犹太人虽然分属几十个国家，说着各种不同的语言，体质特征也不尽相同，甚至有不少黑人犹太人，但他们都认为自己同属一个犹太民族，因为他们都信仰犹太教。犹太教是维系世界各地的犹太人的强韧纽带，是他们不被同化的有力保证。那么，这种强大凝聚力的奥秘究竟是什么呢？

有很多人认为犹太教的凝聚力植根在其所蕴含的极为强烈而又相当狭隘的民族意识中。犹太教把自己的信徒说成是上帝的"选民"，自认为优于其他民族，因此有不与外族共食、通婚等戒律。就这样，犹太教用《律法书》等经典给自己筑了一道围墙，成为一个极为封闭的社会集团。即便在落难之际，这些戒律也不轻易改变。犹太人甚至把因罹大难而背井离乡、将耶和华的学说带给全人类作为神圣使命，因此，世世代代漂泊流离的犹太人自有其强大的精神依托。

有些学者根据犹太的历史经验提出，犹太教越是受压迫，其凝聚力越强，反之则会减弱，因此遍布全球的犹太民族之所以没有解体，与其遭遇的种种厄运也是分不开的。犹太教徒深信，生死是上帝安排的，正义与邪恶最后都会得到上帝的公正评判。

此外,还有些学者认为是犹太教士长期以来灌输的教育才使得犹太教的凝聚力如此强大。在流放期间,犹太人自行建立很多会堂,在神职人员的组织下定期开展宗教活动,维持其独特的生活方式。从此,犹太会堂成了维系犹太社会的中心。犹太教会具有很高的权威,它规定对不守戒规的信徒进行严惩。因此这种宗教上的极端不容忍性被大多数人当作犹太人受迫害的重要原因。可是,不容忍异端是很多宗教的共同特征。中世纪的天主教会在迫害异端方面比起犹太教有过之而无不及,为什么其与犹太教相比,凝聚力反倒逊色得多呢?

《圣经》中诡异的景象

> 从不曾有任何一本书像《圣经》那样给世界留下如此深刻的烙印,作为宗教典籍,它绝对称得上经典,可是为什么《圣经》中会有许多奇怪的描写呢?谁能解释得通呢?

《圣经》是世界上发行最多、流传最广的书籍之一。它是基督教的经典著作,也是古代中东地区特别是犹太民族的一部详细的编年史。从来没有任何一本书像它一样,经历那么多的颠覆和变革;也从不曾有任何一本书会给这个世界留下如此深刻的烙印。

在《圣经》中保留了众多的犹太民族远古时代的历史传说,这些传说往往都带有强烈的神话色彩,在古代,要对《圣经》的内容提出质疑是根本无法想象的事情。后来,人们以为那些传说都是古代人想象力的产物。但是,随着科学的深入发展,人们发现《圣经》中的某些神话和传说竟然存在某些超越时代的记载,那么,这些记载又是根据什么写的呢?

《以西结书》第1章至第3章中以西结的一段描述,被认为是有关不明飞行物的最早记载之一。那是在迦勒底人第3次进攻犹大地时被掳往迦巴鲁河谷的第5年,天上突然出现一具奇异的"飞行器"。在那里,以西结认为自己感受到耶和华的召唤,开始为被俘的犹太人做预言。他写道:"我见狂风从北方刮来,随着飘来一朵闪烁的大云,周围充满光辉,从火中迸发出光芒万丈的精金。""又从其中,显出4个活物的形象来。他们都具有人的形象,各有4张脸、4双翅膀。他们的腿是直的。脚掌好像牛犊的蹄子,都灿烂如光明的铜。在翅膀以下有人的手……行走并不转身,俱各直往前行……活物往来奔走,好像电光一闪。"

以西结观察得相当仔细,这种"飞行器"能够扇起狂风、发光、喷出火焰,这是一种什么样的飞行器呢?这些"似人的活物"又是什么?在现代人想象中,不正像戴有宇航盔、身穿太空装、系着飞行装置的外星生物吗?

以西结的奇遇还没有结束,接着,他又见到这样的情景:"……活物的脸旁各有一轮在地上。轮的形状和颜色好像水苍玉。……好像轮中套轮,轮行走的时候,向四方都能直行,并不掉转。4个轮的周围都长有眼睛。活物行走,轮也在旁边行走。活物从地上升,轮也都上升。"

他被带上飞行器,飞行器起飞了,"我又听见那活物翅膀相碰,与活物旁边轮子旋转震动,发出轰轰的响声。于是灵将我举起,带我而去……"

以西结的描述与传说中的飞碟非常相像,而以西结的经历仿佛是乘坐不明飞行物进行了游览。

《圣经》中另一段奇怪的描写是在《创世纪》第19章中出现的,上帝要毁灭所多玛和蛾摩拉这两座罪恶之城。在灭城之前,他派了两名天使来通知罗得带着全家逃离这里。天使带领罗得家人出了城,对他们说:"逃命吧,不要回头看,也不要在平原站住,要往山上跑。"

"当时耶和华将硫黄与火,从天上降与所多玛和蛾摩拉,把那些城和平原,同城里所有的居民,连地上生长的一切都毁灭了。罗得的妻子没忍住,她回头一看,瞬间就变成一根盐柱,亚伯拉罕清早起来,到了他从前站在耶和华面前的地方,向所多玛、蛾摩拉与平原的全地观看,不料那地方早已是烟气上腾,如同烧窑一般。"

上帝到底是用什么武器在瞬间把两座城彻底毁灭的呢?那两座被毁灭的城市为什么会烟气上腾?为什么罗得的妻子回头一看就变成盐柱?有人在仔细研究了这段文字之后,认为它与1945年美国用原子弹轰炸日本广岛和长崎的情况非常相似。只有原子弹才能一下子毁灭整座城市,只有原子弹的爆炸才能形成冲天而起的烟云,只有原子弹爆炸的光辐射才能对看它的人造成致命的杀伤力。难道《圣经》中记载的是核武器爆炸的现场?

远古时代那些犹太民族的先知在《圣经》中的记录,究竟是他们亲眼所见还是主观凭空想象的呢?这是一个值得我们认真探讨的问题。

耶稣真有其人吗

耶稣对基督徒的巨大影响力是毋庸置疑的，可是耶稣到底是一个历史上的真人还是人们塑造出来的神呢？

基督教自创立至今已经有2000多年的历史了，但是"基督教的创始人耶稣是否真的存在过"却一直是人们争论不休的话题。

虔诚的基督徒认为耶稣真的存在过，他是一位生长在巴勒斯坦的拿撒勒人，他创立了基督教，所以被后来的基督徒崇奉为"上帝"。

据说，耶稣的父亲名叫约瑟，是一个木匠，他的母亲名叫玛利亚。耶稣从小并没有受过传统的正规教育，他的父母是虔诚的教徒，每年都要去宗教圣地耶路撒冷诵经朝拜，每次朝拜都会带上长子耶稣同行，耶稣从那里了解了巴勒斯坦和外部世界的情况，获得了丰富的知识。

后来，耶稣带领他的12个门徒云游四方，到巴勒斯坦各地宣传他创立的基督教。他的思想受到下层民众的广泛欢迎，他宣扬"天道"，号召民众要把巴勒斯坦从罗马帝国的统治下解放出来，重建繁荣昌盛的希伯来大卫王国。在犹太人民的心中，耶稣既是先知先觉的圣人，又是大卫王国的皇位继承人。根据记载耶稣生平事迹的《四福音书》所说，耶稣和他的门徒的布道说教激励了人们的斗志，给广大人民群众带来了福音，备受鼓舞的当地民众掀起了一阵又一阵的抗议活动。耶稣的这些活动遭到了犹太当权者的抵制和打击，最终被钉死在耶路撒冷东郊橄榄山的十字架上。

按照这种说法，耶稣是当时在民间活动的反抗者领袖，他用宗教来号召人民和他一起推翻罗马统治者和上层社会的压迫者，虽然最终事情泄露后耶稣被杀，但是他创立的宗教却逐渐流传了下来。

也有人认为耶稣在历史上并不是真实存在的，他的形象是基督教会凭空塑造出来的。在传说中耶稣创立基督教的时代，各种史籍著作都很少提到耶稣的生平事迹和创建基督教的详细资料。至于记载耶稣故事的各种福音书是在基督教产生很久以后才陆续问世的。由于宗派斗争的需要，各教派纷纷根据自身的需要来编写福音书，并按照各自的教派观点来描绘"救世主"耶稣的形象。关于这一点，人们可以从各个不同版本的福音书中清楚地看出来，《路加福音》中的耶稣家谱同《马太福音》中的耶稣家谱就有很大的不同，在《新约全书》中描绘的耶稣更是一位无所不能的"天神"，而不是有血有肉的历史人物。

同时，学者们还对"耶稣创立基督教"的说法提出质疑，从现有历史资料来看，基督教本来是从犹太教中诞生出来的一个教派。"耶稣"是犹太人中一个非常普通的名词，它的原意是"上帝耶和华拯救"，而"基督"则是"救世主"的希腊文音译。基督教在萌芽时期是一种社会下层平民狂热宣扬"天国"和"救世主"的群众布道活动，处于下层的人们急切地渴望"救世主"能够从天而降来解救受苦受难的民众，因此基督教徒就创造出"耶稣"这样一位先知来帮助他们宣扬教义。

最早的基督教徒大部分都是犹太人，因而各类福音书的记载无不受到犹太教的影响。《马太福音》之所以要把耶稣说成是犹太国王的后裔，是因为这样就能为这位神明的"救世主"披上合法的外衣，从而召集更多的信徒。后来，随着基督教在世界各地的广泛传播，教会为了把耶稣说成是全世界所有地方民众的"救世主"，又把他改成是上帝耶和华的独生子，即童女玛利亚尚未出嫁便受圣灵感应怀孕而生下了耶稣。

耶稣裹尸布之谜

耶稣受难后，身体曾经被人用布包裹起来，这就是传说中的"耶稣裹尸布"。然而现在流传于世的裹尸布究竟是真是假呢？

据《新约圣经》上记载：耶稣在十字架上被钉死后，门徒逃的逃、散的散，尸体无人收殓。幸好有一个名叫约瑟的义士，把耶稣的身体取下来用细麻布裹好，安放在事先用石头凿成的坟墓里。不久，耶稣死而复生，墓穴洞开，耶稣已经不见了踪影，他的门徒听闻此事，连忙"跑到坟墓前，低头往里看，见细麻布独在一处，就回去了，心中暗暗惊奇此事"。然而，就在耶稣复活后，他的那块裹尸布却不见了。对于这块细麻布的下落，《圣经》经文没有再做交代。

起初，人们认为这只是一个宗教神话，并未信以为真。直到1355年，这件旷世圣物才浮出水面，它的拥有者是一个法国骑士，他声称这件"圣物"是在十字军东征君士坦丁堡时得到的。1356年左右尸布首次被公开，顿时引起整个基督界的震动，因为布上的人影不仅容貌酷似传说中的基督，而且还有血迹。后来在宗教学者的研究下，认定这块布是耶稣死于十字架之后用来包裹其尸体的，因而留下了耶稣的身影。1578年，裹尸布被迁往意大利北部的都灵，在都灵大教堂的圣坛上存放至今。

由于社会上对耶稣裹尸布的真伪众说纷纭，1898年，都灵大教堂批准展出尸布。人们发现这块亚麻裹尸布上留有一个明显的影像——一个裸体、有胡子、留长头发的男人的图像。其大小同实际人体相等，死者面容安详，其身体上留有伤痕，布上沾有斑斑"血"迹。裹尸布图像上的脸型、披肩的发式及胡子都属于公元初的犹太人形象。于是，人们据此认为，这块裹尸布上的影像很像《福音书》上所描述的耶稣受难时的形象，并断定这就是约瑟用来包裹耶稣尸体的那块"圣布"。

当然，也有人认为那并非真正的耶稣裹尸布。他们提出，裹尸布的人形属裸体形象，这与当时的习俗相违背，因为人们普遍认为耶稣受难时是穿着希腊长衣，或束有大腿绷带的。同时，他们还发现，裹尸布上的耶稣形象留有发辫痕迹，而中世纪时期几乎所有圣像都没有发辫。

1978年，为纪念裹尸布迁移都灵400周年，都灵大教堂再次举行了公开展出。各国科学家云集都灵，用各种现代科学方法对尸布做了全面的检验研究。纺织学家发现，在古代中东地区常以亚麻布作尸衣、尸布，而这块亚麻裹尸布明显具有古代耶路撒冷地区的特征。同时，有科学家还发现在裹尸布上沾有一些花粉，这些花粉大部分是属于生长在耶路撒冷的植物花粉。因此他们断定：裹尸布肯定有一段时期在耶路撒冷保存过。

然而美国的科学家却得出不同的研究结果，他们认为裹尸布图像是由人巧妙地用轻微的焦痕制造出来的。而且，通过对尸布上的"血"迹的研究表明，裹尸布上留下的"血"迹确实是人血。但经分析发现，血迹和图像的形成是完全不同的，这说明尸布上的血不是来源于尸体，而是后来人为加上去的。由此，有科学家断言，裹尸布上的耶稣图像是伪造的，这块亚麻布根本就不是传说中的耶稣裹尸布。

虽然科学家认定这不是真正的耶稣裹尸布，然而仍有许多未解之谜：裹尸布上的图像是立体形的，但古代人是否能掌握立体成形技术呢？如果裹尸布上的图像是由焦痕形成的，那么要有怎样的烧烫技术才能绘制出这样一幅图像呢？究竟是谁会有这样的技巧和才智，如此大费周折地和宗教、信徒，甚至与几千年来众多的科学家开了这样的玩笑。也许，裹尸布周围笼罩的迷雾永远都无法揭开。

第二十一章 文化传承,有几多谬误

楔形文字之谜

公元前5000年左右，亚洲西部的亚美尼亚高原就有了最早的居民——苏美尔人。他们创造了灿烂的苏美尔文明，最能反映这种文明特征的是他们创造的文字——楔形文字。

楔形文字源自拉丁语，是cuneus（楔形）和forma（形状）两个单词构成的复合词。古代西亚的文字多刻写在石头和泥版（泥砖）上，笔画成楔状，形似钉头或箭头。

公元前3000年左右，苏美尔人通过图画的形式在泥版上记录账目，后来这些符号逐渐演化为表意符号，最终形成文字。公元前2000年左右，成熟的文字全面取代了旧有的文字，最初的图画系统化，构成纯粹的符号。这些符号大多与其他同类符号结合在一起，形成字词的音节符号。

为了长久地保存写有文字的泥版，苏美尔人把泥版晾干后再进行烧制，这样记录的文书能防腐蛀和防火烧。因此，这些研究苏美尔文明的重要资料才得以完好地保存到几千年后的今天。

在巴比伦和亚述人统治时期，楔形文字获得更大的发展，词汇量更加扩大和完备，书法艺术趋于完美，书写时更注重细节。公元前500年左右，楔形文字甚至成了西亚大部分地区通用的商业交往媒介。

从17世纪开始，人们不断地从两河流域一带所发掘的破碎的陶器、石雕和泥板上发现这些奇特的文字符号。对这种文字的破译是一个艰巨的任务，出人意料的是，破译所取得的重大突破竟来自一次酒后的赌注。

1802年，德国一位27岁的中学教师格罗特芬德在喝酒时和朋友打了个赌，他说自己预感到一定能破解这些文字，随即他就从贝希斯顿铭文入手研究。他认为，贝希斯顿石碑上的第一组文字应是波斯语的拼音文字，对照古波斯语的三种楔形文字，铭文的内容是某王的名字和王衔，通过进一步分析，格罗特芬德最终顺利地破译了楔形文字。

虽然格罗特芬德破译的是波斯语的楔形文字，但这一结果激发了无数学者的灵感和兴趣。后来英国人罗林森和其他学者破译美索不达米亚和西亚其他的楔形文字时无不受此启发。1843年,英国学者罗林森译解了贝希斯顿铭文中的古波斯文,又将古波斯文与楔形文字对照,终于揭开了楔形文字之谜。

目前人类所发现的楔形符号共有500种左右,一个符号有多重含义,其准确含义视前后文的内容而定,这就使楔形文字体系比后来的字母文字体系更难令人掌握。随着19世纪以来楔形文字的顺利解读,一门研究古史的新学科——亚述学也相应诞生。

对美索不达米亚的考古发掘近两个世纪来没有间断过,语言学家对大量泥版文献的成功译读,完全证明楔形文字是世界已知的最古老的文字之一。如今,人们依然可以把握楔形文字中字里行间的文明脉搏,感受两河流域这一伟大文明的古老气息。

"天书"之谜

在希腊克里特岛发现的泥版残片有两种文字形式,被称为线形文字A和线形文字B。线形文字B于1952年被破译,而线形文字A则至今未被破解。

线形文字A发现于圣托里尼的阿克罗蒂里。它是一种意音文字,包括60个表示音节的符号,以及60个表意符号,表达声音、物体或抽象概念。

线形文字B于1900年由英国考古学家伊文思在爱琴海克里特岛克诺索斯古代宫殿的废墟上发现的。线形文字B,可能是公元前17世纪,在线形文字A的基础上发展起来的宫殿文字,有88个符号,其中大部分来自线形文字A。

1936年,伊文思在伦敦举办了一次著名的学术讲座——《希腊克里特岛上湮没的文明和这个史前神奇民族的神秘文字》。在聆听讲座的听众中有一个14岁的中学生,他因为听了伊文思的讲座而开始对这"史前神奇民族的神秘文字"极度着迷,立志一定要揭开和破译线形文字的秘密!又过了16年,经过坚持不懈的努力,他终于实现了少年时代的誓言。

这个人叫迈克尔·文特里斯,他读懂了线性文字B的一部分,还指出这种文字是希腊本土迈锡尼人使用的文字,迈锡尼人是那时生活在那里的人,后来成了《荷马史诗》中的传奇英雄。

无独有偶,一位对古希腊语言史有深入研究的学者查德里克也加入文特里斯的研究队伍，他们共同解出了线形文字B中各个符号的发音，并证明了其中的词汇来自一种古希腊方言。这些写有线形文字B的泥版内容大多是记载账目，其中不少泥版上记载的是货物清单。

尽管克里特线形文字B被人们破解，但克里特线形文字A、费斯图泥盘文、部分玛雅文和复活节岛木板上的符号等，还是人们无法解读的"天书"。

拉丁字母表是怎样产生的

拉丁字母由于形体简单、清楚，便于认读、书写，因而流传很广，成为世界最通行的字母。人们不禁好奇：拉丁字母表到底是怎样产生的呢？

在学术界，人们普遍认为：拉丁字母源于希腊字母，拉丁字母是意大利半岛最早的岛民拉丁人创造的，拉丁文后来也成了罗马文字，所以拉丁字母又称"罗马字母"。

关于拉丁字母表的产生历来众说纷纭、莫衷一是，但归纳起来主要有三种见解。

第一种见解认为，希腊字母诸分支中有两个最大的分支：一是西里尔字母，9世纪时圣西里尔（827—869）和圣梅笃丢斯创制；另一个是埃特鲁斯坎字母，产生于公元前9世纪或前8世纪初，通用于意大利中部的托斯卡纳，流传有许多铭文，但大都未被人类释读。西里尔字母后变为乌克兰语、俄语、保加利亚语和白俄罗斯语等语言。同时，埃特鲁斯坎字母表则发展成拉丁字母表。起初，罗马人从26个字母的埃特鲁斯坎字母表中借用了21个字母。公元前1世纪，随着罗马对希腊的征服，Y、Z两个字母被吸收进拉丁字母表，J、V两个字母是中世纪时代发明的，在那以前，人们用I、U来代替它们。最后，从罗曼语中增加W，这样便形成了26个字母的拉丁字母表。如果按照这种说法推断，古典的拉丁字母表应该直接来自埃特鲁斯坎字母表，其受希腊字母表的影响是间接的。

第二种见解认为，最初的拉丁字母表有20个字母，直接来自坎帕尼亚的库迈城的希腊字母表。拉丁字母表之所以有此种起源说，是因为某些拉丁字母的古老形式与库迈字母表相对应的字母形式非常相似。

第三种见解认为，拉丁文不是古代最早的文字，拉丁字母表也不是世界上最早的字母表，拉丁字母表的诞生离不开东方文化的哺育。这是因为世界上最古老的文字大多发源于东方。由此,许多专家猜测:拉丁字母表应该是在东方文字的影响下才产生的。

历史学家经过大量的研究,最后给出结论。他们推测,在古代,尽管交通极不便利,但东西方也并非完全没有交流。人们在克诺索斯的一个克里特几何形墓中发现了公元前900年的腓尼基铭文,这证明,那时的腓尼基人与爱琴海地区的希腊人已有文化往来。希腊字母表来自腓尼基字母表,而希腊字母本身又分为东部和西部两个变体,其中东部变体的伊奥尼亚字母通行于希腊、小亚细亚及临近的岛屿,雅典用的是伊奥尼亚字母。公元前4世纪中期,伊奥尼亚字母取代其他字母,成为拥有24个字母的古典希腊字母表。

复活节岛上的木板之谜

复活节岛是世界上与世隔绝的岛屿之一,它之所以闻名于世,不仅因为学术界疑惑岛上巨大的石雕像的来历,也因为人们对岛上的神秘图案"是否是象形文字"这一话题展开了多年的争论,却至今无解。

1722年,当荷兰探险家罗赫芬发现复活节岛时,岛上的人类社会似乎还处在"石器时代",岛上的居民——拉帕努伊人有自己的语言,却似乎没有自己的文字。因为岛上到处都是石块,不长任何农作物,因此拉帕努伊人以捕鱼为生,并种植少量甘薯。尽管当时的欧洲殖民者也对岛上的巨大石雕像表示好奇,但他们的主要目标是一种野蛮的、兽性的、疯狂的财富掠夺以及绝对强势的精神洗脑。也因为西方殖民者的这种疯狂侵略行为,复活节岛自身的文化被大肆破坏,这也就为解开复活节岛的种种谜团设置了巨大的障碍。

一般来说,一个社会的文明都是复合的整体。由此规律推断,复活节岛上不应当仅仅只有巨石人像,而应当包括宗教信仰、神话传说以及文字等文明产物。而且,根据这些探险者留下的回忆录人们得知,当他们登上复活节岛时,曾在石人像附近发现大量刻满奇异象形文字的木板。这种象形文字的确非常奇怪,它不同于中国古代和古埃及、古印度的象形文字。它的象形图案更趋于符号特征。这些木板是复活节岛最神奇的谜团之一,当地人把它们叫作"科哈乌·朗戈朗戈"条板,意思是"会说话的木头"。最先认识到此木板价值的,是法国修道士厄仁·艾依罗。他在岛上生活了近一年，深知此木板上的文字就是复活节岛的古老文字。

可惜的是，在那个西方国家大肆殖民扩张的年代，西方传教士为了在复活节岛上推行基督教，居然无知地认为那些复活节岛所特有的木板文字是"魔鬼的咒语"，强迫拉帕努伊人大量烧毁。这种愚昧透顶的行为，使今天的研究者们大为遗憾。

所幸的是，在欧洲传教士烧毁那些木板文字的时候，有一个帕努伊人拼命抢下25块木板，将它们钉成一条渔船，逃到海上。后来这25块木板得以保存下来，被世界各地的著名博物馆收藏，但专家们一直未能破解这些木板的秘密。

1915年，英国人凯特琳率考古队登岛。听说岛上有位老人懂"朗戈朗戈"语，她立即前往拜访。老人名叫托棉尼卡，她赶到时老人已重病垂危。他不仅能读木板文，而且还会书写，并写了一页交给造访者，符号果真与木板上的一模一样。但老人至死不肯说出这些木板的含意。

托棉尼卡老人死后40年，智利学者霍赫·西利瓦在老人的孩子彼得罗·帕杰家见到一本老人传下来的"朗戈朗戈"文字典。征得同意之后，霍赫把讲稿拍了照，但后来胶卷和讲稿却莫名其妙地不知去向。奇怪的是，凯特琳也没来得及发表自己的日记便突然死去了。同时，考察到的材料未能发表便不翼而飞。唯一的一页手写文字符号能传到今天，纯属偶然。但托棉尼卡老人临死前所写的到底是何意，始终是个谜。目前世界上收藏的"朗戈朗戈"文木板只有20多块，分别保存在伦敦、柏林、维也纳、华盛顿、火奴鲁鲁、圣地亚哥、彼得堡的博物馆里。

1996年，俄罗斯人类学家、历史学博士伊琳娜·费多罗娃经过30多年的苦心研究，终于揭开了复活节岛"会说话的木头"之谜。

伊琳娜是靠直觉和推理进行论证的。她先弄清符号画的是什么，然后深入思考，找出它所代表的意思，再寻找恰当的词语加以表述。她的公式是：直觉+波利尼西亚语知识+同义词和同义异音词的搜寻，最后把结果放到其他木板文中去检验。

结果完全相符，于是她编出了字典。利用字典，她可以阅读任何一块木板文。实际上她已经阅读了现存的20多块复活节岛木板文字符。尽管未找到起源，但"朗戈朗戈"不再是秘密。

然而，许多学者仍对"朗戈朗戈"文是否是代表复活节岛文明的文字心存疑虑，那么真相究竟如何呢？只能借助时间来证明了。

第二十二章 文学作品中不能说的秘密

《荷马史诗》的作者究竟是谁

世界文学巨著《荷马史诗》由两部长篇史诗《伊利亚特》和《奥德赛》组成,两部史诗都分成24卷,反映了公元前11世纪到公元前9世纪的社会情况,内容浩大、广博,非一人之力可以完成。因此,人们一直在怀疑:《荷马史诗》真的是荷马写的吗?如果不是荷马所写,那它的作者究竟是谁呢?

研究古希腊的历史离不开古希腊的文学巨著《荷马史诗》。作为史料,它不仅反映了公元前11世纪到公元前9世纪的真实社会情况,甚至可以说是整个迈锡尼文明的缩影。它再现了古希腊社会的图景,是研究早期古希腊社会的重要史料。《荷马史诗》不仅具有文学上的重要价值,在历史、地理、考古学和民俗学方面也提供给后世很多值得研究的东西。鉴于《荷马史诗》内容浩大、广博,许多学者认为《荷马史诗》最初可能只是基于古代传说的口头文学,靠乐师的背诵流传,最终由荷马整理成册。因此,从严格意义上来说,荷马不是《荷马史诗》的真正作者。

而且,公元前7世纪(或公元前6世纪)留下来的一首古诗曾经有过这样的记载:"荷马是住在契奥斯岛(爱琴海中的一座岛)的一个盲人。"如果荷马是盲人,那他更不可能完成《荷马史诗》这样浩大的著作。

关于荷马的生平事迹,并没有过多的资料记载,只有这两部史诗可以引以为据,但其中的线索也少得可怜。不过,有一点是可以确定的,荷马是古希腊的"吟唱诗人"。对这一点我们之所以这么肯定,是因为希腊人恰好在荷马时代之前不会使用文字。在公元前8世纪中叶,地中海东部的腓尼基人教希腊人学习字母之前,希腊人根本就不会书写记载。在荷马以前,故事传说只是凭借口头传播,之所以采取歌谣形式,是为了使"吟唱诗人"容易记诵,较有才能的吟唱者也可以当场即兴发挥,并且,每次表演的细节也都不尽相同。每个吟唱者把一首诗歌以自己的方式进行修改,一首诗经过日积月累,就会不断发展。《伊利亚特》和《奥德赛》这两部史诗最终写成时,肯定是已历经润色、增补的最后定稿。

美国学者帕里从语言学的角度,仔细研究了这两部史诗中重复出现的词组、短语,尤其是每个英雄和神的名号的组合与使用,发现史诗具有一整套程序化的语句。据统计，荷马史诗中有五分之一是由重复使用的诗句构成的，总共2.8万行诗中有2.5万个重复出现的短语。这些程序化的用语符合配乐咏唱的古希腊诗歌的特有规律，也便于在没有文字的条件下口头传诵和即兴创作。如此大量而固定的程序用语，显然不可能出自一人之手，那是经过世代民间歌手不断地口口相传，不断地积累、筛选，而约定俗成的。帕里的发现被学术界认为是20世纪荷马研究中最重要的成就，他因此被誉为"荷马研究界的达尔文"。

同时，《伊利亚特》和《奥德赛》间存在的较大的语调和主题差异也能证明这个观点。比如，《伊利亚特》描写的主要是发生在几日内的事，并且对战争、军功极为强调；而《奥德赛》所述事迹则长达10年之久，专写幻想和神仙魔鬼。鉴于《奥德赛》的内容几乎没有涉及战争残酷的一面，所以19世纪英国小说家巴特勒指出：《奥德赛》的作者应该是女人而非男人！

德国学者尼奇认为，荷马确有其人，他运用古代民间诗歌的素材重新作了加工、整理，使之形成一个完整的艺术结构。

对《荷马史诗》及其史诗作者的研究与争辩也许永无休止，但再多的争论也改变不了这样一个事实——《伊利亚特》《奥德赛》是世界文化史上最伟大的史诗。

《伊索寓言》的作者之谜

《伊索寓言》是世界上最早的寓言童话集之一。《伊索寓言》通过简短而精炼的寓言故事来体现日常生活中那些不难察觉的真理。这些小故事言简意赅、平易近人、富有哲理。《伊索寓言》不但读者众多，而且在文学史上也极具影响力。但和人们怀疑《荷马史诗》非一人所作一样，人们同样也怀疑《伊索寓言》并非伊索一人的创作。那么，《伊索寓言》的作者究竟是谁呢？

公元前8世纪至公元前6世纪，在希腊各地奴隶制城邦形成的过程中，大规模的海外殖民运动使希腊与外部世界的联系进一步加强，极大地扩展了希腊奴隶制工商业的海外市场，从而促进了希腊经济和文化的进一步发展。当时在希腊民间广泛流传着许多优美、动人的散文故事，其中一些是关于动物的寓言。

相传其作者是希腊萨摩斯岛的伊索。据说伊索是一个奴隶，他以自己杰出的才华和智慧获得了自由,并成为卓越的文学家和哲学家。他用简洁的文字,以寓意深刻的动物故事,辛辣地嘲讽并鞭挞了奴隶主贵族的残暴统治。他把统治者比作豺狼、狮子、老鹰和狐狸,刻画出它们的凶残狠毒和伪善狡猾的本性,揭露了"强权即公理"的吃人逻辑。《伊索寓言》以短小精悍的形式、恰当的比喻,生动、形象地表现了当时尖锐的阶级对立关系,对弱者寄予了深切的同情,热情歌颂了人们与恶势力做斗争的精神,总结了古代人民的斗争经验和生活教训,思想性和艺术性颇强,富有教育意义,深受群众喜爱。

人们之所以对《伊索寓言》的作者产生疑惑,是因为从《伊索寓言》的写作风格来看,各篇寓言时间跨度大,思想倾向也不完全一样,据此人们推测,它不是一人一时之作,而是古希腊人在相当长的历史时期内的集体创作。

具有伊索风格的寓言后来经过一代代口口相传下来,最后都被视作出自伊索的手笔。例如,在古埃及的大纸草中,在西亚的古苏美尔时期和古巴比伦的泥版文书中,在古印度梵文《五卷书》中,在公元前8世纪希腊的《田功农时》中,在佛教经典《弘一法师手书嘉言集》和《本生经》中,在《旧约全书》中,都有伊索寓言的风格。

但也有人认为,《伊索寓言》就是伊索一人所著的。伊索是古希腊的寓言作家,生得又矮又丑,有一天他梦见幸运之神用手点了一下他的舌头,醒来之后他就非常善于讲寓言故事,他用寓言故事来揭示当时社会权贵的残暴和贪婪,他还将自己的寓言故事编成《伊索寓言》。

近几年来,人们对于《伊索寓言》的作者又有了新的猜测:伊索不是别人,而是非洲埃塞俄比亚的寓言家阿克曼。一些学者认为:"希腊人把埃塞俄比亚的寓言翻译成为希腊文,并以伊索署名,其含义是埃塞俄比亚人。这大概是因为译者将Ethiop错读成Egop,于是,埃塞俄比亚人(Ethiopian)寓言成了伊索(Aesop)寓言,作者阿克曼也就成了伊索了。"这种看法颇为新奇而独特,并得到一些学者的支持和赞同,但更多的学者却对上述看法持完全怀疑甚至完全否定的态度,他们认为这种看法只是一种推测,还是缺乏充足的证据。

《马可·波罗游记》的真实性

17岁时,马可·波罗跟随父亲和叔叔游历,途经中东,历时4年多来

第二十二章　文学作品中不能说的秘密

到中国，在中国游历了17年，回国后出了一本《马可·波罗游记》。自此激起了欧洲人对古老东方的热烈向往，这对以后新航路的开辟产生了巨大的影响。然而，学术界却对《马可·波罗游记》的真实性一直存有疑问。争议焦点集中在"《马可·波罗游记》描述的到底是不是当时真实的中国"上。

按照马可·波罗的说法，1271年，他17岁的时候，跟随父亲和叔叔，从意大利的威尼斯出发，途经伊拉克、伊朗和阿富汗，到达中国与阿富汗交界的帕米尔高原，然后进入中国腹地参观旅游，直到1295年才回到欧洲。这本游记面世后震惊了整个欧洲，甚至可以说它是欧洲航海运动的思想启蒙的强有力的助力器。一时间，人们争相传阅。正是这本游记，鼓舞了伟大的航海家哥伦布扬帆出海，于1492年踏上寻找富庶东方之路。

在一些人将《马可·波罗游记》奉为至宝的同时，也有人怀疑《马可·波罗游记》的真实性。在当时中国和欧洲交通不畅的情况下，马可·波罗却能远去中国游历实在令人怀疑。大英博物馆中国馆馆长吴芳思在《马可·波罗到过中国吗》一书中明确地提出质疑：马可·波罗根本没到过中国！他对中国的印象仅限于道听途说，马可·波罗游记中记录的内容都是假的。

关于《马可·波罗游记》是否真实存在的争论，其关键点在于以下几个方面：

第一，关于长城。

众所周知，长城是中国的象征。而《马可·波罗游记》中却没有一字一句提及长城。这就引起了人们对《马可·波罗游记》真实性的怀疑。但是还有人认为，我们现在所说的长城指的是明长城，它是现在保存相对比较完整的长城。但在明代以前，各个时代的长城大多残毁不全，可能马可·波罗看到的长城在当时没有引起他的注意。

第二，关于中医、茶叶等中国代表物。

此外，《马可·波罗游记》也从未提及中医、茶叶、汉字、筷子等典型的中国象征物，这也不免让人怀疑。但有人反驳说，那是因为马可·波罗在中国时主要与蒙古人相处，他当时不了解汉族的文化习惯。

但是，马可·波罗自称到过中国南方许多地区，不可能不接触汉族人，更不可能没有接触中国的汉字。这一说法也遭到一些人的反驳，认为这是马可·波罗精通波斯语的原因，而当时中国元朝的官方语言就有波斯语，所以他并没有学习汉语的必要。

第三，与中国的历史记载不符合。

《马可·波罗游记》中有马可·波罗等三人献计帮助元朝军队攻克南宋襄阳城的记载，但根据历史记载，元朝军队攻克南宋襄阳城的时候，马可·波罗一行还未到达中国。而且，马可·波罗自称在扬州生活了三年，并曾担任该地的地方官，但在扬州县志上却找不到他的名字。更令人感到奇怪的是，马可·波罗从未赞美过扬州，却赞美杭州为世界上最美好、最高贵的"天堂之城"。翻遍了当时所有的中国历史文献，也找不到关于马可·波罗一家的半点蛛丝马迹。反驳者认为，马可·波罗一家之所以未能在中国历史记载中出现，是因为他们当时在中国的地位实在是微不足道，不值得记录在官方档案中。

总之，《马可·波罗游记》确实存在种种疑点，作者本人在创作过程中或许加入了一些主观虚构的成分，使得今人对其著作的真实性始终存在争议。

但丁何时开始写《神曲》

"这是一条关于灵魂秘密成长和壮大的美好路途，是一条伟大的精神朝圣的路途。"人们如此评价但丁的《神曲》带给人类的宝贵精神财富。但同时，人们心中也存有一个疑惑：但丁究竟是何时开始写《神曲》的呢？

当人间的美好愿望还未实现的时候，当天堂的理想还停留于圣职买卖的阶段，伟大的诗人但丁已经开始不安了。欧洲大陆的天主教团的整体腐败根本无力将天国的诺言在人间兑现。最优秀的人必然很快醒悟，抵达理想王国的道路无法由僧侣阶层来引领，而必须由自己的生命来铺就。于是就有了但丁的灵魂漫游地狱、炼狱，最后抵达光明、澄澈的天堂的伟大历程，于是就有了人类历史上最杰出的史诗之一——《神曲》。

不可否认，《神曲》以辞藻华美、想象丰富、设计巧妙、内容奇特、含义深刻而闻名于世。但是这部名作究竟创作于何时？专家、学者们却看法各异。

文艺复兴时期的大师薄伽丘认为，《神曲》是于1300年开始写的，也就是在但丁被放逐以前的那段时期。他还认为，但丁被放逐之后，在整理那些未完成的旧稿时，可能又将其全部改写了。这一观点是从但丁的作品《新生》中得到暗示的。在《新生》的末尾，但丁加上了一段说明，即但丁梦见贝缇丽彩在天堂。这梦按照《新生》成书的年代来说，应该是1292年的事情。1310年以后，但丁再次对旧稿进行整理，将本来预定赞颂最光荣女性的诗篇改为对政治社会的批评作品，于是贝缇丽彩不再是"爱情"的化身而成了"信仰"的象征。

有人认为，1313年"日耳曼皇帝"亨利七世死后，但丁才着手改写《神曲》的；还有人认为《神曲》的撰写年代应该是1305年至1306年。对《神曲》各部分的脱稿时间也有不同意见。通过对但丁的政治主张和《神曲》内叙述的故事的研究，我们得知：《地狱篇》开始于1308年以前，《炼狱篇》则在1308年至1312年，《天堂篇》肯定是在1314年以后了。普遍观点认为，《地狱篇》完成于1308年，《炼狱篇》可能完成于1313年，而《天堂篇》则只不过是在但丁去世前刚刚完成的"初稿"而已。另一种说法是，但丁去世的时候，《天堂篇》最后数章并未脱稿，现在我们所见的最后13章实际上是后人续写的，只是冒充但丁的手笔而已。

由于缺乏确凿的历史证据，但丁何时写作《神曲》一谜始终没有定论，争论仍在继续。

莎士比亚诗中的"黑肤夫人"原型是谁

"黑肤夫人"是莎士比亚十四行诗中颇令世人注目的一个形象。作家笔下的"黑肤夫人"是一位绝色美女，极具诱惑力。于是，无数专家、学者挖空心思，想要弄清楚这位黑皮肤、黑眼睛、黑头发的"黑肤夫人"到底和莎士比亚在现实中有什么关系。

莎士比亚留给世界的重要文学遗产不仅包括《哈姆雷特》《麦克白》《仲夏夜之梦》《威尼斯商人》等经典剧作，还有仅次于他剧作数量的"十四行诗"。然而，在欧洲文艺复兴时期，人们并不重视莎士比亚等剧作家和诗人。因此关于莎士比亚生平的资料并不多，这就为人们研究其生平、死因、作品等带来了一定的难度。以十四行诗为例，其最初出版是否出于本人的意愿？卷首献辞中的Mr.W.H.到底是谁？诗中的年轻朋友、情敌诗人和黑肤夫人是否确有其人？如果有，他们是谁？

在所有这些颇受争议的问题中，无疑要数"黑肤夫人"这个人物最引人注目、最富浪漫色彩了。的确,这位夫人年轻、擅长音乐,拥有黑头发、黑眼睛,甚至是黑皮肤,具有独特的魅力。在爱情上她却不够忠实,轻浮、放荡,既欺骗了自己的丈夫,又背叛了情人,暗中投入诗人朋友——那个英俊青年的怀抱。莎士比亚在诗中对她寄托了很深的感情,对她的热情一生都没有冷却过,一直在作品中塑造她的形象。在诗人的笔下,她简直成了倾国倾城的绝代美人。这样一位贯穿作品始终又充满诱惑力的美人,自然引起后世研究者们的极大兴趣,并努力在现实生活中去寻找这个人。关于真人原型,主要有四种说法。

第一种说法,为"黑卢斯"。

1933年,莎士比亚研究者哈里森在一本书里提到一个名为"黑卢斯"的妓院老板参加了1601年和1602年的圣诞晚会,当时恰逢《第十二夜》第一次公演,在那里她遇到莎士比亚。奇切斯特大学的邓肯认为,虽然这并不代表"黑卢斯"与莎士比亚有直接的关系,但是可以看出她与戏剧有着多重联系。

第二种说法,为约翰·弗洛里奥的妻子。

在《天才莎士比亚》一书中,乔纳森·贝特根据"黑肤夫人"的形象进行了丰富的联想,认为意大利语言学家约翰·弗洛里奥那位不知名的、"出身低微"但"机智而有才华"的妻子是"黑肤夫人";古文物保护协会的会员和史前纪念碑评论员奥布里·伯尔曾经列出八位被怀疑是"黑肤夫人"的人选,最终确定为弗洛里奥夫人,他称她为"艾琳·弗洛里奥":她是黑发、以自我为中心、纵情享受的女人,她沉迷于"对丈夫的诱惑和背叛",这与"黑肤夫人"的特征一致。伯尔还指出,艾琳出生于萨默塞特的低阶家庭,也从侧面解释了其肤色黝黑的原因。

第三种说法,为玛丽·菲顿。

1890年,托马斯·泰勒首先提出"黑肤夫人"是玛丽·菲顿,这一假设源于她和青年贵族赫伯特的爱情故事。泰勒先肯定莎氏的十四行诗是写给赫伯特的,那么"黑肤夫人"自然是菲顿了。有人曾描绘过菲顿大胆而不拘小节的举动:敞开头巾,卷起衣服,手里拿着一件宽大的斗篷,像男人一样,大踏步地走去和赫伯特幽会。萧伯纳还根据这个故事写了一个有趣的剧本《十四行诗里的黑肤夫人》来肯定这一主张。但是这一论断也受到了质疑,因为十四行诗中的"黑肤夫人"是一个有夫之妇,而菲顿被撵出宫门后很久才正式与人结婚。更为致命的一点是,后来发现的菲顿画像里她是个金发碧眼、白皮肤的美人,虽然她的教堂纪念碑说她是个黑人妇女。

第四种说法,为艾米丽娅·雷尼尔。

1973年,情况又有了新的进展:英国《泰晤士报》以显著篇幅刊登了著名历史学家、莎士比亚研究者饶斯的文章《莎士比亚的十四行诗——终于真相大白》，此文一经刊出，立即轰动了世界。原来，饶斯在牛津波斯莱茵图书馆研究西蒙·弗芒的资料时发现"黑肤夫人"极有可能是艾米丽娅·雷尼尔。

基于他对占星家西蒙·福尔曼日记中描述莎士比亚与艾米丽娅·雷尼尔会面内容的研究，在日记中，艾米丽娅被描述为女王的宫务大臣亨斯顿勋爵的情妇。她有类似的"黑肤夫人"的品质。例如，艾米丽娅对男人具有极大的吸引力，以至于在成为亨斯顿情妇的那些年里，她被人认为是一个妓女。此外，她可能精通音律，因为进一步的研究发现，她是巴萨诺家族的一员，该家族以给伊丽莎白一世和詹姆斯一世演奏宫廷音乐而闻名。

普希金的《一号日记》之谜

俄国伟大诗人普希金的死成为世界文坛抹之不去的哀痛记忆。在他死后，他的许多手稿都收藏在"普希金博物馆"和"普希金故居"中，但记录普希金思想精粹的《一号日记》却不在其中。那么，它到底在哪儿呢？

亚历山大·谢尔盖耶维奇·普希金是俄国近代著名的诗人，也是俄罗斯文学兴盛和发展的开拓者。在诗人短暂的一生中，他给后人留下异常丰富的文学遗产，诗人生前的大量手稿现在基本上都收藏在莫斯科"普希金博物馆"和"普希金故居"里。然而令人费解的是，普希金的《一号日记》一直下落不明，几十年来世界各地的专家、学者和"普希金迷"们一直锲而不舍地寻找着诗人《一号日记》的踪迹，试图揭开《一号日记》的谜底。

其实，在1837年普希金因决斗重伤死去之后，人们整理普希金的遗留手稿时并没有发现《一号日记》。直到1920年，侨居国外的普希金的孙女叶莲娜突然向外界公众宣布：她收藏了祖父普希金生前的一部分日记手稿。这时，人们才联想到：1837年，在普希金不幸身亡之后，人们在整理他的遗稿时，发现诗人一部日记的扉页上注明编号为"第二号"。所以消息一出，研究专家们便把叶莲娜收藏的日记称为普希金《一号日记》。然而，诗人究竟有没有《一号日记》？普希金《一号日记》的真相到底如何？

不少人认为普希金《一号日记》根本就不存在，这不过是叶莲娜别有用心的一次阴谋。一位造诣颇深的普希金学专家莫扎列斯基曾经十分坚决地声称:"我愿用头颅作保,除了现有的日记之外,根本不存在普希金其他的日记手稿。"叶莲娜的外甥女亦赞同地说:"叶莲娜舅妈根本不可能有普希金的日记资料,因为诗人当年留下的全部文稿都保存在长子那里,但我多年来从未听说过诗人写的《一号日记》。"叶莲娜的兄长则认为:"叶莲娜凭空臆造出关于普希金《一号日记》一事,其目的仅仅是为了提高自己的身价和地位。"

另一些研究人士和学者、专家则坚持认为普希金《一号日记》是真实存在的。研究普希金的专家法因贝格在其所撰的《失落的日记》一文中断言普希金《一号日记》确实存在。而且他认定这本日记目前正收藏在侨居国外的普希金后代手中。据此人们推测,普希金《一号日记》这份手稿最早由长子亚历山大掌管,很有可能几经辗转又到了他的孙女叶莲娜手里。

更重要的是,《一号日记》中的内容可能涉及普希金决斗的真正原因。正如普希金学家戈富曼在《再论诗人普希金之死》一文中所写:"诗人当年写作的《一号日记》将使人们全面了解导致普希金决意参加这场悲剧性生死决斗的所有事情真相,这些未公开的材料远比现在所掌握的史料更为丰富、完整。"1923年,叶莲娜在给友人的信函中还特别申明自己手中还保存着祖父当年没有发表过的一部分日记以及其他一些手稿,根据她父亲的嘱咐,这些数据在诗人遇害100周年之前不得公开发表,因为诗人在《一号日记》中提到及抨击的那些人至今还活在人世。

鉴于普希金《一号日记》这份手稿的珍贵价值,同时也为了使普希金的珍贵文稿不致流散各地,莫斯科普希金博物馆和普希金故居的工作人员千方百计想要联系叶莲娜,但始终都没找到她。

就这样,普希金《一号日记》之谜刚拉开帷幕,就随着叶莲娜的失踪而蒙上一层神秘的面纱。时至今日,一些俄罗斯学者仍在孜孜不倦地寻找着《一号日记》。希望在未来的某一天,这本神秘的《一号日记》能得见天日。

尼采的著作是否被人篡改过

尼采,西方现代哲学的开创者,同时也是卓越的诗人和散文家。然而,他的思想也被怀疑是第二次世界大战中法西斯主义的思想根源,解开谜团的关键点在于他晚年的力作《权利意志》一书是否被篡改。

第二十二章　文学作品中不能说的秘密

第二次世界大战中，整个世界都遭受到以希特勒为首的德国法西斯铁蹄的践踏，饱受战乱之苦。战争结束后，昔日的法西斯战犯被严惩，许多学者更致力于分析法西斯主义产生的基础，于是，德国著名哲学家尼采进入人们的视野，同时也引发尼采著作《权利意志》是否被篡改的争论。

为什么尼采的思想会被怀疑是残暴的法西斯主义的根源呢？这是因为尼采学说的确曾被法西斯利用：希特勒当年多次去魏玛参观尼采博物馆，并把《尼采全集》当作礼物送给墨索里尼。而且，纳粹思想家罗森堡也称自己信奉尼采的学说。鉴于这样的历史事实，德国作家桑德福斯认为，尼采的思想应当是第二次世界大战法西斯思想的根源，他专门写了一本书叫《尼采与希特勒》，详细地列举了两人思想上的相似之处。"西方马克思主义者"卢卡奇也持同样的观点，他写过三篇有关尼采的论著，最后竟直接把尼采说成是一个极端的纳粹分子。

也有许多人不同意这一观点，他们认为尼采根本不是法西斯主义的思想先驱，这是因为尼采对法西斯主义理论的两大基石——种族主义和反犹主义始终持反对态度。之所以会错将尼采与法西斯主义扯上关系，是因为尼采的著作被人篡改了。而篡改者应该是尼采的妹妹伊丽莎白·福斯特·尼采，原因是伊丽莎白本身有着浓厚的种族主义思想。而且，伊丽莎白嫁给了德国的反犹主义者贝尔哈特·福斯特。后来伊丽莎白整理哥哥的遗稿，垄断了全部手稿、书信以及著作的出版权。她依靠手中掌握的尼采的全部手稿，开始充当解释尼采思想的权威。她常常用反犹主义和种族主义思想来曲解尼采的思想。她一面扣压尼采的手稿，一面从中断章取义地引证一些话，并随心所欲地凭自己的心情来解释。

最早提出尼采著作被篡改说法的学者是德国的尼采研究专家卡尔·施莱希塔。他在1958年出版的《尼采事件》一书中揭露了尼采妹妹的作伪行为，认为她还伪造了尼采的书信。

然而，也有人认为，《权力意志》并没有被篡改，伊丽莎白只是将尼采的手稿顺序做了一些调整。中国学者张念东、凌素心在翻译《权力意志》一书时，将尼采妹妹编的文本与按手稿原件编的文本对照，发现各条顺序虽然不同，但内容却完全一致。尼采独创了豆腐干式的格言体，各条独自成篇，没有一般文章那种起承转合的格式。因此各条的顺序就显得不再那么重要了。就好比一副扑克牌，无论怎样洗，洗来洗去还是那54张。原稿好比一副按顺序排列的扑克牌，而伊丽莎白整理后的《权力意志》不过是重新洗了一下。

尼采的著作究竟有没有篡改？众说纷纭，难以定论。

第二十三章 艺术作品背后隐藏的故事

古希腊为何盛行裸体雕塑

古希腊的雕塑艺术是人类文化艺术史上的奇迹,人们在沉浸于这些雕像的力与美的同时,也不免会产生疑问:为什么古希腊雕塑几乎都是裸体的呢?

在整个西方美术传统中,古希腊雕塑占有十分重要的地位。西方美术崇尚的典范模式、庄重的艺术品格和严谨的写实精神,可以说都是从古希腊开始的。古希腊悠久的神话传说是其雕塑艺术的源泉,因此,古希腊雕塑参照人的形象来塑造神的形象,并赋予其更为理想、更为完美的艺术形式。

现代人在欣赏古希腊雕塑艺术的时候,总会有这样的疑问:为什么古希腊雕塑几乎都是裸体的?裸体造型艺术何以如此普遍?

大多数人认为古希腊雕塑采取裸体的形式,和当时战争频繁、体育盛行有着紧密的联系。有人认为,在古希腊时期,战争频繁,武器又不先进,作战能否取得胜利很大程度上取决于身体的强壮程度,所以那个时候的人们(尤其是年轻的男子),为了守卫自己的城邦,要经常锻炼身体。在这样的环境下,那些身材健壮、骨骼和肌肉都很结实的男子就被视为英雄。

战争造成了体育盛行的局面,古希腊是一个体育盛行的时代。当时,几乎没有一个自由民不经过体育训练,希腊人的孩子从会走路开始,就要接受体育训练。在当时的运动会上,人们并不以裸体为耻,青年男女为了显示自己健美的体魄,常常把衣服脱光。斯巴达的女青年在参加运动会时也常常是全裸的。对于运动会上的优胜者,人们都报以雷鸣般的掌声,诗人为他作诗、雕塑家为他塑像。基于这种思想,裸体雕塑自然地成了当时的艺术主流,而那些运动场上的优胜者和美丽的肌体都可成为雕刻家最理想的模型。因此人们认为,正是因为体育的盛行,古希腊才产生了如此多的裸体雕塑。

还有人认为,古希腊的裸体艺术源于原始社会的裸体风俗。农业社会之前的原始人,对男女外生殖器的表达较为突出。这种以性为主的裸体崇拜,是由于原始人把性看作是大自然的恩赐,是生命与欢乐的源泉。

美国学者伯恩斯和拉尔夫在其力作《世界文明史》中说:"希腊艺术所表达

的是什么？总而言之，它把人文主义象征化，即把人视为宇宙中最重要的造物而加以赞美。尽管许多雕刻都描绘神，但这一点儿也不减损人文主义的本质。希腊人的神是为着人的利益而存在。所以他赞美神，也就是赞美自己。"在他们看来，希腊的裸体艺术和当时人们的审美观念有关，表现人体的美术作品具有特殊的审美价值。在古希腊人的观念里，万物之中，数人最美，所以在竞技场中会出现欢呼雀跃的裸体群。从总体上来说，希腊雕塑的裸体和战争、体育以及审美都是相互关联的。审美观念一经形成，往往会逐渐脱离原来的实用目的，而具有相对独立的审美意义。于是，裸体雕塑就大量地出现了。

古希腊裸体雕塑展现了人体不同寻常的美，如《掷铁饼者》《大卫》《米洛斯的维纳斯》等，它们体现了古希腊人对美的理解及对美好生活的寻求。

"沙漠壁画"之谜

> 撒哈拉沙漠是世界第一大沙漠，气候炎热、干燥。然而，令人迷惑的是，这里却存在美轮美奂的岩石壁画。究竟是谁在什么年代创造出这些巨大无比、气势磅礴的壁画群？刻制巨画又是为了什么呢？

从天空俯瞰地球，人们会发现一大片黄色的世界，它就是几乎占非洲一半面积的撒哈拉大沙漠。然而，在这极端干燥缺水、土地龟裂、植物稀少的旷地，却曾有过高度繁荣、高度昌盛的远古文明——绮丽多姿的远古大型壁画。今天人们不仅对这些壁画的绘制年代难于稽考，而且对画面中那些奇形怪状的形象也茫然不解。于是，这些"沙漠壁画"成了人类文明史上的一个不解之谜。

1850年，德国青年探险家巴尔斯对撒哈拉进行考察，无意中发现岩壁上刻有鸵鸟、水牛及各式各样的人物像。画面色彩绮丽、雅致和谐、栩栩如生。由于缺乏考古知识，当时他没有予以足够的重视。

1933年，法国骆驼骑兵队来到沙漠，在中部塔西利台、恩阿哲尔高原上偶然发现了长达数千米的壁画群，都绘在受水侵蚀而形成的岩阴上。这些壁画五颜六色、异彩纷呈，生动地描绘了远古人们生活的情景，如朴素的家庭生活、狩猎队伍、吹号角赶着牛群等。画面上还有犀牛、大象、长颈鹿、鸵鸟等现在只能在南边的草原上才能找到的动物，另外还有一些显然已经绝迹的飞禽走兽的图案。消息一经公布，便立刻引起世人的注意，许多考古学家、考察队纷至沓来。后来人们又陆续发现绘于公元前6000年至公元前1000年的更多的岩画。

1956年，亨利·罗特率法国探险队在撒哈拉沙漠中发现1万件壁画。翌年，他将总面积约合11.6万平方英尺（约1万平方米）的壁画复制品及照片带回巴黎，一时成为轰动世界的奇闻。

从发掘出的大量文物来看，距今1万年至4000多年前，撒哈拉并非一片漫漫黄沙，而是一片草木茂盛的绿洲。这里曾河流纵横，大小湖泊星罗棋布，植物茂盛，百花争艳，景色盎然，飞禽走兽出没其间，与今天风沙漫天的景象俨然不同。当时有很多部落或民族在这里劳动、生息、繁衍，创造了高度发达的文化。其主要特征是磨光石器的广泛流行和陶器的制造。壁画中还有撒哈拉文字和提斐那古文字，这说明当时的文化发展已达到相当高的水平。

在撒哈拉壁画群中有众多的人物形象，其中描绘最多的是雄壮的武士形象。壁画中的武士表现出凛然不可侵犯的威武神态，他们手持长矛、圆盾，乘坐在战车上呈飞驰状。从壁画的内容分析，很可能当时的人们喜欢把战争、狩猎、舞蹈和祭祀的情景画于岩壁上，借以表达他们对生活的热爱和憧憬。用画来鼓舞情绪，具有浓郁的生活气息，体现了非洲人民勤劳勇敢、乐观豪迈的性格和鲜明的地方特色。

在撒哈拉壁画群中还有许多千姿百态的动物形象。有的站立、有的行走、有的狂奔、有的跳跃，还有怀孕的和受伤的，有些动物身上还有长矛、箭头或者棍子打伤的痕迹。在撒哈拉壁画群所描绘的动物场景中，最多的要数聚集在水边的牛群，画面色彩丰富，其中以牧牛彩色画和雕刻画最为精美。描绘牧牛形象的壁画之多，也可以证明这里曾经是大草原。

然而作为"沙漠之舟"，骆驼的壁画只出现在极少数地区，而且根据碳14测定，这些骆驼形象的壁画都是后期的作品。在前期的壁画中没有发现骆驼的形象。

据此，有些学者认为，距今3000年至4000年前，撒哈拉并不是茫茫沙漠而是湖泊和草原。约6000多年前，这里高温、多雨，各种动植物在这里繁衍生息。到了公元前200年至公元前300年左右，气候变异，昔日的大草原终于变成沙漠，此时是撒哈拉的骆驼时代。

《摩西像》的原型是谁

《摩西像》是意大利文艺复兴时期的艺术大师米开朗琪罗闻名于世的杰作,它的原型是谁?几百年来,人们争论声从未停止。

摩西是公元前13世纪的犹太人先知。他带领在埃及过着奴隶生活的以色列人,到达神所预备的流着奶和蜜的地方——迦南。神借助摩西写下《十诫》,让他的子民遵守并建造会幕,教导他的子民敬拜他。

在罗马梵蒂冈圣彼得大教堂教皇尤利乌斯二世的墓前有一尊摩西大理石雕像,这座雕像是意大利文艺复兴时期的艺术大师米开朗琪罗的杰作。米开朗琪罗塑造的摩西是一个英勇无敌、充满神气的领袖,威严竖立着的头部,奕奕有神的目光,曲着的右腿,宛如要举足站起的模样。牙齿咬紧着,像要吞噬什么东西。

《摩西像》大体的动作是非常简单的,这是意大利文艺复兴兴盛时佛罗伦萨派艺术的特色,也是当时罗马雕刻的作风。那么,摩西雕像的原型是谁呢?

有人说《摩西像》的原型是教皇尤利乌斯二世。据说在16世纪初,尤利乌斯二世想给自己修建一座世界上绝无仅有的陵墓,并将当时盛名在外的雕塑家米开朗琪罗招来为他工作。他不仅拨款派米开朗琪罗到采石场挑选大理石,还常与米开朗琪罗谈论陵墓修建的事宜,并商定其中雕像的含义。因此可以推测,米开朗琪罗极有可能以尤利乌斯二世为原型来创作《摩西像》。

还有人认为《摩西像》的原型是著名的雕塑《大卫》。他们认为米开朗琪罗在成功地塑造了青年"大卫"之后,在塑造"摩西"的过程中,又把"大卫"的许多特征揉进了老年"摩西"之中。人们把两座雕像进行对比分析,发现二者在不少细微方面有相同之处,比如紧锁的眉头、眼睛的结构、瞳孔的转动方向等。

也有人认为其创作原型是著名画家达·芬奇,因为二者的面容非常像。如果仔细看看"摩西"脸的正面和侧面,就会发现达·芬奇的像和先知"摩西"雕像的正面和侧面完全一样:平缓高阔的额头有明显前突的弧形;鼻梁凸起、鼻尖下收;撅起的双唇,深陷的眼睛,健壮的脖颈。就连鼻根部的皱纹、宽大的颧骨和鼻骨所组成的菱形平面及十分前突的下唇也极为相像。至于"摩西"的胡子,可能是米开朗琪罗加长了达·芬奇波浪状胡子的长度。在文艺复兴时期,意大利的大师们一向崇尚在自己的创作中表现艺术世界的伟人。由于米开朗琪罗对达·芬奇十分尊敬，因此，在创作"摩西"的过程中极有可能参照了达·芬奇的形象。

此外，还有的学者认为由于无法在实际生活中找到相似的形象，米开朗琪罗只好以自己为原型来塑造"摩西"雕像，所以雕像实际上是他的自画像。

蒙娜丽莎的神秘微笑

意大利著名画家达·芬奇创作的《蒙娜丽莎》是世界上最负盛名的肖像画杰作。画中蒙娜丽莎的妩媚笑容具有一种如梦如幻的千古奇韵，被美术史家称为"神秘的微笑"。

达·芬奇笔下的蒙娜丽莎是有原型的。她是佛罗伦萨一位商人的妻子。据说，达·芬奇刚开始为她画像时，蒙娜丽莎心爱的女儿刚刚夭折，因此她始终处于哀痛之中，闷闷不乐。达·芬奇请来音乐家和喜剧演员，想尽办法让蒙娜丽莎高兴起来。达·芬奇正是抓住了蒙娜丽莎一刹那的微笑，最终创作出这幅不朽的画作。蒙娜丽莎的微笑似乎是从脸上掠过似的，既显示了她内心的激动，又未失去安详的表情，逼真地显露了人物内心深处微妙的心理活动。

《蒙娜丽莎》问世几百年来，她的微笑一直令人百思不得其解。不同的观者，或在不同的时间去看，感受似乎都不同。有时觉得她笑得舒畅、温柔、愉悦，有时又觉得她冷静、严肃，有时又觉得她略含哀伤。在一幅画中，光线的变化不能像在雕塑中产生那样大的差别。但在蒙娜丽莎的脸上，微暗的阴影时隐时现，为她的双眼与唇部披上了一层纱。蒙娜丽莎的微笑为何如此神秘莫测呢？

有人认为，这是因为《蒙娜丽莎》显示了达·芬奇非凡的绘画技巧。当初达·芬奇为这个坐在阳台上的少妇设置了一幅透视不一的背影，当人们的视线集中在左边，感到远景下降而人物上升；反之，当人们集中到右边看时，觉得远景上升而人物下降。画像中的人物五官，也给人感觉是在游移不定之中。而人的笑容主要表现在眼角和嘴角上，达·芬奇却偏把这些部位画得若隐若现，没有明确的界线，因此才会有这令人捉摸不定的"神秘的微笑"。

也有的人认为蒙娜丽莎的微笑时隐时现，是与人体视觉系统有关，而不是因为画中人物的表情神秘莫测。当人们看着一张脸时，多是集中注视对方的双眼。假如人们的中央视觉放在蒙娜丽莎的双眼,较不准确的外围视觉便会落在她的嘴巴上。由于外围视觉并不注重细微之处,无形中突出了颧骨部位的阴影。如此一来,笑容的弧度便显得更大了。事实上,蒙娜丽莎的笑容若隐若现,源于人们目光的不断转移。

几百年来,关于《蒙娜丽莎》"微笑"的解说层出不穷。有人认为蒙娜丽莎之所以笑不露齿是因为其虽典雅、美丽却口齿不齐,更有甚者认为蒙娜丽莎并不是所谓的贵妇而是一个妓女,故而微笑中带着讥嘲和揶揄,此论一出,整个学术界一片哗然。

需要指出的是,不仅达·芬奇笔下的蒙娜丽莎的微笑是神秘莫测的,而且有关画中主人公的身份、年龄及该画真品究竟藏在何处的说法也莫衷一是、众说纷纭,这就使这幅作品显得越发扑朔迷离了。

《蒙娜丽莎》是一个永远也探讨不出结果的问题。当今,世上研究《蒙娜丽莎》的专著有数百部,但是仍然留给后人很多疑惑。

名画《马拉之死》的构图之谜

《马拉之死》是法国大革命时期的名画,它以写实的手法再现了革命家马拉死亡时的情形,但是关于这幅画的布局,历来有很多争议。

在比利时首都布鲁塞尔的博物馆里,珍藏着一幅法国大革命时期的著名画家雅克·路易·大卫创作的世界名画——《马拉之死》。这是一幅简洁而庄严的肖像画,再现了马拉这位法国大革命时期英雄人物以身殉职的壮烈情景,栩栩如生地向世人展示了他那伟大的一生,给人留下难以忘怀的印象。

让·保尔·马拉是法国大革命时期的革命家,雅各宾派的主要领导人之一。1789年法国大革命爆发后,马拉创办的《人民之友》报成为支持激进民主措施的喉舌,马拉也因此被誉为"人民之友"。他积极鼓吹革命暴力,坚决反对右翼吉伦特派的妥协投降政策,因而遭到吉伦特派残余分子的嫉恨。1793年7月13日,马拉在巴黎寓所被一名伪装成革命家的吉伦特派支持者夏洛蒂·科黛刺杀。很快,马拉之死震动了整个法国。

马拉死后,法国新古典主义绘画大师雅克·路易·大卫用了整整三个月的时间创作了一幅传世之作——《马拉之死》，画作以真实的细节成功地再现了马拉遇刺身亡的情景。画面上赤裸着上半身的马拉倒在浴缸中，脸上显出濒于死亡的表情，包着浅黄色头巾的脑袋斜靠在身后的家具上，鲜血正从胸肋部流下，染红了马拉身下洁白的浴巾。马拉的右手握着鹅毛管笔，无力地垂落在浴缸外，旁边即是置他于死地的匕首。左手拿着敌人的情报名单，搁在浴缸边的桌子上。浴缸边的木柜上放着墨水瓶、鹅毛管笔和马拉生前写的一张附有纸币的信笺，笺上写道："请将这份钱转给一位有着五个孩子的母亲，她的丈夫已为国捐躯。"木柜正面还有"献给马拉，大卫"的题词。大卫以他真挚的情怀、刚劲沉郁的笔触，生动地描绘了法国大革命的英雄以身殉职的壮烈情景，揭示了法国大革命时代的英雄内容和精神。

当大卫把这幅画送到国民公会时，会场里立刻响起"为马拉复仇！"的声浪。《马拉之死》在卢浮宫公开展出后，得到人们的称赞，但大家对画家的构图则有着各自不同的理解。绝大多数人认为，大卫是以写实的手法，撷取马拉生前常常需要在浴缸中工作这一典型场景作为创作素材的。马拉之所以裸着上身躺在浴缸里，是因为他患有严重的皮肤病，经常要浸在药水中办公。况且，大卫本人也说过："在马拉被刺前几天，我被派去访问他。我见到他在浴缸中的情景非常惊讶。浴缸旁边有一只木墩，上面放着墨水瓶和纸，在浴缸外的手却在书写关于人民福利的计划。我认为，把马拉为人民而操劳的生活情景展示给人民是有益的。"大卫用写实的手法再现了当时的情形：马拉倒在浴缸里，鲜血正在从伤口中流出；带血的匕首滑落在地，而凶手早已逃离现场。画家将画中的主角设计在一个情节和场景之中，不仅丰富了这幅画的表现内容，更增强了它的艺术感染力。

但是，也有人认为不能这样分析该画的创作构思。在这幅作品中，马拉的形象在一定程度上被理想化了。例如马拉生前的皮肤问题就没有在这里表现出来。但这幅作品仍包含大量真实的细节，毕竟画家大卫曾在马拉死后前往其住所，并看到了当时确实存在的一些事物，例如绿色的围毯、马拉手握的纸张以及笔。大卫创作这幅画的目的便是悼念马拉，将其描绘成为革命而献身的"殉道者"。

当然，还有一些艺术史家主张应从纯艺术的角度来看待这个问题。大卫曾认真观摩及研究古希腊、罗马的雕刻和文艺复兴时期的绘画，受古典主义思潮的深刻影响，注重深刻的内容和严谨的形式，强调严格的素描和明确的造型，力求画风朴素、明朗。同时，大卫认为艺术必须服务于建立共和政治这一崇高目标，因此他的作品强调真实性、典型性。正是这种双重性决定了《马拉之死》的艺术构思，大卫成功地把人物肖像描绘、历史的精确性和革命人物的悲剧性结合起来，使它获得了如此深刻的典型意义和鼓舞人心的感人力量。

由于大卫本人没有对《马拉之死》的构图做出明确的解释,因此人们对这幅已经享誉画坛两个多世纪的名画构图仍心存疑虑、争论不休。

谁是贝多芬"不朽的爱人"

贝多芬一生留下许多经典的曲目,鲜为人知的是,他还有一位"不朽的爱人",这位神秘的女子是谁呢?何以得到这位音乐大师的垂青?

1827年贝多芬死后,人们在他写字台的一个秘密抽屉里发现了三封情书以及其昔日的恋人特蕾莎的肖像。三封情书写得像他的音乐一样激情澎湃、炽热如火。第一封信的日期是"7月6日,早晨",其他两封信分别写着"7月6日星期一,晚。"和"7月7日,早晨好!"信没有寄出,甚至连收信人的姓名和地址都没有,但是信上却写着"致'不朽的爱人'"。整封信充满对"爱人"的眷恋:"不论我身在何处,你都随我同在,尾随我的梦幻,我与你窃窃私语……没有你—— 一切都会变得索然无味……你会理解的,因为你知道我对你如此忠诚;没有任何女人能永久占据在我的心上——永不——永不……我心已决,我要漂泊远方,直到能飞似地扑在你的胸怀,只有在你的身边才能心安神定,我的灵魂被你拥抱,然后才能飞向精神的王国……请你安静些——你要爱我——今天——昨天——我因思念你而不觉泪如雨下——你——是我的生命——是我的一切——祝你安好,啊,你要继续爱我——永远不要误解你的爱人最忠实的心。"

贝多芬一生作曲不断,也恋爱不断,他对爱情的渴望、追求、幻想以至幻想破灭、痛苦,构成了他音乐创作的重要素材。这三封书信揭示了这位音乐巨匠内心深处隐秘的情感世界,给他的爱情经历蒙上了一层神秘的色彩。人们不禁猜测:这位无名的"不朽的爱人"究竟是谁呢?

有人认为,贝多芬的情书是写给特蕾莎的,特蕾莎就是他"不朽的爱人"。贝多芬的这三封信是和特蕾莎的肖像藏在一起的,足见特蕾莎在贝多芬心目中的地位。特蕾莎出身于匈牙利贵族家庭,终身未嫁。两人虽早已相识,但相互走近并坠入情网是1809年以后的事情,然而由于种种原因,两人最终并没有在一起。但两人的感情十分真挚,特蕾莎把自己的肖像画赠给贝多芬,贝多芬则把他的《升F大调第二十四钢琴奏鸣曲》献给特蕾莎。

也有人认为贝多芬"不朽的爱人"是约瑟芬·布鲁斯维克。她是特蕾莎的妹妹。1804年约瑟芬在她第一个丈夫死后，就和贝多芬产生了浓厚的爱情。这年冬天，贝多芬每隔一天就去拜访约瑟芬。他们的感情到第二年春天后达到高潮，但是却遭到布鲁斯维克家的反对。没有多久，他们的爱情泯灭了。1808年约瑟芬与史特克伯爵相识，不久就结了婚。但实际上约瑟芬仍然很依恋贝多芬。她曾对姐姐特蕾莎悲伤地说，出身高贵的人要按自己的愿望选择意中人是多么不容易啊。

有人根据贝多芬的生平和经历加以分析，"不朽的爱人"也有可能是意大利歌唱家朱丽叶·吉采尔获。他们初次相识是在1800年，令人意外的是，朱丽叶最终嫁给了一个伯爵，但朱丽叶似乎对贝多芬仍怀有眷恋之情。而贝多芬也对她仍有某种爱情和兴趣，他说："我曾得到她真挚的爱，此事绝不能和她跟她丈夫之间的感情相提并论。"基于此言，有人认为把贝多芬信中所称呼的"不朽的爱人"视作朱丽叶也是合情合理的。

第二十四章　人造之祸，谁能还原历史的真相

"泰坦尼克"号沉没之谜

"泰坦尼克"号真的是与冰山相撞而沉入大海的吗？几十年来，人们一直在寻找答案。要知道，"泰坦尼克"号当时可是有着"永不沉没"的美誉。

1912年4月14日是个悲惨的日子。这一天，英国豪华客轮"泰坦尼克"号在驶往北美洲的处女航行中不幸沉没，这一事件震惊了世界。这么多年来，"泰坦尼克"号沉没的真正原因一直是人们探索的焦点。

"泰坦尼克"号曾是人类的一个奇迹，它共耗资7500万英镑，吨位46328吨，长269.06米，宽28.19米，从龙骨到船桥顶端有31.69米，是当时一流的豪华巨轮。

1912年4月10日，"泰坦尼克"号从英国南安普敦出发，将途经法国瑟堡—奥克特维尔以及爱尔兰的昆士敦，目的地为美国纽约。4月14日晚11点40分，"泰坦尼克"号在北大西洋撞上冰山，2小时40分钟后，也就是4月15日凌晨2点20分沉没，1517人丧生，成为当时在和平时期最严重的一次航海事故。

"泰坦尼克"号残骸再现后，科学考察队采集了金属样本进行分析，结果发现导致"泰坦尼克"号沉没的重要细节：造船工程师只考虑到要增加钢的强度，而没有想到要增加其韧性。把残骸的金属碎片与如今的造船钢材做对比试验，发现在"泰坦尼克"号沉没地点的水温下，如今的造船钢材在受到撞击时可弯成V形，而残骸上的钢材则因韧性不够便会很快断裂。由此人们发现了钢材的冷脆性，即在零下40℃至0℃的温度下，钢材的力学行为由韧性变成脆性，从而导致灾难性的脆性断裂。而用现代技术炼的钢只有在零下70℃至零下60℃时才会变脆。不过，我们也不能责怪当时的工程师，因为当时谁也不知道，为了增加钢的强度而往炼钢原料中增加大量硫化物会大大增加钢的脆性，以致酿成"泰坦尼克"号沉没的悲剧。

一个海洋法医专家小组对打捞起来的"泰坦尼克"号船壳上的铆钉进行分析，发现固定船壳钢板的铆钉里含有异常多的玻璃状渣粒，因而使铆钉变得非常脆弱，容易断裂。这一分析表明：在冰山的撞击下，可能是铆钉断裂导致船壳解体，最终使"泰坦尼克"号葬身于大西洋海底。

根据英国历史学家蒂姆·马尔丁的研究，一个非同寻常的光学现象——海市蜃楼是"泰坦尼克"号撞上冰山且未能获得附近船只援救的原因。1992年，英国政府的一项调查显示，"泰坦尼克"号沉没可能与超折射有关，但人们对这种可能性一直未加深究，直至马尔丁钻研了天气记录、生还者证词，以及长久以来被遗忘的航海日志。马尔丁发现，当天晚上，事发海域的大气状况容易形成超折射，光线发生异常的弯曲，从而形成了海市蜃楼，当时同在附近海域的几艘轮船也有关于这一现象的记录。马尔丁表示，海市蜃楼使"泰坦尼克"号上的瞭望台没能及时发现冰山，也让货轮"加利福尼亚"号无法识别出"泰坦尼克"号并与这艘远洋客轮取得通信。

一切探索、讨论都在进行之中。所有的说法都似是而非、真假难辨。人们希望这一谜底能尽早揭开，但是真相也许将永远是个谜，但正因如此，"泰坦尼克"号才会始终在我们心中留存一份神秘……

希特勒屠杀犹太人之谜

> 希特勒不仅是狂热的战争分子，更是残忍的杀人恶魔，他对犹太人犯下了不可饶恕的罪行。那么，他为什么如此痛恨犹太人呢？

第二次世界大战期间，德国法西斯对犹太人的血腥屠杀和迫害在人类历史上是少见的，对犹太民族实行种族灭绝政策也是第二次世界大战中最臭名昭著的暴行之一。据统计，第二次世界大战中，共有超过600万的犹太人被纳粹屠杀。

第二次世界大战期间，欧洲各国人民包括德国人民在内，为了反对希特勒称霸世界及其法西斯暴行，进行了英勇不屈的斗争。欧洲各民族人民的反法西斯斗争进行得如火如荼，极大地加速了战争进程。但是纳粹党徒们自始至终却没有像对待犹太人那样去对待欧洲当地的民族。

人们不禁要问，希特勒为了实现自己的罪恶目的，为什么只对犹太人采取这样惨绝人寰的暴行呢？

在西方文化中，自古存在着一种排犹的情绪，犹太人被说成是"出卖耶稣的人、投机商人、不洁的人"。犹太民族原为古代闪族的一支，曾建立古以色列国及犹太王国，后为罗马帝国所灭，从此犹太人四处迁徙，散居世界各地。

犹太人没有自己的国家和土地，只能靠经商维持生计。欧洲进入资本主义社会后，当地新兴资产阶级同那些靠经商致富的新兴的犹太人资本家产生了利益冲突，于是噩运再次降临到犹太人头上。大批犹太人被迫流亡东欧及美洲各国，开始了历史上的犹太人第二次逃亡。

基督教与犹太教有着密切的历史渊源,基督教的《旧约全书》原是犹太教的经典。基督教教义认为,耶稣的十二门徒之一犹大出卖了耶稣,是犹太人将耶稣钉死在十字架上,这就造成基督徒在情感上极度仇视犹太人。信奉基督教的欧洲人在宗教感情上很难接纳犹太人。这种宗教感情的社会化又逐渐衍化成一种大众化的厌恶犹太人的社会心态。同样,这种社会心态也作为一种文化沉淀,并随着时间的推移,逐渐与经济政治相结合,成为一种随时可以被政治利用的潜在力量。

20世纪20年代末30年代初世界经济危机中,德国受到严重打击,国力渐衰。深刻的经济危机不仅激化了国内阶级矛盾,而且刺激了垄断资产阶级对外扩张的野心。于是,希特勒争霸世界的主张得到德国垄断资产阶级的拥护和支持。为了获得建立一个德意志帝国所需的巨额资金,纳粹便将罪恶之手伸向了富有的犹太人。

第二次世界大战期间,600万犹太人惨遭杀害,希特勒就是罪魁祸首。希特勒对犹太人特有的种族仇恨和政治嫉恨,是政治狂人病态心理的一种反映。希特勒的病态心理源于历史成见和宗教情结,这一心理恰好又得到当时德国社会的支持。确切地说,希特勒的严重病态心理与当时德国社会政治生活的疯狂病态是相辅相成的。正如一些历史学家所指出的,德国纳粹屠杀犹太人的罪行,是"德国虚伪的政治家为其侵略战争对民众进行系统的政治愚弄和教化的结果"。

"前事不忘,后事之师",历史是一面镜子,但愿世界永久和平,让所有民族平等、和睦地生活在地球上。